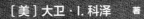

[美]大卫·I. 科泽 著

苑默文 译

教宗千年王国的死亡厉害

理解权力与信仰的一把钥匙

从路易一拿破仑到加里波第、托克维尔和梅特涅

幕由各色人物组成的大戏充斥着背叛

悲剧和国际领域中的强权政治

THE POPE WHO WOULD BE KING

David I. Kertzer

将成为国王的教宗
庇护九世的流亡与现代欧洲的出现

THE EXILE OF PIUS IX AND
THE EMERGENCE OF MODERN EUROPE

社会科学文献出版社
SOCIAL SCIENCES ACADEMIC PRESS (CHINA)

本书获誉

荣获《基督教科学箴言报》2018 年度优秀图书

荣获《西雅图时报》2018 年度优秀图书

特别值得一读……最精彩的教会历史。

——《基督教科学箴言报》(*The Christian Science Monitor*)

关于庇护九世教宗生涯早年经历的生动、富有同理心却又非常关键的记述，不愧出于这位卓尔不群的作者之手。

——耶稣会士 S. J. 约翰·W. 奥马力(Rev. John W. O'Malley, S. J.)，《耶稣会士》(*The Jesuits*)作者

大卫·I. 科泽对 1846~1850 年教宗任期内危机的精彩处理读起来就像一部惊险小说。所有的人物，从罗马的穷人到那不勒斯的国王，都在作者笔下跃然纸上，这说明他对文字拥有出色的掌控力。

——乔纳森·施泰因贝格(Jonathan Steinberg)，《纽约书评》(*The New York Review of Books*)

现代世界是在一系列的革命中形成的，从1776年的费城到1789年的巴黎，再到1848年欧洲的连锁剧变。在这本原创的甚至是激动人心的书中，大卫·I. 科泽给了我们一幅关于庇护九世在西方建立一个新的民主现实中所扮角色的光辉和令人惊讶的肖像。对于那些寻求理解塑造权力和信仰的人类永恒之力的人来说，这本书引人入胜、充满智识、极富启迪，是必读之选。

——乔恩·米查姆（Jon Meacham），普利策奖获奖作品《美国之魂》（*The Soul of America*）作者

这本书具有普利策奖获得者大卫·I. 科泽杰作的许多特质：深厚的档案和学术基础，以及用小说的气魄讲述欧洲历史上一个关键篇章的罕见能力。他把意大利历史人物和现代欧洲历史的跨时代变革精彩地联系到了一起，包括教廷命运的跌宕起伏、教宗国现世统治的终结、古老的神权统治传统以及政教分离的命运波动。

——凯文·迈迪根（Kevin Madigan），《中世纪基督教》（*Medieval Christianity*）作者

光芒四射的杰作，既引人入胜，又对学术研究作出了重大贡献。科泽给这个故事赋予显著的新鲜感，文采飞扬、有血有肉，生动地描述了这一欧洲历史上的戏剧性时刻。

——约翰·戴维斯（John Davis），《现代意大利研究》（*Journal of Modern Italian Studies*）编辑

在这本引人入胜的精诚之作中，大卫·I. 科泽展现了教宗庇护九世是如何并缘何将罗马天主教带入了现代性的失败，这不仅给教会，也给整个西方带来了灾难性的后果——当宗教和政治形成了一剂致命毒药时，这样的后果在今天依然能被感受到。这部专著文笔优雅，读起来如小说般流畅，也含有学术研究的悉心谨慎——科泽作品的特质在其中显露无遗，令人拍案叫绝。

——詹姆斯·卡罗尔（James Carroll），《修道院》（*The Cloister*）作者

当教会不惜一切为其最后的权力和正当性做最后一搏时，今日的世界正在努力迎来新生，《将成为国王的教宗》在万众瞩目下出现，既使人兴奋，又令人沉醉。

——约翰·古尔（John Guare），《六度分离》（*Six Degrees of Separation*）编剧

献给

阿努克和娜霍

让铁打的唇和奴隶的舌头来欢迎你吧；

至于罗马，在她刚刚堆起来的坟前，皱起眉头，

从心底诅咒你！

——摘自诗歌《致庇护九世》，约翰·格伦利夫·惠蒂埃，1849

Contents /

图片列表

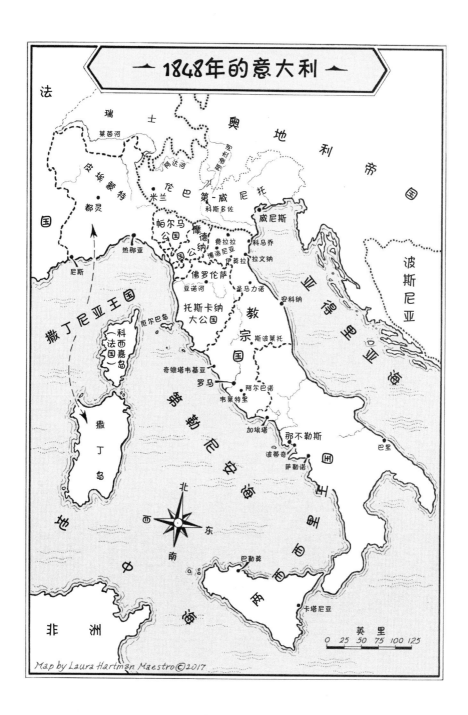

人物介绍

教宗和教会

枢机主教贾科莫·安东内利
（CARDINAL GIACOMO ANTONELLI）

安东内利 1806 年出生于教宗国（Papal States）南部的松尼诺（Sonnino），出身农民之家，父亲是一名富有的乡村商人。在升入高级教士位阶后，他从未领受过圣命，因此无法主持弥撒。作为年轻一辈，他的行政能力和优雅的行事作风使他吸引到了更高层圣职的注意，因而得以被招至教宗国政府效力并承担更重大的责任。时年 41 岁的教宗庇护九世（Pope Pius IX）在 1847 年晋升安东内利为枢机主教。此后，教宗越发依赖在诸多事务上与他意见相左的安东内利，安氏作为教宗的圣座国务卿，将令教宗的想法转向奥地利和反对改革。

枢机主教加布里埃勒·德拉·更贾
（CARDINAL GABRIELE DELLA GENGA）

更贾 1801 年出生于阿西西（Assisi）。他是教宗利奥十二世（Pope Leo XII）的侄子，在 34 岁时成为枢机主教。德拉·更贾是枢机主教团（Sacred College）的保守派领导人之一，罗马民众极为鄙视他。在1849年7月重新夺回城市后，庇护九世任命德拉·更贾担任教宗回归前统治罗马的三人执政委员会首脑。他坚毅的个性让他成为三人执政委员会的中坚。

枢机主教鲁伊吉·兰布鲁斯齐尼
（CARDINAL LUIGI LAMBRUSCHINI）

兰布鲁斯齐尼出生于1776年，他曾是巴尔纳伯会修士（Barnabite monk，巴尔纳伯会也称"圣保禄圣职修会"），后来担任过热那亚总主教（Archbishop of Genoa）和罗马教廷驻巴黎大使。兰布鲁斯齐尼和教宗格里高利十六世（Pope Gregory XVI）的关系十分密切，他自1836年起担任教宗的圣座国务卿直到教宗十年后去世。按照罗马市民的说法，他在1848年11月从城里逃走之前先是躲在马厩的干草垛里。他是一个老派人士，是神权政治的坚定拥护者，生性暴虐，极为仇视自由的现代观念。

庇护九世［PIUS IX，本名乔瓦尼·马斯泰·费雷提
（GIOVANNI MASTAI FERRETTI）］

乔瓦尼·马斯泰·费雷提1792年出生于教宗国中部塞尼加利亚（Senigallia）的一个地方贵族家庭。他年轻时患有癫痫，在1819年接受圣命成为司铎之前，他只接受过很有限的初等教育。八年后，他成了斯波莱托总主教（Archbishop of Spoleto），五年后又成为伊莫拉主教（Bishop of Imola），这两个地方都位于教宗国境内。他在1840年时成为枢机主教，当格里高利十六世在1846年6月去世时，他被选为教宗，获得庇护九世的名号。最初他身上肩负着人们对他能够支持改革并让

教宗国现代化的希望，而且人们还希望他能够为意大利的独立而战，但是很快，他就发现自己陷入了两难境地，他一方面渴望能够获得臣民的爱戴，另一方面又惧怕会背叛各枢机主教和上帝对他的信任。

修道院院长安东尼奥·罗斯米尼
（ABBOT ANTONIO ROSMINI）

罗斯米尼1797年出生于意大利北部罗维雷托（Rovereto）的一个贵族家庭，当时这里归奥地利统治。罗斯米尼曾在帕多瓦大学（University of Padua）学习法律和神学，后于1821年接受圣命成为司铎。罗斯米尼是一位多产的作家，也是重要的哲学家和神学家，他敦促教会需适应现代，并呼吁教宗支持意大利人的独立志业。庇护九世非常看重罗斯米尼，起初也十分听从他的建议。1848年夏，罗斯米尼曾短暂担任过卡洛·阿尔贝托国王（King Charles Albert）的公使，后来他和宗座（Pontiff，此处指庇护九世）一起遭到放逐。他是枢机主教安东内利的棘手敌人。

罗马市民和罗马共和国
克里斯蒂娜·贝吉欧乔索伯爵夫人
（PRINCESS CRISTINA BELGIOJOSO）

贝吉欧乔索伯爵夫人于1808年出生，原名克里斯蒂娜·特里芙乔（Christina Trivulzio），出身于米兰一个最富有的家族，16岁时嫁给了埃米利欧·巴比亚诺·迪·贝吉欧乔索伯爵（Prince Emilio Barbiano di Belgiojoso），并于四年后离婚。她是意大利民族志业的主要赞助人，携带着罗马共和国（Roman Republic）的声明火速赶往罗马并得到指派负责给伤患提供医疗救助。她不会对教宗称她为"妓女（prostitute）"的责难充耳不闻。

夏尔·波拿巴亲王
（PRINCE CHARLES BONAPARTE）

夏尔·波拿巴于1803年出生于巴黎，他是拿破仑·波拿巴（Napoleon Bonaparte）的三弟吕西安·波拿巴（Lucien Bonaparte）的儿子。夏尔在他父亲位于罗马北部的封地中长大，对自然科学展现了浓厚的兴趣。他声称要效法他声名煊赫的伯父，对政治抱持着极大的兴趣，同时也投身于科学事业。他先是大力敦促庇护九世采取更大力度的改革，后又支持罗马共和国并担任了制宪会议（Constituent Assembly）的副主席。他后来被指控是暗杀佩莱格里诺·罗西（Pellegrino Rossi）的主要策划者。

"雄辩者"安杰洛·布鲁内提
（CICERUACCHIO ANGELO BRUNETTI）

安杰洛·布鲁内提于1800年出生在罗马的一个贫穷家庭中。他有着出色的口才和器宇不凡的风度，这让他成功地把附近山丘中出产的葡萄酒供应到城里并成为罗马市民代表的领袖。"雄辩者"起初是教宗庇护九世最为热烈的拥护者，他利用自己在罗马市民中非同寻常的影响力给教宗施压，想让教宗施行更具深度的改革。最终，他和自己的两个儿子将面临悲剧性的结局。

朱塞佩·加里波第
（GIUSEPPE GARIBALDI）

朱塞佩·加里波第1807年出生于尚属于萨伏依王朝

（Savoyard Kingdom）的尼斯（Nice）。加里波第长大后成了一名水手，他作为马志尼青年意大利党（Young Italy）的追随者，参加了1831年的意大利起义，这让他长时间（1835~1848）被流放至南美洲。他在南美洲也参加了一系列反抗运动。在1848年剧变之后，他回到意大利，先是参加了在伦巴第（Lombardy）反抗奥地利人的战斗，后被选入罗马共和国制宪会议，成为最重要的军事领袖。他身骑一匹英武的白马，留一头棕色长发和络腮胡须，身穿标志性的南美式庞乔斗篷，带领着跟随他跨越大洋的热情狂野的军队。加里波第已经成了意大利独立运动的标志性人物。

朱塞佩·马志尼
（GIUSEPPE MAZZINI）

朱塞佩·马志尼1805年出生在热那亚，他的父亲是一名病理学教授。马志尼拥有法律文凭，当时他成了密谋推翻意大利本地贵族和外国政权统治的领袖。在成年后，马志尼人生的大部分时间都流亡在外，其中有很长一段时间身在伦敦。通过卓越的联络和组织技巧，马志尼成了意大利独立与共和统治的领袖。他在1849年3月来到罗马，被补选为罗马共和国制宪会议的代表。他被选为领导共和国的三执政之一，在共和国面临危险时，他扮演了指路明灯的角色。

意大利诸王
萨伏依国王卡洛·阿尔贝托
（CHARLES ALBERT, KING OF SAVOY）

阿尔贝托生于1798年，他在1831年成了撒丁尼亚王国的君主，该王国包括意大利的西北部和撒丁岛。1848 年 3 月，阿尔贝托作为大意大利（Greater Italy）的拥护者，为回应在意大利东北部奥地利控制区内的伦巴第和威尼托（Veneto）爆发的民众反抗，将军队派上战场来打击奥地利人。他拉拢庇护九世加入己方阵营所作的努力致使教宗陷入了艰难境地。

那不勒斯国王费尔南多二世
（FERDINAND II, KING OF NAPLES）

费尔南多二世生于 1810 年，当时波旁王室正被流放在西西里，费尔南多在 1830 年父亲去世后成为国王。他是一个多疑、迷信、虔诚的天主教徒，不断遭受臣民的咒骂；1848 年面对着国内风起云涌的反叛，费尔南多二世很快就失去了对西西里的控制。庇护九世在同一年稍晚时候出人意料地在他的王国内现身，被证明是一个天赐的礼物，这让费尔南多二世能够将自己塑造成基督教的伟大捍卫者。他并不乐见教宗返回罗马。

奥地利人
莫里茨·埃斯特哈齐伯爵
（COUNT MORITZ ESTERHÁZY）

莫里茨·埃斯特哈齐 1807 年出生于维也纳，在 1845~1848 年间担任奥地利驻海牙大使。他在 1849 年 1 月被任命为奥地利驻罗马教廷（Holy See）大使；此后数月，因罗马发生了反奥运动，维也纳从罗马撤回了大使。埃斯特哈齐伯爵是顽固的保守派，他激烈地反对任何与罗马共和国的妥协。他将对枢机主教安东内利和庇护九世产生强烈的影响。

克莱门斯·冯·梅特涅侯爵
（PRINCE KLEMENS VON METTERNICH）

当 1773 年克莱门斯·冯·梅特涅出生时，梅特涅家族在莱茵兰（Rhineland）握有 75 平方英里的地产。他在 1809 年被奥地利皇帝任命为外交大臣，后于 1821 年成为奥地利帝国首相，并效力到 1848 年初。维也纳三月革命后，他遭到流放。梅特涅贬低意大利仅仅是"一个地理上的名词"，他寻求保卫欧洲大陆上稳定的保守统治。梅氏将庇护九世最初想要赢得公众认可的意愿看成致命的危险。按照梅氏自己的说法，自由派之教宗乃不可能之事。

费里克斯·施瓦岑贝格侯爵
（PRINCE FELIX SCHWARZENBERG）

费里克斯·施瓦岑贝格出生于 1800 年，是一位奥地利贵族的次子。他早年从军且在一些欧洲大城市从事外交事务，后在 1848 年战争中于意大利北部为奥地利军队效力。他在 1848 年 11 月被任命为奥地利帝国总理，施瓦岑贝格侯爵于任内经历了奥地利帝国各地爆发的反叛和镇压。他将指导奥地利为教宗重新夺回教宗国而努力，并要打消庇护九世的任何偏向改革道路的念头。

法兰西人
阿希尔·巴拉杰·迪里埃将军
（GENERAL ACHILLE BARAGUEY D'HILLIERS）

1849 年 11 月，路易－拿破仑急于将所有在罗马的法军任务托付给一位将军，于是他任命 54 岁的阿希尔·巴拉杰·迪里埃担任驻罗马教廷大使和法军在罗马的首领。迪里埃将军是阿尔及利亚殖民战争中的老兵，对于共和原则十分反感，他对教宗对法国的做法非常愤怒。他将留守罗马直至 1850 年 5 月。

路易－拿破仑·波拿巴
（LOUIS-NAPOLEON BONAPARTE）

路易—拿破仑·波拿巴①生于 1808 年，他是拿破仑·波拿巴的四弟荷兰国王路易·波拿巴的儿子。自青年时起，他每年的冬天和春天都住在罗马。他参与了 1831 年反对教宗的叛乱，后被放逐至瑞士。在布洛涅（Boulogne）组织了一次未遂的兵变后，他于 1840~1846 年被关押在法国的一座堡垒中，最终他越狱成功逃往伦敦。在两年后的 1848 年，当巴黎爆发革命后，路易—拿破仑经选举进入法国制宪会议。同年 12 月，他当选法国总统。顶着家族姓氏的光环——却没什么其他本领——他渴望扮演能恢复法国逝去荣耀的角色。讽刺的是，这位从前反叛过教宗国的敌人不得不考虑是否要成为教宗的守护者。

弗朗西斯科·德·科瑟尔勒
（FRANCISQUE DE CORCELLE）

科瑟尔勒生于 1802 年，娶了拉法叶将军（General Lafayette）的孙女。科瑟尔勒在法国七月王朝中被选为自由派的代表，从 1839 年效力至 1848 年革命爆发。他也在新的法兰

---

① 路易－拿破仑·波拿巴即后来的"拿破仑三世"，该称号是他任法兰西第二帝国皇帝时的头衔，但在本书的大部分篇幅中他仍是法兰西第二共和国总统。因此，本书在他称帝前将不使用多数读者较为熟悉的"拿破仑三世"予以指代。（本书脚注分两种，*为原书页下注，①等圈码为译者注或编者注。除特殊情况外，后不再说明。）

西第二共和国随之而来的制宪会议中效力。1848 年 11 月，他起初被政府派往罗马去解救教宗并将其带往法国，后以好友托克维尔（Tocqueville）的密使身份回到罗马，进而成为驻罗马教廷的法国特使，从 1849 年 6 月效力至同年 11 月。科瑟尔勒是一名坚定的天主教徒，后来他对托克维尔的愤怒与日俱增，认定后者对教宗的批判大大超出了限度。

爱德华·杜伊·德·路易
（ÉDOUARD DROUYN DE LHUYS）

爱德华·杜伊·德·路易 1805 年出生于一个富有的贵族家庭，他最先的外派经历是作为驻海牙的外交官，随后去了马德里。1848 年 12 月路易－拿破仑刚刚被选为总统后不久，就任命他为制宪会议代表和外交部部长。虽然他反对法国对罗马的军事介入，但最终仍遭否决。杜伊力劝他的外交官能够说服教宗继续早先的改革道路，但是这种努力还是无疾而终。托克维尔在 1849 年 6 月初取代他成为新的外交部部长。

阿尔弗雷德·德·法鲁伯爵
（COUNT ALFRED DE FALLOUX）

阿尔弗雷德·德·法鲁生于 1811 年，职业生涯早期是一名保守派天主教记者，在 1848 年法国革命后被选为制宪会议代表。同年 12 月，路易－拿破仑寻求保守派天主教徒的支持，任命他为公共教育和宗教事务部部长。法鲁在内阁的每一场会议中都强烈要求法军介入，以重建教宗在罗马的权力。据托克维尔的回忆录称，法鲁就是内阁中天主教会的代表。

弗朗索瓦·哈考特公爵
(DUKE FRANÇOIS HARCOURT)

弗朗索瓦·哈考特1786年出生于一个有名望的贵族家庭，后担任军官直至1820年，他在1831年成为法国驻马德里大使，后来则是驻君士坦丁堡大使。随着第二共和国的建立，他被任命为驻罗马教廷大使并于1848年抵达罗马。哈考特遭到欺骗以为教宗想要前往法国获得庇护，于是努力参与了教宗在当年11月的逃亡行动。此后，他越来越多地批评教宗投向奥地利和反改革势力的怀抱，并发现自己已越发处于孤立境地。最终，他在1849年7月被从罗马召回。

费迪南德·德·雷赛布
(FERDINAND DE LESSEPS)

雷赛布1805年出生在凡尔赛，在外交领域任职广泛，并于1849年5月受法国政府召唤任驻罗马特使，负责磋商并结束冲突。缘于本国政府口是心非、表里不一，雷赛布发现自己努力让罗马共和国首脑们达成和平协议的努力已被蚕食。

夏尔·乌迪诺将军
(GENERAL CHARLES OUDINOT)

夏尔·乌迪诺生于1791年，父亲是法兰西第一帝国元帅。他军旅一生，早年曾参加过拿破仑战争的最后几场战役。1849年4月，路易－拿破仑派他来指挥夺取罗马的法国军队，但当月末即遭受了耻辱性的失利，他急于挽回荣誉。外交部部长托克维尔和驻罗马的法国公使科瑟尔勒都很瞧不起他；1849年8月，乌迪诺被撤销了罗马的指挥权。

阿方塞·德·雷内瓦尔
（ALPHONSE DE RAYNEVAL）

阿方塞·德·雷内瓦尔出生于1813年，是一名终身外交官。其外交生涯发轫于1833年担任驻马德里的法国大使馆随员。1839~1844年，他担任驻罗马教廷的法国大使馆第一秘书，此后四年他又为法国驻圣彼得堡大使馆效力。1848年6月，雷内瓦尔被任命为驻那不勒斯王国大使，在这个位置上，他发现自己要处理教宗出人意料地在五个月后来到那不勒斯王国所造成的危机。雷氏不厌其烦地劝说教宗要和人民接触并承诺改革，进而面临着枢机主教以及反对他的大使同僚们的怨恨。1850年5月，他顶替巴拉杰成为法国驻罗马教廷大使，并效力至1857年。

佩莱格里诺·罗西
（PELLEGRINO ROSSI）

佩莱格里诺·罗西1787年出生于卡拉拉（Carrara），是一名低调商人的儿子。他最初的职业是律师和博洛尼亚大学（University of Bologna）的法律教授，随后在瑞士生活了13年，撰写政治经济学方面的著作，并在瑞士的立法机构中效力，后来他接受了索邦大学（Sorbonne University）的教职并搬往巴黎。1845年，虽然他对宗教问题毫不关心的态度广为人知，但他还是以法国驻罗马教廷公使的身份前往罗马。后来，在法国二月革命后的1848年三月革命期间他被解除了大使职务，但仅过半年，庇护九世就任命罗西为教宗国政府的首领大臣，此举令法国政府十分惊诧且大大惹恼了奥地利人。最终，等待罗西的将是死于非命。

路易·德·罗斯托兰将军
（ GENERAL LOUIS DE ROSTOLAN ）

路易·德·罗斯托兰出生于 1791 年，是法国在阿尔及利亚战争中的老兵。罗斯托兰曾在乌迪诺将军麾下效力并参加了 1849 年对罗马的进攻，当年 8 月，他接到命令顶替乌迪诺成为法军在罗马的指挥官。罗氏很快就会发现，他和想要对教宗采取强硬态度的法国总统总是针锋相对。

亚历西斯·德·托克维尔
（ ALEXIS DE TOCQUEVILLE ）

亚历西斯·德·托克维尔 1805 年出生于一个法国贵族家庭，后以《论美国的民主》（*Democracy in America*）蜚声国际。这本书是基于他 1830~1831 年在美国旅行的九个月经历写成的。他在 1839 年被选入众议院，并帮助起草完成了法兰西第二共和国在 1848 年革命浪潮中诞生的宪法。他在 1848 年 6 月初被路易—拿破仑任命为外交部部长，此时法军正按兵不动，停止攻打罗马，托克维尔本人则十分不愿看到宪法统治的崩解和教宗神权的重建。

/ 序 幕

在罗马高大宏伟的奎里纳莱宫（Quirinal Palace）里，教宗庇护九世（Pope Pius IX）正忧心忡忡地盘算着自己的出逃计划可能会遭遇一场灾难。一个多星期之前，有上千名罗马市民包围了奎里纳莱宫，要求民选政府并结束圣职统治（priestly rule）。有人还把大炮推进了广场，并瞄准了宫殿的入口。教宗的贵族侍卫们和平日里身穿中世纪制服、簇拥在侧的罗马贵族们已然抛弃了他，顾虑各自的性命逃之夭夭了。枢机主教们也同样如此，他们逃离了罗马，还指责是教宗拖累了他们的生活。当那天的抗议人群开始放火点燃奎里纳莱宫的大门时，瑞士卫队（Swiss Guard）的几名卫兵竭尽全力地保护着那些正在救火的教宗随从。市民卫队（Civic Guard）成员手中的步枪（即来复枪）已经上了膛，这支由罗马上层社会组成的队伍爬上了相邻建筑的屋顶并朝着宫殿射击。当时教宗的拉丁文秘书帕尔玛蒙席（Monsignor Palma）正在窗边俯瞰下面的混乱局面，一颗子弹正好打中了他的胸口，他的尸体倒在了大理石地板上。罗马城已经在教宗的掌控下度过了上千年。现在，当革命激情席卷着欧洲的大部分土地，教宗在大地上的王国好像也寿数无多了。[1]

教宗的失败来得如此迅捷。他于 1846 年获选，在条状的意大利半岛的教宗国（Papal States）境内，他本是受到欢迎的英雄。1848 年 3 月，他已经给臣民们带来了一部宪法，赋予了人们祖祖辈辈都难以想象的权利。规模超大的人群高喊着"教宗万岁！（Viva il Papa！）"，如潮水般涌入了奎里纳莱广场。教宗经受不住人群的热情，迈步走到了阳台上，接受热情人群的欢呼和赞美。当他举起那受到祝福的手臂时，在下方聚集的过万人群双膝跪地，接受教宗的祈福。在那个夜晚，街灯放射出节日般的光芒，人群在罗马的鹅卵石街道上游行而过。四目之下，每个广场上都有人群聚集，共有上千罗马市民聚到一处赞美着他们所爱戴的教宗。[2]

在此后的几个月中发生了很多事情。那是 1848 年 11 月 24 日星期五的下午 5 点，教宗逃跑的时候到了。在奎里纳莱宫外，法国驻罗马教廷的矮个子大使哈考特公爵（Duke Harcourt）跨出了他奢华的马车车厢，走进了宫殿大门，准备要演好他所扮演的角色。

"教宗的权威，"按照这位大使一周以来的观察，"已名存实亡了。"实际上，庇护九世是一个囚犯，他的宫殿如今被心怀敌意的市民卫队所包围。教宗应该能够成功逃离，这位大使已经回报巴黎，教宗将很乐意前往马赛，因此，法国政府不该浪费一分一秒的时间，应赶快安排一场合适的欢迎大会。[3]

当大使走进庇护九世正在等候他的书房时，房门在他身后关上了。教宗知道大使的幽默和平易近人的风度，但此刻时值紧要关头。自从九天前反叛者割断了首领大臣的喉咙后，教宗还从未离开过奎里纳莱宫一步。而教宗的管家贝内迪托·菲利帕尼伯爵（Count Benedetto Filippani）则从另外一扇门中走了进来。教宗和伯爵赶快进了旁边的教宗卧室。在这个房间里，在这位贵族的帮助下，教宗脱下了他的白色长袍和红鞋。虽然菲利帕尼催促他快一点，但教宗仍弯下身躯跪了下来，面对着桌子上的十字架作最终的祈祷。"上帝啊，请给予我仁慈，在你的慈爱和怜悯之下除去我的过错。"伴随着管家已然刻不容缓的催促，教宗说了一句《圣经》中的话："你们心灵虽然愿意，肉体却是软弱的。（Spiritus quidem promptus est，caro autem infirma.）①"[4]

---

① 本书《圣经》译文均引自 2002 年出版的"新译本"。

他穿上了放在床上的衣服：一件黑色的教士服，以及一双黑袜子和黑鞋。在戴上松软的黑色教士帽之前，他在头发上抹了一些白色粉末。最后，他把厚厚的墨镜戴在了鼻梁上。"我看起来就像是个乡村神甫"，他照着镜子说。

法国大使独自坐在教宗的接待室里，一个人自言自语，想要让任何墙外的人以为教宗仍在和他说话。与此同时，庇护九世和菲利帕尼拿着一根蜡烛走出旁门并穿过教宗的王座间。在走廊的尽头，他们盼着仆人把通向秘密通道的钥匙交出来，好让他们从那里逃脱。但是这个仆人并没有出现。"我的上帝，"教宗小声嘟囔着，"出师不利。"菲利帕尼跑去找钥匙，教宗站在黑暗中，念念有词地小声祈祷着。

菲利帕尼回来了，他手上拿着钥匙，两人随即穿过那扇门并走向位于楼道尽头的门廊。当他们的身影渐渐模糊，新的障碍出现了。奎里纳莱宫殿外部大门的所有钥匙都掌握在市民卫队手中，但教宗一行人已经提前发现有一扇门的锁是坏的，只要两个人各站一边用力就能够把锁抬起来。教宗的一个仆人在楼道尽头等候他们，另有一个仆人在门外守候。他们敲了敲门，以暗示门外的仆人。如果得到三声回敲声，就代表巡逻的人不在附近，但回传只有两声。市民卫队成员正路过这里。在一阵紧张的等待后，教宗才放下心来，他听到了三下敲门声。当门打开时，仆人俯身接受教宗的祝福。

在庭院中，菲利帕尼帮助教宗登上了马车。他大声地指挥车夫说："到我家去！"当遮下盖布的马车走到宫殿大门的守卫处时，管家从窗户探出头来和门卫打招呼，以此来让他们难以看到他旁边的人。"晚上好，菲利帕尼。"守卫们回应道，并招手让他们通行。为了进一步的伪装，教宗在脸上捂着一块大手绢仿佛正要打喷嚏。

当他们远离了宫殿后，马车从往菲利帕尼家的方向掉转车头，前往位于罗马另一端的教堂。在那里，有一辆小马车正在等候，马车的主人是巴伐利亚王国驻罗马教廷大使，他正心急如焚地等待着教宗等人，紧握着藏在口袋中的手枪。

教宗进了巴伐利亚大使的马车后，马车即刻穿过铺满鹅卵石的大街向城门驶去。

虔诚又心地善良，教宗从来就不喜欢身处政治世界。现在，当他沉思前程，实在想不出自己还能否回到罗马城。至于他要去向何方，没有几个人知道。法国大使已经说服了教宗起程前往法国。西班牙大使也曾建议他到西班牙去。但是教宗现在坐在巴伐利亚大使的马车里，在大使脑海中的，则是一个十分不一样的目的地。[5]

第一部分　**受爱戴的人**

如果那些在 1846 年选了不被看好的乔瓦尼·马斯泰·费雷提（Giovanni Mastai Ferretti）担任教宗的枢机主教们得知他将成为现代史上最重要的教宗的话，他们一定会大吃一惊。在革命浪潮席卷 19 世纪中叶的欧洲时，教宗先是在意大利被赞颂为国民英雄、救世主以及上千篇诗歌和文章赞美的对象。但是在一刹那间，欢乐的赞美声就变成了"卖国贼"的怒吼，人们甚至高喊着要杀死教宗。这时是欧洲的变革时代。工业化打乱了旧秩序，交通工具的发展让革命如燎原之火蔓延各地，人们越来越怀疑以宗教为归宿的社会秩序。教宗庇护九世将在一瞬间面对这些令人眼花缭乱的变革，他将愈发感受到失控的恐惧。教宗本人是一个天性慈爱的人，他信仰坚定、虔诚，却缺乏理解正让世界发生转变的巨大力量的能力。在庇护九世（Pio Nono）* 的绝望中，现代意义上的罗马天主教会得以成形。

他将是最后一位教宗—国王（Pope-King），这种延续了上千年的双重角色和以教会律法为支柱的欧洲政治秩序即将崩塌。教宗在大地上的王国也即将崩解，这标志着欧洲变革已来到关键时刻，这场革命起源于 100 多年前开始传播的**被统治者同意**和**政教分离**的激进理念。这样的重大变革既不会轻易到来，也不会缺少付出流血的代价。

/ 004

1848 年横扫欧洲的革命标志着上百年来在欧陆大部分地区实行的贵族政权开始谢幕。在那一年中，很多这样的贵族政权仍

---

* 这是意大利人谈到庇护九世时的称呼。

将存活下来，那些心慌意乱的统治者也能回到他们的都城，但此后的一切都已不再一样。神权和王朝统治的余年已经屈指可数，从巴勒莫（Palermo）到威尼斯的人民，从巴黎到维也纳的人民，已经陶醉地瞥见了一种非常不同的生活——不是作为臣民，而是作为被赋予了力量的公民。

没有哪一个地方的跨时代变动要比在罗马来得更具戏剧性。罗马，这座"永恒之城（Eternal City）"是教宗国的国都。没有哪个城市发生的事会比在罗马城内发生的事件产生更大的国际回响，当大西洋两岸数以百万的天主教徒焦虑地追踪着教宗权威崩坏和他冒险逃亡的报道时，并没有什么人能预料到教宗权力的末日竟然如此的迫近。

*

庇护九世的前任是教宗格里高利十六世（Pope Gregory XVI），此人没有什么吸引力。他是一名苦修士，生于意大利北部伦巴第的一个地方贵族家庭，长着高耸的鼻子，嘴唇下弯，呈现着一副永远不变的皱眉表情。他脸上的恶性肿瘤疤痕让事情变得更为糟糕——摘除肿瘤给他留下了一个难看的伤疤。格里高利为自己赢得了反对一切新事物的名声。他反对在自己的国境内修建铁路，也禁止臣民参加当时欧洲各地都在增加的科学会议。在他的眼中，教宗国被这样统治下去既恰当又合宜，但实际情况是国家腐败、管理失效，并且看起来他那 300 万愤怒的臣民并不会带来什么麻烦。[1]

贫困包围着乡村，但奢华的 16~17 世纪的贵族宫殿和主教宫殿给许多罗马市民提供了工作。罗马民众并不认为贵族和主教之间具有多大的分别，这是因为这些主教通常是贵族们的年轻子嗣，而年纪大一些的儿子则会继承父辈的头衔和地产。几百年来，教宗们也常常出身于类似的家族。

虽然有富有的贵族、布满壁画的绚丽宫殿以及很多城市都拥有的宏伟教堂，但是基督教世界的首都却是一幅惨淡景象。城墙内将近一半的土地都无人耕种。点缀在这些荒地之间的是偶尔出现的一簇簇石松树和低矮的葡萄园，它们紧挨着被日光暴晒的古代温泉浴场、渡槽和教堂遗迹。蛇行流淌过城市的台伯河（Tiber River，也译"特韦雷河"）把城市分成小小的右岸和较大的左岸。右岸的北部坐落着梵蒂冈的宫殿，南部是特拉斯提弗列（Trastevere）的简朴民居。在左岸，坐落着罗马城的主要地标建筑和古代遗迹。沿着河岸，身披绿色斗篷的牧羊人看着他们的山羊吃草，喝台伯河发臭的黄色河水。而雨后，污泥会从罗马城破损的鹅卵石街道里渗出来，让步行甚至马车行驶变得危险。到访罗马的沙俄作家、社会改革家亚历山大·赫尔岑（Alexander Herzen）曾说："你得习惯罗马，"并补充说，"它的优点并不明显。在城市的外面有一些老旧、陈腐、荒凉的地方；它的街道晦暗，宫殿阴郁。"[2]

穷人狭窄、潮湿的住所里没有灶台，所以人们要在户外生火做饭，这让街巷里充斥着水煮西兰花的刺鼻味道。美国雕塑家威廉·维特默·史都瑞（William Wetmore Story）回忆说："猫在这里的穷苦人眼中是一种可口的食物。如果你有一只肥的，最好看紧一点，否则一定被偷。"[3]

从古代万神殿向外延伸的是错综复杂的狭窄巷弄，沿街上有露天肉市，市场里人头攒动，有各种营生。建筑物上垂下来很多绳子，女人将水桶系在绳子上，在肉摊的遮雨棚上拉动，各种商品悬在人们的头顶上。若不是垃圾的恶臭、灰尘、羽毛和洒在地上的脏水，也许这样的情景还能算是令人愉快。屠夫们在人群中挤开一条去路，他们穿着血迹斑斑的罩衫，手推车里放着在城根处宰杀的牛；而那些略小一些的牲口，如山羊、绵羊和猪则被放在了店外。鸡、火鸡、鸭子和鹅在禽栏里叽叽喳喳地叫着，男男女女坐在附近拾掇禽肉，把它们的羽毛剔下来扔到一个大篮子里。当他们把每只禽鸟拾掇完，便会向它们的嘴里吹气，使身体肿胀，然后再挂起来出售。

在星期三和星期六，巨大的椭圆形纳沃纳广场（Piazza Navona）上会聚集起罗马主要的蔬果摊贩，市场里的顾客摩肩接踵，他们精打细算地挑选当季食材。蘑菇会特别引人关注，因为多年来毒蘑菇已经让不止一位枢机主教身亡，其他身亡的人还包括许多微不足道的罗马市民。现在，任何蘑菇在出售前，都会有一名罗马官员给袋子盖上许可印章。

剃头匠也会出现在市场里，罗马到处都是露天营业的剃头匠。当顾客坐下来准备刮面时，剃头师傅会用挂在椅子后面的皮条把剃刀磨得锃亮，随后手脚麻利地完成工作。下一位顾客，正牙疼得要命，有可能会在这里拔牙，如果感觉不适，也可以在这里接受放血疗法。⁴

但是最让那些来到这座永恒之城的访客目瞪口呆的既不是市场，也不是成群的乞丐——这种事在欧洲其他城市随处可见——而是无所不在的教堂和司铎（priest，即神甫）。有 17 万人口的罗马城，约有 400 座教堂，大多数都有着富丽堂皇的装饰。这些教堂里可能有 3500 名司铎和修士（monk），同时还有 1500 名修女（nun），她们大都住在修道院里。教会的职位早已五花八门得令人眼花缭乱。许多托钵会（Mendicant Religious

Orders）① 修士几乎让人无法将他们和浑身发臭、衣衫褴褛的乞丐分辨开来，那些乞丐会央求路过的人能够施舍。对比之下，上层圣职（upper clergy）则是教会中的王公贵族。他们住在灯火辉煌的地方，占据着政府中所有的最高职位并控制着最好的农田，这些土地会出产占据教宗国一半的农业财富，然而他们却不用交税。高级教士（prelate，也称"教长"）掌管着公共金库，但他们把这些财产视作教会而不是公众的。他们还掌管所有的学校、法庭和警局。"一位枢机主教，"据法国大使观察，"在罗马是王公，在乡下是地主。"

至于下层圣职（lower clergy）——司铎、修士、托钵僧（friar）和修女——则是另外一回事。在大部分情形下，他们来自卑微的家庭，没受过什么教育，尤其是在偏远之地，他们的生活也是相当贫困的。国都的堂区司铎则是一个例外，因为他们享有部分来自宗教婚姻和政治权威方面的权力。当人们在罗马的街道上遇到一位堂区司铎时，男人们会脱帽致敬，女人和小孩则会亲吻他的手。这些司铎可以随心所欲地在任何时候进入堂区内的任何一间房子以检查教会圣训是否得到了遵守。他们雇佣探子并命令警察搜查住家、抓人，进而把胆敢冒犯的人拖去地牢。那些被关押的人通常在好几个月之后才被带到法庭里，到时在他们面前的法官本身也是司铎。在这样的法庭上，堂区司铎的证词就像是福音书一样被对待。罗马市民可能会被指控犯有通奸、鸡奸，或是辱骂他人，或是没能在大斋期间守住肉戒等罪行。所有的这一切，当

---

① 也称"乞食修会"，旧译"托钵僧团"，创立于 13 世纪初，以云游布道、托钵乞食的方式区别于其他修会组织。主要派别有方济会和多明我会，并和奥古斯丁会及加尔默罗会合称天主教四大托钵修会。

然了，不会让圣职得到人民的爱戴，也不会让人们支持他们口中的"圣职统治"延续下去。[5]

堂区司铎是罗马街道上十分引人注目的人物，他们戴着毛茸茸的黑色三角帽，帽子边沿处向上折叠，在头顶上方形成一个沉重的伞形。他们穿着系有明显扣环的黑鞋，露出小腿上的黑色短裤，身上有黑色的及膝长袍，扣子一直扣到肚子。为了增强效果，还有很多人拿手杖，手杖的上头有一枚亮闪闪的金属头。这样的司铎仍旧属于下层圣职中的精英人士。其他人，普通的司铎和修士则带着妒忌的眼光仰望上层圣职。他们是圣职中的最下层，和教宗国的底层人民一样，对教会精英所拥有的财富和权力心怀愤恨。[6]

当枢机主教们乘坐奢华无比的马车穿过大街小巷时，他们会路过那些遍及各地的乞丐身旁，这些乞丐在每一个街角、每一座广场、每一尊纪念碑和每一处教堂门口乞讨，他们也在餐厅门前乞求施舍。据一位法国的访客观察："没有什么地方的乞丐比罗马的更愤世嫉俗、厚颜无耻。他不是在要求你的帮忙，而是好像他有权行乞，他总是以圣母的名义提要求，或是以最神圣的圣物的名义，或者是以炼狱中灵魂的名义提出行乞的要求，当他亲吻手上拿的盒子上的圣母像时，他要求你行善举，就好像你欠他什么似的。"[7]

然而，虽然罗马市民愤恨他们堂区司铎的权力和枢机主教铺张的财富，但他们也有属于自己的虔诚信教的方式。每个住家和每家店铺都有圣母像，在圣母像的下面至少会有一盏从不熄灭的油灯。每个家庭都有他们虔信的某个圣徒，每个住家的户主都属于某个宗教团体。当时的一个法国人观察道："罗马市民，他们因习惯而践行宗教，他们害怕地狱，也害怕他们的堂区司铎，"他还补充说，这些人会毫不犹豫地蒙骗一个外国人，或是在盛怒下杀死他的邻居，"至于缺席星期日的弥撒，或错过圣徒纪念日以及在星期五吃肉，则是绝不会发生的事儿。"[8]

*

历任教宗已经统治教宗国上千年，他们的领土范围曾经呈现过破碎、流动的状态，因此他们努力地运用军事手段和外交手段来扩大自己的领地。在格里高利十六世时，教宗国的领土从费拉拉（Ferrara）延伸到北方的博洛尼亚（Bologna），在东南方向囊括了托斯卡纳大公国（Grand Duchy of Tuscany），并由此包括了亚得里亚海岸的长条形地带，其中包括安科纳港（Port of Ancona）。从托斯卡纳以南位于意大利西海岸的第勒尼安海（Tyrrhenian Sea）开始，教宗的土地一直向南延伸，经过罗马并囊括了一系列小城。在北边，教宗国与奥地利人的伦巴第－威尼托王国（Kingdom of Lombardy-Veneto）接壤；在南边，则与那不勒斯王国（Kingdom of Naples）接壤。* 总而言之，教宗国的领土只占今日意大利国土面积的14%，但是它位于半岛的正中心；而其300万人口中主要是不识字的农民，这些人以务农为生。

已经在欧洲北部改变了人们生活的技术发明在教宗国里很少露面。这里很少有工厂，也没有火车。但是这种落后状态却属假性。几十年来，教宗统治的古老真理一直遭受着攻击。在法国大革命的理念以及后来在拿破仑和法国军队影响的传播浪潮下，人们开始质疑是上帝制定了这种社会层级的观念，人们不再像以前那样对此深信不疑，因而越来越愤恨享有特权的圣职和贵族。在

---

* 此处使用的是简化后的王国名称，当时的正式称谓是两西西里王国（Kingdom of the Two Sicilies）。

君权神授的意识形态里，国王是上帝而不是人民选择的，因此任何打算推翻国王的企图都是逆天的亵渎和对上帝的攻击。但是有一种新的、具有颠覆性的政治理论正被传播开来。在这种思想观念中，最高权威并非源于统治者，而是源自人民。一个教宗—国王，掌控着军队和警察力量，已经越来越被人们看作中世纪的老古董。因为教宗是全世界天主教信徒心中恰当的"圣父（Holy Father）"，对很多人来说，他没有当国王的职责，同样的，那些人也认为司铎们并不具有管理警察和法庭的职责。

和这种启蒙思想所推动的观念一道席卷欧洲的还有另外一种新的、强大的信条——民族主义（Nationalism，也译"国族主义"）。当时的意大利半岛有很多分裂的国家，有如一块块的补丁，有各种王国、帝国领地和公国。许多这样的政权都处在奥地利帝国的直接或间接统治之下。在越来越多的民族主义者眼中，意大利应该得到统一，外国军队和外国统治者均不应该出现在这里。

*

虽然教宗格里高利十六世早已不再年轻，但是他的故去对很多人来说仍旧太过突然，因为他并没有生病。在 1846 年 5 月末，他的左腿先是恼人地发炎肿胀，随后病情立即恶化，到了 6 月 1 日早晨，教宗驾崩了。[9]

好几个世纪以来，教宗驾崩不仅会在精英人士中引起激烈的影响力争夺，而且常常会引发民众暴动。格里高利十六世是在十五年前当选的，当时暴动的迹象已经浮现出来。在加冕典礼上，教宗国第二大城市博洛尼亚爆发起义的消息传到了罗马。很快，教宗国的整个北方地区都燃起了起义的焰火，一个又一个的城市相继宣布脱离教宗统治。多亏了奥地利军队迅速出动，旧秩序才得到了维护。现在，十五年过去了，政教合一的神权政治（theocracy）看起来稳固极了。枢机主教仍旧是政府主要部门的首脑，在此之下，仍然是一张由主教、司铎和修士组成的网铺在重要的政府位置之上，他们垄断了教育和法庭上的法官席位，这让宗教和民事政务之间没有多少差别。伦敦的《泰晤士报》（Times）曾预测，格里高利十六世的继任者若不依靠奥地利军队的维护，则将无法安稳地统治超过半年。[10]

考虑到格里高利十六世激烈地反对一切现代事物的名声，没过多久，取笑他死去的各种笑话就在罗马城内传开了。其中有一则述及，当他来到圣彼得的天堂门前时，已经累得走不动了。

"还有多远要走？"筋疲力尽的教宗问。

"呵呵，"圣彼得回答道，"要是允许修铁路的话，你早就到了！"[11]

*

欧洲主要国家都由君主统治——法国和普鲁士有国王，西班牙有女王，奥地利有皇帝，俄国有沙皇。小一些的国家也是这样，它们由王室或和王室有联系的家族统治：葡萄牙、那不勒斯、瑞典、比利时、丹麦以及托斯卡纳大公国。

当格里高利十六世的葬礼正在罗马举行时，这些统治者的宫廷正在争论着继任的新教宗所必需的品质。对三个天主教国家，即奥地利、法国和西班牙的君主来说，这样的争论无异于白费口舌，因为几百年来，这三位君主都有否决他们不同意的教宗候选人的否决权。在他们之中，有一位特别重要的人——

奥地利首相克莱门斯·冯·梅特涅侯爵（Prince Klemens von Metternich）。在过去的二十五年中，每当有教宗国的人民起义，他都会派奥军前去匡扶教宗统治。梅特涅对自己充满了信心，他在回忆录中曾说道："我禁不住每日都向自己重复20次。哦上帝啊！我是多么正确，他们是多么大错特错啊！"这位身材高大，有蓝色眼睛，留着一头浅色背头鬈发的侯爵也是一位爱漂亮的花花公子。但是如果花花公子的事迹被放在法庭上的话，宗教法庭的成员们依旧会原谅他，这些人都对他保有深深的敬意。"他不仅是国家最伟大的政治家，"维也纳的教廷大使深信不疑地说，"而且还是最好的天主教徒。"[12]

克莱门斯·冯·梅特涅侯爵

梅特涅曾以年轻的奥地利外交官的身份，主导了1815年的维也纳会议。在弥漫着拿破仑已被打败的气氛的会议里，获胜的各国已经准备好了一张新的欧洲地图。奥地利对伦巴第的统治已然重建起来，威尼斯共和国（Republic of Venice）延续了一千年的统治已经走到尽头，威尼托地区也是如此，被囊括进了奥地利帝国的口袋。奥地利人对意大利、托斯卡纳大公国的影响力得到了进一步巩固，意大利中部规模更小的摩德纳公国（Duchy of Modena）、帕尔马公国（Duchy of Parma）则将被奥地利帝国的皇室成员统治，奥军也将确保教宗得以继续控制他的领土。当时，只剩下位于意大利半岛西北部的撒丁尼亚王国（Kingdom of Sardinia）和撒丁岛仍保持着完全独立的地位，不受奥地利帝国的影响。

对这位奥地利帝国的首相来说，教宗国是欧洲旧秩序的支柱，同样也是稳定的基石，以及让广大民众身处在一小部分富贵人士压迫下的不平等状态中的有力且正当的理由。他在1836年致信比利时国王时曾提醒过：天主教会给欧洲的君主们提供了最有价值的支持。"教会所教导的是人民和他们的统治者之间的相互职责……它教导君权神授……教你紧紧地追随教会和陛下的领导，由此它才会伸出援助之手。"

/ 012

但是梅特涅并不是傻子。他已经意识到时代正在变化，那些没能作出改变的统治者，虽然小心谨慎，仍然下场悲惨。而且教宗国既和奥地利人掌控的伦巴第和威尼托接壤，又和受奥地利控制的托斯卡纳大公国接壤，[①] 这些都是难以驾驭的地方，这样的

---

① 意大利美第奇家族统治托斯卡纳至1737年，由于绝嗣及与哈布斯堡皇室联姻，托斯卡纳于当年划归神圣罗马帝国的哈布斯堡皇朝，神圣罗马帝国解体后由奥地利帝国承继。

现实情况意味着任何教宗国内部的动荡都会给奥地利帝国带来直接的危险。这位奥地利帝国首相打算让教宗捍卫教会的神权政治，但是他也认识到改革的必要。圣职人员对政府的把持必须有所放松，要把有能力的圈外人引入到政府中。[13]

法国是欧洲另一个强大的大陆力量，西班牙早已日薄西山。300 年来，除了拿破仑那几年的短暂例外，法国在和奥地利展开对意大利施加影响力的争夺中总是功败垂成。就像奥地利皇帝一样，法兰西国王路易·菲利普（Louis Philippe）也想让教宗能够保障教宗国的公共秩序。但是他同样也觉得需要有一个改革家来让破败的教宗国政府免于崩塌。按照法国外交大臣所说，这位新教宗，应该要"启蒙开化、谨慎小心、温和稳健……而且尤其不要和任何［欧洲的］势力有所联系。"三位法国的枢机主教被指示要用国王的否决权来反对任何缺少这些特质的候选人。[14]

教宗国的南方邻国是那不勒斯王国，该国掌握的国土包括意大利南部和西西里岛。其君主是波旁王朝的费尔南多二世国王（Bourbon King Ferdinand II），他以臭名昭彰的落后统治控制着叛乱频发的国土。他惶惶不可终日，完全没有安全感，因为他的法国波旁表亲路易十六（Louis XVI）在半个世纪前被砍了头，这件事给他留下了太过鲜活的记忆，始终难以忘却。在他的北方邻国，教宗格里高利十六世的驾崩造成了动荡不安的权力真空。当下亟须的是选出一位新教宗，国王的外交大臣建议道，这位新教宗需要"在政治事务上经验丰富，并且在性格上决断有力"。就像历史即将证明的那样，格里高利十六世的继任者不具备以上任何特质。[15]

在欧洲各处，当权者们认为人民选择自己想要的政府的观念实在是毒害深重而且是乌托邦式的幻想。但是数量越来越多的共和派、社会主义者和自由派人士却并不这么认为。他们认为，或者至少是希望下一位教宗——这个代表着中世纪社会观念的人物——将是最后的一任。

*

权力位于教宗一人之下的枢机主教们组成了枢机主教团（Sacred College），他们既负责教会统治，也有权为死去的教宗选择接班人。有一些枢机主教是从很年轻时就得到了这一身份，这要多亏了他们的贵族出身；另一些人则掌控着遥远的意大利小教区。作为一个群体，这些枢机主教既没有才能，也不了解这个变化中的世界。按照那不勒斯王国驻罗马教廷大使所汇报的他对枢机主教们聚在一起选择新任教宗境况的观察："到目前为止，让我看着这样的讨论真是一件令人头疼的事，他们之间彼此不和，整个会议的气氛弥漫着个人私利的气息，彼此担心着别人的目的不纯。"梅特涅也从罗马得到了类似的回报——这群枢机主教是一群庸才，他们脑子里在意的只是保护自己的特权。让事情更糟糕的是，格里高利教宗把金库花了个精光，政府中充满了没有才能的人，军队也千疮百孔。选定教宗的主教大会冗长且困难重重。[16]

按照习俗，主教大会将在十天的哀悼期后开始。有 54 名枢机主教是意大利人，只有 8 人来自其他地方，他们都是欧洲人，有 3 个法国人，2 个奥地利人，他们比枢机主教团的其余单个成员更加有力。当教宗驾崩的消息传到他们那里，他们要花一段时间赶到罗马，没有一个非意大利枢机主教按时到达，甚至连米兰总主教（Archbishop of Milan）也没有按时抵达，他是奥地利人，手中握着梅特涅交予的否决令。

教宗格里高利十六世的圣座国务卿（也译"国务卿枢机"）是一位七旬老者，名叫鲁伊吉·兰布鲁斯齐尼（Luigi Lambruschini），出身于热那亚的一个贵族家庭，他的家族对枢机主教团最有影响力。就像格里高利一样，他也因苦修的习惯闻名于世，而且他还是一个有贵族举止、冷淡又傲慢的人。在担任热那亚总主教（Archbishop of Genoa）之后，他在 1827 年被派往巴黎担任罗马教廷驻法国大使。在巴黎，他反对国王查理十世（King Charles X）推行改革或自由的任何举动，争辩说听从人民的要求将会削弱上帝旨意下的社会秩序。他尤其警告国王不可以放松对媒体的审查，因为那会让个人权利的煽动性信条扩散开来。当 1830 年七月革命的人民起义结束后，倾向自由派观点的路易·菲利普代替查理十世成了法国的新国王，他随即要求替换掉兰布鲁斯齐尼。

在那之后，兰布鲁斯齐尼晋升为枢机主教，而且在一年后的民众起义后，他发出了最坚定地呼吁奥地利军队介入以恢复教宗国秩序的声音。大多数枢机主教都跟他有着相似的世界观。上帝已然让广大的民众埋头做他们的卑微营生，不要操心政府管理方面的事情。上帝已经把公众的福祉交给了那些放纵却固执的大人们：法兰西国王、奥地利皇帝和教宗国的教宗。政府应要代表民意对于兰布鲁斯齐尼来说是一个再奇怪不过的观念了。他力劝教宗要限制大学的数量，并认为大学是孕育危险的现代观念的温床。他僵硬、专横且孤注一掷地要回到中世纪基督教的灿烂时光；他领导着枢机主教中的反改革派，这些人是"宗教狂热者（zelanti）"。[17]

1846 年 6 月 14 日星期日下午 6 点，一串由豪华马车排成的长队聚集在罗马城中心的圣西尔维斯特圣殿（San Silvestro Church）门前。枢机主教们从各自的马车中走出来参加一场特别的弥撒。在礼拜过后，50 名枢机主教顶着阴郁的天色，在教廷卫兵的簇拥下走向不远街区处的奎里纳莱宫。每位主教都有两个房间，大一点的自己用，小一点的给他的随扈人员，即一名秘书、一名男侍和一名用人使用。所有窗户都关得紧紧的，谨防任何对外交流。

随后，每一位枢机主教都会得到外国使节和罗马贵族的到访，他们每个人渴望着阿谀几句，也许还能对枢机主教们施加一些影响。到了晚上 11 点钟，仪式性的"其他人离开！（Extra omnes！）"清场喊话将重复三次。所有的门都会关起来并将枢机主教和随扈们锁在里面。为避免在教宗缺任期间罗马街道上常常出现的暴力事件，瑞士卫队被分配到聚集在奎里纳莱宫对面的广场上的围观人群中，而很多路障则将附近的街区和广场阻隔起来。[18]

投票将于第二天早晨在保禄礼拜堂（Paolina Chapel）举行。和梵蒂冈著名的西斯廷礼拜堂（Sistine Chapel）相似，保禄礼拜堂的墙上也有整面的湿壁画，拱形的天花板有 20 米高。顺着每个墙面，都有一列有华盖顶的宝座，每个枢机主教都有一个这样的座位，上面有一张装有鹅毛笔、墨水瓶和纸的小桌子。在礼拜堂的一端，顶上有高高的祭坛，上面有点燃的蜡烛和精工细作的编织挂毯。在它下面有三个枢机主教的座位，这三个人是每个投票箱的唱票人，他们将朗声读出票面内容。[19]

选举要求是要有三分之二的多数票，没人知道要花多长时间才能到达这样的一个令人紧张的关口。虽然没有要求说新的教宗要来自于枢机主教团，但是自14世纪以来，从来没有枢机主教以外的人选当选过教宗。随后，所有人的目光都将聚焦在那些与会者中。有两拨人准备要展开竞逐。一边是保守的宗教狂热派，他们的选择很清晰：他们将依靠兰布鲁斯齐尼来延续他十年圣座国务卿生涯的政策。不那么清晰的事情是谁将会是温和派的人选，这些温和派认为教会必须在某些方面作出调整，以适应时代。

令人惊讶的是，主教大会没过多久就达成了结论。第二个投票箱的结果让形势变得十分明朗，兰布鲁斯齐尼将无法达到所需要的三分之二选票，之前不那么为人所知的枢机主教团成员乔瓦尼·马斯泰·费雷提出人意料地领先了。

马斯泰·费雷提出生于1792年，来自一个位阶不是很高的贵族家庭。他的家乡在塞尼加利亚（Senigallia），是教宗国中部的一个意大利城镇。他小时候患有癫痫症，这使他母亲想让他成为司铎的愿望受到了威胁。当拿破仑的军队横扫教宗国并打垮教廷政府后，有两位教宗相继遭到法军的驱逐，他们被迫离开罗马流亡他处。庇护六世（Pius VI）于1798年离开罗马，次年在法国的瓦朗斯（Valence）驾崩。主教大会选出了他的继任者庇护七世（Pius VII），这次大会并没有在罗马举行，教宗统治在那里已告结束，因此它最终在威尼斯举行。虽然庇护七世在1809年时曾短暂获准回到罗马，但是他仍被法国军队带回了法国。

乔瓦尼·马斯泰在罗马的神学院随后被关闭，他不得不回返家乡。直到拿破仑在1814年战败后，庇护七世才得以回到永恒之城，马斯泰也得以继续他的圣职学业。这种中断的一个结果是，马斯泰本就对追求知识兴趣有限，因此他从不觉得自己对神学和文化事物已经到了精通烂熟的地步。1818年，新近归位的庇护七世认可了他的司铎身份，但有一个前提条件，考虑到他癫痫症的不确定性，他只能在其他圣职的协助下主持弥撒。[20]

1827 年，35 岁的马斯泰从陪同教会前往智利的旅程中归来，他被任命为位于他家乡和罗马中间的斯波莱托的总主教（Archbishop of Spoleto）。在给朋友的一封信中他写道："上帝真是在大地上播撒愉悦，因为他让一个如此卑微的小虫豸得到了如此巨大的殊荣。"

当反抗教廷政府的起义在 1831 年爆发，年轻的总主教最初并没有意识到这个威胁有多么严重。"佩鲁贾（Perugia）、弗里诺（Foligno）、斯波莱托和特尔尼（Terni）的所有［革命］军队加起来也不过只有 500 人，"他这样告知身在罗马的圣座国务卿，"没有制服、没有领导、没有胆识，这群人没本事吓唬任何人……无论教宗国的军队是否已作好了获得胜利的准备，还是这只是一支腐败无能的军队，我都将此事交给我主上帝之手，不作任何评断。"

但是教宗国军队证明了他们无法胜任这项任务，当城镇的市民卫队也加入起义后，马斯泰被迫逃离。他先是在那不勒斯王国避难了将近二十年，后来又不得不再一次逃走。这一次逃离的时间算是短暂，因为奥地利军队很快就重新掌握了局面。在他的归程中，马斯泰心中充满着自我怀疑，要求教宗能够接受他的辞职，提出自己"对圣学经验不足"，"缺乏"最初的使徒们要求主教应该具有的领袖魅力，并且提到了他不定期发作的癫痫症，并称"糟糕的健康状况已经折磨我多年"。[21]

格里高利十六世拒绝了马斯泰的要求，次年便将他派往距博洛尼亚西南方 20 英里远的伊莫拉（Imola）出任主教。在接下来的十年中，他将会为自己赢得公正、讲原则、天性善良，但是在必要问题上坚守立场的名誉。他发现本地司铎们的糟糕品性尤其令人不安。"远离……司铎群体,"他抱怨道,"这些人更像是独狼,简直是耻辱,是害群之马。"他禁止司铎在不穿教士服的情况下出现在公共场合,禁止他们携带武器,要求所有堂区司铎都要居住在教会的宿舍中。

梅特涅侯爵先是在 1842 年从奥地利驻罗马教廷大使的信中听说了刚刚成为枢机主教的马斯泰,他们在信中讨论了格里高利十六世可能的继承人问题。"内部既不想要一个外国人〔教宗国以外的人〕,也不想要一位修士〔即格里高利教宗和兰布鲁斯齐尼枢机主教这样的人〕在下次主教大会上脱颖而出。"22

马斯泰,这位来自小城镇的枢机主教,缺少在教廷中央行政机构罗马教廷(Roman Curia)中勾心斗角的经验。他能够成为教宗人选这件事从某种意义上说是一个奇怪的选择。但是他因幽默、直率和赢得民众支持方面的成功表现得到了所在教区人们的尊重,要知道生活在这个教区的教宗国人民是反对圣职统治的。23

对保守派人士来说,让马斯泰如此有吸引力的正是他的软弱。考虑到马氏对罗马政治世界毫无经验,他们认为,也许这个人将是一个合适的人选,他们可以把他导向正途。

在 6 月 16 日那天,第四个投票箱成了具有决定性意义的一个。马斯泰成了被选定的人选,当负责朗声唱票的三位枢机主教中的一人一个接一个地念出他的名字时,他的声音开始颤抖起来。他要求下台休息,由另外一名枢机主教代替他继续工作。当马斯泰的票数达到三分之二时,枢机主教摇响了铜铃,正式询问马斯泰是否愿意接受选举结果。马斯泰神情激动,走向圣坛,跪了下来,口中小声念着祷词。随后,他缓缓站起,转身对着等待的枢机主教，用拉丁语说出"我接受（Accepto）"。枢机主教们头上的小华盖随后落下，只剩下他的依然敞开。当马斯泰被问到想要选什么名字时，他回答说想要像庇护七世那样被称为庇护九世——将近五十年前，庇护七世正是在伊莫拉主教的位置上被选为教宗的。[24]

*

在选举过后的 6 月 17 日一早，新的宗座回到保禄礼拜堂来接待罗马城的贵族，并允许他们亲吻圣父的脚。圣天使堡（Castel Sant'Angelo）上的礼炮鸣了 11 响以提醒人们即将宣布新任教宗人选，有上千人来到了奎里纳莱宫。在这栋面积超过100 万平方英尺的巨大建筑物正门的上方，通向俯瞰广场的走廊大门已在枢机主教们进入主教大会后被用砖块堵上了。现在工人们要将入口打开，道路通畅后，一队枢机主教列队走出，每人都穿着红色的丝袍。最后，枢机助祭（cardinal deacon）①大步走

---

① 如同教区中的主教（bishop）、司铎 / 神甫（priest）、助祭 / 执事（deacon）的等级划分，《天主教法典》（Canon Law）第 350 条规定，枢机也分三个等级：主教级枢机（the episcopal order，即枢机主教）、司铎级枢机（the presbyteral order，即枢机司铎）、助祭级枢机（the diaconal order，即枢机助祭）。其中主教级枢机原特指罗马市郊七教区的主教，后在 1965 年经教宗保禄六世（Paul VI）裁定，东方礼仪天主教会的宗主教（即牧首）有被列入枢机团的，保留其教区为他们的称号，其位阶与罗马天主教的主教级枢机相同。目前，主教级枢机一般不超过 10 人。司铎级枢机大多担任着世界各大城市教区的总主教（基督新教称大主教）或主教，世俗通称的枢机主教一般指这一位阶。位阶最低的是枢机助祭。1918 年之前，世俗信徒可以不先成为司铎而受封枢机；1918 年之后，《天主教法典》第 351 条明确规定，受封枢机者必须至少是司铎位阶，未升主教的，应先受主教祝礼，担任枢机助祭满十年后方可升任枢机司铎。但实际上，所有的枢机司铎和几乎所有的枢机助祭基本上都来自主教位阶。

向前来宣布新教宗的名号。从前一天晚上开始，关于选举的话题就已在民众间传开了，但是人们并不知道到底是谁当选。在拥挤的人群中，没几个人能听清楚枢机助祭在前面说了什么。而那些听清了的人，很显然的是，他们中没什么人听说过马斯泰是谁。有几声零散的"万岁！（Evviva！）"呼声从广场中响起，有几顶帽子扔上了天空，但是大多数人，有人不解，有人失落，他们都陷入了沉默。

随后，不为人熟悉的穿白袍的人物出现了——他相对年轻，脸上露出慈爱的微笑，和不受爱戴的前任形成了鲜明的对比——他大步迈向了露台。这位新教宗是个美男子，身材中等、胸膛宽阔、头发金黄。他展现的慈祥和易于亲近的感觉很快就迎得了人们的喜爱。教宗的哥哥很喜欢说这句话："如果有人把乔瓦尼切成一百万块，从每一块里，就像是章鱼一样，都会有一个新司铎诞生。"庇护九世举起双手，用有力、清晰的声音祝福信众。那些站得足够近的人看到泪水已流淌在他的脸上。圣天使堡上的巨型礼炮再次鸣响，全城都飘扬着大小教堂摇响的钟声。[25]

那天晚上，所有在罗马的外国使节都点亮了他们宫殿墙上的灯火。法国大使，59岁的佩莱格里诺·罗西（Pellegrino Rossi）连夜给巴黎发讯息，想要报告他在这次新教宗出人意料的迅速选举中扮演了重要的角色。在主教大会开始前的几天，他曾努力和尽可能多的枢机主教交流，向他们强调迅速安抚教宗国人民和选择能够面对现代挑战人选的重要性。虽然他没有特意为这位伊莫拉主教游说，但是他认为马斯泰正是教会所需要的人选。

罗西在当天早上去了奎里纳莱宫问候新教宗。庇护九世的眼睛再一次因情绪而湿润，他握住了罗西的手。大使随后从拥挤的

教宗庇护九世

大厅向外走的时候，和几位枢机主教交谈了几句。他们预计这位新教宗很快就将宣布大赦，释放被关押的政治犯以及宣布在教宗国修建铁路的计划。"如果能通过，"在罗西看来，"我看这里肯定会安定下来。"[26]

鲁道夫·冯·吕佐夫（Rudolf von Lützow）是奥地利大使，他给身在维也纳的梅特涅发去了类似热情洋溢的报告。在斯波莱托和伊莫拉，这位奥地利人回忆称，马斯泰已经知道如何"依靠慈善工作和父母般的慈祥去赢得民众的爱戴，这让他能够在这个充满挑战的时代里统治自己的教区"。吕佐夫也觉得他们可以指望这位新教宗在考虑改革时能够和奥地利进行紧密的协商。[27]收到消息时，梅特涅表达了他的欣喜，既因为枢机主教们作出选择如此之快，也因为最后的结果正如他的心意。他告诉奥地利大使，庇护九世的当选，将会"让所有宗教和秩序之友感到满意，同时也能迅速给那些诋毁天主教会的现世统治（temporal rule），并在给教会贴上时代错乱、与现代文明的需求无法相配的标签的人们中间传播混乱"。新教宗如今所面临的，如奥地利首相梅特涅所看到的，是很大的困难，但是他补充说："无论何时，只要庇护九世要求捍卫教会所拥有的崇高使命，以保持……教会伟大的保守信念，他都将发现，我们奥地利会和他站在一起。"[28]

教宗是在圣彼得大教堂（St. Peter's Basilica，也译"圣伯多禄大殿"）被授予宝冠的。在大教堂里，教团领袖、主教、枢机和上百名教会显要人物都按队列进场。在看起来没有尽头的队伍最后出现的，是庇护九世，他坐在教宗御座上，由12名男仆抬着，周边围绕着贵族侍卫、瑞士卫队和教廷军队的将军们。

法国和奥地利政府对这位新教宗十分满意，但罗马民众的态度仍不明朗。对他们来说，他是一个陌生人。人们聚集在大教堂中参加加冕典礼并向庇护九世表示问候，正如托斯卡纳使节所说的："人们完全冷淡，既没有出声音，也没有鼓掌，更没有表现哪怕是最低限度的喜悦。"新教宗非常渴望能找到方法来赢得他们的心。事实证明这并不难，但困难的是在保持住他们的热爱同时不要毁灭教会。[29]

/ 第 2 章　狐狸与乌鸦

　　教宗国的监狱中关押了上百名政治犯，更多的人则为了避免牢狱之灾而流亡海外。在教宗国里，思想更为启蒙的男男女女面临着严酷的压迫。许多人自十五年前爆发了反对教会统治的大起义后就被关在教宗的黑牢里。事实上，教宗在他加冕后的最初几天中遇到的每一个普通人都告诉他，除了许诺大赦、释放囚犯并允许海外流亡者回国以外，没有别的方式能更好地为他赢得人民的好感了。

　　1846 年 7 月 1 日，新教宗召见了六位重要的枢机主教，想要在作决定前先询问他们的意见。极为保守的兰布鲁斯齐尼争辩着反对教宗出此决策，但是其他几人觉得这是一件好事。7 月 17 日，教宗当选后一个月之后，罗马的城墙上贴出了告示，随后整个教宗国的城镇都接到了圣命：

庇护九世致虔诚的臣民……
我们将给所有近日关押的政治犯施以减刑

犯罪者只需要承诺他们将不再反抗教宗国政府。所有的政治流亡者同样被允许回国，所有目前在审的政治犯也将得到赦免。[1]

　　次日是星期六，罗马市民像潮水一般涌入大街小巷中庆祝。每个街区里都挤满了男男女女组成的庆祝游行队伍，浩浩荡荡地走向教宗宫殿，沿路高喊着献给这位新教宗的赞美之词。在傍晚 7 点时，广场上已聚集了上百人在教宗的窗户外面高喊着"庇护九世万岁！（Viva Pio Nono！）"，面带微笑的教宗走到了阳台上向下面的人群致意并祝福他们。随着越来越多的庆祝人群抵达，他在两个小时后又重复了同样的做法。但是前来庆祝的人越来越多，趋近 20000 人，他们带着长木杆，上面挑着庆祝的手绢和各种手缝的布条，上面画着教宗牧徽或是写着简单的"Viva Pio Nono！"字样。人们手中的火把照亮了整个广场。有乐队在奏乐表演，他们高喊着的赞美这位新教宗的词语飘荡在空中。教宗通常不能在夜晚出现在人群前，但是到了晚上差一刻 11 点时，身穿白袍、头戴红色小帽的教宗再一次现身在阳台上祝福民众。他的臣民们随即流动到周围的街巷，涌入灯火通明的科尔索大道（Corso）挥舞着他们手中的教宗条幅。

星期日一早，节日般的气氛仍在继续。街道已经被堵得水泄不通，鲜花像雨点一样从窗户中飘下，伴随在风中的还有人们对这位新教宗的赞美。当他从举行弥撒的罗马教廷回来时，他的马车无时无刻不被他欣喜若狂的臣民们簇拥围绕着，马车只得慢慢开出一条去路驶向教宗宫殿。人群显然没有打算在目睹教宗真容前就散去，教宗再次从阳台走出来向人群致以祝福。教宗环视人群，看到人们的眼眶中挂着情绪激动的泪水，他努力地忍住自己的泪水。在胸前画过十字后，教宗许出了他的祝福。[2]

"大赦还不是全部，"法国大使佩莱格里诺·罗西观察道，"但这是迈出的一大步。"他更小心地补充道："我希望新的一条道路已经展开，圣父大人将知道如何在这条路上继续下去，尽管有各种障碍一定会出现在他的面前。"在巴黎，法国外交大臣深受鼓舞。在他看来，这位新教宗也许能给风雨飘摇的教宗国带来救赎。[3]

当法国人充满喜悦的时候，奥地利人则正好相反。他们认为这位教宗不应该给予没有限制的大赦，而是应该给那些对罪行表示懊悔的人以有条件的"特赦"。这正是枢机主教兰布鲁斯齐尼所建议的方式。奥地利驻罗马教廷大使鲁道夫·冯·吕佐夫伯爵被事实惊得瞠目，因为教宗既没有事先征询他的意见，也没有在宣布大赦前告知于他，吕氏对枢机主教们表示了自己的不悦。一些人也深有同感，他们担心这位天真的教宗是在鲁莽地播下反抗的种子。[4]

日子一天天地过去了，教宗开始越来越对这个自己所处的位置感到不适。人群开始定期地在罗马的城市广场上举行集会，男女混杂的市民们呼喊着口号，他们手中拿着标语、条幅力促教宗推行那些人们长久以来所争取的却仍未实行的改革。他们希望解散雇佣军，并代之以民兵武装（citizen militias）。他们要求废止最受斥责的圣职统治行政体制，并要求由世俗信徒（laymen，也称"平信徒"）来顶替高级教士进入公共行政单位，进而还要求出版自由。他们甚至要求意大利的统一，要求建立一支没有外国人的军队。许多人希望庇护九世能够领导这项运动从而获取民族独立。虽然教宗为自己是意大利人而感到骄傲，但是他没有兴趣要发起一场对抗奥地利的战争。对这件事的反感也因为枢机主教们的态度而更为坚定。枢机主教们把奥地利人看作确保他们继续统治的最佳保障。就人民提出的各种呼吁变革的要求而言，千年历史的教宗国必然无法像其他国家那样去处理，正如枢机主教们一次又一次提醒宗座的，教宗统治的法度不是人给，而是神授的。[5]

*

在8月初，庇护九世任命58岁的枢机主教帕斯夸雷·吉齐（Cardinal Pasquale Gizzi）来担任他的圣座国务卿。在反改革的兰布鲁斯齐尼之后，教宗想要找的是一位有外交经验并且观点更温和的人。吉齐看起来是个好人选，他曾是罗马教廷驻卢塞恩（Lucerne）、都灵和布鲁塞尔的代表，也是驻教宗国北部的弗利（Forlì）的"教廷特使（Papal Legate）"①。庇护九世本人曾在选教宗的主教大会上投票给吉齐，作为爱称，庇护九世称他为"我的教宗（il mio papa）"。

罗马市民对这一任命感到高兴，他们错误地相信——这位教宗是站在改革一边的。如果说教宗犹豫了好几个星期才任命他，可能是因为吉齐身体有恙——这可以在他苍白的面色上看出来，而且痛风总是让他不得不卧床。他的圣座国务卿生涯注定会既不顺利，也不长久，这位缺少魅力、思想固执的吉齐越发频繁地发现自己和教宗的意见相左。6

/ 024

为了改善教宗国糟糕的经济状况，庇护九世转向法国大使佩莱格里诺·罗西来寻求建议。罗西的背景十分不寻常。他出生在意大利中部卡拉拉（Carrara）的一个普通家庭，后来成了律师，而且在20多岁时就被任命为博洛尼亚大学（University of Bologna）的法律教授。几年后他搬到了热那亚，在这里他花了十年时间撰写政治经济学领域的著作并在瑞士立法机构中任职。他后来离开了瑞士，在巴黎取得了教职并在这个职位上效力到1845年。在这一年，法王路易·菲利普任命他担任法国驻教廷的公使。这个矮小清瘦却荣誉加身的男子，拥有强大的智识洞察力和巨大的自信与行动力。据说他长得和但丁的半身像十分相

① 罗马教宗派往国外执行特别任务的全权代表，在四级教廷使节中级别最高、权力最大。教廷特使以下还分教廷大使（Nuncio）、教廷公使（Apostolic Internuncio）及宗座代表（Delegato Apostolico）。四级教廷使节在天主教国家中均享有特殊礼遇。

似，而且有些人说得更邪门，声称他也知道这一点，于是会偶尔摆一个但丁的姿势来将这种相似的效果最大化。

庇护九世在要求建议的同时还递出了一张字条，他告诉罗西："一名教宗一定不能落入乌托邦式的幻想。"人们有各种疯狂的想法。更有甚者，他感到惊讶，居然"说要成立一个由教宗领导的意大利联盟。就仿佛这件事是可能的一样！就仿佛各大强国能够准许一样！"

罗西对教宗的困境表示了同情并对他给予了鼓励。"您已经走上了您应该追随的路，"罗西告诉他，这条路"将带来最佳结果：结束滥用权力的苛政——我恐怕，这种苛政目前广泛存

佩莱格里诺·罗西

在——从而给各地带去良好的政府。我认为这就是圣父大人所打算的。"

"你说得对,"教宗回答,"那是我最坚决要解决的事。在所有事情之前,必须要做的就是让我们的金融有序运转,但是我需要一些时间。"[7]

当法国大使力劝庇护九世要快速行动时,其他人则让教宗把脚步放慢。和奥地利宫廷一起,那不勒斯的波旁国王——并不算是欧洲比较开明的君主——已经对教宗的大赦感到不满了,他对教宗想要取悦他不安臣民的举动实在不以为然。那不勒斯国王的驻罗马教廷大使还报告说,教宗充满不确定性的第一步动作让那些"狂热的家伙(esaltati)"为欧洲君主们的衰亡而感到欢天喜地,他们声称教宗站在自己的一边。当大使在走廊中遇到庇护九世时,他告诉教宗,毫无疑问,有一些改革是人心所向,但是稳定也是必需的。否则,他警告说,"有害的影响"将会毫不受控地蔓延。[8]

警讯也在枢机主教们中间传播。"我的朋友,"费尔莫总主教德·安吉利斯枢机主教(Cardinal De Angelis, Archbishop of Fermo)在写给博洛尼亚总主教的信上说,"我们别自欺欺人了。这种广泛的改革热情……将不会自然结束。"圣座国务卿枢机主教吉齐心神不宁地看着这位在他看来没有经验、易受影响的教宗正被巧妙地操弄着,他认为教宗被民众的激进思想裹挟了。为了重新获得控制,吉齐在10月初下令,禁止民众在教宗国境内进行游行示威。[9·]

如果说吉齐怀疑人们无休止地赞美这位新教宗的背后有着什么阴谋的话,圣职统治的死敌、意大利统一和民族解放运动的伟大捍卫者朱塞佩·马志尼(Giuseppe Mazzini),正在从伦敦给他在意大利的支持者们作出指示。多年以来，马志尼都是教宗以及意大利其他统治者的眼中钉。1831年起义失败之后，他遭到了家乡热那亚的驱逐。马志尼曾帮助组建青年意大利党（Young Italy），这是一个地下行动的秘密组织，致力于把意大利统一在一个共和政府之下。在被瑞士驱逐后，他开始长期流亡伦敦并努力策划暴动和维持跨国的频繁联系。马志尼对罗马的动向非常兴奋，他催促追随者们要好好利用一切机会，即便是教廷再小不过的让步也要把握，组织起"节日般的庆祝、歌唱、游行等一切能让人民感受到他们身上所拥有力量的活动"。至于标语的内容，马志尼写道，应该是"自由、人

朱塞佩·马志尼

权、进步、平等、博爱"。他还补充说，如果他们把这些词汇和它们的反义词"独裁、特权、奴役、专权"对照起来看的话，人们应该会更容易理解。[10]

庇护九世希望能获得臣民的爱戴，但是他是一个勉强的改革者，被那些寻求变革的人和争辩教宗的首要责任是捍卫教会权力的人拉扯着。在 10 月，教宗再次面见了法国大使，后者力劝他结束圣职们在政府高位上的专权统治，并且解除那些最受人们厌恶的高级教士的职务。庇护九世面见了教宗国各地的主要民众代表，他们因为同样的原因来到罗马请愿。但是教宗仍在犹豫。[11]

庇护九世很快就在人民的失望中学到了一课。11 月 4 日，这一天是圣嘉禄·博罗梅奥（Saint Carlo Borromeo）的纪念日，他是 16 世纪时一位反改革的英雄，教宗在奢华的车队中从罗马市中心来到了圣嘉禄圣殿。节日织锦从窗户外垂下来。有 40000人涌向了教宗途经的街巷，但是——人们已经开始失望，因为自从大赦当月之后，圣职们仍然占据着多数政府要职——人们只是在街上静静地伫立。当教宗回到奎里纳莱宫后，民众已分头散去，并没有等候教宗的祈福。[12]

第二天，教宗给他的兄弟加布里埃勒（Gabriele）写信，"我总是希望上帝允予我对人民福祉的良善意愿即将成真。我希望所有的一切都能安稳，因为我将所有的信念都交予天主并竭尽所能地做事。"他让加布里埃勒给家乡的每家人送去 10 磅盐。两天后，他许诺了将会在教宗国境内修建五条铁路的计划。[13]

也许是因为宣布修建第一条铁路，抑或是因为古老的庆典仪式所带来的喜庆气氛，11 月 8 日，当人们在辉煌的拉特朗圣若望大殿（Basilica of St. John Lateran）① 参加他作为罗马主教（Bishop of Rome）的典礼游行时，人民的热情毫无减弱。圣天使堡上的礼炮于午后响起，教宗的游行队伍动身走向了奎里纳莱宫。长长的骑兵队伍在前，后面跟着数不清的教宗随员，有些人穿着红色制服，其他人则穿着佩白色衣领的黑天鹅绒斗篷，腰间悬着的长剑随着步态一晃一晃的。瑞士卫队的指挥官骑着一匹高头骏马，头戴钢盔身披钢甲，在阳光下熠熠生辉。在他身后，是抬着教宗十字架（Papal Crucifix）的高级教士，他们的后面是宗教法庭的首脑，骑着一匹和他的身材颇不相宜的骡子。随后教宗的身影才出现，他在装饰得珠光宝气的马车里挥动着手臂为人们祈福。

当庇护九世的马车慢慢前行时，有一群女子跑过去递上了鲜花。在教宗路程的最后，鲜花已经塞满了马车，这使得教宗已难以行动。按照编年史作家的记载，涌上大街的共有40100人，他们挥舞着手上的帽子和手绢。许多人是从外省赶来目睹这一盛况的。在教宗的马车后面，还有6辆马车，每一辆车均由6匹骏马牵拉，车上载的是教宗国宫廷中的要人，他们是游行车队的队尾，其中有很多人是贵族侍卫，他们身上穿着的中世纪制服特别引人注目。人们在路边排着队，也有人从他们装饰漂亮的窗口探出身子鼓掌欢呼，喊着"教宗万岁！"[14]

民众对教宗热烈支持的最新场面更是让驻罗马教廷的那不勒

---

① 宗座圣殿（basilica）分特级和乙级两种，特级宗座圣殿一般被称为"大殿"。罗马天主教会将特级头衔授予了四座拥有重要地位的教堂，包括拉特朗圣若望大殿、圣伯多禄大殿、城外圣保禄大殿和圣母大殿，其中除圣伯多禄大殿位于今梵蒂冈城国境内以外，其余三座均位于意大利首都罗马市内。另，以上四座大殿也被译作拉特兰圣约翰大教堂、圣彼得大教堂、城外圣保罗大教堂和马焦雷圣母玛利亚大教堂。

斯大使深感紧张。"教宗陛下的位置让他感觉很不自在,这里面充满了各种困难,"他观察说,"但是他温和的性情,他的仁慈,以及他想让臣民感到满足的强烈渴望会让他遇到更多困难,这让他更加如坐针毡。教宗陛下表现得很看重民众的支持。"反改革人士认为温和的教宗正在走向灾难。尚不清楚的是,基于君权神授的教宗统治能否和罗马城大街小巷中得到热情拥护的民主原则相匹配。"如果罗马的宫廷对所有必要事务作出让步的话,"一位民主人士认为,"教宗必须退位。如果他只能作出部分让步的话,这只会造成更大的冲突。假如教宗不作出任何让步的话,事情则会变得更糟糕。"[15]

反改革人士的确有理由认为庇护九世还有可能接受他们的看法。新教宗下达的第一份通谕发布于 1846 年 11 月 9 日,上面说得清清楚楚,对于信众,他将不会偏离正统。教宗在《有关信仰与宗教的通谕》(Qui pluribus)中对全世界的总主教和主教们传达了一些看法,在赞美前任教宗格里高利十六世时,他承认其确有不称职之处。他向全世界的主教们提出了教会所面临的巨大危险的警告:

> 尊贵的兄弟们,你们所有人都已经看到了,反对整个天主教世界的残忍、恐怖的战争已经被一群人发动起来,这些人集结在一个无法无天的联盟之中……他们用这些方式来传播他们对真理和光明的憎恨。他们善用欺骗的伎俩,煽动人们对虔诚、公正和美德的热情以达到他们的目的,他们在上帝和人类的法律中播下迷惑,妄想动摇甚至推翻天主教和人类社会。你们知道,我尊贵的兄弟们,这些恶劣的敌人打着基督教的旗号,利用有些人盲目的冲动和不虔诚……这样的

/ 029

谎言不亚于……神启中的其他敌人，这些人鲁莽、亵渎、不知廉耻地希望把人类进化的教条带入到天主教中。[16]

这条通谕表达了再保守不过的讯息，用上帝的语言和邪恶的势力对决，将教会的永恒真理与进步的异端斗士散播的新亵渎相对抗。

自由派毫不气馁，继续试图向教宗说明改革的必要性。在这条通谕发布一个星期之后，一名来自教宗国第二大城市博洛尼亚的年轻人前来和教宗见面。这个年轻人名叫马尔科·明格蒂（Marco Minghetti），他对自由、爱国志业充满热情，已经在博洛尼亚的精英圈子里为自己赢得了博学多识的名望，他在日后将成为意大利王国的首相。明格蒂并没有提起教宗通谕中令人不适的主题，他先是感谢教宗已经作出的各种改变并恭敬地做一个听众。教宗也表达了对这个年轻人客气言辞的赞赏，但也对明格蒂抱怨了人民对他抱有不现实的期望。

明格蒂是一个有分寸的人，他回答教宗称自己认识到改革并不容易，但是他有信心改革可以和教会的原则相调配。

"是的，"教宗说道，"但是首先必须要有足够的时间和足够的安定。"当他的访客开始催促他解雇那些在政府中反对一切变化的圣职时，教宗一言未发。他站起身来，抬起手臂祝福他的访客，然后将他送了出去。[17]

*

到了 12 月初，泛滥的台伯河在瓢泼大雨中淹没了河堤。10 日清晨，三分之一的罗马城已遭水淹。科尔索大道变成了一条运河，王公贵族们散发出的慈善物资小舟在城市街道中穿行，它们帮小摊贩运送食品。受灾最严重的是罗马城中的 4000 名犹太人，他们从 16 世纪起就被限制在台伯河畔的围墙街区里。满是污泥的水升到了数公尺高，犹太居民只能通过二楼的窗户逃脱。当第二天水位下降后，人们得知教宗已经下令给受灾家庭送去食品和衣物，这让教宗的受欢迎程度再次飙升。犹太人也是如此，他们心怀感激，因为在洪水肆虐的时候，庇护九世答应了他们的要求，让他们中的一些人能离开过度拥挤、如今又充满积水的犹太聚居区。[18]

虽然有禁止公众游行的敕令，但是有 1000 多人仍在 12 月 26 日进发到了教宗宫殿，那天是和教宗同名的圣约翰日（也称"圣若望主日"）的前夜。人们高喊着"教宗万岁！"他们演奏起音乐并高举着条幅和火把。教宗无法抗拒民众的请求，于是来到阳台上祈福。

圣座国务卿枢机主教吉齐对此很不开心。"我已经颁布了命令，有关教宗的公众游行不可以再次出现，"他这样告诉奥地利大使，"但是我的命令没有得到执行。"他才担任国务卿快半年就已无计可施了。"如果我的命令没人听从，"他郑重其事地说，"那我就只好辞职了。"[19]

*

相比枢机主教们的生活，教宗的生活十分简朴。他早晨 6 点或 6 点半起床，自己刮胡子，然后去私人礼拜堂做一个小时的礼拜、静思，并念诵《玫瑰经》（The Rosary，即《圣母圣咏》）。他和随从们做弥撒，然后吃一顿简朴的早餐，用饼干搭配加了巧克力的咖啡。早餐过后，他会给他的总管和其他随从人员下达一天的指令，然后他来到书房，接见数不清的访客。这些前来拜访的人有枢机主教、内阁大臣、各教会法庭和会众的首脑，还有外交官以及各种各样的访客和恳求帮助的人。

/ 031

在午餐以前，教宗会回到他的礼拜堂进行半小时的祈祷。他在下午 3 点钟在一个空旷的大厅中吃午餐，餐桌上铺着红色的天鹅绒桌布。在进行了一系列历史悠久的程序后，教宗将独自进食，他简单的用餐不会超过 20 分钟。饮食主要是蔬菜，庇护九世喜欢吃加了一点点盐和小茴香调味的豆子，以及芦笋和时令的洋蓟。他还喜欢喝绿色的果汁以及一小杯红酒。教宗尤其偏爱清咖啡，可以喝上一整天。

午餐过后，教宗会带着一小群随从走到户外出游散步。罗马市民已经习惯了能在街道上或是某一间教堂里看到他。教宗的午后出游有时候会走到城墙以外的地方去访问古代遗迹和殉道者的圣物，或者只是到乡间走走。在沉默严肃的格里高利十六世教宗后，庇护九世是一位爱笑的教宗。有关教宗乐于行善的故事流传在民间，有人说他帮助了一个哭泣的小孩，孩子的父亲身陷于债主的监狱中，或者有人说他出手帮助过一位寡妇。在晚上 6 点钟的时候，教宗回到他的宫殿中继续更多的面见活动，到晚上 10 点半才结束一天的工作。[20]

48 岁的马西莫·达泽格里奥（Massimo d'Azeglio）出身于意大利西北部皮埃蒙特（Piedmont）的贵族家庭，他描述了在最初几个月中和教宗见面的细节。他是一个鼓吹意大利统一的虔诚信徒，但是远非那种激进人士。达泽格里奥在不久之后将成为撒丁尼亚王国的首相。在候客室等了一个小时后，达泽格里奥被侍从带了进来。庇护九世坐在红色皮制椅子上，头上是一个华盖，身前的桌子上铺满了纸，有一个十字架和一副眼镜，两盏蜡烛和一盏有透明灯罩的油灯。达泽格里奥亲吻了教宗的鞋子，教宗伸出手让达泽格里奥得以亲吻教宗宝戒，随后教宗抬起手，示意客人可以站起身来。达泽格里奥认为，教宗是一个有魅力的人。他讲话十分稳重，有安抚访客的能力。"我还未曾见过一个比他更令人愉快的人"，达泽格里奥如此记录道。教宗的言辞和面部表情都表现了极大的诚恳，达泽格里奥认为，你好像没法怀疑他。[21]

罗马市民也对教宗持有相似的喜爱，但是他们开始指责他的政府人员和顾问们做事失败，尤其是对枢机主教发起指责。吉齐枢机主教发现自己已经成了人们怒火的特别目标。到1847年初，群众"教宗万岁！"的呼声已经越来越多地和"吉齐去死！国务卿去死！"的怒吼混杂在一起。[22]

排版印刷技术在此前的发展让价格低廉地大量印制印刷品变得可能，这打开了各种报纸和刊物的洪流闸门。在1847年3月中旬，圣座国务卿吉齐再度确认了一份1825年的法令，要求所有涉及道德、宗教或科学的印刷材料都要处于教会的审查之下。为了顺应人民的出版自由呼声，经过修订的公告安排了世俗信徒进入新的审查团体以审核所有的政治类著作。这个审查团体的职责是，确保不会出现任何"直接或间接煽动人民反对该法案和政府人员"的内容。[23]

如果教宗希望吉齐的手段能够帮助他减轻一些政治压力的话，那么教宗应该很快就深感失望。新的出版物一本接着一本出现，罗马市民一再藐视着公众游行禁令。撒丁尼亚大使观察到"吉齐枢机主教的位置日渐艰难"，并将报告送返都灵。就像许多人一样，大使也认为吉齐是在以行动来反抗教宗的自由倾向。"人们不能再否认教宗和圣座国务卿之间存有摩擦了，"撒丁尼亚大使观察说，"吉齐使用的言辞看似是在表示他在用坚定的态度来终结人民的游行，但事实上，一切事与愿违，自由派正在继续集聚力量。"[24]

在复活节的星期日，垂头丧气的吉齐跑到教宗那里递交辞呈。庇护九世对这位枢机主教的意图感到十分惊讶，并在吉齐进入书房时用温暖的臂弯拥抱了他，进而恳求他不要辞职。教宗承认他有时候更倾向于追随自己的心，而不是大脑，这的确会带来一些问题，但是这一点，他说，正是为什么他需要一个像吉齐这样的人侍候在侧。于是吉齐问道，这是否意味着教宗终于开始要遵照他的建议行事了？庇护九世保证自己会这样做。[25]

*

在 1831 年叛乱发生时，叛乱的人群驱赶了来自博洛尼亚和教宗国其他地方的领枢机衔的教廷使节，法国召开了一场由各国参加的会议，以便讨论接下来的行动——究竟该如何对待风雨飘摇中的教宗国。奥地利和其他国家都同意法国的提议，教宗继续行使现世权力（temporal power），但必须实行重大改革。最重要的是，圣职需要被世俗信徒顶替，他们须卸下所担任的政府部门首脑的职务。格里高利十六世曾竭尽全力来忽视这项建议，但欧洲的外交官们并没有忘记这些事。随着政教分离的观念继续在欧洲大陆传播，政府由圣职来掌控已愈发显得刺眼。[26]

为了回应这种压力，1847 年 4 月，庇护九世宣布成立一个新的机构——咨商委员会（Consultative Council）。在教宗国的每个省份，身居高位的高级教士要提名三个杰出居民，从这三个人中，教宗将选择一位进入该委员会。这个委员会的工作是在公共行政和善治方面给教宗提供建议。罗马市民满心欢喜地欢迎这项决定，有上千人走上街头庆祝这条讯息。他们举起的火把组成了一个光环，围绕着巨大的人民广场（Piazza del Popolo），人们在这里聚齐，顺着科尔索大道向教宗宫殿走去。三颗礼花弹呼啸着飞向天空，烟火迸裂，红白两色的光芒映照在教宗的广场上。男男女女高呼着万岁，祈求教宗能够出来祝福他们。奎里纳莱宫的阳台终于打开了，教宗现身了。当他举起双臂，安静降临了，人们纷纷跪倒。

美国记者玛格丽特·福勒（Margaret Fuller）见证了这一盛大场面，她当时住在罗马，表达了对教宗所处困境的同情。"他是一位高贵的人，有善良的心，"她写道，"很容易看到，他全心全意地做事，这是为了人民的福祉。"他的任务并不一般，福勒指出，有一些罗马市民看起来并不感激。"意大利人，"据福勒观察，"他们用他们活泼的个性表现自己的情感，用此起彼伏的欢呼声、万岁声、烟火和火把点亮的游行队伍来表达情感。我常常认为教宗的感受一定十分悲伤，他独自坐在那里，承受所有这些期许的喧嚣。"[27]

教宗用有限的改革所激发出来的这一股势头被证明已难以停止。一旦改革得到承认——即便只是默认教宗国的统治不是由神圣的神意来决定——那么教会统治的整套基本原理就有可能崩溃。荷兰大使观察到，新成立的咨商委员会只会让那些提出要求的声音更强劲，他们要求的是如同欧洲北方所建立起来的那种民选的立法机构。他记录说："意大利正在经历一场真正的道德危机"，有两个观念正在人们心中生根：宪法保障的权利与将外国军队赶回阿尔卑斯山后方。这位大使所下的结论是：教宗可能会推行一半的举措，但在最后，他可能会发现自己在打一场赢不了的战争。[28]

法国驻罗马教廷大使的贵族助理也提出了相似的观点："教宗非常乐于把这件事情办成，他没有看到公众比他更加狡猾，他们用他们的赞美从教宗身上得到了一个又一个让步，这简直就像是故事书中狐狸和乌鸦的故事一样。"当乌鸦站在树枝上，嘴里衔着一块乳酪要吃，狐狸站在下面恭维乌鸦的歌声好听，让乌鸦开口唱歌。当乌鸦真的张开嘴，乳酪掉了下去，被等待已久的狐狸叼跑了。[29]

在梅特涅对教宗国的观察中，教宗国和教宗也面临类似的挑战，他不觉得教宗能够应付得了摆在面前的挑战，这是一个独一无二、关乎神权政治的挑战。但是，他沉思着，"全世界都在起身反抗这种治理理念。天主教世界的基础就是正统权威原则，但是世界并不想要这种权威。宗教规定在上帝面前所有人是平等的以及他们要臣服于权威，因为这是上帝的命令。可是这个世界却想要公民的平等和基于人民意愿的权威"。

虽然梅特涅也感觉到了长久以来由少数人统治的正当性已然遭到攻击，但是没有任何事情能让他偏离这条道路。他的目标，也是欧洲其他君主的共同目标——无论是俄国沙皇还是那不勒斯国王——他们都要遏止人们日益高涨的对自治政府的推动。保护教宗统治的权利对梅特涅是至关重要的。假如教宗的神圣命令都要遭受怀疑的话，那统治者要如何正当化他们自己的政权是上帝指定的呢？梅氏告诉他的大使："教宗国必须存在，而且它的存在既是社会的必需，也是政治的必需。"新教宗的善良已经成了那些打算结束教宗神权政治之人的有力武器。教宗所释放的那些政治犯和流亡者如今已经回到家乡，打算推翻旧秩序。公众示威、报纸和那些在教宗国周围出现和蔓延的新组织都是他们的工具。现在的事态已然明了，教宗授予的每一项改革不但不会让人们感到满足，反而只会助长他们更大的胃口。[30]

*

在 1847 年 6 月 22 日，为了再次试图结束民众游行，吉齐枢机主教发布了一条新法令。由于教宗"决心要继续改善在所需的一切公共行政部门的办事分支区域内的道路状况，"圣座国务卿宣布说，教宗"公平地决定了此事，此决定乃以明智、周全的方式所决定，并且本着君权及天主教会领导下的世俗统治的本质，进而在此界限内执行。"吉齐声称，上帝在祂无限的智慧中，已经允许教会来施行现世权力，因此，"维护赋予他身上的信任之完整无损"是教宗的神圣职责。教宗本人遭受了惊吓，因为他眼看着人民"利用当前事态，推动和强加完全违反他原则的信条和思想"。但教宗也感激人民的一切虔诚表现，现在他要求他的人民"证明这样的赞赏所言不虚，并能一直遵守下去，"吉齐解释说，"要结束所有不正常的民众集会，尤其是公众示威。"[31]

在发布新法令后不久，吉齐会见了来自都灵的大使，并告诉他现在的局势正在逐渐失控。他说他宁可切断自己的手，也不愿意要求奥地利皇帝出兵来重建秩序。但是，正如他所担忧的，在必要的时候，他将毫不犹豫地这么做。他明白，要求奥地利军队来教宗国平息叛乱将会招致一波巨大的民众怒火，但是，这位枢机主教称，他已看不到任何的替代方案了。

大使被吓到了。这样做的话，他警告说，将会让整个意大利都处于"无处不在的大火中"。

"那我又该去找谁帮忙呢？"圣座国务卿反问道，"若是情势所需，难道您的国王愿意派兵介入吗？"

大使没有回答，但是他知道教宗并不打算要求撒丁尼亚出兵，就算要求助，他也会去找奥地利。[32]

庇护九世感到自己中了圈套。他曾沉浸在臣民对他的热爱和奉承的欢乐中。他认为自己是人民的父亲并且严肃认真地考虑自己作为耶稣在大地上的代理人角色。但如今的事态好似说明他作为至高无上的宗座，已无法承担上帝所信赖并交予的责任——去保护教宗国政府特殊的神圣属性——与此同时，他还需要满足臣民们日益增长的对变革的要求。

6月30日当天，看着教宗参加教会庆典，奥地利大使在发回国的报告中写道："教宗面色灰暗。若有人是隔一段时间再看到他的话，会发觉他好像老了10岁……他的头发现在全白了。"还有报告说教宗背负的巨大压力导致了新的癫痫症状发作。庇护九世看起来正在思索一道解不开的难题，他想要知道，如果宣布放弃圣彼得宝座，然后退隐到修道院中潜心祈祷会不会是一个更好的选择。[33]

随着 1847 年夏天一天天地过去，无助、倒霉透顶的枢机主教吉齐眼睁睁地看着尽管他已作出努力，游行示威依然在罗马的大街小巷中上演。人们的呼喊声越来越震耳欲聋，口吻越来越具有威胁性。教宗想要推进他的改革，许多罗马市民都相信这一点，但是反改革势力、卖国贼和围绕在教宗身边的奥地利人的朋友则是竭尽所能地阻挠他。"教宗的邪恶顾问们都去死吧！"和"兰布鲁斯齐尼去死！"的呼声出现得越发频繁，他们在公众的想象中被认作阴谋的罪魁祸首，这种局面不仅让枢机主教们人心惶惶，同样紧张的还有贵族和其他的有钱人。

"法律得到了尊重，"罗西在初夏时报告，"但是人们身上的热血已经迅速沸腾，但是一年以前，一切还很安静，冷静得像具尸体。"人民和他们的领袖，罗西补充说："拥有政府所缺乏的能力和解决方案。"好似他们可以在一瞬间就动员起一大群人。[1]

在抑郁了很长时间的圣座国务卿眼中，庇护九世是在欺骗自己，好像他觉得他能够一直满足那些在教宗国施行变革的要求。自由派将会继续推动将圣职从权力位置上清除，施行代议制政府和言论自由。在吉齐和其他枢机主教眼中，所有的这些东西，都无法和教宗国在神意指示下的统治相配。"这个时机可能快要来了，"圣座国务卿在 7 月初和奥地利大使会面时候说，"教宗会发觉自己已经到了得要求奥地利出手干预的悲惨境地。"唯恐大使没有听清，吉齐在他们谈话结束时特意嘱咐他，一定要事先给梅特涅发去通知，告诉他这件事很可能会发生。[2]

与此同时，有一个比较开明的罗马贵族代表团拜访了教宗，向教宗提出了他们的建议。他们担心示威会演变成暴力，因而力劝教宗成立一个强有力的由上层社会组成的市民卫队。这样的做法将会满足自由派长久以来都想要得到的一项额外好处——让教宗替换由外国雇佣兵组成的瑞士卫队。庇护九世则向他们承诺，他将不加任何拖延地把这件事推行下去。[3]

吉齐吓坏了。他告诉教宗，如果让人民获得武装，他一定会后悔的。终将有一天，庇护九世会厌倦人民永无休止的要求，到了教宗终于打算要反对时，吉齐预测说："您将会被现在交给他们来保护您的那把枪驱逐出罗马。"

"枢机主教大人，"教宗回答，他向后退了一步，"我不惧怕我的人民！"

"不要太多地依赖您的善心！"吉齐枢机主教提出了建议，"人民是善变的。"带着这最后的警告，圣座国务卿辞职了，他终于能放松一下了。[4]

庇护九世感到无比的孤立无援，经过一个月来和圣座国务卿的争吵，他已经精疲力竭了，他渴望有人能够站在他的身边给他依靠。他写了一张简短的便条给了他的堂兄弟枢机主教加布里埃勒·费雷提（Cardinal Gabriele Ferretti）：

> 枢机主教吉齐出于健康原因已经两度提请去职。他的继任者是枢机主教费雷提。来吧，马上上任，不要有任何怀疑，因为上帝与你我同在。我祝福你。[5]

费雷提一定对这件事十分惊讶，但是他认同教宗想要把教宗国带入现代的渴望。在罗西发回巴黎的有关新任命的报告中，他观察道："加布里埃勒·费雷提算不上睿智，"但是，他补充道，"可这位枢机主教绝不缺少勇气，而且毫无疑问的是，他全身心地奉献于教宗。"[6]

当新任圣座国务卿在 7 月 15 日傍晚来到教宗广场的城门处，兴高采烈的人们围在他的马车周围。受人厌恶的吉齐枢机主教已经离开，很多罗马市民相信，这位顶替他的人对市民的要求会更具有同情心。当新国务卿在因拥挤而变得狭窄的科尔索大道上前行时，从建筑物中赶来的居民提着油灯照亮前路。他们喊着"费雷提万岁！""公正！把坏人扔出去！"[7]

*

外国观察家们对于罗马的事态发展有着不同观点，但他们对于一件事是有共识的，即在涌上街头表达对教宗热爱的普通罗马市民中，有一个人颇异于常人。他就是安杰洛·布鲁内提（Angelo Brunetti），人们都以他小时候的外号称他为"雄辩者（Ciceruacchio）"。在庇护九世成为教宗时，他已 45 岁。他出生在罗马比较穷的街区里，父亲是铁匠。早年时他曾是赶车的，不识字，专门负责把葡萄酒从周围的山上送到罗马城里来。他聪明、有胆识并且个性开朗，很快就存到了足够的钱买了自己的马和马车做起了运输生意，他的马车可以运送干草、粮食和其他送到城里的货物。没过多久，他就有了好几匹马和众多马车。

罗马的 14 个街区——被称为"rioni"——有各自的"里长（capopopolo）"，这是一个社区首领，他并非源自任何的正式程序，而是人们夜晚聚集在小酒馆里讨论指定的。这些人最受看重的品质就是慷慨大方和良好的判断力，以及能够调和本地的纠纷。"雄辩者"就拥有所有这些品质，而且还有许多别的优点，因此他在实际上算是全罗马城的"里长"。他身高适中，有宽宽的肩膀和强壮的胸膛，脖子很粗，两条腿也又粗又壮。当有搬东西的重活儿时，他总是第一个被叫去。他的蓝眼睛炯炯有神，鼻子很大，一头棕色鬃发集中在耳朵上方，鼻子下面的胡子十分浓密，下巴上还留着山羊胡。他不说标准意大利语，而是讲罗马口音（romanesco），罗马城里所有贫困阶层的家庭一直以来都是这样。他极富幽默感和同情心，很容易生气，但忘记与原谅的速度和生气时一样快。当他越来越成为显要人物，他的穿着也更趋体面。但是就像罗马下层民众身上普遍存在的，他也难逃自卑心理。当这位活力四射的"雄辩者"站在受过教育的精英阶层面前时，他看起来就像缩成了一个小不点。对于外面的世界，他所知甚少。

民众英雄"雄辩者"

这个人好像无处不在。1846年12月，罗马城的大街小巷内挤满了人，当时他正坐在小船上给饥寒交迫的人分发食物，在之后的5月，他组织了一场盛大的群众庆祝活动来为教宗庆贺生日，他安排了罗马城所有花贩的花束减价，以确保在教宗现身于奎里纳莱宫的阳台上时，花朵会像雪花一样纷飞在空中。到了6月，为了庆祝庇护九世教宗当选的周年纪念，他又一次导演了群众感情的抒发，随后又化解了罗马的赶车人因争抢进城道路而险些爆发的一次危险冲突。

当皮埃蒙特贵族、热忱的意大利爱国者马西莫·达泽格里奥有一次造访罗马时，正好被罗马市民堵在了路上。"这些天以来，"他写道，这个绰号"雄辩者"的人"是罗马的第一公民。他鼓舞人民、发表意见并维持和平。"在围绕吉齐枢机主教担任圣座国务卿最后几天的躁动不安中，都灵驻罗马教廷大使记下了这位"里长"所扮演的关键角色："正是他，人们必须承认，他浇灭人群喊出的死亡威胁的贡献比其他人更大，同样，他是公共秩序得以维持的有功之人。"[8]

当时有一位造访罗马的英国人，即后来现代医疗护理的奠基人弗洛伦斯·南丁格尔（Florence Nightingale），那一年她27岁，也对无处不在的"里长"留有深刻印象。"我敢说你一定知道'雄辩者'是谁，"她在写给家人的信上说，"他几乎不识字，他卖柴火给所有英国人，他并非一个天才，却有着天才般的常识，他对整个罗马城的人都了如指掌。他是一个诚恳的好人，他出于对人民和教宗的善意来做事。"他的谦卑朴素也给南丁格尔留下了很深的印象："王公贵族们想找他，宫廷也想邀请他，但他是不会去的。"[9]

*

    1847 年夏天，即南丁格尔到访之前的几个月，"雄辩者"在罗马做了一件前所未有的事，这也包括罗马的犹太人在内。长久以来，犹太人就集中在罗马城狭窄、阴暗、不卫生的街区里，每天晚上都有一个基督徒卫兵把犹太聚居区的 8 个门锁起来，且这个卫兵的薪水还要由犹太人支付。犹太人不能拥有土地也不能担任高级职位，他们被排除在罗马的学校和医院之外，只能从事最卑微的职业。在罗马，很少有场景比一个肩膀上搭着袋子、衣衫褴褛、留着大胡子的犹太人，穿过大街小巷，抬头看着房子打开的窗户，喊着"旧衣服谁卖？（Roba vecchia？）"的场面更为司空见惯了。[10]

    当 12 月发生洪水后，教宗先是允许一部分犹太人搬出他们的陋巷，随后他们和基督徒邻居的紧张关系就升温了。几百年来，教会都把犹太人视作杀死耶稣的人，因此他们不应和基督徒有接触。不只是基督徒商人憎恶这些新来的竞争者，犹太人的商店和住宅突然出现在犹太聚居区以外，也引发了当地市民的谩骂和暴力威胁。

    在 7 月初，"雄辩者"热切地希望能维持和平，他受到博爱、平等的谈话启发，组织了一场在大空场上的野餐。有 2000 人涌进了野餐活动，同他人一道分享食物和葡萄酒。野餐会的主持人说这是一个新纪元的开始，而打开新纪元大门的正是善良的庇护九世，他想让所有罗马人和谐地生活在一起。主持人宣布，旧有的迷信时代已经过去。十字架上的耶稣已经催促人们原谅他人，甚至连犹太人的原罪都应该原谅。

    第二天，有五个来自特拉斯提弗列的男子，这个街区就坐落在犹太聚居区的河对岸，他们来到聚居区，邀请见到的人加入并前往犹太聚居区外面的酒馆。有几个胆子大的犹太人跟着他们去了酒馆，喝了他们的酒。第二天，有一些罗马皮匠怀着节日般的心情来到了犹太聚居区。犹太人不知道他们的目的，就问他们所来为何。领头的人回答说："我们来只是想要展现我们是朋友……希望你们别太在意那些想要伤害你们的人！"昨晚的场景又重复了一遍，犹太聚居区中胆子比较大的年轻男子和罗马人一起去了酒馆，之后一同沿着台伯河走回了社区，嘴里唱着赞扬庇护九世的歌。看起来，一个新纪元仿佛真的已经到来。[11]

梅特涅侯爵并不反对让罗马的犹太人从聚居区出来自由活动，但是他越来越警惕教宗正在放松对国家的掌控。梅特涅决心已定，与其坐以待毙，等教宗国爆发革命再派出军队，不如先展现一下武力，他认为现时机已到。[12]

在1847年7月17日清晨，奥地利帝国军队的一批人马，包括800名克罗地亚步兵和60名匈牙利骑兵，精神焕发地跨过教宗国东北部的波河（Po River），向着有古老城墙围绕的费拉拉城进发。他们全副武装，举着军旗，步枪前端插上了刺刀，浩浩荡荡地敲着军鼓穿过大街。虽然自1815年起就有一支奥地利卫戍部队驻扎在费拉拉，但是这支战备状态下的军队到来，着实出人意料，有些人进而推测这是奥地利计划武力扫荡教宗国计划的第一步。实际上，在奥地利军队所到的那天，恰好是人们计划要举行纪念教宗大赦一周年庆典的日子，奥地利军队的到来更巩固了人们阴暗观点——反改革派在阴谋反对教宗。反奥标语随后开始出现在教宗国的城墙上。秘密印发的宣传单把奥地利人和耶稣会（The Society of Jesus）①修士联系起来，说他们要把旧秩序带回来。事实上，这一切并没有经过谋划，但从某些方面来看，人们的猜想的确是对的。梅特涅担心软弱的教宗是在玩火，所以他把奥地利军队派到了教宗国中看起来最像要爆发革命的地方来平息事态。[13]

庇护九世并不高兴，奥地利人并没有费心思要事先警告他向费拉拉派兵一事。教宗早已处于应支持意大利革命以及谴责奥地利在意大利的军事存在的压力之下，如今他愈发觉得自己正处在一种令人不适的境地。

吕佐夫伯爵是奥地利驻罗马教廷大使，他本人也愈发提高了警惕。他后来在 7 月呈给梅特涅的报告中称，当地的报纸中充满了反奥地利的长篇大论，教宗看起来孤立无援，他的权威正在慢慢消逝。虽然庇护九世已经宣布了他将不会再作出任何对民众诉求的让步，但是他仍在步步败退。耶稣在现世的代理人（教宗），奥地利人指责道，表现出"一种冷感和无可辩驳的盲目，他将他无私的朋友们推开并自我放弃，让自己步履维艰，陷入险境……失去他的掌控，罗马就会失去在我们最神圣宗教中的地位"。[14]

在教宗国各地，煽动性的小册子成倍增多，街上的呼喊声和贴在墙上的标语有"教宗万岁！"、"奥地利去死！"和"意大利万岁！"在这些口号中，最后一个最有重大意义。几十年来，把

---

① 天主教主要修会之一，创立于 1534 年，该会修士并不奉行中世纪宗教生活的许多规矩，如必须苦修和斋戒、穿统一制服等，而是仿效军队编制，建立起组织严密、纪律森严的教团，以致力于传教和教育，并积极宣传反对宗教改革。在 18 世纪发展到顶峰后，耶稣会遭到欧洲各国的广泛抵制，在 1773 年被教宗克雷芒十四世（Pope Clement XIV）解散，后于 1814 年由教宗庇护七世恢复。

外国人赶出意大利和将所有意大利人统一起来的运动——意大利统一运动（Risorgimento）——已经开始积蓄力量，这一运动得到了知识分子的著作和即将共谋举事的小群体聚会的推动，这些人加入了一个从西西里延伸至伦敦的跨国网络。梅特涅对这股运动尤其不以为然，他宣称："意大利是一个地理名词……不具备任何政治意涵。"教宗有受到叛党欺骗的危险。"这场革命，"这位奥地利首相在 8 月时表示，"已经把庇护九世当作旗帜来加以利用。"[15]

/ 044

*

在这段时日中，罗马市面上的那些形形色色的人物中，44 岁的夏尔·波拿巴（Charles Bonaparte）是最著名的一个，他是拿破仑·波拿巴的侄子。他的父亲是吕西安·波拿巴（Lucien Bonaparte），即那位法国皇帝的三弟，他热爱奢侈品，同时也是法国大革命原则的狂热支持者。虽然他持有革命倾向，但是吕西安和教宗庇护七世有着非常好的关系，后者曾授予他一处位于罗马以北卡尼诺（Canino）的地产。教宗利奥十二世（Pope Leo XII）后来还授予他亲王头衔。这份地产和头衔后来都传给了他的儿子夏尔。夏尔·波拿巴在意大利长大，会说法语和意大利语，也能说不错的英语并能读写拉丁文。在 19 岁时，他娶了一个堂姐妹，即拿破仑·波拿巴另一个兄弟的女儿，她的嫁妆极其丰厚。夏尔后来搬去了美国继续他的科学研究，后来成了一位国际闻名的博物学家。在 1831 年的教宗国叛乱时，他保持着对教宗的忠诚，认为当时的新教宗格里高利十六世是"一个好人，有着良善意图"。

夏尔拥有很多拿破仑继承人所具有的妄为个性，有暴力倾向，而且非常渴望镁光灯的聚焦。在庇护九世当选教宗的一年后，人们可以看见他神采飞扬地穿着市民卫队的制服走在科尔索大道上，他的身材又矮又胖、脸红、脖子粗。教宗在 1847 年 7 月成立市民卫队不久后，他就加入了这个组织。模仿古罗马样式的长衫垂至他的膝盖。有很多人认为夏尔长得很像他那位闻名遐迩的伯父，虽然他的脸被遮在巨大的卫队头盔下。

9 月初，有一群激昂的人聚集在美术咖啡馆（Caffé delle Belle Arti）里——这里是最热忱的意大利爱国人士聚会的地方，有一张彩色的意大利地图挂在墙上，上面是"意大利万岁"的口号和一张庇护九世的肖像——夏尔·波拿巴对众人发表了短短的演讲并赞美了教宗和意大利统一志业。他后来领了一群人来到人民广场，那里有一大群人已经聚集起来，正抗议着奥地利占领费拉拉。亲王挑动着人民的情绪，人群高喊着："庇护九世万岁！""耶稣会士见鬼去吧！""反启蒙者去死！"[16]

在奥地利军队到达费拉拉后的几日内，教宗谴责这一行动的布告贴到了教宗国各地的墙面上。再一次，爱国人士们高呼着赞美教宗的口号，为教宗支持意大利独立的战斗而欢呼。[17]

庇护九世对这样的局面无能为力，但他为所有的赞美感到高兴，可他的愉悦也受到了令人不安的怀疑的影响。"我们知道这些人想要把我们引到哪里去，"他对一名耶稣会的访客透露，"只要良心允许，我们将会满足他们，但是如果事情的发展超出了我们的预估，他们能把我碎尸万段，但是，在上帝的帮助之下，我们不会向前踏出一步。"对于教宗来说，他的第一职责毫无疑问是教会，他不能做任何有损于教会的事情。[18]

虽然他在满足群众要求的事情中嗅到了一丝危险，但是庇

夏尔·波拿巴

护九世好像无法让自己停下来。在 10 月初刚刚成为教宗一年多时，他宣布罗马将成立一个城市委员会。这个委员会将由 100 人组成，大部分人来自上层社会，但是也有商人和科学家代表。虽然教宗会任命最初的成员，但接下来的成员将会由委员会自行选择。梅特涅沮丧地回应了教宗的最新动作，他简短地说："庇护九世表现了他缺少任何实用的想法。"这位奥地利首相认为，造成教宗缺点的原因是他成长在一个被自由思想感染的家庭，而这种思想正是拿破仑曾经带到意大利半岛上的。他认为，教宗虽然心地善良，但他不明白统治和管理的意义。"如果事情随着自然过程发展下去，"梅特涅预测说，"他将会被他自己赶出罗马，"随后梅氏又补充了一个不久后全欧洲都会问的问题，"那么接下来会发生什么呢？"[19]

*

来自意大利半岛各处的爱国人士像潮水一样涌入罗马，要亲眼瞧瞧这位人人都在谈论的有改革观念的教宗。在 1847 年 10 月末，这些来访者中出现了一位来自比萨（Pisa）的 34 岁的法律教授，当时的比萨仍是托斯卡纳大公国的一部分。朱塞佩·蒙塔内里（Giuseppe Montanelli）已经因拥护成立一个意大利人的联邦国家而享有名望。他和其他人一样对教宗充满热情，正如他所说，他渴望"听到这个人的声音，他魔术般的名字常常让人群颤抖、群情激昂"。

为了能够先看到教宗一眼，蒙塔内里在教宗下午要外出散步时来到了奎里纳莱宫的外面。"我的心跳得太剧烈了！"他回忆道，"〔教宗〕步履轻快地微笑着走下楼梯，像年轻人一样登上了马车。他走路的姿势有点像一名战士，但他的脸就像天使一样。"蒙塔内里在人群中这样张望，其他人，大多也像他一样，是从别的地方赶来的人。当教宗的马车靠近他们时，人群跪了下来。当他通过时，庇护九世面带慈爱地向大家招手，给大家祈福。

几天后，蒙塔内里渴望再看到教宗一次，于是他参加了教会在奎里纳莱礼拜堂举行的弥撒。他的描述让我们能够洞悉为什么此时在罗马城内的口号中，人们最常呼喊的是"只要庇护九世一人！（Pio Nono solo！）"。

所有的枢机主教都在场。我一个个地仔细观察他们，煞费苦心地在他们脸上寻找智慧的光芒，爱的光芒，但一无所获。他们的面容不是透露着愚蠢，便是展露着不悦。那个兰布鲁斯齐尼枢机主教简直是长着一张鬣狗脸！马里尼枢机主教（Cardinal Marini）的样子简直是狡诈！那位安东内利（Antonelli）则一定是个油嘴滑舌之辈。

蒙塔内里这样总结说："我实在难以理解为什么从这群枢机主教中能够脱颖而出庇护九世这样的人！"[20]

几天后，蒙塔内里得到了和教宗单独会面的许可。这位年轻的托斯卡纳人，心中怀着对意大利志业的满腔热情告诉教宗，人们呼喊着"教宗万岁"的口号并非出于宗教虔心，而是源于赞扬，因为他们希望教宗能够给意大利带来独立、统一和自由。

"这话不假，"教宗答道，"事实上，我来告诉你，没有什么事可以比听到罗马人民高喊'庇护九世万岁（Viva Pio Nono）'而不是'圣父万岁（Viva il Santo Padre）'更令我开心了。这是因为后者是政治口号，而前者是宗教口号。他们对我说'庇护九世万岁'，而对圣彼得的继任者喊的则是'圣父万岁'。"

这位托斯卡纳年轻人回应说，重要的是人们见到教宗做事公正，由此出于对庇护九世的热爱，也会喜爱上启示了教宗的教会。

"这话也很对，"教宗说，但随后他补充了自己的反驳，"你能想象在卡拉布里亚城（Calabrian City），"它位于意大利靴子形状的地图南端，"他们把小偷从监狱中放出来时高呼'庇护九世万岁'吗？你难道不觉得这有点太奸猾了吗？"

"正是这种带有一点顽皮的幽默、优雅和反语的结合物，才让庇护九世您如此的吸引人。"教宗的客人如此观察道。他并不是深深着迷于教宗的唯一一人。相比之前的那位教宗——简朴、从来不苟言笑的老修士——这位教宗是一个温暖的、活生生的人，是一位有活力的教宗，他会高兴地和老朋友拥抱，也是一位意识到自身局限性的人。[21]

*

在那些为教宗把教宗国带入现代世界的尝试而感到高兴的他国政府中，很少有哪个像英国政府那样热情。在 11 月初，为了鼓励教宗能继续走上他的改革之路，英国政府派了一个密使，65 岁的明托勋爵（Lord Minto），他是英国首相的岳父。[22]

当教宗的英国客人在 11 月 8 日到来时，庇护九世站在客厅的中央迎接明托并邀请他坐下来谈话。这样的谈话日后还有数次。"教宗的举止最令人愉悦，"明托在日记中写道，"他的谈话明了而不拘谨，有时候甚至到了爱开玩笑的程度。"明托的印象十分深刻："我从来没有和任何比他更加坦诚的人交流过，他谈话时自信且沉稳。"

当这位英国勋爵和庇护九世更加彼此熟悉，并在罗马住了些时日后，他开始信任教宗的善良本性，也开始理解教宗的艰难处境。明托注意到，教宗和他的圣座国务卿都不精通公共事务。"他们对于罗马城墙以外的所有事物都很无知，"他继续观察，"最难以置信的是他们因为无知而对任何有趣的事物都持开放态度。"虽然教宗的行为举止让人看到的是自信，他补充说："我怀疑……他如果不对目前的情形表露必要的决断的话，那么，他害怕得罪那些耶稣会士及其他已是他死对头之人的态度，会导致他要承担失去朋友和支持者的风险。"[23]

在这件事情上，明托也持有人们普遍相信的观点，即耶稣会士正在给教宗施加有害的影响。长久以来，人们一直对宗教团体干预政治以支持他们的反改革目的的做法提出批评。法国政府最早在1845年派罗西来到罗马以抗议耶稣会士在法国重新抛头露面。在庇护九世统治的第一年，反耶稣会士的情绪大涨，这显然是受到了文森佐·乔贝蒂（Vincenzo Gioberti）的五卷本著作的影响，他是一名教士，同时也是一位推动意大利统一和现代化的知识分子领袖。他在1843年问世的著作《论意大利人的道德与公民首要性》（On the Moral and Civil Primacy of Italians）中呼吁一个以教宗为首脑的意大利国家联合体（Confederation of Italian States）的出现，这本书是意大利统一运动中最有影响力的著作之一。与此同时，乔贝蒂把耶稣会士视为意大利最大的敌人。他在1846年的著作《现代耶稣会》（The Modern Jesuit）中继续了他对耶稣会毫不留情的挞伐，将这个团体形容成一切邪恶的来源，是奥地利组成的罪恶联盟的一部分。"如果我必须要作出选择，"1847年乔贝蒂在一封信里写道，"在驱赶奥地利人和耶稣会士之间作选择的话，我宁愿选择驱逐耶稣会，因为离开了耶稣会，奥地利人也就形成不了什么威胁，而且也撑不了多久了。"[24]

/ 049

11月，教宗对世俗政体原则（Principle of Lay Government）作出让步的咨商委员会会议首次召开。虽然委员会的成员是来自上层社会的世俗信徒，但教宗任命了一位上层圣职来担任委员会的主席，即枢机主教贾科莫·安东内利（Giacomo Antonelli），此人将会在庇护九世的教宗生涯中扮演决定性的角色。

虽然是枢机主教，但安东内利并不是司铎，因为他从没有领受过圣命，由此他既不能主持弥撒，也不能主持告解。和大多数上层圣职不同，他并非出身贵族。他出身于一个教宗国南部省份的农民家庭。安东内利一家起初是给大地主担任代理人而积累了财富，后来他们改为从事牲口和农产品买卖。虽然在贾科莫年轻时，他没有显出偏好宗教生活的倾向，但他的父亲从有一个小儿子在教会效力这件事上看到了好处，他乐意每年支付 5000 斯库多（scudo，教宗国的一种银币）以让他的儿子进入高级教士行列。

贾科莫的教士生涯开局顺利，这要谢谢他妻子的一位叔父是一名枢机主教，但是贾科莫在教宗国政府中的快速上升主要是因为他本人的才能。在那些对行政和金融一窍不通的教士中间，贾科莫因为会做事而鹤立鸡群。他对宗教上的问题一点兴趣也没有，但是当话题转移到财务问题上时，他就变成了一个愉快的人，充满了对工作的热情，他要将教宗国的账务梳理畅通。当教宗格里高利十六世在 1846 年去世时，40 岁的安东内利已然成为教宗国的财政总管了。在接下来的一年里，庇护九世为了感谢他改善了教宗国糟糕的财务状况，于是晋升他为枢机主教。25

虽然安东内利取得了成功，但是他远远算不上知名。有一个外国观察人士把这个身高 5 英尺 9 英寸（约 1.75 米），长着一张黄色长脸的高级教士比作一只猛禽。他写道："在这个令人不安的危险人物身上，集合了恺撒·博尔吉亚（Cesare Borgia）和马基雅维利（Machiavelli）。"① 有一位记者曾说："他的两条腿，虽等同于纺锤的杆……黑色的眼睛却发散出智慧和决断……

---

① 教宗亚历山大六世（Pope Alexander VI）的私生子，瓦伦蒂诺公爵，18 岁晋升枢机主教，被父亲当作宗教领袖培养，曾呼风唤雨、权倾一时，令人谈之色变。马基雅维利的《君主论》即以其为原型。

两片大嘴唇……两排大白牙紧紧地咬合着，配合着双眸的神色，全无慈爱可言。"[26]神甫皮埃特罗·皮里（Father Pietro Pirri）是一位重要的教会历史学家，他把安东内利描绘为"冷静、深谋远虑，并不是一个让人迷恋和能让人产生幻想的角色"。其他的枢机主教也对他十分冷淡，他们嫌弃他那卑微的社会出身。虽然安东内利很快就将为教宗安排与世界列强打交道，但是他本人却几乎从来不踏出教宗国一步。

这位枢机主教的个性和教宗的个性可谓天差地别。庇护九世是富于感性、很快就会倾吐内心的人，常常能克服自己对提出建

贾科莫·安东内利

议者的怀疑，而安东内利是一个非常固我的人。而且虽然教宗十分清廉，但是仍然有谣言在四处流传，说安东内利想要为自家谋财而且还和女子保有地下关系。一段流行的传言细数了教宗是如何点燃一根香烟然后递给安东内利的。

"您是知道的，圣父大人，我没有这个坏习惯。"安东内利告诉他。"您知道的，大人，"教宗回答说，"如果这是个坏习惯的话，那您应该学起来。"[27]

11 月 15 日，教宗在奎里纳莱宫欢迎了新晋 24 名获选的咨商委员会成员以庆贺他们首次召开会议。他们中有 4 人选自罗马，2 人选自博洛尼亚，其他省份各有 1 人。在教宗的致辞结束后，他们排起队来亲吻教宗的鞋尖并接受他的祝福，随后鱼贯而出，迈进他们的马车去往梵蒂冈参加圣彼得大教堂的弥撒。这段短短的路程花了他们两个小时，因为路上洒满了黄色的花，节日般的装饰挂锦从路边的窗户垂下，路上挤满了信众。每个阳台上都挤满了围观的人，他们伸着脖子争相目睹这一历史盛况。

就像多数英国上流社会人士一样，27 岁的南丁格尔已经来到了罗马，她正享受着不那么寒冷的冬天并四处游逛。在她的时代，没有什么比召开咨商委员会的喜悦场面更能让人感到大开眼界了。"就算我们能活 200 岁，"她在第二天写给父亲的信上说，"我们也不会在这样的地方见到这样的场面……这是人间胜似天堂的一天。"被群众热情惊叹到的南丁格尔认为"不存在一丁点的怀疑"，这个新的委员会"终将成为众议院，就像我们国家的一样，有力且高效"。甚至连饱经世事的法国大使也赞同类似的观点。那一天，罗西在写给巴黎的报告中称："这是教士政治势力在罗马的葬礼。这种形式会或多或少地维持下来，但是内容……将大不相同。仍会有一些枢机主教和高级教士得到罗马政府的雇用，但真正的权力已不在他们手中。"[28]

庇护九世对这个委员会的看法则不一样，他将其看作一个了解人民需要的更佳途径，并且能得到一些卓越臣民的建议。代表们将就各种问题向他提供建议，无论是法律还是财政，无论是经济还是军事，但是这些建议只能是止于建议层面，教宗将自己作出所有的决定。他在给首次会议的致辞中竭尽全力地传达这样的讯号："人们将在委员会中看到，那些认为我已经给他们的乌托邦创造了现实，并埋下了一颗与教宗的最高权威不相配的制度种子的人，"他警告说，"将大错特错！"不幸的是，他补充道，有些人"一无所有，喜欢无秩序和暴动，这样的人会滥用任何的让步"。两名博洛尼亚代表之一的马尔科·明格蒂评论道："很明显，"教宗的致辞让他和委员会成员没有搞好关系，"教宗不同意任何与立宪制政府类似的制度"。[29]

虽然庇护九世认为局面牢牢地掌握在自己手中，但高级教士们并不这么认为，在罗马的外国大使也同样不这么看。审查仍然存在，但是旧有的控制正在分崩离析。各种出版物像潮水般涌入罗马的大街小巷，表达着对改革的期望和对结束教士滥权的渴望。至于各种政治党派——令人不可思议的是，这在教宗国中并不是完全非法——有各种俱乐部应运而生。有一群年轻人，他们热衷于结束在罗马的圣职统治和建立统一的意大利，他们成立了罗马人俱乐部（Roman Club）。虽然他们选了一个年轻的贵族当主席，但他们350名成员中的大多数是律师、商人和小地产主等。接下来的一年，另外一个名叫民众俱乐部（Popular Club）的组织成立起来，他们之中的精英人士更少，所持的观点也更为激进。类似这样的俱乐部把总部设在了人们每晚聚集的咖啡馆，这些地方成了教宗国最初的开放及民众参与的模本。[30]

如果说教宗在咨商委员会上的致辞激起了人们的些许怀疑，但是这些话似乎并未影响到教宗的受欢迎程度。玛格丽特·福勒在1847年从罗马发给《纽约论坛报》（*New York Tribune*）的报道所描述的是一位全欧洲都在谈论的高光人物，他是一个英雄般的人物，把深深的人文精神和谦逊融进了将落伍的教宗国带入现代的承诺中。

福勒写道："他的发言展现了所谓的伟大睿智不及他心灵的高贵与亲和，也不及他对自由派的同情。"在同年晚些时候发回的急件中，她描述了一个亲身经历的场面，教宗正从马车中出来以便前往城墙外散心。"他路走得很快，穿一件简单的白色长袍，有两个身着紫衣的年轻司铎陪侍两旁；他们给跪在路旁祈求施舍的穷人分发银币，同时受人爱戴的圣父正为他们祈福。"当看到他们中有个人似乎病了，福勒继续写道，教宗的面容起了变化，"慈爱融进他的神情……所有人都看得出来，若力所能及，他想要所有的生灵都不再遭受苦痛。"福勒就像许多人一样，很快就将对教宗另眼相待，但是当时，她很难有别的想法："他表现了毫无疑问的睿智、清晰的洞察力、勇气和决断力，但最重要的是他慷慨的人性赋予他覆及人民的权力。他的为人令自私者汗颜、使不信者正信、让人们对邪恶保持警惕，并为遭受苦难的人加油鼓劲。"[31]

但是前路上的麻烦并不难看见。"人们口中倒行逆施的耶稣会士们，"明托勋爵在发往伦敦的报告中写道，"仍然在教廷占据着大量的职位。"他们一刻不停地试图"对〔教宗的〕最谨慎观念发起警告，教宗唯恐侵犯到教会的正统权威，因为维持教会不受损害是他的职责。""教宗的头脑，"据英国外交代表观察，"不如他的心肠好，他可悲地向瞄准他宗教意识的阴谋敞开了怀抱。"由于高级教士施压，明托总结道，教宗已经不再信任自由

玛格丽特·福勒

派并已经下了决心要抵制他们。[32] 虽然教宗曾对自由派有过好感——这些人大部分都是有产阶级——他们不断地步步紧逼提出要求，但这在教宗看来并不正确。[33]

这一切将向着何处发展呢？梅特涅确信教宗没有完成他的任务，也许他从未打算完成它。"心地善良，缺乏想象力，"梅特涅观察说，"自他被选为教宗的那一天起，庇护九世就让自己掉进一个再也无法脱身的网中。"但是教宗即将证明自己并非唯一一个无法在这场政治地震中脱身的人——全欧洲都将为之动摇。最后，不仅是教宗，梅特涅也将被迫逃亡，但他们两人中，只有一人能够回来。[34]

/ 第 4 章　教宗的魔法

　　1848 年将被证明是欧洲历史上的关键一年，这是革命暴力的一年，是君主被推翻、血腥的独立战争爆发的一年。对很多人来说，这是启蒙时代的喜悦已在降临。人民将自由地决定他们自己的统治者，享有言论和思想的自由。

　　庇护九世在新年的第一天就得到了即将降临的戏剧性变化的暗示。之前的一天，也就是新年前夜的晚上，教宗的警务总管多门尼科·萨维利蒙席（Monsignor Domenico Savelli）前来见他。这位总管以残暴著称，人们都称他"蒙席斗牛犬"——因为他的脸和斗牛犬十分相似。萨维利并非一个受欢迎的角色，他向教宗发出警告："革命四起，有人打算趁教宗的新年祈福来利用群众发动一场暴乱。"也许连他本身都相信确有其事，尽管事实上并没有出现这样的计划。他提醒教宗，最近有关禁止公众聚集游行的敕令执行得并不是很好。教宗指示他，希望能确定全罗马市民依然知悉这一方针并未改变。

　　"但是如果他们无视禁令，继续聚集的话，"萨维利问，"那我们该怎么做？"

　　"你可以自行判断使用什么手段。"教宗回答。

　　萨维利渴望能彰显政府权威，他当晚颁布了紧急令，将市民卫队从睡梦中拉起来，连同其余的教宗国武装力量随时待命。在下着雨的清晨，奔流的雨水混着泥巴，冲刷着罗马城的鹅卵石街道。民众纷纷动身前往奎里纳莱宫祈福。出乎他们意料的是，骑兵已经守住了宫门，而且有大量警察和卫兵命令人们离开。[1]

　　民众们愣住了。为什么庇护九世教宗要把自己困在宫殿里？许多人，包括明托勋爵在内，认为这是反改革势力阴谋的一部分，以此来挑起暴力冲突，给外国军事介入提供口实。"很难说这里到底是什么情况，"明托在给伦敦的报告中说，"可能是因为存在于罗马行政系统的每个部门的无知、愚蠢和误判；但一定是有什么设计，无论如何也要在政府和人民之间造成撕裂，没有任何疑问，我就是这么看的。"

1月2日星期日，新成立的城市委员会派出了一个代表团去觐见教宗以向他确认不存在威胁。他们催促教宗在公众面前露面以安抚人们的情绪。当天下午，庇护九世听从了他们的建议，在又一个灰暗的雨天中出现在了宫殿前。2

接下来的事被法国大使的助理描述为"千真万确的革命场面……是对法国大革命东施效颦般的拙劣模仿"。教宗爬上了他的马车，没有平时的陪同者，马车慢慢地穿过罗马城的主要街道驶向科尔索大道。这个法国人写道："300个最差劲的人，"围着他的马车，怒吼"耶稣会士见鬼去吧！"紧跟着教宗马车的是民众英雄"雄辩者"，他被法国外交官们形容为"屠夫变成的公仆"。他手里拿着一幅大标语，上面写着"圣父大人，请给人民公正"。因此，据这位年轻的外交官观察，这位耶稣基督的代理人起身赶往奎里纳莱宫，周围的游行人群"一半是无套裤汉（sans culottes）①，一半是狂欢节游客"。他继续写道：自从1792年巴黎的无套裤汉迫使路易十六国王（King Louis XVI）戴上革命者的锥形红毡帽，残忍地羞辱他以来，就没有人再见识过如此侮辱性的场面了。3

明托勋爵认为，新年前后发生的戏剧性事件让教宗睁开了眼睛，看到了"围绕在他身边的危险"。到目前为止，据他观察：

---

① 法兰西贵族在法国大革命时期对出身平民的革命党的蔑称。

品德高尚的教宗缺少足够的能力，也就是说对一位君主而言，面对由这样一群愚蠢和背信弃义之人组成的政府，并且还需要亲自选任首领大臣，庇护九世的才学根本无法胜任。他希望带给人民快乐，给他们好的政府、好的法律和各种舒适与繁荣。除此之外，他最希望得到的，是人民的爱戴和信任。然而，后来他决定所有的一切都只能出自他个人的意愿……他中意的是自由的举措与专制的统治。[4]

庇护九世想要取悦人民，他同情人民对一直以来的无能、腐败和残忍的圣职统治感到厌烦。作为一个意大利人，他不可能对让意大利从外国统治中获得自由的呐喊无动于衷。但是，他周围的高级教士在不断提醒，他的职责是延续前任所铺设的道路，由此他深深陷入自我怀疑的泥淖，一直传出不清晰的信号。1月10日，当教宗举起双手祝福宫殿外的群众时，他开始说一些对爱国者而言胜似音乐的话："上帝保佑意大利！"但是在成为第一位祝福"意大利"的教宗后不久，他用警告的口吻补充道："不要要求我做我不能做的，我必须停止，我不想要这样。"[5]

*

1月9日，西西里的都城巴勒莫，有一份宣言出现在城墙上。这将成为让全欧洲星火燎原的第一颗火星。

西西里人！……抗议、请愿、和平示威已经被证明是无用的，费尔南多二世已经展现了他们的眼里只有藐视，对我们来说，自由的人民已被拴在了悲惨的锁链上。我们还要耽

搁多久才能拿回我们的正当权益？拿起武器吧，西西里的儿
子们，我们拿起武器！

密谋者们把揭竿而起的日子定在了 1 月 12 日。那天早晨，
人们开始涌上街头，举着代表意大利的红、白、绿三色旗。带头
者开始匆忙地分发他们手上为数不多的武器。

叛军的前途看起来很暗淡，双方实力严重不均。几百名草草
武装、未经训练的乌合之众，彼此间几乎没有协同，要面对费尔
南多二世五个兵团的军队，另外还有王家战舰停靠在港湾中，包
围着城市的各处城堡皆配有重炮，更不用提城里的警察了。但是
军队并没有受过如何应对游击战的训练，也没有受过训练如何在
城市街道上射击和进攻，士兵们很快就后撤了。起义的核心是巴
勒莫高度政治化的工匠们，他们本身就有着悠久的叛乱历史，并
且得到了城中众多穷人的支持，这些穷人在波旁王朝统治下的这
个国家里受到了悲惨的对待。

随着王家军队撤退，起义者们宣布成立临时政府。除了把西
西里从拿破仑家族的统治下解放出来以外，人们还呼吁民主。人
们呼喊着"意大利万岁！"，其间还交织着"庇护九世万岁！"
的呼声。随着叛军继续呼喊教宗的名字，在接下来的一个月里，
他们将令整座西西里岛上的王家军队前来镇压。[6]

随着叛乱很快蔓延至内陆，教宗开始担心那不勒斯会很快受
到影响。与此同时，失去圣座国务卿成了一件很尴尬的事。他的
第一位国务卿吉齐枢机主教只在任了一年，现在他的第二位国务
卿，教宗的堂兄弟费雷提也辞职了，他才干了半年。他们二人都
对教宗想要迎合所有人的需求感到绝望。庇护九世的新选择是
朱塞佩·博丰迪（Giuseppe Bofondi），他去年才刚当上枢机主

教，看起来也不会比前任们更加成功，事实上，他本人并没有在这个职位上坚持太久。[7]

糟糕的天气更助长了罗马市民的情绪。已经下了40天雨，这个湿漉漉的城市散发着腐气。"大雨、大雨、还是大雨，暗得像黑夜一般，"玛格丽特·福勒在1月末的一个下午写道，"蔬菜少见又难买，除非是糟透了的圆白菜，罗马市民特别喜好这一口。"她因为被困在家里而心烦意乱，冲着"恶心的街头手风琴艺人"摆手，这个艺人死赖在她的窗外想要讨点钱，不厌其烦地重复着那段"哥本哈根华尔兹"的旋律。[8]

在1月末，当抗议在他自己的国都爆发，那不勒斯国王费尔南多二世不惜一切地安抚那些想要反叛的臣民，他不情愿地宣布将准许宪法，并宣称让立宪成为"亲爱的臣民们的普遍意愿"。在他所勾勒的立宪体系中包括一个经选举而成的平民大会——这在君主制中是一个革命性的创举——以及一个由国王选定的上层人士组成的议会。在王国内，教堂举行弥撒的钟声响彻各地。在意大利半岛的更北边，这条讯息让那些推动改革的人异常兴奋。如果长久以来都被视作意大利最保守、最压迫的那不勒斯王国都能拥抱立宪，那么其他地方的统治者又怎么会拒绝效法呢？[9]

对于梅特涅和他周围的人来说，收到费尔南多国王接受立宪的讯息着实令人震惊。施瓦岑贝格侯爵（Prince Schwarzenberg）写道："游戏结束了，"他不久之后将接替梅特涅成为奥地利帝国的总理，"国王和他的大臣已经完全失去了头脑。"梅特涅对此的回应是："我蔑视那些沉迷于他们从来不曾有过的权利的大臣。"几周之内，都灵的撒丁尼亚国王和佛罗伦萨的托斯卡纳大公也宣布了立宪，建立起选举产生的立法机构并保障个人权利。对教宗来说，要作出同样决定的压力已变得无法承担，它早已紧绷起来。[10]

　　庇护九世最近才让首位世俗信徒，即一名罗马贵族以战争大臣的身份进入内阁。罗西担心情况可能很快就会脱离教宗的掌控。他认为，教宗是否能把温和的自由派拉到自己一边来，进而孤立激进派是至关重要的大事。[11]

*

　　毫无疑问，在罗马发生的夜间示威远非未经筹划的行动。游行中的人群拿着印刷好的《人民宣言》（Proclamation of the People），上面用大写字母印着"让教士—官员见鬼去吧"。人们要求政治世俗化，建议所有人"更为自由，并且更加真心地拥护意大利的志业，也就是独立和自由的志业"。

　　那天跑到街上观摩事态的荷兰大使回忆："我所听到的骇人威胁"，"来自眼中充满血丝、手里拿着大刀的人们之口。"只有在罗马市议员科西尼亲王（Prince Corsini）同意将宣言的副本拿给教宗后，暴力才舒缓下来。人群焦急地等待着，科西尼从宫殿中现身赶往人民广场后，人们如潮水一样紧随前往。在那里，他爬上广场中间的方尖碑外围的平台，告诉人们教宗说他将很快回应大家的要求。[12]

　　两天后，教宗以一份长篇布告的形式作出了回应，这份布告被张贴在罗马的大街小巷中，卷首印有教宗的徽章。"罗马人民！"布告的开头这样写道，"教宗听见了你们的渴望和恐惧。"过去的两年中，庇护九世已经多次表现了对人民的爱，他努力地在界限之内改善政府，这条界限就是教会所赋予的责任。他将继续走在这条相同的道路上。"伟大的上帝"，教宗宣称，"保佑意大利，并保住你最珍贵的礼物，信仰！"[13]

庇护九世再一次发出了令人混乱的讯息，他想要取悦所有人，可惜事与愿违，一切只是变得更加糟糕。罗马市民抓住"保佑意大利"的文辞，把它看作教宗向意大利独立战争发出了祝福。上千人聚集到人民广场发声支持驱逐半岛上的外国军队。在下午5点，一队匆匆忙忙集结起来的游行队伍前往教宗宫殿。市民卫队举着条幅前进，还有支持他们的司铎也拿着白黄两色的教宗国国旗加入到意大利的三色旗中。乐团也加入了盛况，演奏着

/ 061

庇护九世

爱国歌曲和教宗颂歌。看热闹的人爬上了奎里纳莱宫周围房子的屋顶，密密麻麻的，人数众多。这时候来了一队由小孩组成的队伍，他们穿着缩小版的市民卫队制服，挥舞着白色的教宗旗帜。

庇护九世感到自己被围住了，他在奎里纳莱宫召见了新任的战争大臣，一同前来的还有市民卫队的领袖和教宗国军队的指挥官。在被问到是否能依靠他们的忠诚时，这些人都保证他们会忠于教宗。用了一句他尤其喜欢挂在嘴边的话，教宗告诉他们，他宁愿被撕成碎片也不愿准许教会遭到削弱。

随即他下令打开阳台的门，随从们拿来了一条红色织锦并将它放在了扶手上。人群已经超过万人，正在传出阵阵的呼喊声。多位举着火把的高级教士出现在阳台上，身后跟着一位举着十字架的高级教士。随后，在雷鸣般的欢呼中，庇护九世向前迈了一大步，左侧是战争大臣，右侧是市民卫队领袖。当教宗抬起右手后，广场立刻变得鸦雀无声，人们纷纷跪倒在地。"耶和华的名，是应当称颂的"，他用拉丁语诵道。他富有感染力的、雄壮的声音一直穿透整个广场。广场上的人群回应道："从今时直到永远。""我们得帮助，"教宗宣称，"是在乎倚靠造天地之耶和华的名。"随后又是上千人的回应，紧跟着山呼海啸般的"阿门"。

"我全心向上帝祈祷。愿这个高贵的祝福能到达每个人，到达每个地方和整个意大利。"虽然在祝福"意大利"时，教宗只是简单地祝福这个半岛上的人，但是那些致力于意大利统一的人再次选择相信他是另有所指。当庇护九世准备继续致辞时，人群中传来了一声呼喊："政府里不要再有教士啦！"

教宗吓了一跳，停顿了一下。"有一些呼喊并非来自人民，而只是少数人的要求，"他说，"我不能，绝不能，也不会允许。"

"是，没错！"人群中传来这样的喊声，出自于他们对教宗的爱。

"只要你能保持你对我的承诺，"教宗继续说，人群再次安静下来，"我会用我灵魂的全部来祝福你们。"

在教宗说这些话的时候，下面的 50000 人貌似乐意将他们的生命献给他。"他是天使，他是天使"，有人这样喊道。教宗的脸被泪水润湿，散发着喜悦。[14]

给教宗施压以让他准许立宪的努力仍在继续。英国的外交大臣和首相都给明托勋爵写信建议他支持这条道路。明托带着自己对罗马动荡局面的第一手观察，持有不同的意见。现在允许立宪，恐怕会"给人民错误的经验，让他们觉得必须要用胁迫来达成自身的渴望"。[15]

荷兰大使，在罗马担任外交官已经很长时间了，他和明托勋爵持有相同的看法。他也担心庇护九世的踌躇不定和面对人群要求时无休止的让步会削弱教宗的权威。类似的事情已经在法国大革命中发生过了，这是不能忽视的，他如此观察。那时的状况也是这样，身处民众动荡中的国王被迫接受了限制自身权力的宪法。[16]

教宗此时的心情可以从他和朱塞佩·帕索里尼（Giuseppe Pasolini）的谈话中判断出来，后者是他前不久刚刚任命的商业大臣，他是一个 33 岁的温和派人士。在他和教宗的第一次谈话中，帕索里尼回忆说，庇护九世的话总是转回到他已经为人们做了那么多好事，而人们却不心存感激的委屈上。"多么的不知道感恩啊！"教宗这样说道。人民难道不感激他已经放下教会权威来取悦他们吗？天性温和、慷慨、乐于交际而受人爱戴的教宗还有另外的一面，它即将出现。这种愤怒的感觉会越积越多，就像那把后来让他变得著名的怒火一样。[17]

*

2月22日，抗议法国国王路易·菲利普的示威游行在巴黎爆发。路易·菲利普是在1830年通过反对查理十世的保守统治而上台的，他把自己表现成一个更倾向开明自由的国王。他的君主立宪制度拥有一个选举产生的代表大会，主要成员是富有的市民阶层。但是经济危机、工人无产阶级的增长、基本食物的涨价、新社会主义者和乌托邦观点的传播正在一点一点地蚕食这位法兰西国王的受欢迎程度。学生们组织了第一次抗议。在左翼议会代表的鼓动下，学生们受到了国民卫队的同情帮助，示威规模迅速扩大，大量的工人加入到示威中。当最初抚平抗议的努力演变成对大量抗议者的屠杀后，示威游行随之变成了一场全方位的起义。几天之内，国王被迫出逃，起义者成立了临时政府。[18]

庇护九世最初将法国的叛乱视作为教宗国辩护的正当理由。如果他遵循枢机主教的建议拒绝改革，他深信自己也将遭受和路易·菲利普一样的下场。在接下来的一个月中，教宗告诉各位访客"这就是用强迫统治而不是用爱统治导致的后果"。但是庇护九世的估计太过乐观，也可能是太过迟钝了。英国外交大臣认为，"可怜的教宗，对于他这样的一个迟缓的水手来说，事情变化得太快了"。[19]

来自巴黎的消息给维也纳带来了恐慌，富人们冲进银行提取存款。3月13日，面对维也纳爆发的大规模反政府游行，梅特涅侯爵辞职了。这位主导欧洲大陆好几十年的人不得不化装出逃，前往英国避难。抗议人群填满了维也纳的街道，要求新闻出版的自由和良心的自由（Freedom of Conscience）。一名学生领袖在政府宫院中对着支持者发表长篇大论时遭到了逮捕，他愤怒的同伴冲破了人数远远落后的防守线，砸碎了窗户并大肆报复。在城市的另一边，抗议者们试图占领军火库，但遭到了军队的反击，街道上留下了许多尸体。

当夜色降临维也纳，抗议者们呼吁支持者在各家的窗台上摆上蜡烛。那些没有蜡烛的窗户会被石头砸破，罗马教廷驻维也纳大使也在自己的窗台上摆好蜡烛。两天后，当皇帝同意给人民带来宪法，上千名示威者聚集到教廷大使府外。他最初时很害怕，但是他的恐惧在听到人们呼喊的口号后便一扫而空了。在人们高呼的"皇帝万岁！"中间，他还听到了"庇护九世万岁！"[20]

*

教宗决定，正如他所厌恶的那样，除了允许立宪之外已别无选择。在得知了这个决定后，两个月前才担任圣座国务卿的枢机主教博丰迪告诉庇护九世他无法继续效力了。他拒绝让自己成为在罗马拆解教会权威的一分子。

教宗现在需要再找一位圣座国务卿了，他决定任命枢机主教贾科莫·安东内利，教宗信任安东内利会在前途渺茫时和他站在一起。和这位两年中第四位上任的国务卿一起，教宗组建了新政府，成员只包括三名高级教士，却有九个世俗信徒。[21]

庇护九世把预备立宪的任务完全信赖地交给了圣职。其中的一些内容和那不勒斯、都灵以及欧洲其他地方颁布的宪法相同。独特的地方在于这份宪法尝试将民选政府和公民权利与继续存在的神权政治统合起来。政府将会有一个上议院和一个下议院：上议院的成员由教宗钦点；下议院，类似法国的众议院（Chamber of Deputies），成员须由选举产生；但是还有一个拥有更高权威的机构。宪法宣布："枢机主教团由至高无上的宗座选举人组成，是教宗不可或缺的参议会。"而且毋庸置疑的是，在天主教会自上而下的意识形态中，即便是枢机主教也无法限制教宗，若没有教宗的许可，任何决定都无法通过。

庇护九世知道，立宪政府以及随之而来的公民权利，和神权政治的教义并不相配。言论自由、集会自由和新闻出版自由直接违反了几百年来的教会教导。在预备立宪期间，教宗尽力地保护教廷和教会等级制度的各种特权。但既然已经允许立宪，庇护九世实则已助长了人们的期待，人民想得到和其他立宪国家一样的权利。同时，因为允诺立宪，教宗也助长了一团无法满足的火焰。

3月中旬宣布的立宪在人群中释放出巨大的喜悦。当人们传播着喜讯时，上千人挤满了洒满阳光的奎里纳莱广场，人们心中喜悦、毫不怀疑，在罗马下了几个月的倾盆暴雨后，终于能走出户外了。当时，一位圣职举着一个大十字架走了出来，教宗跟在他身后走上阳台，奉承的人群发出的欢呼声足以给庇护九世心中的怀疑带来一丝慰藉。每一个能看到广场的房顶上全都挤满了兴奋了的围观者。

那天晚上，乐队在罗马的每个街角演奏，节日般的游行队伍穿过灯火通明的街道。上千人同声赞颂教宗。在接下来的几天中，越来越多的罗马市民出现在街道上，他们将意大利三色丝带骄傲地披在自己的外衣上。但是前方的危险并不难预见，人们呼喊着"庇护九世万岁！"时，还伴随着越来越多的"奥地利人去死！"和"耶稣会士去死！"的怒吼。22

再一次，由于害怕失控，教宗在城墙上公布了新的讯息。他第一次提到了对自己的子民使用武力的可能："罗马市民，所有教宗的孩子和臣民，请再听清一次，这是爱你们的圣父所发出的声音。"罗马，他提醒市民，是耶稣基督教会的圣座所在之地。"我们邀请、力促所有人都要尊重这一事实，永远不要挑战上帝的可怕怒火，那些攻击上帝指定人选的人将会遭到上帝的惩罚，"教宗继续警告说，"动荡如果继续下去，我们将依靠市民卫队的忠心和所有的力量来维持公共秩序。"[23]

*

当罗马市民在庆祝他们的新宪法时，位于意大利东北部的、属于奥地利帝国的伦巴第-威尼托王国爆发了叛乱。在威尼斯，起义者驱赶了奥地利军队并宣布威尼斯共和国重获新生。当月在米兰爆发的起义被证明是更为血腥的一场叛乱。米兰人搭起了街垒，并在街道上同82岁的老将约瑟夫·拉德斯基（Joseph Radetzky）率领的14000名奥地利军人作战。经历了被称作"荣耀五日（Five Glorious Days）"的五天巷战后，奥地利军撤退了，义军宣布组成临时政府。随后，伦巴第和威尼托的其余各地也纷纷揭竿而起，拉德斯基遂将自己的部队撤退到从曼托瓦（Mantua）到维罗纳（Verona）一线上的各座堡垒中，这条战线处于米兰和威尼斯的中间。[24]

广阔的奥地利帝国看起来正摇摇欲坠。1848年的前三个月已经动摇了欧洲各国统治者的基础：从北方开始，维也纳的叛乱已经让梅特涅被迫逃亡；在东边，匈牙利人正在要求属于自己的代议制政府；在南部，不只是威尼斯和伦巴第，连托斯卡纳也正在经历叛乱。在法国，君主已经被推翻，人们宣布成立共和国；在柏林和莱茵兰（Rhineland），革命也在爆发；在法兰克福，好几百个代表团正聚在一处呼吁全部男性的选举权，并呼吁把各德意志邦国和侯国统一在一个德意志国家的名下；西西里则处于公然的叛乱中，费尔南多二世国王已经被迫允诺那不勒斯王国也将像撒丁尼亚的国王卡洛·阿尔贝托（King Charles Albert）那样颁布宪法。

米兰和威尼斯起义的消息刺激了罗马。把奥地利人赶出意大利的作战已经打响。人们挤满了广场和科尔索大道。教堂的钟声敲响、圣天使堡的炮火轰鸣。愤怒的人群聚集在奥地利大使馆所在的威尼斯宫（Palazzo Venezia），他们用梯子倚着巨大的正门，要把代表奥地利帝国的双头鹰标志损毁。在梯子顶端，一个留着茂密络腮胡子的粗壮工人握着斧头，胡乱砍着帝国徽章，他在梯子下面的同伴则用绳子将双头鹰雕饰扯了下来，哗啦一声摔落在地，人们骂骂咧咧地又踩又踏，进而彼此热情地拥抱，高喊着"奇迹啊！""上帝的礼物！"他们把双头鹰雕饰系在一头驴的后面，让它拖着走到了科尔索大道，人们欢呼着见证这一场面，一群小男孩跟在驴子后面跑，往上面丢泥巴。在科尔索大道尽头的人民广场，狂欢的人群拍着手，把帝国徽章扔到一个临时搭建好的葬礼火堆上，无处不在的"雄辩者"则帮忙让火焰越烧越旺。[25]

在第二天3月22日，新上任的圣座国务卿枢机主教安东内利给罗马的所有外交使团发了一封公函，表达了教宗对"一群无法无天之人"对奥地利大使馆发动暴动的"痛苦和愤怒"。无政府状态，或是接近于此的类似情形如今正在基督教世界的首都肆虐。[26]

目前，整个意大利似乎都在起身作乱，到处弥漫着将奥地利人赶出半岛的呼声。统治意大利西北部的君主、撒丁尼亚国王卡洛·阿尔贝托看到了将自己的统治向东北部扩张的机会。他毕竟是手握最强大军队的意大利国家领袖，他统治的领土和奥地利人掌控的伦巴第有着长长的边境线。

这位国王是一个古怪的人，特别忧郁、冷淡、朴素，在社交场合中会感到浑身不适。英国外交大臣在10月时曾观察说："心态如此不稳定的撒丁尼亚国王的一切未来行为都还无法确定。"有传闻说，这位国王在空闲时会玩圣徒图像的剪纸和玩具兵，但是这一切都无法帮助他稳定心绪。[27]

如果有一种方式能让这位国王激发臣民的热爱的话，那就是把他打造成支持意大利独立和反抗外国的并与之作战的军事英雄。他宣布，实现意大利命运的时刻已经到来。3月24日，阿尔贝托国王带领军队进入伦巴第，按照他所说的，目的是保护刚刚从外国人手中获得的解放。他补充说，通过这么做，他确信"在上帝的援助下，祂确实是和我们站在一起，祂给意大利带来了庇护九世，上帝的智慧已经给予意大利独自站立起来的地位"。[28]

当卡洛·阿尔贝托搬进伦巴第，呼唤教宗来给他的志业作出正当辩护时，罗马市民正在招募一支志愿军赶往北方，以支持他们的意大利同胞将奥地利人赶出伦巴第和威尼托。近40000人在3月23日当天涌入了竞技场，爱国的巴尔纳伯会修士亚利山德罗·卡瓦吉（Alessandro Gavazzi）高谈阔论地对着观众呼吁"圣战"，将奥地利人说成"比穆斯林还要野蛮1000倍"。"让我们把十字架挂在胸前，"卡瓦吉修士劝导说，"就像十字军那样！"[29]

撒丁尼亚国王卡洛·阿尔贝托

被公众压力压垮了的庇护九世勉强同意让军队和新组成的志愿军向北进军。他任命乔瓦尼·杜兰多（Giovanni Durando）作为领袖，指示他只需带兵进发到博洛尼亚以北就停下，那里是和伦巴第相邻的教宗国一方的边境。在离开城市北上以前，士兵们聚集在他们曾接受教宗祝福的窗户下面。当军队向北而行时，他们唱起了献给庇护九世的赞歌：

武器已经擦亮

在庇护的旗帜下

遣自上帝

解救意大利

庇护九世万岁！

意大利万岁！

统一万岁！

自由！ [30]

在授权军队北上时，庇护九世面对着他无力阻止的事情作出了让步。他痛苦地感到自己对罗马的掌控正在慢慢地溜走，他匆忙地准备了一封密函，向枢机主教们指示需就流亡一事召开一场秘密会议，他应该死在永恒之城以外吗？[31]

主要由职业人士和部分贵族组成的罗马人俱乐部已然成为罗马的反奥地利运动中心。它的成员给教宗发去了一封请愿书，他们宣布"意大利人民都是同一个家庭的孩子"，因而应该团结在一个国家里。他们催促教宗在罗马召开一届由他领导的全意大利议会。"圣父大人，"他们恳求，"在这个时刻，大地上的所有势力都在衰败，在这个欧洲国家重整秩序的崇高时刻，只有一个力量能够幸存。"只有教宗一人是上帝在地上的代表。他有机会"给教廷和宗教"增添"新的辉煌……不仅给罗马带回道德和公民至上，也不只是在意大利，更是在欧洲和全世界将它们一并带返"。[32]

米兰的守卫们正等待着强大的奥地利军队的新一轮进攻，他们给庇护九世发去了志愿请求。"意大利独立的伟大志业，是得到了您神圣的祝福的，"他们写道，"现在我们的城市也取得了胜利……以您的名义，最受祝福的圣父，我们已准备好战斗了。我们已经将您的名字写在我们的旗帜上，也写在了我们的街垒上。"[33]

　　撒丁尼亚国王也发出了自己的要求，他要庇护九世以教宗的名义公开宣布支持把外国军队逐出意大利。教宗拒绝了这个要求。"如果我仍然签我'马斯泰'的名字的话，"他回答，"我会拿起笔的，要不了几分钟就完成了，因为我也是意大利人。但是我必须以教宗庇护九世的名义签字，这个名字要求我在上帝面前低下头并乞求祂无限的神圣智慧来指引我。"教宗的这段话和他之前与奥地利大使的谈话内容一样。"作为意大利人，"庇护九世告诉他，提到那些要把外国人逐出意大利的呼声，"我没法指责他们。作为君主，我渴望跟奥地利保持睦邻友好关系。作为教宗，我寻求上帝的帮助来让各国之间取得和平。但是，"他补充道，"最重要的事情是我必须要履行我的责任。"身为一名意大利人的感受和作为教宗的深刻责任感之间的冲突将庇护九世来回拉扯，在意大利爱国者的请求和教宗身边如此多的高级教士要他坚守职责的呼吁之间，教宗的苦痛愈发明显。但是，更糟糕的情况才刚要来临。[34]

*

　　当一些圣职已经被爱国热忱席卷之时，众所周知的反改革象征，即耶稣会士们——他们主要是奥地利人——仍挣扎着在捍卫旧秩序，反对自法国大革命以来已经给政教合一造成威胁的运动。教宗本人对耶稣会士的感觉十分复杂，一部分原因是他对扬·卢特汉（Jan Roothaan）十分不以为然，此人是耶稣会的荷兰总会长（Superior General），为人苦修禁欲、毫无幽默感。一边是擅长交际、感性的教宗，他总是脸上挂着微笑，甚至很爱开玩笑，另一边是冷淡、一板一眼、精明谨慎的卢特汉，除了个性的差别之外，庇护九世还很反感这位耶稣会领袖对任何一点点的改革都持尖锐的反对意见。在教宗前几个月想要把教宗国带进现代的各项努力中，他已经面临了耶稣会的敌意。他们反对改革思想，他们的成员不成比例地出身于精英阶层，他们已然成为教宗身上的一根芒刺。[35]

早在 2 月，愤怒的民众就把耶稣会士从撒丁岛上的两个主要城市赶了出去。类似的场景很快将在意大利反复上演，而罗马是这个教团最后的避难所之一。教宗先前虽然顶住了将耶稣会士赶出基督教世界首都的压力，但是到了 3 月末，他不得不告知总会长，他将无法再提供庇护。他恐怕若是耶稣会士继续在罗马现身的话，会激起更多的社会动荡。耶稣会的领袖卢特汉抱怨道："政府的腰已经深陷泥潭。"[36]

虽然从西西里到阿尔卑斯，教宗都被歌颂为意大利的伟大英雄，但是他一点也高兴不起来，庇护九世深知自己的名字在这场运动中远非代表着宗教层面的启示或意向。他能做什么呢？他不是一个花时间深思历史或政治哲学问题的人。他从未有这种智识倾向，他受过的宗教教育是有限制的，在任何情形下，这种教育都不会培养出对教会指导思想的批判性检视。他无法了解在精神领袖和国王的角色间存在着本质上的不可协调性。对庇护九世来说，教宗—国王是上帝创造的职位，所以这样的问题是不容置疑的。现代将会削弱上位者的统治，人民不再乐于将政府交给圣职们管理，可这样的问题教宗并没有进行过深刻的思索。他早已度过了那个认为自己所作的各种让步实属明智的阶段。他害怕如果向民众提出的最新要求低头退让只会更加削弱教会的权威，他已经作出最大的努力去应对民众的要求，但是他正在打一场没有任何希望获胜的战争。

从教宗的角度来看，庇护九世正面对着前任教宗们从来没有面对过的麻烦。几十年来，奥地利统治者早就掌控了意大利半岛，服务于旧秩序，是教宗统治的主要捍卫者。但现在梅特涅已经流亡，奥地利军队也从意大利北部撤退，而且，奥皇斐迪南一世（Ferdinand Ⅰ）是一个愚笨的弱智。另一个天主教强权是法兰西，但这个国家已经变成了一个共和国（法兰西第二共和国），他们对教宗国的关注如同他们的主要竞争对手奥地利一样，完全靠不住。对很多人来说，这是欧洲新时代的降临，要求教会要顺应时局。而把教会的宝完全押在奥地利帝国身上，就像1814年复位以来的每任教宗所做的那样，已经不是没有风险的选择了。庇护九世早已竭尽全力，他认为只有上帝可以拯救他。

/ 第 5 章　局势逆转

庇护九世心里再清楚不过了，杜兰多将军率领的教宗国军队目前应在教宗国的北部边境扎营，他们并没有进入奥地利领地的意图。但是这位曾是撒丁尼亚军官的将军拒绝无所事事地待在原地，眼睁睁地看着把奥地利军队逐出意大利的历史性作战即将打响。他要求部队向北进发，他下达的命令显示，他将进军行动视作十字军圣战。

> 只要意大利仍然无法自我防卫，奥地利政府就会施暴、劫掠、强奸，这些野蛮的士兵荒淫无道，他们放火、杀人、让四处沦为废墟。我看到拉德斯基带着基督的十字架开战，推倒修道院的大门、放马亵渎祭坛、侵犯我们神甫的遗骸……神圣的教廷已经祝福了你们的手中剑，和卡洛·阿尔贝托的军队一起，向北进发吧，消灭这些上帝和意大利的敌人，以及那些辱骂庇护九世的人、亵渎曼托瓦的教堂的人、杀害伦巴第的修士的人……这样的一场消灭野蛮人的文明之战不仅是为了国家，更是为了所有的基督徒。

在进军令的下方，大写字母拼写道："上帝的旨意。"当人们进发时，每个人胸前都戴上了三色十字架。[1]

出于对奥地利的恐惧——长期以来这个天主教国家都是教宗国的最大捍卫者——庇护九世竭力让损害维持在最小，让罗马教廷驻维也大使给奥地利人传话，说教宗从来没有授权军队离开教宗国的领土。[2]

当教宗的讯息传到维也纳时，教廷大使正在给罗马写报告。

他称教宗国军队正对伦巴第的奥地利人展现进攻态势，此外奥地利帝国的双头鹰徽记在罗马遭到亵渎已然激怒了维也纳。愤怒的人群正在大使的居所外聚集，他继续报告说，针对罗马的过火举动，其已提前将教廷的徽章从大使馆的门上取下。教会的敌人，大使报告说，正在给人们煽风点火，好致使教会的力量在奥地利遭到削弱。[3]

庇护九世的平信徒臣工为了让他平静下来，同意以教宗的名义写一篇声明，并刊登在 4 月 10 日的政府报纸《官方公报》（*Official Gazette*）上。"博洛尼亚的进军令所展露的想法和情绪仿佛皆出自圣父之口。教宗在此宣明，如果他想要传达声明的话，他将会亲自而非让手下之人代言。"[4]

虽然这份声明令庇护九世和那些以教宗的名义作战的人们保持了一定的距离，但对独立战争的公开斥责意味并不明显。这份声明反映了大臣们对战争的支持态度。庇护九世感到应该再做些什么，他决定准备一篇自己的正式声明以让全世界都知晓他的立场。

得知这一计划以后，托斯卡纳大公大使前来觐见教宗。他力劝庇护九世能够使用一些措辞来反映他"对破坏公共秩序的民主精神感到厌恶"，但这样的说法会让教宗表现得好像对进来许诺的所有改革计划都不满意。然而伴随着教宗取悦众人的渴望和他善于交际的个性，以及同他的严肃前任的对比，人们已普遍相信这样一个事实，即教宗的确是要把统治国家的原则和现代的理念相匹配。可是庇护九世从来没有打算过要改变自己心中认定的神圣职责：以教宗和教会统治集团来统治教宗国的领地。他向大使解释说，如果费尔南多国王没有允许立宪，如果奥地利没有派兵到费拉拉的话，他连一句勉强成立咨商委员会的话都不会提及。

但是他很快允许了立宪，尽管他现在反对，但教宗国的军队正准备向奥地利发起进攻。自18世纪初以后，教宗所属的军队就未再参加过战争，当时那场战争的对手是穆斯林的奥斯曼帝国。现在，教宗国军队将同天主教人民作战，而且对方的政府长久以来都是教宗统治最重要的捍卫者，这样的事情在此前几个月那些令人眼花缭乱的事件发生之前，看起来似乎根本无法让人理解。[5]

4月17日上午，庇护九世会见了一群给国是献策的枢机主教。他提出了一个简单的问题：教宗国政府是否要加入对奥作战？他们无一例外地以否决相告。随后教宗提出了第二个问题：如果不同意参战的话，要如何"避免如今在全意大利煽动起来的灾难后果？"对于这个问题，枢机主教们的回答很简单——"上帝会解决的。"[6]

*

罗马从中世纪进入现代的蹒跚步履也许在罗马犹太人的命运上显现得最为明显。教宗长久以来都坚持他们要在犹太聚居区里居住，但是在罗马冬天的大水过后，庇护九世允许了个别犹太人提出的住在犹太聚居区围墙之外的要求。给犹太人提供更多救济的压力也在社会上攀升，这是因为自由派的核心理念之一是不论宗教信仰，法律面前人人平等。

3月29日，卡洛·阿尔贝托在伦巴第的战地军营中签署了一条命令，宣布不再限制他王国中的所有犹太人。这些人由此成了意大利最初享受到和他们的基督徒邻居拥有平等权利的犹太人。听到这条消息，罗马的犹太聚居区领袖十分兴奋地要把撒丁尼亚国王的命令副本刊登在官方的报纸上。这个要求传到了内政大臣那里，但他表示拒绝，因为他害怕宣布这件事会惹怒教士阶层。[7] 但是才过了几天，随着教宗的明显支持，由自由派人士主导的政府下达了政府法令，去除了针对犹太人的部分限制。其中的一项是每晚要锁上犹太聚居区的大门。那天晚上，一个挥着斧头的犹太人和一些同情他们的基督徒邻居一起把聚居区的大门砸成了碎片。那是逾越节（Passover）的第一个夜晚，而这个节日正是为了庆祝犹太人从埃及人的奴役下获取自由。[8]

第二天，有一张大字报贴在了城墙上，题目是"罗马犹太聚居区的大门已被砸得粉碎"。在这句话的上方，写着"意大利万岁，庇护九世万岁，卡洛·阿尔贝托万岁"。这张大字报把破坏犹太聚居区大门的行为描述成受人爱戴的教宗的最新启蒙举动。

在法国，新成立的法兰西第二共和国外交部部长很高兴听到改革的讯息。犹太聚居区的终结，他写给驻罗马的公使说，"是一个与宗教宽容和公民平等原则和谐一致的举动，因此我们全心全意地表示支持"。但并不是所有人都感到高兴。一些在罗马的人问道：为什么耶稣会士被逐出了基督教世界的首都，而犹太人与此同时却得到这么好的对待呢？1000多年来，犹太人皆因耶稣的死而遭受指责，教会由此教导世人，犹太人是受到上帝谴责的人，他们因此要在大地上悲惨地游荡。各堂区司铎一直以来都警告信众，犹太人十分危险，他们想要欺骗基督徒邻居的财产并让他们陷入贫困，而且犹太人最神圣的经典《塔木德》（Talmud）要求他们用基督徒小孩的血来做逾越节的无酵饼（matzo）。对很多人来说，犹太人应该和基督徒受到同样对待的观点非常激进，是应和法国大革命一起遭到天谴的教导。[9]

*

　　得知庇护九世计划要作出重大的战争声明，政府中的大臣们都很紧张。自从教宗因复活节前的圣周（Holy Week）而前往梵蒂冈，他们已经好几天没见到教宗本人了。在复活节周日的两天后，即4月25日这天，大臣们和枢机主教安东内利一起给教宗送去了一封长篇请愿书，力劝他宣布支持战争。他们指出，伦巴第所发生的暴动已经给教宗国中煽起了巨大的爱国热情。人们要拿起武器的冲动已然无法阻挡。当军队举着教宗的大旗前进时，否定他们会造成灾难性的后果。

　　大臣们承认，从宗教观点来看，战争都是罪恶的，但是他们告诉教宗，这次的情形其实没有那么罪恶。因为如果他想要维持住教宗国，那么参战反对奥地利是唯一的选择。如果教宗站出来反对战争的话，大臣们会警告说："您无法想象那恐怖的后果将会造成多么大的混乱。"10

　　庇护九世感觉自己陷入了困境。"亲爱的伯爵，你当然和我一样清楚，"教宗当晚告诉荷兰大使，"我的权威已在逐日降低。"

　　　这些人过热的爱国心是没有限度的，他们想让我宣布开战吗？我，作为一名只要和平与和谐的宗教领袖，应该这样吗？好吧！我提出抗议。欧洲将会知道他们给我带来的暴力，如果他们想要继续强迫我去做违反我意愿的事，我会选择退出……去一个修道院里为罗马所有的悲剧哀悼，让这无法无天的混乱停下来……其余的，不管转向哪个方向，地平线上皆无出路。这一切都是上帝的安排，超越了我们的眼目所及，当上帝想要教训我们一次，这教训必是巨大又可怕的。[11]

枢机主教安东内利缘何同意在大臣们恳求教宗参战的请愿书上签字，仍然是一个谜。他曾在 4 月 17 日出席枢机主教会议，并没有迹象表明他对枢机主教们给教宗提出的建议表示反对。没人认为安东内利所属的那一小群高级教士对自由志业心存认同。如果他自己有任何坚定的政治原则的话，现在还不清楚它们是什么。他曾经和反改革的教宗格里高利十六世走得很近，格里高利教宗对他很好，但后来他毫不费力地接受了自己的角色，在教宗和政府中那些自由派大臣们之间担任协调人。在他和那些大臣的会面中，安东内利暗示说庇护九世至今还没有下定决心，但同一天他就写信给罗马教廷驻维也纳大使，通知他教宗很快就将宣布保持中立的决定。[12]

最终，大臣们直到 4 月 29 日星期六才得知教宗的决定，他们在罗马的官方报纸上读到了教宗的声明。庇护九世的发言是以"训谕（allocution）"的形式到来的，这是一种教宗发布的正式文告，他在一次秘密会议中坐在他的宝座上发布了这篇训谕，这是一场"秘密的枢机主教会议"，按照教会的说辞，即神圣的枢机主教团的秘密会议。即便是那些怀疑教宗会让追求意大利独立的党派失望的人也会被教宗檄文般的严厉语气吓到。他先是用很大的篇幅谴责那些"天主教的敌人"，那些人散播"污蔑毁谤"，说教宗支持使用武力来将奥地利军队逐出意大利。为了避免"不明真相和单纯的人们"相信这种鬼话，教宗说，他想要把话说明。

庇护九世承认，虽然意大利北方所发生的事已经点燃了整个意大利半岛的激情，但是"除了派军队到教宗国领土边境以保护教宗国的统一之外，我没有下达任何其他命令给我们的军队，"教宗斩钉截铁地继续说道，"但是现在，有些人渴望联合意大利的其他人和各位君主，我们应该要发起一场反对日耳曼人（Germans）*的战争，我们详细地考量了我们的职责……清晰且公开地宣布，这完全和我们的政策格格不入，因为我们……以不偏不倚的、父爱般的、诚挚的爱给予所有部族、所有人民以及所有民族"。庇护九世在此还悲伤地讲道："但是在我们的臣民中，如果他们不切断这样的念头，我们最后要用什么方法才能控制他们的狂热呢？"教宗提出了警告，"那些狡猾的讨论……称罗马教宗应该执掌新的共和国并把全意大利人民统一起来。"恰恰相反，教宗提议说，意大利的所有人都应该"坚定地依附在他们各自的君主那里"。[13]

这篇训谕是庇护九世教宗生涯转折点的标志，因为它清楚地表明，教宗作为普世的精神领袖和教宗国君主的角色是无法调和的。这篇训谕也标志着，那位在登上圣彼得宝座不久后出现在人们心中的自由、爱国的庇护九世教宗的神话已然终结。西西里人已经打着教宗的名义反叛了波旁君主。在伦巴第和奥地利人作战的撒丁尼亚士兵也已经把教宗当成了支持者，同时教宗国的人们已经涌向北方致力于将外国人驱离半岛。可如今教宗居然站起来支持奥地利人的朋友，反改革的现有政权。"庇护九世，"一位意大利统一运动的领导人说，"他是个没有主见的人，他听别人

* 在当时的教宗国，今日的奥地利人和德国人都被不加区分地称作"日耳曼人"。民族国家意义上的"德国"当时还没有出现。

的意愿行事。他就是一个为了教导人民真相而构想出的童话故事。他就是一首诗。"那些人把教宗塑造成一个摆脱外国统治的意大利独立的支持者，一个受上帝派遣，前来终结教宗国的圣职统治的宗座，这样的一位教宗只存在于想象之中，他从来也没有真正存在过。但此时，一个非常不同的教宗，也即一个非常不同的神话，却即将诞生。[14]

引导这位摇摆不定的教宗从意大利的国民英雄转变为卖国贼的人正是枢机主教安东内利，正如教宗的耶稣会传记作者贾科莫·马提纳（Giacomo Martina）所言，他是"一位两面三刀的大师"。根据马提纳的观察，他"十分善于掩饰和伪装，有避免让自己公开表明立场的能力，他能全神贯注地保持对所有可能性的把控。他拥有一些明显的属于枢机主教的道貌岸然的外表"。他渴望证明自己并不依赖这位政治上摇摆不定的教宗，但是又还不确定形势会向何处发展，这位枢机主教认为要和自由派的大臣们尽可能地保持良好关系是非常重要的。

虽然在大臣们面前，安东内利把自己表现得如同意大利的独立之友和奥地利的敌人，但事实上，正是安东内利把教宗起草的训谕中原有的一些对意大利民族精神的友善词句删掉了。他改变了教宗的口吻，将这篇训谕的语气从父亲般的慈爱，甚至是认同把奥地利人逐出半岛的民族渴望，变成了毫不掩饰的谴责。虽然教宗肯定不是完全能够对这些改动欣然接受，但是到目前为止，他已经痛苦地认识到，他身为意大利人的爱国情感和取悦臣民的渴望正在干扰他履行最高宗座的职责。在安东内利身上，庇护九世看到了他所需要的能制衡自己内心意愿的属性。[15]

马尔科·明格蒂在当时是教宗手下的工务大臣，后来成了意大利王国的首相，他仍记得当他读到教宗的第一份训谕时候的场景。"再没有任何疑惑了。这是欧洲的反改革和教士群体的胜利，他们战胜了意大利和自由派。"当天傍晚，大臣们上交了他们的辞呈。不出意料，安东内利表达了他无法和他们一起去职的遗憾，所引用的正是他的天主教誓言。明格蒂回忆说："他不断地抱怨庇护九世。事实上，他比我们更不尊敬他，他责怪教宗的优柔寡断而给我们留下了一个烂摊子，他摇着他的教士服侧摆，嘟囔着他和我们不一样，不能自由自在地辞职。"16

因为训谕的原文是拉丁文，直到第二天，也就是 4 月 30 日星期日，教宗发言的讯息才传遍了罗马。人们把咖啡馆塞满了，围着手中拿着教宗训谕内容的人。当教宗的话被大声阅读出来，愤怒的喊声和惊愕开始在空气中弥漫。让人们更加愤怒的是，大家对自己相识的年轻人的担忧，他们仍然在教宗的旗帜下在伦巴第战斗。他们会被俘虏吗？他们现在不会被当作作战人员对待，而是会被视为暴乱者，抓住就可以拉去枪毙。

当人们的震惊转变为行动，罗马距离公开叛乱的边缘就更近了一步。罗马人俱乐部的领袖要求召开一场前规模所未有的集会。5 月 1 日晚，1500 名成员集中在商人俱乐部的大厅里，这个俱乐部是前一年在科尔索大道上的宫殿里成立的。人们争论教宗的统治是否应该被终结，并代之以一个新的临时政府。一大群人在门外聚集着。俱乐部内，成员们一排排地站成一个半圆，他们中的五位领导人坐在一个被架高的桌子边，讨论着该如何采取行动。由"雄辩者"率领的一小队荣誉卫队则在旁边守护。当时的气氛可想而知，一种人民终于可以自己决定命运的感觉油然而生。

最后，他们决定成立一个临时政府的意向失败了。俱乐部的成员决定派出他们的领导者之一，获得大赦而结束政治流亡的特伦奇奥·马米亚尼伯爵（Count Terenzio Mamiani）出面，向教宗提出要求组建一个完全由世俗信徒组成的新政府。他们坚持新政府必须要进行改革，而且能自由决定教宗国是否加入意大利独立战争。[17] 当人们从房间里鱼贯而出，他们看到身穿制服、全副武装的市民卫队已随处可见。卫队已经从教宗国军队手中夺下了圣天使堡和位于圣保罗门处的军火库，并在其他城门处各就各位。46岁的前费拉拉总主教和知名的反改革派枢机主教德拉·更贾（Della Genga）害怕自己丧命试图逃跑，有一名愤怒的市民认出了他的马车并把他赶出了车厢。多亏了一支头脑更加冷静的市民卫队赶到现场，才让他免于非命并将他护送回了宫殿。这样的羞辱德拉·更贾将牢牢记在心里，接下来的一年他会有足够的机会来实施报复。[18]

对教宗来说，叛乱场面只是又一个对他的愚蠢的新证明，他不断地对民众的改革呼声步步退让。他授权组成的、招募受教育阶层加入的市民卫队，阻绝了包括他他已经辞职的前圣座国务卿枢机主教吉齐在内的多数高级教士。众多卫队队员受到了风起云涌的爱国热忱的感染，已经跟随杜兰多将军北上。当时，他们确实唱着受人爱戴的教宗赞歌，可现在他们却感觉受到了背叛。[19]

群众英雄"雄辩者"曾不断地赞美教宗，他如今也成了反对教宗的人。他带领自己的追随者穿过大街小巷表达着心中的不满。那些教宗的正规军和警察仍在城中，但是最精锐的部队已经北上，留下来的人被证明是无法抵挡团结在一起的市民卫队和愤怒百姓的。

*

虽然教宗的大臣们已经给他提出了警告，庇护九世仍然惊讶于训谕所引发的暴力反应。4月30日清晨，他召见了大臣们以要求他们重新考虑他们的辞职决定。"的确，我否决了战争，"教宗说，"这是因为我是教宗，因此我必须要把所有的天主教徒一视同仁，就像我的小孩一般。"但这并不意味着他在个人感情上不对意大利民族志业抱有认同。这位对立宪政府不甚了解的教宗无法理解他的大臣们为什么要辞职。"你们对我的训谕不负责任，"教宗告诉他们，"你们没有签字，而且，如果我是你们的君主，如果我信赖我的大臣们，那你们为什么却要抗拒我？"[20]

感觉对庇护九世负有责任并眼看着公共秩序正面临完全崩溃的危险，大臣们同意在教宗组建新政府的同时留在奎里纳莱宫。枢机主教安东内利很高兴有他们留在这里，希望他们的存在可以保护他不受外面愤怒群众的伤害。在他们聚集一处的几个小时中，枢机主教盛情款待了大臣们，给他们讲解了他令人印象深刻的宝石和矿物收藏并抱怨教宗把所有人都误导了。

"你们很幸运，因为你们能离开，"这位枢机主教说，他黑色的教士服显得格外突出，"唉！庇护九世永远别想把我召回去为他效力！"他补充说，"如果他以教宗的身份要求我做什么事情的话，我会服从，因为我的天主教誓言让我有责任这样做，但要是作为国君，不会，我绝不会再跟他站在一起了！"看起来这位枢机主教的口是心非已经毫无遮拦了。[21]

为了能够重建秩序，庇护九世发布了一个新公告，他确信如果臣民知道他个人也对意大利民族志业抱有认同的话，秩序就会恢复平静。来自教宗的讯息在5月2日出现在罗马的城墙上。"我们反对宣布战争，"教宗解释说，"但是，与此同时，我们也认识到不能限制臣民的热忱，大家都受到作为意大利人的民族精神的鼓舞。"但即便是在这样的情况下，教宗也不能不抒发一下他对当前局面的失望。在他对人民表现了各种慈爱的举动后，人民怎么能用流血和威胁来回报他呢？教宗反问道："难道这就是一位宗座君主在对人们做出诸多爱的举动后应该期待的反应吗？"[22]

这个新声明完全没有抚平动荡的局势。认识到别无选择，教宗同意了罗马人俱乐部的要求，他将组建一个新的由他指定的世俗信徒组成的内阁，因此在 5 月 2 日下午，他召见了特伦奇奥·马米亚尼，要求由他来领导政府。马米亚尼此时才刚刚从超过 15 年的法国流亡生涯中回到罗马数月。[23]

第二天，教宗决定尝试另外一种方法。他直接给奥地利皇帝写了一封信，请求他给重新夺回伦巴第和威尼托的血腥战斗画上句号，并放弃奥地利占领下的意大利国土。[24] 为了能和卡洛·阿尔贝托也达成和解，他给这位国王发去了给奥地利皇帝信件的副本，并且让安东内利带着一封说明信一同前往以便修复关系。这位枢机主教在信上写道："在训谕中，圣父大人没有以任何方式表达他反对意大利的民族志业。他只是说作为和平的国君和所有天主教信徒的父亲，他无法加入战争，但是他并不觉得他能够制止自己臣民的热忱。"他向奥地利人发出的请求从一开始就注定失败，因为幻想维也纳会以放弃对伦巴第和威尼托的声索，将教宗从作茧自缚的艰难困境解救出来是非常愚蠢的。[25]

"很明显，一场反对教会现世统治的战争正在打响，"教宗在 5 月 5 日给一位他信赖的年轻高级教士的信中写道，"但我知道，教会的最辉煌时刻总是出现在困境中，这是最令我欣慰的。"庇护九世对上帝的确信毫无疑问，但在是否应对奥地利开战的问题上，他就远没有那么自信了。所有的外国大使都曾抱怨教宗有犹豫不决的倾向，在他发表了拒绝为争取意大利独立而开战的训谕后，他的优柔寡断在后续的事态发展中体现得最为明显。5月9日，很明显，教宗希望能够从神学上得到支持，进而能扭转他早先的决定，于是他联络了12位重要的神学家。他给他们写信，告诉他们训谕发布后的全面动荡令他深受震动。教宗国现在正面临着无政府状态甚至是内战的危险。"为了避免上述很可能会轻易发生的恶劣情形，"他向这些神学家提问："圣父是否可以、是否应该在反对奥地利以赢得意大利独立的战争中扮演更为积极的角色？"[26]

从教宗提问的方式来看，十分明显，他希望能得到积极的回应，但12位神学家中的10位给出了否定的答案。如果庇护九世希望得到支持爱国志业的正当理由，神学家并不是他应该要找的对象。

有一支摩德纳公国使团在这时前来拜访教宗，他们被教宗垂头丧气的样子震惊了。教宗抱怨说他的臣民并不理解他："但是，在我心中，对取得和平结果的思绪不曾减少一丝，对意大利的爱也不曾减少一毫，除去宗教本身，意大利一直是我最在乎的。"摩德纳的外交官回忆说，教宗一边说这些话，眼眶也一边湿了，声音也在波动的情绪中颤抖。过了一会儿，他重新镇静起来，"我希望所有事都可以解决好，为了上帝伟大的荣耀……淹没地平线的乌云将会被普照的阳光赶走"。[27]

对于拜见教宗的外国外交官来说，庇护九世无疑承认了自己已失去对教宗国的掌控。在那些听到教宗冗长怨言的人中，荷兰大使说出了罗马所有外交使团的共同看法，他估计教宗无法长时间抵御公众的压力：

他的心太善良，归根结底太像意大利人，他是如此需要被臣民的爱和信赖包围，他极为看重自己有没有得到臣民的欢呼迎接，如果看到他像这几天一样，用这样的行为一点一点地削弱 4 月 29 日训谕的效果的话，我将不会感到惊讶。[28]

当教宗国的军队一边呼喊着"庇护九世万岁"，一边在东北方和奥地利作战时，教宗所处的境地是十分吊诡的。有一位来自威尼斯的爱国公使在 5 月 7 日见到了教宗，他是这样对教宗表示的："我们从尊贵的教宗陛下那里得知了一段话和一件事"——指教宗训谕和教宗国军队参战一事——这位使节问道，"我们应该出于什么样的原因来为了守住那段话而抛弃这件事呢？"

"是他们想要去……我没能把他们按住。"教宗争辩道。

"我们会相信一个不被爱戴也不强大的国君会做这样的事，"威尼斯人答道，"但如果您坚持要求他们不可以去，他们是不会去的，因此我们相信尊贵的教宗陛下的迟疑等同于表达了为意大利民族志业战斗的命令。"

对于这样的话，教宗只能报以一个不自在的微笑。让军队以他的名义出发是一个错误，但是这件事已经反映了一个事实，庇护九世不但感到自己无法阻止军队，而且作为一个意大利人的矛盾心情也让他无法完全对民族志业漠不关心。[29]

为了要找到一条出路而竭尽全力的教宗派出了一队使者出访卡洛·阿尔贝托国王，希望他能够和罗马人一同协作，将他们归入这位国王自己的军队并给予他们适当的军事地位。这样不仅可以给他们提供一个为民族志业战斗的方式且不必让教宗直接卷入，也相当于给他们提供了正规军的地位，以防他们万一被俘虏。在 5 月中旬给部队的训话中，杜兰多将军引用了教宗的这个要求并选择将其解释为教宗对他们在反对奥地利的作战牺牲作出了祝福，这就是教宗作出的最新努力以巩固他和撒丁尼亚军队的联盟关系。"意大利万岁！统一万岁！"将军高喊，"庇护九世万岁！卡洛·阿尔贝托万岁！"[30]

在教宗发表了训谕以后，米兰的临时政府派出了一名贵族作为公使来到罗马以恳求庇护九世不要放弃为意大利民族独立作战。这名公使在 5 月 13 日见到了教宗，他争辩说和奥地利作战实际上是保存意大利保守统治的唯一方式。若是在意大利北部创造出一个在卡洛·阿尔贝托统治下的强大君主立宪制国家的努力失败的话，这样的结果，公使提出警告，就无法回到那种旧有的状况了。如果不是这样的话，人民将会转向唯一的可行方案，也就是以"一个将把意大利搞得天翻地覆的民主革命共和国"之名，来摆脱外国控制，获得自由。[31]

但是教宗在 4 月底的训谕仍然得到了一些人的支持。心里大大松了一口气的罗马教廷驻维也纳大使写道："这就仿佛是由天使带来的，因为它到来的时刻已经再及时不过了。"这位大使急匆匆地将教宗的文稿翻译出来，随后在奥地利所有的重要报纸上刊登。然后，他回报说："训谕得到了再好不过的反响。"[32]

*

假如奥地利政府的注意力不是集中在其他地方的话，教宗的训谕应该能够引起更大的反响。5 月中旬，维也纳爆发了大规模的学生示威，这导致奥皇作出了新的让步，其中包括给予全国范围内的所有男性选举权和一院制议会（Single-Chamber Parliament）。但是动荡局势只是变得更加波动了：担心自己的性命，皇帝和他的大臣们逃去了因斯布鲁克（Innsbruck）。上千名工人加入了维也纳抗议的学生运动，他们建起街垒和帝国当局争夺控制权。在接下来的几个月里，当遭到猛击的哈布斯堡皇朝君主正在因斯布鲁克密谋报复时，激进派们统治了奥地利的首都。[33]

在那不勒斯，费尔南多二世国王忐忑不安地坐在王位上。4月中旬，西西里叛军已经成立了临时政府，他们宣布波旁王朝的统治已然终结，并表明他们打算成立一个属于自己的立宪制政府。为了努力赢得公众支持，费尔南多在更早时曾宣布派出一部分军队加入北方的反奥地利作战，以支持意大利的民族志业。他的宣言贴在了那不勒斯的墙上，最上面写着"庇护九世万岁"。费尔南多二世在人心慌乱的时刻派兵，正好赶上了教宗4月29日转变语调的训谕带来的机遇。他从北方召回了自己的军队并解散了近期组成的议会和国民卫队。5月中旬，他宣布戒严并展开了一场残酷的反扑。[34]

随着那不勒斯国王解散了议会，教宗国举行了下议院投票，该机构正是教宗在新宪法中要求的两院之一。而上议院中则普遍弥漫着一种温和的自由派情绪，上议院成员主要来自教宗任命的各省温和派贵族。下议院代表则是由贵族、大地主和懂点皮毛知识的职业人士、自由派或更为激进的人士组成。庇护九世把两院议员看作给他出主意的人，他们提出法律和政策以供枢机主教们和教宗本人考虑，但是议员们却对他们的角色有着非常不同的看法。在他们看来，他们是立宪制政府这种新体制的心脏，这意味着他们代替了圣职统治。如果说正接近的灾难的种子是因教宗拒绝向意大利北部派兵而种下的话，其他的则由两院的召开所播下。[35]

在两个月的时间里，教宗国已经发生了极端的变化。宪法已经颁布，选举的下议院也成立了，还有一个违反教宗心愿的教宗国军队正在泰然自若地和奥地利帝国作战。《纽约论坛报》记者玛格丽特·福勒可能是第一位担任美国主要报纸特派记者的女性，她捕捉到了教宗在人们眼中形象的突然变化。她写道：当罗马的一些人高喊着"卖国贼"，另一些人喊着"无能"的时候，罗马市民被压垮的情感就像失去了父亲一样饱含遗失和悲痛之感。在一年以前，她还曾用最热情的口吻描述庇护九世。现在，她给出的则是一幅大不相同的画面："意大利曾经幸福地爱着他……但是一切都结束了。他成了现代版的"罗得之妻（Lot's wife）"①，不再是有生命的灵魂，只是代表过去的冰冷石柱。"36

教宗感觉自己受到了糟糕的对待。他渴望让臣民们拥有更好的生活，他已经允许由有能力的世俗信徒组成咨商委员会，但是他从来没有让自己教宗—国王角色的神圣本质受到质疑。他是一个身在教会等级制权威下的有些启蒙却又如家长般独裁的人。作为一个意大利人，他在人民面前清楚地显示了他对意大利民族志业的认同，也曾希望找到办法劝说奥地利人和平地离开伦巴第和威尼托。为什么人民就不能理解他作为教宗，是全体信众的领导者，因而不能带领人民与其他教会子民发生战争呢？37

5月17日，近期才推翻摩德纳公国的新临时政府派一位公使前来面见教宗。庇护九世很快就将话题转向了他好像最喜欢的题目——人民的不知感恩。随着他开始大声发泄心中的苦水，他

---

① 指"好奇心太重"，出自《圣经·创世记》，同样的典故还有"一根盐柱（a pillar of salt）"。上帝在降天火毁灭罪恶之城索多玛和娥摩拉前，派天使让罗得偕妻女出城避难，并嘱咐他们途中不可回头观看。但罗得之妻按捺不住好奇，出城后回看了一眼，于是马上变成了一根盐柱。

的声音越来越大。

　　"但是我们必须要有耐心，"庇护九世说，这时他也平静了下来，"我将不会舍弃和平的信念，也不会允许自己放弃意大利的福祉。"当他说出这些话的时候，他的眼睛湿润了，他的声音也因为情绪波动而模糊起来。在平静了一会儿后，教宗向公使保证，因于上帝大能，一切都会好起来。太阳很快就将回来。差不多如教宗所望，太阳不久后即将再次普照大地。[38]

未来一点也不明朗。虽然庇护九世使出了各种方法试图阻止，但是教宗国军队还是加入了对奥作战。在欧洲各处，旧君主们不是已经被推翻就是正处于四面楚歌的境况中。教宗本人已经勉强地许诺了立宪，但是远没有使公众平静下来，他的让步只是激发了人们更进一步地提出要求。

罗马市民兴奋地关注着从意大利北部传来的消息。伦巴第和威尼托的人民已经举行了公决，投票加入卡洛·阿尔贝托的撒丁尼亚王国。6 月初，教宗国军队配合撒丁尼亚军队在维琴察（Vicenza）打败奥地利军队的消息传到了永恒之城罗马。卡比托利欧山（Capitoline Hill）顶上的大钟把罗马市民从睡梦中叫醒，圣天使堡的礼炮发出了轰鸣，罗马众多教堂的钟塔也加入其中，形成了一阵巨大的喧嚣，按照报道，喧嚣声吓死了城里的一些身体虚弱之人，还致使 42 名孕妇流产。但是庆祝并没有维持很久，打了胜仗是个悲剧般的错误讯息。实际上，奥地利人在 6 月 9 日已经集结了 40000 人和 150 门重炮包围了维琴察，并攻击了杜兰多麾下装备简易、没怎么受过训练的 10000 人教宗国军队。在遭受了严重损失后，杜兰多投降了。[1]

在罗马，庇护九世对其政府的掌控变得更加岌岌可危了。当政府新任首领大臣特伦奇奥·马米亚尼给教宗呈上他准备的下议院开幕演说时，教宗把很多会引起异议的段落划掉了，但是当下议院开幕时马米亚尼用的却是他最初的发言原稿。当报纸报道说教宗已经事先检阅了发言稿，并作出了批准时，教宗把实情告知了罗马教廷各驻外大使。[2]

尽管下议院通过了支持发动反奥作战，但意志上的交锋仍在继

特伦奇奥·马米亚尼

续。随后在 6 月底，教宗拒绝承认新的世俗信徒出身的外交大臣的权力，坚持所有的同类事务都应由圣座国务卿和教廷驻外大使们来掌控，此时马米亚尼递交了他的辞呈。教宗正巴不得摆脱这个令人厌恶的大臣，但是他想要找一个自己更为喜欢又不致引起公众反对人选的努力已被证明是徒劳无功的，因此马米亚尼得以继续留在他的职位上。让事情变得更糟的是，庇护九世的第五位圣座国务卿，不到一个月前才上任的枢机主教安东尼奥·奥利欧利（Antonio Orioli）辞职了，他声称无法胜任这份工作。后来又有两名枢机主教拒绝了教宗的邀请，直到 68 岁的乔瓦尼·索格里亚（Giovanni Soglia）同意填补这一位置。但他也不会比奥利欧利做得更久。[3]

*

　　6 月中旬，新任法国大使来到罗马赴任。这位时年 61 岁的外交官来自法国最古老的贵族家庭之一，弗朗索瓦·哈考特公爵（Duke François Harcourt）看起来和新生的法兰西共和国并不十分搭配。他的身材奇矮，声音尖细，个性焦躁不安又冲动易怒。他在他的同事中间并不是一个讨喜的角色。"什么事都能惹到他，"罗马教廷驻马德里大使如此回报哈考特在这里任职时的表现，"连他自己的脸都不例外。"4

　　这位公爵很快就给巴黎发回了警讯，汇报了教宗权力正在松动。他写道，教宗身边的高级教士们个个头脑顽固、心胸狭窄、对奥地利人忠心耿耿，他们是改革的敌人。至于罗马的大多数百姓，他们不识字，长时间以来都对教宗怀有情感上的依赖，对政府事务并没有什么兴趣。推行改革和争取意大利独立的压力主要来自罗马的那一小部分中产阶级人士。他们中的大多数人都是温和派，他们在争取拖欠已久的改革的同时，也寻求能保留教宗作为国家元首。但是他们正在被罗马城中的那些俱乐部所提出的种种要求推向极端，这些俱乐部成员，哈考特指控道，并非来自教宗国，而是来自意大利各地的流亡人士。法国大使还指出，罗马的贵族阶层十分脆弱，因为他们中的大多数人都对温和改良持开放态度，所以他们的影响力很小。

　　哈考特最初的报告在巴黎并没有得到多少留意，因为巴黎当时的街道上还在流血不止。6 月 23 日，发起暴动的工人们抗议政府近期的温和转变，他们搭起了街垒，随之而来的便是持续了三天的残酷战斗。巴黎总主教在巴士底广场（Place de la

Bastille）堆砌的街垒处去跟起义者讲和，却遭叛军射击而亡。有5000名起义者死亡，同样还有1500名士兵和警察丧命。在镇压暴动的过程中，政府逮捕了15000人并把上千人驱逐到了法国的新殖民地阿尔及利亚。[5]

*

罗马新近选举出来的下议院议员中，很多人都希望把奥地利人从意大利赶出去，并且打造出某种意大利的统一体。对他们来说，那些激进派——威胁要颠覆社会等级制度和政治秩序的人——和那些反对任何改革的人一样讨厌。"反改革群体是一定存在的，"有一位温和派议员在7月初表示，"处在另一端的则是一群无政府主义者和狂妄的疯子。"教宗所面临的问题正是这些人，庇护九世之前曾向他们寻求支持和建议，但现在教宗正在抛弃他们。[6]

在这些"狂妄的疯子"中，没人比拿破仑的侄子夏尔·波拿巴更有名了。这位不厌其烦地追逐镁光灯的波拿巴家族的子弟很少会让一项会议议程在没有他发表一通高谈阔论的情形下通过，而且没有人比他更热衷于呼吁以军事行动来打击奥地利人。下议院的一位议员曾在信中描述过这位波拿巴"已经成了议院的小丑"；或者像另一位议员在电报中描述的，"一刻不休的大嘴巴，令人难以置信的武断，但又缺少原则"。[7]

这样的僵局无法再持续下去了。庇护九世一次又一次地表明他反对和奥地利开战，但是内阁大臣们都已倾向于战争，两个立法机构也已通过投票批准了战争经费。害怕更强硬的动作会造成公开的叛乱，庇护九世已经不敢再有进犯性的举动了。在荷兰大使看来，这样的结果让"所有人都仿佛是当时的君主，底气十足地争抢教宗已经名存实亡的权威"。[8]

罗马的紧张情势在 7 月中旬更进一步升级了，有人劫持了圣座国务卿发给罗马教廷驻维也纳大使的书信，并将信中内容张贴在了罗马城的街道上。这封信有一部分是用数字密码写成的，但其余部分清清楚楚地表明了教宗对自己的大臣缺少信心，并告诉奥地利人可忽略大臣们说的话。义愤填膺的马米亚尼冲进来要求教宗公开否认这封信的权威，但是庇护九世拒绝了他的要求。内阁成员们纷纷提交辞呈，教宗已然别无他法，只能断然拒绝。[9]

催促教宗加入反奥地利战争的压力很快就变得更加紧迫了。7 月 14 日，奥地利军队的 7000 人南下进入了教宗国境内并向着费拉拉挺进，他们对教宗国政府发出要求：在奥地利军队返回北部攻打卡洛·阿尔贝托以前，由教宗国给奥军提供辎重供应。这时候罗马的爱国激情已经发展得如火如荼了。荷兰大使在报告中写道："意大利独立、意大利民族之类的词语挂在每个人的嘴边。"奥地利人将教宗推到了困难境地，同时又受到意大利爱国主义激情的感染，教宗发怒了。"在最后，"他警告说，"他们还是要逼我作出决定。"在这一点上，似乎奥地利人对教宗国领土的入侵是他身为教宗所唯一能开战的理由，但是在最初的盛怒平复下来后，教宗还是控制住了自己，他给欧洲所有国家的政府发去了抗议信。但奥地利人根本无视他的举动。[10]

在北方，卡洛·阿尔贝托正在证明自己是一个笨拙的军事将领，他的军队在位于米兰和威尼斯之间的科斯多佐（Custoza）经受了耻辱性的失败。在伦巴第和威尼托的爱国者们的惊愕和愤怒之下，这位国王请求讲和。8 月初，他同意了恢复奥地利在意大利东北部的统治。只有威尼斯仍在坚守。[11]

罗马仍然处于没有舵手的状态。"有人正在酝酿阴谋",圣座国务卿在 7 月底给驻全欧洲的罗马教廷大使送去了这样的惊人讯息。这是一场剥夺教宗的君主权力为目标的密谋。"当前,政府的力量完全消失……全世界都知道当今政府的首领大臣和教宗根本没有共识。"庇护九世想要组建一个新的内阁,但激进派组织起公众抗议给他的努力制造障碍。教宗的统治正命悬一线。[12]

伴随着人们高涨的情绪,上议院和下议院都投票通过了动员军队以支持意大利的独立,并向奥地利人开战,但若是没有卡洛·阿尔贝托的帮助,教宗的军队将独木难支,胜算微乎其微。当庇护九世对此事拒绝给予许可后,马米亚尼递交了辞呈,以便在艰难时局之下寻求自保。教宗公布了一份"教宗手谕(motu proprio)",并将副本张贴在罗马的街墙上,督促人们保持平静,但愤怒的示威人群将它撕了个粉碎。坊间传言四散,人们开始交头接耳地谈论如果教宗不支持开战的话,市民卫队会把他驱逐出奎里纳莱宫,带至拉特朗圣若望大殿。在这里他可以作为罗马主教来履行自己的职责,并同时身为全世界罗马天主教徒的精神领袖,至于治理教宗国的责任则会留给其他人。撒丁尼亚大使评论说,教宗现在"在所有地方都遭到蔑视"。[13]

驻扎在教宗国最北部的奥地利军队有如一颗待燃的炸弹。8 月初,博洛尼亚人把奥地利军队赶到了城墙以外。当这个消息传到罗马时,上千人涌上街头庆祝。根据法国大使的观察,"人们真的认为自己正在亲身参与一场喜剧盛况,而我真心地担忧这个国家的人没有能力做出任何其他的举动了"。[14]

如果哈考特公爵觉得这是一场闹剧的话,法国的外交部部长于勒·巴斯提德(Jules Bastide)则十分严肃地看待今日发生的事情。他最担心的是法国的主要对手奥地利对局势进展的看法。

当他得知了博洛尼亚的战况后，巴斯提德同时通知了教宗和奥地利政府，任何奥地利军队试图占领教宗国其余领土的尝试都将被视为宣战。法国将不会容忍奥地利将其控制延伸到意大利半岛上来。[15]

8月中旬，教宗和路过罗马的法国外交官见了面，他再次怒斥了他的臣民是如此的不知道感激。他对法国外交官解释说："在上帝的信赖下交由我来负责的人们，对于当前的战争只有间接兴趣。我允诺了参与此事，派出了志愿军，也授权他们保卫领土。但是在这里，"教宗怨声载道，"人民只知道如何大吼大叫，只知道如何在大街上、在俱乐部里、在集会场所中挥舞条幅。人民只会用他们的不知感恩来报答我……"

"啊！请原谅我将情绪流露出来。我没法隐藏。从来没有一个教宗或是君主比我更可怜。"教宗就这样结束了他们的谈话。[16]

*

在1847年的12月，在新任教宗所激发出的普遍热潮中，美国总统詹姆斯·K. 波尔克（James K. Polk）已经要求美国国会和罗马教廷建立外交关系。自18世纪后期伊始，美国开始向罗马教廷派驻领事，但任何任命大使的举动都会遭到占据多数的新教势力的阻隔。国会也和总统一样对这位倾向改革的教宗抱有很大热情，后来国会投票通过将以必要资金派出一名只比特命全权大使低一等的外交临时代办（chargé d'affaires）。

临时代办的人选是雅各布·马丁（Jacob Martin），他在8月初抵达罗马，当时奥地利人战胜了撒丁尼亚国王卡洛·阿尔贝托的消息尚音犹在耳。他记录说："罗马正处于最剧烈的动荡状态，正面临不是革命就是暴动的威胁。"在记录下漂洋过海的舟车劳顿后，他还补充说："我到来的时候是一个即便最能适应水土的人也会认为遭遇疟疾是十分危险的季节。"庇护九世很快就同意和马丁见面，教宗拉着他的手，向临时代办表示自己非常高兴美国能同意和罗马教廷建立外交关系。马丁向教宗表示，美国政府对庇护九世提出的改革感到高兴。这名美国外交官在报告中写道："这场会面对我来说是一次十分愉快的经历，庇护九世众所周知的仁慈、温和的个性给我留下了深刻的印象。"[17]

马丁对罗马的疟疾流行季的恐惧被悲惨地证明是不无道理的。他给美国国务卿的第一份报告即成了他的最后一份。在马丁第一份报告的一个星期后，华盛顿再收到的报告并非来自马丁，而是出自助理之手。"阁下，"这份报告的开头写道，"我在悲痛中将本着自己的职责来向您报告 J. L. 马丁的死讯。"这位新上任的外交官已经在当日早晨去世。他来到罗马还不到一个月。[18]

8 月初，为了能获得支持，庇护九世给法兰西第二共和国的总统路易 – 欧仁·卡芬雅克将军（General Louis-Eugène Cavaignac）写了一封信，要求他派遣几千名法国士兵前来帮忙。卡芬雅克回绝了这个要求。这位将军解释说，如果教宗是要求法国帮忙在意大利战争中驱逐奥地利人的话，这个要求有些太过了。法国并不打算介入意大利的战争。教宗好像是想要军队来帮助他平复教宗国的暴力抗议，如果真的是这样的话，这更适合由警察来完成，否则将会有失法军的威严。卡芬雅克还补充说，无论如何，这也违背了法国不介入他国内部事务的政策，教宗只能靠他自己。[19]

在教宗孤注一掷地试着获得外国援助的时候，撒丁尼亚国王卡洛·阿尔贝托则正在寻求教宗的帮助。这个骄傲、矜持的国王已经在梦想向奥军给他带来的耻辱失败复仇了。7月底，他找到了51岁的修道院院长和受人敬重的教会学者安东尼奥·罗斯米尼（Antonio Rosmini）来当他的教宗特使。罗斯米尼出身于奥地利统治下的意大利北部的贵族家庭，他曾在众多出版物上督促教会能适应现代社会。几个月以前，庇护九世曾恳求罗斯米尼前来罗马。这位修道院院长拒绝了教宗的请求，声称罗马的无政府状态和他的感受将无法为教宗提供帮助。

这时候，虽然远称不上热情，罗斯米尼却同意前去面见教宗，来看看自己能帮上什么忙。8月初，他去都灵和文森佐·乔贝蒂见面，后者是一名爱国教士出身的内阁大臣，他在自己的书中呼吁建立一个在教宗领导下的意大利联邦，以及对耶稣会士的谴责拥有很大的社会影响力。乔贝蒂解释说，这个目标是为了劝说教宗为组建一个由意大利人的国家组成的联盟提供帮助，这个联盟的目标是将奥地利人逐出半岛。罗斯米尼在8月17日见到了庇护九世，并在接下来的两个月中一直待在教宗的身边。对于支持意大利独立的自由派人士来说，罗斯米尼是一个英雄、爱国的修道院院长，他的话能在教宗的耳边起作用。[20]

*

缺少一个运行有效的政府，庇护九世亟须找到一个可以帮他把教宗国从混乱的泥淖中拉出来的人，这个人选要能够站出来抵挡如今似乎正赢得街巷支持的狂妄之徒，这个人选要能帮助议员们各归其位。有一个人的名字一再被人提及：佩莱格里诺·罗西。虽然在几个月前，随着法国国王的倒台，罗西已经失去了大使职位，但是他仍留在罗马。从很多方面看，他都不能算合适的

安东尼奥·罗斯米尼

人选。如果枢机主教们还算不上厌恶这位前大使的话，他们也并不信任罗西的自由派政治观点和他的一些上了禁书名单的著作，更不用提的是，早在 1845 年罗西在罗马的任务就是协商将耶稣会士逐出法国，而且他的妻子还是一名新教徒。[21]

对于罗西可能会成为受命人选的传言，法国政府也不觉得开心。毕竟这个人在不久之前仍是一个已被推翻的法国国王的大使。顶替罗西大使位置的哈考特公爵愤怒地质问说，教宗国政府的首脑是"一个被我国政府解雇的法国人，但是这一切都不需要征询我的意见吗？"但如果真要说罗西是一个"法国人"的话，那么他也算得上不同寻常的一个，因为他出生在意大利，并且在意大利长到成年，他先是在瑞士的立法机构中效力，随后搬到巴黎并接受了索邦大学的政治经济学教职。[22]

教宗在9月中旬宣布组建了新政府。虽然新政府在理论上是由首领大臣领导，但实际上的领导者是佩莱格里诺·罗西，他同时被任命为实管警务的内政大臣和财政大臣。"你需要一个铁打的身子"，罗西说，"在这样的艰难时刻绝对不能病倒。"他誓言要竭尽全力巩固教宗国政府。[23]

罗西会见了哈考特并让他确信自己完全没对法国的新共和国政府抱有敌意，他表达了自始以来的支持。哈考特对这件事一直将信将疑，但是他建议巴黎在这种时局下，也许最好不要反对庇护九世的任命。"不只是内阁，"哈考特写道，"全国都处于停滞状态。"此前的六个星期，政府没有大臣，对当前的危机看似已束手无策。教宗和议员看起来对代议制政府一点概念也没有。警务总管已经放弃，说他缺少能完成工作的手段。"不可能看到比这更完整的无政府状态了。"法国大使这样评论说。在这样的局面中，他询问巴黎，难道他们真的想要告诉庇护九世，法国将反对任命这位教宗心中认为能够解救自己的唯一人选吗？[24]

考虑到覆盖该国各处的无政府状态，摆在罗西面前的任务极为艰巨，缺少可信赖的人才让他的工作更加雪上加霜。就像法国大使哈考特在汇报关于教宗国新内阁成员的情况时所说的，"所有那些人只不过是围着罗西转的卫星，他们之所以能被选上也是因为这个缘故"。[25]

当罗西开始了他的工作之后，代表卡洛·阿尔贝托国王的修道院院长罗斯米尼在罗马会见了各位外国使节以促进他们对意大利国家联盟的支持。起初，罗斯米尼认为这个联盟至少要在名义上由教宗领导，但是来自都灵的新指示则坚持卡洛·阿尔贝托才应该是首脑。无论如何，是他领导了将外敌逐出半岛的战斗，他握有意大利最强的军队，而且他统治着最现代的意大利国家，并且撒丁尼亚是唯一的一个免受奥地利影响的国家。但是这个观点很少有人赞同。那不勒斯的波旁国王费尔南多很确定，他一点也不想把自己置于萨伏伊王朝的撒丁尼亚国王之下；另外，他对意大利的统一也毫无兴趣。在威尼斯，临时政府仍在坚持抵御奥地利人，捍卫自己的独立地位，人们心中对独立立国千年之久的威尼斯共和国（Venetian Republic）仍然有着强烈的怀念。罗西不会给教宗国政府提出这样的建议，让教宗处在撒丁尼亚君主之下根本就是一件不可思议的事。[26]

　　事实上，罗斯米尼本人也很厌恶这个想法。他在 10 月初告知撒丁尼亚的外交大臣："我建议您的陛下应派遣比我更专业、更有能力，而且对这个我不敢苟同的新计划的成功可能性持有信念的外交官来罗马。我相信我已经无法继续履行职责了。"带着这份声明，罗斯米尼辞职了。[27]

*

　　10 月的一个下午，在罗马犹太聚居区的一条窄巷子中，安杰洛·莫斯卡提（Angelo Moscati）和另一个人起了争执，随着言语愈发激烈，莫斯卡提拿出小刀猛砍对方的头，切开了一道很深的伤口。两个市民卫队成员赶到现场试图夺刀，但莫斯卡提在刺伤其中一人后才被制伏。这样的事情本来不会吸引多少人的注意——因为砍人案件在罗马已司空见惯——但莫斯卡提是一个犹太人，而受害者则是位基督徒。[28]

消息在城里迅速传开了。没过多久，一大群愤怒的人群，在伤者表兄弟的带领下，明显受到了附近天主教圣职的鼓动，他们来到犹太聚居区寻仇，其中也包括市民卫队的成员。袭击者挥舞着棍棒和小刀并开始用石头和木棒攻击犹太聚居区的居民。他们口中喊着"宗教万岁！""烧死犹太人！""犹太人的朋友去死！""圣教之敌全都去死！"与此同时，石块已经把窗户砸烂。这些袭击者中有一些人胆子更大，他们带着麻布口袋，心中盘算着要劫掠一番。

附近的市民卫队执勤站的队长发现了暴力情势，便带着队员们冲往现场恳求他正在参与抢劫的同伴能够遵守他们许下的维持和平的誓言。根据队长回忆，暴动的队员"把他们看作猪和懦夫，说必须要捍卫我们身上制服的尊严并把犹太聚居区烧成平地"。罗西发布了一份声明并张贴在罗马的各处城墙上，他谴责暴力行为"并不是有修养之人和待人宽厚者的举动"。在接下来的几个晚上，许多卫队成员被派至犹太聚居区巡逻，他们中的很多人显然在心里更认同暴动者，而非极度惊恐的犹太人。[29]

从很多方面来看，犹太人都是鲜活的风向标，他们能够显示罗马从中世纪神学向现代迈进的努力。在过去的20年里，呼吁对所有臣民、所有公民一视同仁的启蒙思想已经传遍了欧洲。一个现代的社会已经容不下犹太聚居区的存在，也容不下基于人们所信仰的宗教来禁止从事某些职业或禁止接受教育了。

几百年来，为了能够生存下去，罗马的犹太人已经在历任教宗面前卑躬屈膝，甚至在最为压迫的教宗面前也要赞美他们的伟大慷慨，因为这是他们唯一能够得到喘息的方式。但是犹太人对于庇护九世为他们所做的事情真的心存感激。他已经允许了部分人可以在狭窄的犹太聚居区以外生活和工作。他已经终止了持续了几百年的羞辱性隶属表演，这个表演要求犹太聚居区领袖在狂欢节的第一个星期六向罗马的市议员呈交一年一度的贡品，与此同时喧闹的人群会在一边欢呼和嘲弄。他已经许诺让符合标准的犹太人可以成为市民卫队成员，并允许拆掉犹太聚居区的大门，即便很少有犹太人会离开聚居区，但这仍然是一个重要的象征性举动。在8月，尽管不包括政治上的权利，但下议院投票扩大了犹太人的全部公民权。[30]

然而，几个世纪以来对犹太人的妖魔化让大众对犹太人的态度远算不上普遍友好。在基督徒每个星期的讲道中，堂区司铎责骂犹太人是杀死基督的凶手，是基督教社会危险的敌人。如今，已经有些人相信庇护九世成了犹太人骗术的对象。并不需要特别鼓动，罗马市民就会针对犹太人。

*

10月，一场新的民众暴动在维也纳爆发。10月6日，示威人群试图阻挡被派往匈牙利镇压叛乱的军队。双方的对峙很快就致使民众将暴动升级成公开的叛乱，他们杀死了奥地利的战争大臣。第二天，帝国皇室逃到了位于摩拉维亚（Moravia）的城镇奥尔米茨（Olmütz），这里在今天是捷克共和国的一部分。对朱塞佩·马志尼和他的追随者来说，发动突袭打击意大利东北部的奥地利人的实际目标似乎已经得手。在一封写给伦巴第和威尼托人民的公开信中，他以口号"以上帝和人民的名义"开篇，这位意大利独立运动的领袖下令发起了一场民族起义。罗马市民也同样兴奋，他们希望奥地利政府会倒台，奥地利帝国会分崩离析。

但他们很快就会失望，在10月底，奥军的3000名士兵包围了维也纳，起义遭到了镇压。[31]

在罗马，罗西已被面前数不清的障碍搞得焦头烂额。他提出了修建铁路和电报线路的倡议。他下令圣职要缴税并试图整顿腐败的行政部门，它们主要由教士组成。虽然上层圣职十分讨厌罗西，但罗西在自由派人士中也没什么朋友。他在教宗向奥地利宣战一事上持反对态度，他曾在被推翻的法国国王手下担任大使，这些事情都激发了自由派和激进派对他的敌意。他掩藏不住的优越感和他对那些虚伪之人表现出的蔑视态度也不会为他赢得盟友。正如当时的一位对他持同情态度的编年史作家所评论的，"他冷冷的笑容、眼神放射出的不屑和手势中的明显鄙视让他树敌众多，随着他政治权势的迅速蹿升，他的敌人也随之增加"。[32]

罗西发现自己正处在一个动弹不得的地位。虽然他被指控是奥地利人的朋友，但他并不是。大约30年前，罗西离开了意大利，他在9月写给朋友的信上透露，那是因为他不愿在一个"处在奥地利人的刺刀下"的国家中生活。他承认是教宗的力劝才让他接受了这份吃力不讨好的工作，但是他反问道，他怎么能拒绝给教宗提供帮助呢？"他给了我莫大的信任和善意。"

/ 100

罗西作出的接受教宗提议的决定也源于他相信自己是唯一对周边世界有所了解的人，他断定教宗需要他的洞察力才能阻止一场灾难发生。他认为，通过一个认同启蒙的行政团队，通过消灭腐败和推行现代化的计划，教宗国正在面临的问题将会得到解决。这并不是一件容易做到的事情。教士阶层反对失去他们的特权，这些人会拼命地反对他，就像那些激进派也反对他一样。罗西看起来相信自己可以通过意志力和对眼下任务的深谋远虑来克服面前的一切阻碍。[33]

虽然罗西在许多地方都不受欢迎，但庇护九世对他可以说是非常满意。过了这么久，教宗终于找到了一个有能力领导他政府的人，这个人的自信心和想法大到无边无际，这个人既了解公共行政，又了解财政，而且还知道如何掌舵使政府驶向安全的港湾。在经受了一个持续逼迫他加入意大利独立战争的政府以后，教宗在罗西这里长长舒了口气，因为罗西认为教廷最好置身事外。在那些暴动正变得失控的教宗国各地，就像北方省份一样，罗西和他的前任们形成了鲜明的对比，他毫不犹豫地要求军队须重建秩序。教宗为他的新大臣准备了一个非同寻常的问候，他邀请罗西同餐宴饮，此前还从未听过有哪个世俗信徒享受过这样的殊荣。[34]

11月4日是圣嘉禄·博罗梅奥的纪念日，庇护九世在枢机主教及教会要人的陪同下参加了盛大的游行，去了为纪念博罗梅奥而得名的教堂。圣座国务卿枢机主教索格里亚遭到了人群中传来的口哨声和起哄声的愚弄。"冲到下水道里去！"人们在这位身披红袍的枢机主教的镀金马车经过时大喊。有一群三四百个年轻人挑衅地站在教宗在科尔索大道的必经之路旁，他们坚决不脱帽致意，嘴上挑逗地叼着香烟，在教宗路过时哄笑着吐出一团团烟雾。庇护九世已经开始举手向民众致意，这时候他只好放下手臂把头转向别处。[35]

第二天一早，教宗召见了他的军务大臣卡洛·祖齐将军（General Carlo Zucchi），后者是10月时为了整顿因无能而声名狼藉的教宗国军队而任命的。71岁的卡洛·祖齐将军身材矮小、壮硕、不苟言笑，他的黄金年华早已离去。这样的任务就算交给一个能干之人也都难以胜任。在观察了他的新任务后，祖齐作出了这样的评论，"训练、纪律和行政上的混乱已经无以复加，没人知道谁是管事的人，每个人都各行其是，对指挥官视若无睹"。[36]

得知博洛尼亚和费拉拉爆发了新的暴动后，教宗命令祖齐将军前往北方。祖齐几天后发回来的报告并不是振奋人心的好消息。博洛尼亚的形势令人冒冷汗，革命的激情十分高涨。爱国的卡瓦吉神甫发表的慷慨激昂的布道词把人们的情绪推向了狂怒。教宗对此的回应是将这名修士抓起来，但更大的麻烦很快就出现了。声名狼藉的革命领袖朱塞佩·加里波第（Giuseppe Garibaldi）和他带领的一大群带着武器的人已经来到了教宗国的托斯卡纳边境上，这里离博洛尼亚并不远。罗西害怕他们会更进一步地煽风点火招惹麻烦，于是他命令军队将这些人赶回了托斯卡纳。[37]

罗西处在教宗和无底深渊的中间，处境更为孤立。枢机主教们从来就没喜欢过让世俗信徒来管理教宗国政府，而且罗西想要勒住他们特权的努力只会让他们更加讨厌他。从另一方面来看，很多人都把罗西视作一个下狠手的独裁者，也是意大利独立志业的叛徒。罗西已经毫无立足之地了。"如果他们想要摧毁教宗的权威的话，"他在11月中旬告诉巴伐利亚大使，"那他们必须从我的尸体上迈过去才行。"[38]

1848 年的 11 月 15 日，这个日子将被人们长久地记住，一大群不安的民众聚集在教廷枢密院宫（Palace of the Chancellery，也译"文书院宫"）的外广场上，罗西计划在这里向下议院议员发表演说。一队队散乱的没有武装的市民卫队在巨大的文艺复兴广场上各就各位，这里正是全城的心脏。一些教宗国的警察部队也在分散的指挥下处于待命状态。不巧的是，有许多最近刚被奥地利军队打败的老兵也出现了，同时出现在现场的还有罗马城里那几个最有名的激进分子。

罗西的早晨是在家中度过的，在过去的几个星期中，他已经收到了好几次死亡威胁，有传言说激进派正在计划当他出现在公众场合时先下手为强。朋友们警告了他，但是他没有听信。中午时，罗西同他紧张兮兮的妻子和两个儿子道了别，便前往奎里纳莱宫先面见教宗然后再发表演说。

"看在上天的分上，我亲爱的伯爵，"庇护九世说，"请保重！你的敌人很多，他们的怒火足以让他们做出最卑劣的犯罪！"

"圣父大人，"罗西答道，"那些人都是懦夫，我并不惧怕他们。"

当罗西迈出宫殿走下台阶的时候，有一位面生的司铎冲上来用手拦住了他。这个人的眼中含着泪水，"不要上车，"他恳求道："你离开就必死无疑了！"罗西推开了他的胳膊继续走下了台阶。

当马车接近枢密院宫时，它放慢速度试图穿过人群，再经过宫殿大门赶往庭院。身着优雅黑西装的罗西走下了车，60 名卫兵在通向楼梯的走道旁整齐站好。这些卫兵并不整齐的着装让人疑窦丛生。[1]

人群中可以听到嘘声和刺耳的叫骂声："割开他的脖子！割开他的脖子！宰了他！"罗西努力克制自己，保持风度。当他经过卫兵们时，那些他身后的人也跟着移动起来，罗西很快就发现自己遭到了围困。当他走近楼梯，有一个人突然从人群中现出并打向他的身体左侧。当他转过身看是何人在袭击他时，他看到了一个身材矮小的青年，两鬓没有络腮胡，但是嘴上长着茂密的胡子，他从右边冲过来并用一把长长的利刃划开了罗西的脖子。"好极了！"人群中传来喊声，刺客消失了。罗西向前蹒跚了两步，倒在了血泊中，鲜血从他的脖子里涌出，地上流了一大摊血。没过多一会儿，他的生命就结束了。[2]

下议员们听到外面的吵闹并很快就听说了消息。在长时间的惶恐和犹豫不决后，他们才匆忙跑了出去。一种陌生的恐惧、慌乱和愉悦混在一起弥漫在城市里。罗西就是政府，现在他不在了，一个巨大的空洞打开了。一群兴高采烈又不怀好意的人很快聚集起来。他们有几百号人，随后开始在罗马的大街小巷里穿行，停在科尔索大道旁的罗西家门口，他们冲着窗户里的遗孀和两个儿子高喊："杀死罗西之人万岁！"随着加入他们的人越来越多，他们挥舞起了代表意大利的三色旗。在他们高举的旗杆中，有一根特别引人注目，上面挂的不是旗帜，而是刺客那把沾满血迹的匕首。"祝福刺死暴君的人！"他们的口号现在变成了欢歌。教宗的卫兵们已经踪影全无。[3]

总部坐落在科尔索大道中段的一栋建筑物里，民众俱乐部的成员填补了真空。当教宗的训谕反对和奥地利开战后，这个近期才组建起来的俱乐部已经成了意大利独立运动的中心，顶替了那个更为温和的罗马人俱乐部。民众俱乐部的许多领导人都来自教

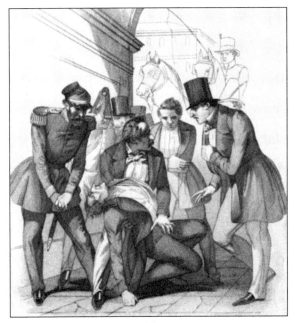

罗西之死

宗国各地。后来对罗西被刺一案的调查也集中在这个俱乐部上，人们认为暗杀行动就是在这个俱乐部中谋划的。如今这个俱乐部正在隐秘行动，有一些成员正在草拟一个要呈送教宗的名册，他们坚持由他们选择的人提名一个新的内阁，其他人此时则在街道上带领民众游行。[4]

*

公权力的瘫痪已经到了彻头彻尾的地步。有一位市民卫队的长官冲到上司里格加诺公爵（Duke of Rignano）那里要求得到指示。在祖齐将军带兵在外的情况下，公爵也是军队的指挥官。"谨慎行事"是这位公爵下达的唯一指令，随后他就急忙带着仆人赶回家收拾行李逃往了安全的那不勒斯。教宗派出了一名信使去找祖齐将军，命令他立即返回罗马。[5]

那天晚上，庇护九世召见了来自博洛尼亚的温和派议员马尔科·明格蒂。"我发现他悲伤、忧愁，但是相当平静，"明格蒂回忆说，"那种奇妙的感觉一直主导着他，甚至在被托付了上帝的意志时也是如此。"教宗提到了组建新政府的需要，但没有明确表明要求明格蒂来领导。明格蒂向教宗提议，新内阁只有在宣称支持自由派并保证意大利独立的情形下才能得到存续。教宗让他翌日清晨再来，待届时再作决定。[6]

第二天清晨，上议院和下议院的议员都收到了教宗要求他们在早上8点45分觐见教宗的要求。"我好不容易找到了一个人，"庇护九世告诉他们，"这个人不仅明白政府所需作出的决定……而且开出了药方。可他们居然把他杀了！"

上议院议长卡洛·穆扎雷利蒙席（Monsignor Carlo Muzzarelli）试图要安慰教宗。他解释说，是人民厌恶罗西。他的死可能最后会让事情变得容易一些。

站在桌子后面的教宗怒斥道："什么！一位穿着这样颜色衣服的蒙席，我让你担任上议院的议长，你居然在这里为刺杀找借口？"[7]

议员领袖们现在试着把讨论转向政治事务。教宗有两个选择，他们告诉他：可以用武力镇压他的臣民，或者可以指派一个受到公众支持的新政府首脑。他们警告说，教宗无法指望军队保持忠诚，他们中的很多人都参加了昨天晚上的示威游行。

那市民卫队呢？教宗问。和教宗国的军人不同，他们都来自更高的社会阶层。他们肯定会捍卫教宗的。

他们也不再愿意帮忙了，上议院议长说。

庇护九世告诉议员，他打算让马尔科·明格蒂来组建新政府。委员会领袖们回答说这不是一个好主意。明格蒂被视为罗西的朋友，不会对赢得人民的好感起到帮助。

下议院议长随后不明智地把话题引回到了刺杀事件上。他说，让不受欢迎的罗西让路并不完全是一件坏事，他上议院中的同僚也随声附和。关于这件事，当时与会的一个人回忆说："教宗的情绪变得特别激动，他脸上的肌肉开始剧烈地抽动起来。"回想到教宗小时候曾经患过癫痫，他的访客们建议他们先离开一会，好给教宗考虑的时间。他们会等待再次得到召见。

当他们离开房间时，他们发现明格蒂正在外面等待。他不会被叫进去了。[8]

*

前一晚，在暗杀事件发生后，民众俱乐部在罗马的墙上张贴了一份宣言，宣布鉴于当前的紧急事态，在新政府组建起来以前，他们将承担维持秩序的任务。他们呼吁罗马市民第二天在人民广场集合以表现他们对民族独立计划和制宪会议的支持，从而促成一个更具民主形式的政府。作为回应，许多市民卫队队员和军人加入了人群，人流就像潮水一般涌入了宽阔的圆形广场。打着民众俱乐部的旗帜，由鼓手和乐团领头前进，他们排着队、肩并肩地走向教宗宫殿。一个对此持负面看法的观察者写道："他们看起来就像是闹剧里的流氓……他们先是谋杀了一个老人，现在又来攻击别人了。"

当示威者们来到奎里纳莱宫，他们只能看到紧闭的大门。一个代表团成功地进到里边，向枢机主教暨圣座国务卿递交了一份他们带来的文书，随后这个代表团回到人群中等待教宗的回应。在教宗宫殿里，庇护九世正坐在外交使团中间，这些人是在危难时刻前来陪伴教宗的。他看了递上来的要求，随后命令向民众传话：所有人都回家。基督在大地上的代理人不会向胁迫低头。[9]

受到教宗反应的激怒，有些人开始在偏门放火。火焰很快就蔓延到了门口，整座庞大的宫殿看起来很快就会被火海吞噬。宫殿里的人们提着水桶匆忙跑出来救火，火被扑灭了。当其他人试着再次点火时，有一名瑞士卫队士兵开枪了。人们听到枪声后，那些自己也带了枪的示威者爬上了俯瞰广场的教堂钟楼屋顶，进而对着宫殿的窗户开枪。负责给教宗的官方声明准备拉丁文版本的圣职帕尔玛蒙席当时正在距教宗不远处的窗口张望，他的胸口中了一枪。"这已经是第二个因我而丧命的牺牲者了，"庇护九世说，"可是我一点也不想要看到流血！"[10]

到目前为止，聚集起来的人群已经达到了10000人的规模，很多人都带着武器。示威者们推着手推车将通向广场的道路封了起来。其他的手推车上则堆放着易燃物，他们威胁要放火。有人推来了一门大炮并对准了宫殿的入口。按照法国大使的观察，庇护九世在这样的危急关头仍然沉着冷静，但他已经意识到局面已无法转圜。他将被迫接受那些要求，同意俱乐部提名的新任大臣人选。至于他们要求立即宣布意大利独立并加入反对奥地利的战争，他会试着把这些事情交给两院讨论以赢取一些时间。[11]

"您看到了我们身处的这个可怜境地，"庇护九世对法国大使说，"抵抗的希望是不存在的。在我自己的宫殿里，一名高级教士已经遭到了杀害。枪口对着我们，大炮也对着我们。我们被包围了，四周都是乱党。我们要避免无谓的流血和甚至更为糟糕的犯罪降临，但这只能是被迫而为。如阁下您所见，我们让步了，却是在示威的压力之下让步的。我们只是在暴力威胁下才退让的，我作出的每一项让步皆成枉然，一切都属徒劳。"[12]

当晚 8 点，教宗已任命一批新内阁大臣的决定在奎里纳莱宫外宣布。有一些军团士兵对天鸣枪以示庆祝。其他人手持火把走街串巷并高唱起爱国歌曲。市民卫队解除了教宗瑞士卫队的武装，并将他们限制在自己的兵营中。当黎明时分到来，把守奎里纳莱宫入口的已经不是瑞士卫队，而是市民卫队了。一个新的纪元似乎已经到来。[13]

*

在他们提出的有关内阁大臣的计划中，示威者们列出的人选中有很多都是因和激进人士关系密切而得名的世俗信徒，他们中的一些人被认为和罗西被杀一事有所牵连。但是这里有一个名字还是让教宗眼前一亮，带来了一丝希望。他们提名了安东尼奥·罗斯米尼作为潜在的首领大臣人选。他曾经担任过撒丁尼亚国王的公使，因力劝庇护九世支持意大利独立而闻名，这位修道院院长被视作对爱国志业保有认同。在示威者已经出发的当天夜晚，教宗给他捎话希望任命他来领导政府。对此罗斯米尼感到十分惊讶，并为自己的名字出现在激进派的名单上感到羞耻。他告诉教宗自己不会为此效力，庇护九世理解他的决定也就没有继续坚持。[14]

罗马的街道已经不在教宗的控制之下了。市民卫队的效忠也无法信赖。指挥军队的将军正待在北部，而那些志愿参加教宗国军队和奥地利作战的志愿军已经回到罗马，他们是最对教宗的事业怀有敌意的群体之一。枢机主教们也已抛弃了他。贵族们早就不见了踪影。

自从罗斯米尼表示拒绝之后，庇护九世的选项就变得十分棘手且很有限了，教宗把目光转向了上议院议长穆扎雷利蒙席，他对罗西被刺杀一事漫不经心的态度虽已激怒了教宗，但他是目前领导政府的最佳人选。

在宣布了从示威者名单中选出的新内阁大臣人选后，庇护九世召回了大使们以重申他的抗议。"我就像是个凡人，"他对大使们说，"他们已经把我的卫队拿走，而且还代之以他们自己的人。缺少护卫的情形让我目前行动的原则只能是尽可能避免让朋友们流血……但是欧洲和世界必须知道，我在新政府中没有任何角色可言，我完全被排除在外了。"教宗特别渴望各国大使能够让他们各自效力的政府对教宗国全新的世俗信徒出身的外交大臣所说的任何话都不予理睬。只有枢机主教暨圣座国务卿能担任这个角色。简单来说，虽然庇护九世公开批注认可了新政府，但是他私下里告诉各国外交代表，这个新政府不具备正当性。"考虑到目前的狂热气氛，"撒丁尼亚大使从教宗宫殿回来后担心地说，"如果公众听到了这些话，大概会爆发比昨天还严重的动乱。"[15]

"今天，"法国大使报告说，这位教宗的"权威已经完全不在了，只剩下名义而已。""我必须要告诉你们，"他给巴黎方面提出建议，"在这样的形势下，我毫不怀疑教宗迟早想要离开罗马，如果是这样的话，在这种情形下，他最有可能前往马赛。然而，"他继续警告说，"这件事必须秘而不宣才能不危及他的处境。"[16]

*

　　枢机主教兰布鲁斯齐尼是两年前去世的格里高利十六世教宗的圣座国务卿，人们普遍将他视作亲奥地利派的领袖，是宗教法庭中的反改革派，人民的怒火尤其集中到他的身上。11月16日夜，也就是罗西被杀的第二天，有一群军人闯入了和奎里纳莱宫坐落在同一个广场上的高大巴洛克建筑康苏塔宫（Palazzo della Consulta，也译"政务宫"），人们没有在他的住处找到兰布鲁斯齐尼，于是砸烂了他的家具，用长剑和匕首划烂了他的床。这位枢机主教这时正畏缩在附近宫殿马厩的一堆干草垛中，是市民卫队的两个同情他处境的队员将他藏在了这里。三个小时后，士兵们离开了，两个卫队队员回来，给这位吓坏了的枢机主教穿上不合身的大衣，乔装一番后将他送上了驶向那不勒斯的马车，那里可以确保他的安全。[17]

　　长久以来，贵族们一直享受着和教宗相似的各种特权，但是当教宗需要他们的支持时，这些人早就消失得无影无踪了。多里亚·潘菲利亲王（Prince Doria Pamphily）很好奇教宗的处境，但是又不想冒险去见他，于是便向近期拜访了奎里纳莱宫的比利时外交临时代办询问他所看到的情形。

/ 110

　　比利时临时代办回答称："你应该问我的是我没看到什么，询问一下罗马的王公贵族都跑去哪儿了。"[18]

　　没过多久，罗马发生令人震惊事件的讯息就传到了巴黎。11月17日，法国政府派出军舰驶向了罗马的主要港口奇维塔韦基亚（Civitavecchia），他们得到的指令是不惜一切代价保护教宗的生命，但是要避免引发"政治"问题。[19]

西班牙政府也有类似的给教宗提供帮助的渴望。伊莎贝拉二世女王（Queen Isabel II）的权力位置十分不稳，她于15年前登基，当时只有2岁。伊莎贝拉女王天花乱坠的头衔是这样开始的："上帝的辉煌光芒普照之下的伊莎贝拉二世，卡斯蒂利亚、莱昂和阿拉贡女王，两西西里女王，耶路撒冷女王，纳瓦拉女王，格拉纳达女王……"她的头衔还没结束，其中有许多地方，包括西西里、那不勒斯、米兰和撒丁尼亚，这些地方如果不说是几百年，也有几十年没有在西班牙君主的实权统治下了。如果她是上帝光辉普照之下的女王，那么她应该拥有神圣的权利，最起码的，应该要确保上帝在大地上的代理人的统治。她不能允许教宗从理所当然的王位上被这么不光彩地推翻。

自罗西被杀后到奎里纳莱宫之围期间，枢机主教索格里亚已经去找了西班牙大使。圣座国务卿问他，贵国给你的指令是什么？大使回答说："我得到的命令和指示，是尽西班牙女王全部的力量来支持教宗陛下。"事实上，几个月以前，教宗已经和西班牙大使谈到了将来有一天他可能得逃离罗马。西班牙政府随后就在奇维塔韦基亚港停靠了一艘军舰以备不测。庇护九世对此十分放心，但是现在当他需要这艘船时，它却恰好不在那里。这艘船刚刚被送回西班牙进行补给。西班牙大使给马德里发去了紧急请求，要求火速派军舰赶来。虽然他毫无疑问是担心教宗的安危，但他同样也担心如果西班牙军舰不迅速到达的话，欧洲其他势力就有可能把教宗掌控在手中，这样的话，掌控教宗的国家的影响力和声望必会随之提升。

他的确有理由这么担心。英国政府已经派出了他们的新型蒸汽动力明轮军舰斗牛犬号（Bulldog）驶往奇维塔韦基亚，这艘军舰将会在11月23日抵达。斗牛犬号的船长接到了密令："罗马的暴乱"让教宗深陷危险并使他想要逃离，"你要作好接纳他的准备……前往任何他想要撤去的港口。"[20]

*

庇护九世痛苦地感受到自己孤立无援。6 月份才任命的枢机主教索格里亚——他手下的第六位圣座国务卿——已经证明无法胜任这个位置。去年春天曾短暂任职的枢机主教安东内利现在正在梵蒂冈宫担任行政长官，他现在是教宗感到唯一能依靠的人。虽然痛风的折磨让他在去年夏天的大部分时间中都只能在床上度过，但是安东内利现在正陪在教宗的身边，力劝教宗逃离。

罗西被刺杀的两天后，庇护九世秘密通知了几个仍在罗马的枢机主教，说他可能会试着和外交使团一同逃离。11 月 18 日，撒丁尼亚大使将这件可疑之事报送都灵，他指出，奎里纳莱宫被市民卫队包围，逃脱绝非易事。如果教宗真的成功逃离罗马的话，大使们担心激进分子很容易就会宣布神权政治已经终结，并宣布以共和制代替。这将会是撒丁尼亚政府最不想看到的局面。卡洛·阿尔贝托国王把共和人士视作比奥地利人更大的威胁，他担心如果这些人成功推翻了这位教宗—国王的话，那么他自己将会是下一个倒台的君主。[21]

11 月 20 日星期二，下议院最后一次召集会议。为了避免和教宗分道扬镳，一个温和派人士提议，派出一个官方代表团来表达议会对教宗的忠诚。[22]

正在此时，看到现场听众众多，夏尔·波拿巴在人群面前燃起了高谈阔论一番的欲望。在不久前的 8 月，他才表达过对于教宗是意大利民族核心的坚定信念。"庇护九世，"他曾告诉议员们，"是开启意大利民族运动的那个人。只有他能够带动群众。"但是，伟大的拿破仑的侄子，一位难以置信的革命者，如今却唱起了反调。[23]

"现在不是去谢恩的时候，同仁们，这么做已经不足以表达忠诚，"他继而说道，"是时候向人民作出承诺了，让他们知道自己已经从君主那里得到了付诸行动的允诺。"人们挤在走廊里，欢呼着表达自己的赞同，但是温和派提出的表达与教宗团结一致的提议还是在第一次投票表决后得到了通过。这激起了在场围观群众的愤怒，人们起哄要再次投票。第二次投票的结果遂了围观者的心愿。致力于推动由教宗作为元首的君主立宪制的马尔科·明格蒂对此十分愤慨，他宣布退出下议院，愤而离开了罗马。这次投票，他解释说，已经让下议院失去了任何的正当性，下议院建立在宪法的基础上，而这样的投票跟宪法所表述的置于教宗权威下的两院体制相抵触。[24]

这样的情形留下了一个有所争议的问题——教宗在近日来的动荡中缺少公众支持，这是否反映了罗马市民已经对他失去了信心，还是人民只是受到了激进派的煽动。若是在前些年，天主教会会把历史阐释指向后者，更虔诚的人们相信这种逐渐显现的悲剧是上帝对罗马的惩罚，因为他们偏离了上帝的道路。对于爱国人士和意大利爱国历史学家来说，他们会把这件事视作现代意大利的滥觞，有着不同的含义。它标志着一个时代的结束，即根植于中世纪的神权政治的终结。在数百年的压迫过后，人们终于站起身来索要他们的权利。历史的大潮已经改变。

庇护九世并没有多少时间对此表露疑惑。他坚信这是上帝对他信仰的考验。作为上帝在大地上的代理人，他发誓不可辜负上主。他知道，上帝不会让这种亵渎的逆天行为延续下去。

  庇护九世已经思忖着逃离罗马了，这个念头已经在他心头萦绕好几个月了。在 3 月教宗对人们勉强同意施行立宪体制的那一天，驻罗马的西班牙公使给马德里写了一封紧急照会，要求马德里方面向他作出指示，以决定教宗是否应下决心离开。西班牙外交大臣的回复是西班牙会给教宗提供于西班牙境内避难，并建议把地中海上的马略卡岛（Island of Majorca）当作驻地；新任西班牙大使弗朗西斯科·马丁内斯（Francisco Martinez）也在 8 月初到达罗马后重提了这个建议。庇护九世曾在夏天对法国大使提过逃离罗马的打算，在 8 月底的一次会面中，他得到了另一份帮助提议，这一次是来自英国斗牛犬号军舰的舰长。[1]

  10 月时，庇护九世收到了来自瓦朗斯主教（Bishop of Valence）的礼物，这个法国小城正是半个世纪前教宗庇护六世在避难期间去世的驻地。他收到的礼物是一个庇护六世保存圣餐用的银制小圣匣。在随同礼物一起送去的便笺上，瓦朗斯主教解释说，这是庇护六世在颠沛流离中的巨大安慰。他还补充说，他希望庇护九世不会遭遇同样的命运，"但谁会知道上帝的秘密计划是什么呢？也许天意的考验正在引导圣父大人"。在教会的历史上，教宗远离罗马居住的例子有很多。14 世纪时，曾连续有 7 位教宗都把驻地设在了法国的阿维尼翁（Avignon）。① 而近来，

---

① 在英法百年战争期间，即 1378~1417 年，天主教会发生了大分裂，世称"西方教会大分裂"。其间，阿维尼翁教廷与罗马教廷对立，法兰西支持阿维尼翁教宗，英格兰和神圣罗马帝国支持罗马教宗。1409 年时比萨公会议召开，决定同时废黜格里高利十二世（Gregory XII）和本笃十三世（Benedict XIII），并另选新教宗亚历山大五世（Alexander V），但遭废黜的两位教宗不接受决议，继而造成了三足鼎立的局面。（转下页注）

庇护六世和庇护七世也曾被迫逃亡。庇护九世倾向于寻找上天的预示以帮助他完成神的旨意，他将庇护六世的小盒子看成一种预兆。当他离开自己的国都时，这个小圣匣将被他紧紧地攥在手中。[2]

如今市民卫队包围了教宗宫殿，庇护九世远远想不到要怎样才能逃出去。到底谁能把他带离奎里纳莱宫并让他逃出城呢？即便他能离开，那他又要去哪儿呢？有几个国家的政府提出给他提供避难，但哪一个国家会让他行动自由呢？什么地方才是最好的选择，能让他试着说服欧洲各国帮助他重新回到理应待在的位置——在罗马当教宗—国王呢？

教宗找来了枢机主教安东内利来商量计划。他们需要找到信得过的人，因为他们无法单靠自己逃离罗马。几个驻罗马教廷的外国大使是少数守在教宗身边的人，到最后，庇护九世只能依靠他们中的两人：法国大使哈考特公爵与巴伐利亚的卡尔·冯·斯保尔伯爵（Count Karl von Spaur）。[3]

值得庆幸的是，这个秘密被保持得十分严密。11 月 24 日星期五下午 4 点，斗牛犬号的舰长把船停靠在奇维塔韦基亚港后，前来向教宗重申英国愿意提供协助的提议。庇护九世告诉他，目前还没有抛弃罗马的计划。他将把一切交给上帝裁决。但是这位英国军官才刚刚走出奎里纳莱宫，教宗就开启了他的逃离计划。法国大使于下午 5 点现身，假装和教宗交谈，与此同时教宗匆忙地穿戴好了一套简单的教士服和帽子。他随即冲进了一辆已经在后门等待的由两匹马拉的马车。从这里到朴素的圣玛策林及圣伯

（接上页注）后康斯坦茨公会议在 1417 年选出新教宗马丁五世（Martinus V）进驻罗马，分裂局面方告终结。天主教会日后承认驻阿维尼翁的七任对立教宗（Antipope）为合法教宗。

多禄教堂（Church of Sts. Marcellino e Pietro）只有一小段路程，而巴伐利亚大使冯·斯保尔已经在那里等候了。这位大使的右手拿着一把手枪，他伸出左手扶着教宗进了他的车厢。[4]

　　大概在同一时间，奎里纳莱宫内假装和教宗谈话的法国大使判断时间已经足够长了，便起身离开。他相信自己已经完成了任务，安东内利告诉他庇护九世现在已经在北上前往奇维塔韦基亚港的路上了。在那里，哈考特公爵认为他很快就会和教宗一起登上法国的蒂纳雷号（Ténare）军舰，然后向法国起航。[5]

　　当马车载着伪装起来的教宗逃向城外时，马车前进的方向并不是向着港口，而是向南。正当哈考特心急如焚地冲向教宗国的港口，想象着由他带着教宗在马赛港凯旋下船时，巴伐利亚大使正心急如焚地领着教宗前往那不勒斯王国海边的堡垒城镇加埃塔（Gaeta）。

/ 115

*

　　斯保尔对罗马了若指掌，他在这里担任巴伐利亚公使已效力了16年，而且还娶了一个在上流社会十分知名的年轻罗马女性。特蕾莎·吉鲁（Teresa Giraud）以美貌和一位知名罗马剧作家的侄女身份而闻名，她把家变成了全罗马最重要的艺术家、政客、贵族和枢机主教的沙龙。她是一个有主见的女性，习惯以自己的方式做事，从丈夫那里探听到了教宗的计划后，便坚决要陪同丈夫来到加埃塔。

　　为了不引人瞩目，巴伐利亚大使让教宗坐在一个又小又平常的敞篷马车里。他们从罗马向南走了10英里后停了下来。斯保尔向教宗解释为什么他们要去加埃塔，一辆他们所需的更大的马车已经在那里准备就绪了。出乎庇护九世的意料，一辆又大又奢华气派的马车正恭候着他，一同恭候的还有这位大使穿着优雅的妻子和14岁的儿子。教宗认为，这件事应该是他唯一必须要忍受的有损体面的举动，因为他得和一个多嘴的女人及她的儿子挤在一个车厢里，巴伐利亚大使则屈尊与一个仆人坐到了后排的座位上。[6]

整晚他们都在赶路。清晨时分，他们已经走了接近95英里，来到了小渔村加埃塔的莫拉（Mola di Gaeta）。这里距离加埃塔已经很近了，有两个男子站在路上等着他们。伯爵夫人向车外望去，认出了其中一人是驻罗马教廷的西班牙大使馆一等秘书。另一个人，戴着鲜红色的围巾遮住了半边脸，穿得像一介平民，但是看起来又有奇怪的相识之感。当教宗看到是他，马上在胸前画了个十字长舒一口气，说道："主啊，我感谢你把安东内利平安地带到这里。"安东内利手里拿着一本护照，上面写着他是那位一等秘书的助理。[7]

枢机主教把一行人带到了附近一个不起眼的小旅馆中。他在那里告诉庇护九世要给那不勒斯国王写信，后者对他们的计划还一无所知。"陛下，"庇护九世写道，"至高无上的罗马宗座、耶稣基督的代理人、教宗国国君现在有必要离开他的国都以免使威严受到损害，并使教宗的沉默给罗马城中已经开始的过分行径背书。"他补充说，目前的计划是只在加埃塔"作短暂停留，并不想令国王在任何地方感到不适"。斯保尔伯爵立即登上他西班牙同僚的马车，前往那不勒斯把教宗的信呈予国王。[8]

*

在当天下午，巴伐利亚大使的豪华马车出现在加埃塔的城门

加埃塔

口。守城的军官检查了来人的证件，相信了马车里坐的就是巴伐
利亚大使和大使夫人，以及他们的儿子和儿子的两名家庭教师。
西班牙大使馆一等秘书把自己装成是斯保尔，而斯保尔伯爵本人
正在赶往那不勒斯的路上。他们绝不希望有人对那两个陪伴他们
的"家庭教师"提出太多问题。他们甫一进城，就入住了一间很
朴素的客栈。虽然经过了乔装打扮，但教宗恐怕仍会被人认出，
于是决定最好先不随便出门。[9]

　　那天午夜前后，附近的港口传来了一声炮响，惊醒了城门堡
垒里的指挥官。法国的**蒂纳雷号**军舰已经从奇维塔韦基亚港驶
来，并在这里抛锚靠岸。第二天早晨，两名法国军官来到岸上，
和他们一同上岸的还有一个身材矮小且高贵的客人。外交官自我
介绍是弗朗索瓦·哈考特公爵，法国驻罗马教廷大使。[10]

在离开奎里纳莱宫后，哈考特急忙赶往了他的官邸，他的马车和行李已经在那里准备好了。马车厢中有两箱教宗的个人物品，这是安东内利交给他的，他用这些物品让哈考特坚信教宗很快就会和他一起前往法国。

正在上演的是一场风险很高的拔河比赛。对于欧洲所有天主教国家来说，能够让教宗选择在自己的国家避难都将是一次莫大的成功，这将使它们在本国的天主教徒和世界各国政府中树立威望。若教宗选择到竞争对手那里的话，损失就会特别严重。枢机主教安东内利不仅让哈考特相信庇护九世正在赶往法国，他同时还向西班牙大使马丁内斯保证，教宗打算要接受他提出的在马略卡岛避难的建议。枢机主教解释说，教宗去加埃塔是为了在那里登上一艘西班牙军舰。为了证明此言不虚，安东内利还带了大使的副手一同前往。

马丁内斯正盼着西班牙军舰能马上抵达奇维塔韦基亚港，他已经在港口等待，想要上船并在加埃塔面见教宗。但是当他在教宗逃离罗马后的第一天清晨来到港口时，有两个令人愤怒的坏消息正等待着他。不仅西班牙军舰没有到达，而且**蒂纳雷号**已经带着法国大使向南驶往加埃塔了。马丁内斯给马德里发去了一条气急败坏的讯息。西班牙正在冒险让"几个月来夙夜匪懈的努力于旦夕间化为乌有"。迎来庇护九世将给西班牙带来巨大的荣耀，现在这样的机会正在从指尖溜走。[11]

教宗根本不知道他正在前往什么地方。他已经接受了安东内利的建议，先去加埃塔避难，但是他担心把自己的生命放在广受诟病的那不勒斯国王手中可能是个错误。但加埃塔对教宗来说的确有一些优势。他能离自己的国家更近一点，而且这里的港口能够让他轻易前往欧洲的其他地方。并且暂居加埃塔也能让他避免被任意一个欧洲的大国势力按压在手心里，他由此就可获得更大的外交空间。加埃塔能够让庇护九世有喘息的空间和时间以祈祷上帝会降下启示。[12]

*

差不多在法国军舰停靠加埃塔港口的同时，带着教宗亲笔信的巴伐利亚大使也抵达了那不勒斯。斯保尔敲响了教廷大使府的门，并告诉大使他有来自教宗的急件要呈交国王。大使最初根本不想要在深夜里把国王从睡梦中叫醒，但是在斯保尔的坚持下，他只好上了斯氏的马车前往王宫。一到宫内，大使就叫醒了费尔南多二世国王并转达了斯保尔的请求。巴伐利亚人这时来到附近的宾馆换下了他满身灰尘的衣服，穿上了更适宜入宫的服饰。

午夜过后，出乎其他王室成员意料，巴伐利亚大使出现在了宫里。斯保尔把庇护九世的信交给了国王。教宗不在罗马，反而身在费尔南多二世的堡垒城镇中寻求国王的保护，这条消息让这个饱受指责的君主既惊讶又兴奋。他让斯保尔作好准备，在几个小时后的 6 点和他一起登上王家军舰起航。[13]

*

罗马，教宗失踪的消息已然传开，城市陷入了困顿。没有人知道教宗去了什么地方。午时，政府在科尔索大道的门面上贴了一张充满戏剧性的告示。"罗马市民，"告示的开头这样写道，"我们将在此宣布一件极其重要、出人意料的事，它将带来极为严峻的后果。昨夜，教宗庇护九世静悄悄地离开了罗马，具体的

离开方向尚不明朗。"告示接下来的内容是向公众担保政府将会
维持秩序。[14]

教宗的突然离开使社会呈现"普遍的恍惚"状态，有一名外
交官这样形容，但是无休止的投机行为也相伴而生。人们心中夹
杂着不安和极大的恐惧。外国军队会不会为了教宗而重新夺回罗
马呢？[15]

有些内阁大臣和很多议员都担心事态发展得太过火了，居然
害得教宗逃跑，而其他人则十分兴奋。不可一世的夏尔·波拿
巴属于后者，他在当天下午紧急召开的下议院会议中起身陈辞。
"从现在开始，"他宣布，"所有回到过去的想法都徒劳无益。"
在他们进入的新阶段中，这位亲王宣称，政府行政机构必须要清
洗大量的"有害寄生虫"，这些人持有的忠诚十分可疑，他们的
继续存在会给国家带来致命危险。波拿巴总结说，即刻需要做
的，是召集一个制宪会议，目标是成立一个新的人民政府。[16]

*

当那不勒斯国王费尔南多二世和王后玛丽亚·特蕾莎（Maria
Teresa）抵达加埃塔后，他们前往觐见教宗，两人双双跪地，庇
护九世则从昨晚居住的简朴旅店走向已经被眼前情景惊呆了的堡
垒指挥官。度过了前两日的紧张、害怕和屈辱，教宗已经止不住
泪流满面。他握住费尔南多国王的手，这是多日以来教宗第一次
摸到王公贵族的手。

对费尔南多来说，教宗的到来是幸运的。在即位后不久，他
好似就以开放的态度努力将自己掌控下的这个以落伍著称的王国
推向现代，他已经修筑了铁路，甚至还安装了电梯，但是近来的

两西西里国王费尔南多二世

事态已经让他确信那不勒斯王国迟缓愚钝的臣民只能靠铁腕来统治。他最近还获得了一个"炸弹国王（Bomb King）"的绰号，因为他毫不留情地炮轰了叛乱的西西里城市梅西拿（Messina），这位国王抓住机遇并将自己塑造成了教宗的救星。

　　费尔南多二世最强大的支持来自上层圣职，虽然这一点并不能对他的受欢迎程度起多少帮助。英国在那不勒斯的公使报告说："总的来说，这位国王是一个迷信的人，也是个虔诚的天主教徒。"在英国新教徒公使的眼中，这位君主"与他全部的信仰

/ **120**

相比，更加迂腐地深陷于神甫的权术中"。国王的告解神甫是整个王国里最被厌恶的人之一，而且"和警务大臣勾结在一起"，这位公使报告说。[17]

虽然费尔南多通过联姻和欧洲的大多数王室都有关联，但他的文化视野却只局限在那不勒斯周围。当时的伟大智识运动已经完全将他抛在了后面。当更具启蒙思想的都灵国王把意大利统一运动看作扩大自己权威的机会时，费尔南多只是将此当作一个威胁。过去的一年如噩梦一般，先是西西里爆发革命，随后那不勒斯本地发生了叛乱。他被迫要许诺立宪，但很快又出尔反尔，近几个月来，他已经开打了一场血腥的会战，目的是让他的波旁王朝重新掌控西西里，并把在那不勒斯本土作乱的臣民踩在脚下。[18]

在星期日一早出发之前，费尔南多二世命那不勒斯的官方报纸《官方期刊》（Giornale ufficiale）宣布教宗的到来。"我们欣喜地宣布，"报上写着，"圣父大人正和我们站在一起，并选择了加埃塔作为他的驻地。"费尔南多国王已经在欢迎教宗的路上了，报纸还补充说："我们现在要向上帝祈祷，让上帝保佑他的代理人，让他的国家，也让欧洲其他的国家从无法无天的混乱中解脱出来。"

11月26日，当把这一切情况汇报给巴黎时，法国驻那不勒斯大使阿方塞·德·雷内瓦尔（Alphonse de Rayneval）指出，这则讯息已经造成了震撼效果，很可能会巩固国王和他政府的地位。第二天，那不勒斯的官方报纸描述了教宗宽宏慷慨地允许所有的王室成员和地位较高的那不勒斯军事指挥官亲吻他的脚。当晚，教宗还到阳台上祝福集结起来的军队和加埃塔的居民。"所有人的眼眶都挂着泪水，"那不勒斯的报纸这样报道，"而且呼喊对教宗的爱和献身，人们的呼声中间杂着国王万岁，费尔南多二世万岁的呼声。"[19]

*

国王已经把庇护九世转移到这个堡垒城镇中归王室所有的王家居住区了。他第一天入住的小旅店马上就变成了一个圣地，教宗当晚睡觉的床被保留了起来。"这是那不勒斯人眼中的加埃塔朝圣地，"伦敦《泰晤士报》驻那不勒斯记者随后写道，"这几乎就像是穆斯林到麦加朝圣一样。在他们眼中，教宗是一个殉难者，是正在遭受磨难的圣徒。"家家户户来到这里目睹了庇护九世在逃亡的第一天晚上栖身的朴素房间和他睡觉的简易铁床。[20]

在上演了逃离罗马的惊险剧情之后，教宗将要开始适应一种新的生活，这是一段等待、祈祷和抱持期待的日子。对教宗来说，这是一段巨大的不安时刻，对欧洲的其他统治者来说也差不多，教宗国是现存秩序的一道防波堤。教宗不在罗马，这让罗马更为不安，在那不勒斯国王保护之下的教廷也更令人心神不宁。激进分子可能很快就会趁着教宗不在的时机掌控教宗国并把这个国家改组为共和国，这样的可能性实在令人感到害怕。教宗可能会要求外国势力介入以重新扶助他夺回永恒之城的宝座，但是这样的可能性将更进一步拉响教宗国的警报。

在这一切的不安和不确定性中，没人知道教宗会在加埃塔待多久，也没人知道他接下来要到哪里去，而庇护九世则是那个最不知道问题答案的人。

第二部分 **受责难的人**

加埃塔无法容纳正在聚拢到这里的所有士兵、外交官、枢机主教和王室家庭。这个堡垒城镇建立在一个高耸悬崖的圆形露天竞技场上，它是延伸进第勒尼安海的一小块陆地。除了零星分布的橘子树以外，加埃塔没有其他植被。唯一连接小城两端的通道就是堡垒的两座大门，其中的一个就在港口旁边。这两座大门在夜间都会上锁，军队的营房和储藏室位于道路的一侧，低调的王室成员和其他的住家则在另一侧。

大使们发现当地的住宿条件和他们在罗马的宫殿形成了令人痛苦的对比。有一些人住在小城旁边名叫加埃塔的莫拉的小渔村中，这里很快就会挤满各色圣职、外交官和其他有头有脸的访客。比利时大使汇报说，他有在自己的羊毛床单上找到白色跳蚤的恐怖经历。在下个月中，将有 27 名枢机主教动身前往加埃塔，但是很少有人会待很久，大多数人都把住宿地点选在更讨他们欢心的那不勒斯。[1]

虽然庇护九世不用再住在他第一晚的简陋房间里了，但是国王给他提供的居所远谈不上豪华。堡垒里的王室住所实际上只是面向街道的普通住宅，与邻居相比，上面的五扇不那么脏的窗户和绿色百叶窗已经算一目了然了。教宗的住处拥有一个底层、一个夹层和一个二层。夹层里住着教宗卫队队长，他是那不勒斯国王安排在这里的。教宗在二楼的简单陈设已经是可以达到的最好程度了，但大多数看到的人都认为这样的居所很难住人。在这里，从不抱怨个人生活舒适程度的庇护九世就在他简陋的床边接待访客。枢机主教安东内利有一个位于大厅的房间，他的房间也不例外，既是卧室又是书房。小一点的房间则给外交官和其他访客做等候和会面用。[2]

再一次，教宗认为他需要一个新的圣座国务卿，枢机主教索格里亚已经去了他位于安科纳附近的主教辖区避难，并且还从他安全的新家给教宗寄来了一份辞呈。信上说他匆忙离开罗马，甚至一只脚穿着红色的过膝长袜，另一只则穿了白袜。无论如何，到目前为止，教宗心理已经十分清楚谁是那个最适宜交付他正在面临的艰巨挑战的人。枢机主教安东内利自从逃难的第一刻起就一直跟随在教宗身边。正是他主导了庇护九世的逃亡行动，他的忠诚毋庸置疑。12月初，教宗任命他为新任圣座国务卿。[3]

可以说庇护九世厌恶政治游戏中的周旋，其中的权谋、装腔作势和倾轧对手都着实令人反感。在接待访客的时候，教宗总是忍不住说出自己的心里话，但是坚若磐石的安东内利则非常擅长发表没有任何实质内容的长篇大论。教宗坚定地相信，作为教廷之首，他有精神上的使命尚待完成，并且保持着对上帝无可动摇的信念，而安东内利则没有一点精神生活的迹象。他是一个不知疲倦的工作者，也渴望获得更多权力，他孑然一身，不相信任何家人以外的人。他没有朋友，甚至在枢机主教中也是同样，大概他尤其不会和他们成为朋友，因为那些人都很讨厌安东内利对教宗的影响。[4]

1848年的最后几个星期将证明对意大利和天主教会的未来有着决定性的影响。当教宗刚到加埃塔的时候，没有人知道他会在这里停留多久，也不知道罗马在没有教宗的情形下会发生什么。混乱会席卷罗马城吗？教宗的支持者和激进派会爆发内战吗？教宗是否将克服他心中对罗马市民背叛他而产生的愤慨，进而寻求一个能让他和平地回到永恒之城的让步呢？就像教会中的一些人所恐惧的，厌恨天主教圣职的罗马市民是否会转向新教呢？

　　教宗和安东内利坚持称他们来到加埃塔全属偶然。"我们本来计划了一条完全不同的离开罗马的路径"，这位枢机主教如此告诉罗马教廷驻巴黎大使。如果西班牙战舰能如约在那里等候并把他们带到马略卡，他们一定已经身在那个岛上了，教宗在12月的晚些时候会这样告诉皮埃蒙特公使。

　　毫无疑问的是，来那不勒斯王国的决定有着安东内利的算计。在加埃塔，教宗会被置于全欧洲最保守的君主之一的保护之下，并可以确保他们不会在半路碰到叛乱的罗马市民。孱弱的那不勒斯国王也不会阻碍他们在欧洲各大强权之间左右逢源，在这样的安排下可以更好地决定如何恢复庇护九世在罗马的统治。[5]

*

　　安东内利并不打算让教宗在回归罗马之前离开那不勒斯王国，但是很多人正在劝说教宗离开。[6]撒丁尼亚大使恳求教宗能够前往萨伏依王朝；西班牙大使则力劝教宗去到马略卡岛；英国驻那不勒斯的大使也提出要派一艘船把教宗接到马耳他去。还有葡萄牙女王，她派出自己的密使来到加埃塔邀请教宗前去里斯本，罗马教廷驻里斯本大使报告说，位于马夫拉（Mafra）的宫殿之华丽"可以配得上教宗的尊贵地位"。但是，没有哪个国家像法国一样热切地希冀教宗的到来。[7]

　　当庇护九世逃离罗马时，法国正处在大选期间。九个月以前，法国国王已经逃跑，一个全新的共和国宣告成立。现在，一场总统辩论正在把现任总统卡芬雅克将军搞得焦头烂额——他是一个誓言忠于共和原则却缺少政治经验的军人。他的对手是路易-拿破仑，除了对自己的光荣姓氏充满骄傲以外，没人知道他持有什么样的原则。卡芬雅克的身后是温和的共和派，但他们都强烈渴望能够得到天主教徒的选票，没有什么事能够比吸引教宗来到法国更对他们有利了。[8]

11月27日，法国人还不知道教宗已经离开罗马三天了，法国政府命令当时饱经战阵的海军上将夏尔·鲍丁（Admiral Charles Baudin）——拿破仑战争时期法国海军在地中海的指挥官——带领4艘蒸汽护卫舰和3500名水兵从马赛港起航前往奇维塔韦基亚港将教宗安全接往法国。在命令海军上将出发的当天，法国外交部部长还写信给哈考特公爵，通知他政府也派出了卡芬雅克的老朋友、国民议会成员弗朗西斯科·德·科瑟尔勒（Francisque de Corcelle）担任政治特使随同部队一起出行。[9]

科瑟尔勒得到的命令是让教宗不要卷入教宗国的政治纷争中。46岁的科瑟尔勒是一名虔诚的天主教徒，他被认为有能力赢得教宗的信任，但是当科瑟尔勒抵达了马赛准备登船前往意大利时，他被告知哈考特已经设计好了让教宗离开罗马的计划。当在奇维塔韦基亚港见面时，他们说教宗和他的随行人员将乘坐法国蒸汽军舰蒂纳雷号离开。他们认为教宗正在去往法国的路上。[10]

法国政府正在仓促地为教宗的到来作准备。12月1日，教育和宗教部部长离开巴黎前往马赛，他将领导为迎接教宗到来而筹备组建的欢迎委员会。同一天，卡芬雅克将军接到了法国国民议会成员的电报，这封电报是六天前从奇维塔韦基亚港发出的。"教宗已经在24日暗中离开罗马"，电报上这样写着，"罗马的市面上仍然平静，显然还不知道此事……教宗正在来法国的路上。蒂纳雷号已经出发去加埃塔接他了。"[11]

直到大选前夜，卡芬雅克才收到了教宗决定待在加埃塔的恼人消息。也同样是在那一天，路易－拿破仑写了一封信给罗马教廷驻巴黎大使，这封信的内容被刊登在了法国报纸上。他想要向天主教世界保证，他和他那位身在罗马的革命派堂兄夏尔·波拿巴没有任何瓜葛。路易－拿破仑表示："我以心底最深处的灵魂哀悼他还没有认识到维持教宗宝贵的现世统治和维护天主教的光辉之间有着密不可分的关系。"他的这封信似乎已经起到了想要达到的效果。他出人意料地以压倒性优势获得了大选的胜利。[12]

路易－拿破仑·波拿巴

长着一个大鼻子和又小又暗淡无光的灰色眼睛的路易－拿破仑身高 1.67 米，身子长腿短，面色苍白且憔悴，下巴上留着尖尖的小胡子。和他那位在罗马煽动民心的堂兄不同，他和他的那位著名伯父没有一点相似的地方。一个他在伦敦流亡时认识的熟人曾以不算亲切但十分生动的语言描述过这位新任法国总统："他一辈子就从来没有哪一段时间可以称得上英俊……长得像鸟……好像一只生病的老鹰：头歪在一边；眼神空洞，眼睛很小；头发的质感虽然不错，但是发量不多，平平地塌在额顶上；手则又大又有力。"他一度在德意志接受教育，因此他的法语带有德意志口音，声音尖锐且带有鼻音，词汇量贫乏又单调。他每天早上不会早于 10 点起床，大部分时间都花在英国情人霍华德小姐（Miss Howard）那里，虽然路易的主要兴趣是骑他那匹名叫"莉齐（Lizzie）"的马，但这位英国小姐还是跟着他来到了巴黎。他的智力并不出众，之前也没有从政经验，法国精英们虽看不起他，却要隐藏起自己的蔑视。卡尔·马克思（Karl Marx）曾评价他是"既平凡又古怪"。当大选结果宣布后，卡芬雅克拒绝和他握手。虽然这位新总统的政治立场仍不明确，但是他已能足够唤起法国人对拿破仑统治的辉煌时日的旧情。[13]

庇护九世实际上并没有前往法国的消息造成了新一轮的外交施压。法国驻罗马教廷大使哈考特和驻那不勒斯大使阿方塞·德·雷内瓦尔在 12 月也和新任法国公使科瑟尔勒一同来到加埃塔。教宗令法国人相信他乐意前往法兰西，但是有一件事仍让他心有疑虑。教宗担心路易－拿破仑年轻时曾在 1831 年参与了教宗国的叛乱。教宗真的能让自己依赖这样一个靠不住的支持者吗？与此同时，法国人还发觉费尔南多二世国王正在竭尽所能地煽动教宗对前往法国的畏惧。[14]

在所有外交使团中，没有什么人对法国的提案抱有好感，其中最厌恶该提案的就是将教宗带到加埃塔以逃过他们算计的斯保尔伯爵。根据同样待在加埃塔的属于反改革势力的比利时大使观察，"哈考特公爵和**蒂纳雷号**舰长蓄谋已久的计划被诱拐教宗的行动破坏了"，"为了保护自己，斯保尔总是给手枪上好膛。身材高大的斯保尔可以不用眨眼睛就把他身边的这位小伙伴扔到加埃塔的海里，如果得到允许的话，他可以带着一整个军火库的致命武器每晚睡在庇护九世的门外"。[15]

法国外交官们相信，过不了多久，教宗就会搬往法国，正如他们告诉他的，这是使教宗能够和平返回罗马的重要一步，可以继续给他的臣民带来更大的自由。他们警告说，接近反改革的费尔南多国王将是致命的错误。

教宗向他们保证，只是数量极少的一小部分人导致他在罗马面临困境。他坚信大多数臣民都是忠诚的。至于继续改革一事，他告诉法国人，他依然相信宗教和自由无法相融。[16]

可是当教宗离罗马越远，他身边建议妥协的声音就越弱。枢机主教和外国大使几乎无一例外地劝说教宗应采取强硬立场。他们辩称正是妥协才酿成了眼前的危机。[17]

/ 131

和法国人相似，英国人也对教宗接近这位那不勒斯暴君而深感绝望。"在欧洲找不到比他更糟的提建议的人了！"**斗牛犬号**的舰长阿斯特利·基伊（Astley Key）这样说道。基伊希望庇护九世能够顺利平安，但是他认为教宗的前景令人担忧。"可怜的教宗！"他在 12 月初寄给朋友的信中写道，"阳光已经被乌云遮蔽，我不认为会日落；但是它将无法再光芒四射了。教宗的例子清晰地表明对人民的良好意愿并没有带来任何好处。现在需要的是行动，而非善意。善良的弱者不存在了。"[18]

*

各种各样的谣传在永恒之城里像赛跑一样传播。有人说奥地利军队正在教宗国北部集结，他们已经作好准备要重新扶持教宗回归了。还有人说那不勒斯国王和他的军队已经准备好了要从南方发起攻击。有些人预测，罗马很快就将宣布成为共和国，并会由夏尔·波拿巴亲王领导。但是人们最关心的还是教宗本人。他接下来要怎么办呢？[19]

当时有一些人已经在呼吁结束教宗的现世权力，而政府中其余的人则力劝要小心行事。温和派们担心激进派已经把事情推得太过火了。在教宗于 11 月底逃跑以后，两院已经向罗马市民发出了把他们的权力和教宗的权威联系到一起的讯息："如果教宗决定要离开他的驻地，不会有人比教宗更不乐意把人民遗落在混乱的社会中。教宗本人，在他动身离开时，把确保秩序与和平的任务托付给了大臣们……甚至在君主本人不在的情形下，他的精神、名字和权威，都并未远离我们。"[20]

特伦奇奥·马米亚尼是新任外交大臣，他对各国大使决定追随庇护九世去到加埃塔的决定有些心神不宁，他也感觉到了空气中弥漫着的外国可能会军事介入的气息，于是他给罗马的所有外国使馆发去了一份辩解书，告诉他们罗西被杀一案实是不可原谅，政府将很快惩罚涉案者。外交大臣还强调说教宗正处于前所未有的危险之中。11 月 16 日的暴力事件发生时，现在已成为内阁大臣的人们当时已竭尽全力地安抚示威者，并努力找出一个和平的解决方案。马米亚尼指出，潜在的问题是把教宗的精神领袖和现世统治者的角色结合起来颇有难度。唯一的解决办法就是找到一个既维护教宗的精神权威，同时又把圣职把控的政府转型成一个在教宗的名义下由世俗信徒掌管的政府。外交大臣以唤起意大利人对教宗的爱为书信作结，他赞美教宗是"国家再生的神圣创始人（August initiator of National regeneration）"①。21

庇护九世没有作出退让的心境。在抵达加埃塔的两天内，他准备了一份自己的声明，起草了几份草稿，每一份都比上一份更严厉。修道院院长罗斯米尼已经火速赶到了加埃塔，侍在教宗的左右，力劝他软化口吻，但没有取得成效。和罗斯米尼一起到达的还有教宗的兄弟和侄子，他们都是温和派，一同请求庇护九世能够让气氛缓和下来。有些人则把教宗采取的不合他个性的对抗立场的责任归到安东内利身上，人们并不需要对此有任何的怀疑，安东内利的确是在给教宗的愤怒火上浇油。但是考虑到从罗马羞辱性出逃的记忆尚新，庇护九世并不打算向背叛他的人们递出橄榄枝。22

"在过去的时日里，人们用暴力来反对我，"教宗在写给臣民们的文稿中说，"有些人的意愿明确是要让这样的情绪爆发并继续下去……这让我们被迫和我的臣民与孩子们暂时分开，对于我的臣民、我的孩子，我的爱将一如既往地持续下去。"他随后展开主题，开始向天主教徒解释为何教宗会从罗马被驱赶出去：这是上帝的惩罚。"在孩子们的不知感恩中，我见识到上帝伸出

---

① 此处是个比喻，即将庇护九世比作罗马帝国的开国皇帝盖维斯·屋大维·奥古斯都（Gaius Octavius Augustus），其中"奥古斯都"是元老院赐予的封号，意为"神圣伟大"。

了责打我的手，祂要赎去我的罪恶和人们的罪恶。"庇护九世回忆在 11 月 16 日和 17 日，他曾对外交使团就"前所未闻的暴力和亵渎"提出过抗议，他下结论说："所有从那种暴力中延伸出的行为都不具有正当性和合法性。"教宗宣布，现在统治罗马的人，那些在罗西被杀后受到任命的人，没有合法权威。[23]

*

受到教宗发出的谴责的刺痛，罗马的政府大臣递出了辞呈，但是下议院说服了他们留任。马米亚尼和其他温和派的政府成员随后提出，他们应派出代表团劝说教宗回来。包括夏尔·波拿巴和佩德罗·斯特毕尼（Pietro Sterbini）在内的激进派们表示反对，后者曾是一名流亡的政治犯，也是影响力很大的民众俱乐部的领导人。波拿巴和斯特毕尼属于下议院的极左阵营，他们坚称与其祈求教宗回到罗马，还不如宣布教宗统治的终结，进而成立共和国来取代。

佩德罗·斯特毕尼年轻时曾在罗马受过医学训练，但是他人生的两大爱好却是文学和政治。在试图唤起罗马市民加入 1831 年暴动的努力失败后，他逃离了教宗国，在科西嘉岛和马赛度过了很多年，其间撰写剧本并执业行医，后来在 1846 年受到教宗的赦免返回了罗马。和他的同时代人相似，他也曾真心创作过赞美庇护九世的歌曲，加入过让教宗来领衔意大利各国邦联的呼吁。但是在教宗宣布他永远都不可能参加一场反对天主教奥地利的战争之后，佩德罗·斯特毕尼发出了呼吁结束圣职统治的最尖锐声音之一。

温和派们很看不起斯特毕尼。马尔科·明格蒂就曾回忆说：

"我知道很少有人比他更聪明，或是长相更恐怖"，"他的名声很糟。他不是被爱戴或受尊敬，而是别人都害怕他。"未来的意大利王国首相路易吉·卡洛·法里尼（Luigi Carlo Farini）甚至更为刻薄地说："无论是谁，不管是民众俱乐部的老板还是员工……他从不容忍反对意见。他是一个天性阴险的怪人，既缺少勇气又不具备理智，拥有社会底层暴君的所有特质。"[24]

让激进派们很不高兴的是，议员们投票通过了派出一个代表团去请求教宗回归。他们选定的是最有可能成功说服庇护九世的

/ 134

佩德罗·斯特毕尼

人选。其中就包括已经年过八旬的科西尼亲王，他对民主没有什么感情，和他一同前往的还有另一名温和派贵族及两名圣职。[25]

当代表团一路向南走的时候，教宗的注意力正在别的地方。他召集枢机主教们开会，会议的主题透露了大量的信息。庇护九世想要讨论的并非政治危机，而是要宣布一个有关圣灵感孕说的教宗通谕，圣灵感孕说相信童贞玛利亚是生而不带原罪的。两年前，当罗西给法国外交大臣发去马斯泰获选教宗的消息时，就曾在描述这位新教宗的信件中开宗明义地说尽管他在政治的世界中没什么才能，但他是一个"特别虔诚的人"。庇护九世是一个主教型而非政客型的教宗。他更多地身处精神领域之中，而不是待在艰难、混乱的政治世界里，他更愿意处理和2000多年前玛利亚的生产有关的神学问题，而不是当下的这个正在造反的王国。教宗发出命令，让下议院派出的罗马代表团在边境上就打道回府。[26]

大约同时，另一位重要的罗马市民在教宗那里也吃了闭门羹。在离开罗马前，庇护九世曾让马奎斯·加拉罗摩·萨切蒂（Marquis Giralomo Sacchetti）负责在教宗出走期间维持教宗宫殿的神圣不受侵犯，此人是一名贵族，自1840年开始就在教宗宫殿里当管家。萨切蒂目前正带着大量宗教饰物来到加埃塔，他认为教宗会想要它们。那天教宗的心情出奇的糟糕，他告诉萨切蒂，如果他想要什么的话，是会提出要求的。此话吓得萨切蒂退后了一步，随即给庇护九世递上了一封罗马城市委员会要求他转达的信，信中的内容是力劝教宗返回罗马。萨切蒂好像知道这封要转达的信会让教宗对他十分冷淡。在递上信后，教宗失控地发了脾气，并让这位贵族离开。当天的晚些时候，一位低阶侍从过来告知萨切蒂，教宗命令他在一小时内离开加埃塔。萨切蒂后来发现加埃塔堡垒的大门已经上了锁，受了羞辱的他只好在卫兵的房间里过了一夜，第二天早上城门打开后方才离开。[27]

*

如果说教宗有任何的安慰的话，那就是费尔南多国王超乎常人的忠诚了。这位君主已经吹嘘了他的王国是多么安全，因为这里的三面都被海水环绕，另外一面有台伯圣河保护。他对局势的判断是正确的，教宗已经不在罗马，那不勒斯王国的北方边境因此失去了神圣的保护。费尔南多务实地来到加埃塔并待在教宗身边。他和他的家人将在接下来的一个月中栖身于一个远远小于他们宽敞宫殿的小城堡中，并为这个远离那不勒斯的借口而感到心满意足。

虽然费尔南多最近已经获得了"炸弹国王"的绰号，但在罗马，他通常被称作"乡巴佬"，这位国王鼓吹自己从来没读过一本书的嚣张态度更滋长了这个外号的流散。这位 38 岁的国王个子很高，但是身材比例却很难看，他的躯干很短，但是腰部又超乎寻常的长。他的胡子像新月一样绕着脸颊的下半部，但还是遮不住那张肥胖且奇怪的长脸。他的鼻音很重，有些人说他说话像女人，虽然他常常下达命令，却没有能力提高嗓门让说出的话不那么容易被忽视。他的父母亲都出身贵族之家，母亲来自西班牙的波旁王朝。他是跟随神甫接受教育的，这是长久以来的王室做法。他在 17 岁时被任命为那不勒斯军队的总指挥。他喜欢穿军装，胸前挂满自授的勋章，金色的细穗从精致的肩章上垂下。在他出生的时候，拿破仑的军队包围了那不勒斯的本土，他的父母在被迫流亡西西里期间生下了他，因此费尔南多二世有充足的理由对自己统治的不稳定感到紧张。[28]

这位国王在加埃塔期间感到非常开心，他非常乐意让军队招摇过市并把自己描绘成教宗的支持者。他每晚和庇护九世一起用晚膳，而教宗通常会遵循单独进餐的传统。费尔南多已经把自己在加埃塔的房间让给了教宗和枢机主教安东内利，并命他的妻子和孩子们在堡垒中共用一个单间。[29]

虽然教宗对费尔南多国王的关照感到安慰，但他也认识到如果要把自己的国土拿回来，不能只依赖那不勒斯国王一人。费尔南多二世的军队并不以战斗力高强著称，而且不管怎么说，他本身也还在忙着镇压西西里的叛乱。事实上，庇护九世心里并没有一个清晰的计划，同时他也不觉得自己需要这样一种计划。上帝，在他看来，将不会允许罗马落入那些渎神者的手中。毕竟在仅仅 40 年前，也曾有一个强大得多的势力把教宗从罗马逐出，但是最终当庇护七世凯旋之时，他的敌人拿破仑则将孤独地死在流放之中。[30]

然而让他最为痛心的，则是没有一个罗马人站出来捍卫他的统治。在他当教宗的第一个月中，他对臣民们抱有父亲般的慈爱，但是现在，这种感受已被安东内利和其他枢机主教煽风点火营造出的强烈背叛感所替代。[31]

*

当教宗在流亡期间，罗马群龙无首。为了能填补这个空缺，下议院在 12 月 11 日成立了一个由三人组成的执政团，由他们来主持政务，直到教宗回归为止。在议员们会面的枢密院宫外面，民众俱乐部组织了一场游行集会来展现人们对政府的支持。

民众英雄"雄辩者"站在宫殿台阶的高处挥舞着手势，把民众的气氛炒到了疯狂的境地。伴随着"临时政府万岁！意大利万岁！统一万岁！"的爱国呼声，更让人毛骨悚然的呼声是："让富人下地狱！让圣职去见鬼吧！"随后人们便开始高声唱起了《马赛曲》。

让人们的兴奋更加高涨的，是南美独立战争的老兵、不久以前参加了把奥地利人逐出伦巴第之战的朱塞佩·加里波第。他把军团留在了托斯卡纳并骑着自己的白色骏马来到了罗马。聚集在

向民众演讲的"雄辩者"

民众俱乐部的人们高喊道:"共和将军万岁!"但是在他到来的一个星期之后,让许多罗马人感到宽慰的是,这位被批评他的人称作"外国探险家"的加里波第离开了罗马。

城市的大部分地方是很平静的。大多数罗马人仍然希望能保有一个以教宗为元首的立宪制政府。他们关心的是自己的工作营生,许多人因罗马的贵族家庭出走而丢了饭碗。英国海军指挥官阿斯特利·基伊在12月中旬造访了罗马,并对市民表现的温和予以赞扬。他们已经保留了既有政府并要求教宗回归。"但是,"他在一封私人书信里补充说,"目前的状态是不可能维持下去的。而且教宗必须要回到他自己的领土上"——基伊如此建议——"或者政府的组成形式必须得到改变。"教宗应该会拒绝回归,如果是这样的话,这位海军指挥官认为,除了宣布成立共和国以外,罗马市民也没有其他的选择了。[32]

在加埃塔,修道院院长罗斯米尼力劝教宗能够找出一个和平的方式来解决危机。教宗对他很有好感,此时教宗的心情正在由因遭受背叛而产生的坚决不妥协向重新获得臣民的爱戴转变,他的态度似乎终于要软化了。教宗要求罗斯米尼准备一份他可以拿来用的文稿。

这位修道院院长起草的文章中写道,人民误解了教宗,自从两年前坐上圣彼得宝座以来,庇护九世已经作出了很多事情以确保人民的福祉。如果人们能认识到他们做错的事情,教宗将回到罗马,重新开启他已经许诺给人民的立宪保证,而且所有人都将得到原谅。罗斯米尼并不是唯一一个认为这样的方式很有可能成功的人。驻罗马的撒丁尼亚大使报告说,罗马市民已经受够了动荡和不安。他们害怕如果教宗无法和平归来,外国军队将很快用武力把他重新推上王位。

安东内利虽然时刻陪在教宗身边，并不断给庇护九世的耳边吹风，但他很讨厌罗斯米尼，主要原因是他嫉妒教宗很明显地喜爱罗氏。虽然教宗的确是喜爱并且尊重智慧过人的罗斯米尼，但是他也依赖安东内利。从辉煌灿烂的教宗宫殿流落到这个卑微的堡垒中，教宗不确定自己要如何或能否回到永恒之城，他的耳边还有不断重复的念叨：抱怨自己没能担负起圣彼得宝座之主所应担负的重大责任，所有的一切都让教宗要在安东内利给予的自我肯定中获得安慰。这一点是修道院院长罗斯米尼无法比拟的。

枢机主教劝说庇护九世应该放弃罗斯米尼起草的文稿。站在自己的立场上，安东内利告诉教宗必须传出完全不一样的讯息，要谴责罗马的新政府是"对君主权力的篡夺"。这份声明没有提及会保持那些已经向人民宣布过的改革内容，但是如果说枢机主教的意见占了上风，那也是缘于教宗心中本就有两种打算。安东内利只需煽动一下早已在庇护九世心中郁积的遭背叛感就能达到目的了。[33]

伦敦《泰晤士报》驻那不勒斯的记者表达了他希望渺茫的看法。"在糟糕的建议下，"他报道说，"教宗庇护九世抛弃了罗马，而且……我实在看不出他要怎么回归。围绕在他周围的外交官们面面相觑，无法提出能恢复教宗权力的方法，所有的一切正如那些集中在查令十字街（Charing-Cross）抢夺客人的公共汽车，每辆车都警觉地想要把教宗带走，每个人心里都有各自的打算。"[34]

*

在教宗国的城市和村镇中，受到人们欢迎的那些俱乐部高喊着要召开制宪会议以结束教宗的现世权力。在缺少政党的情形下，这些俱乐部是民众参与政治生活的唯一组织形式。在罗马，如火一般的夏尔·波拿巴好像正无处不在地推动圣职统治的终结。受到流放的意大利民族独立的先驱朱塞佩·马志尼对着他的支持者们振臂高呼："庇护九世已经逃跑了，这就是退位……你们现在已经身在一个事实上的共和国中了。"受到了教宗的抛弃，之前曾给教宗提供建议的温和派如今备感无助。教宗拒绝同来自罗马的政府代表展开对话，他们因而也没有可靠的计划能够拿出手了。就像一些罗马市民在 12 月 20 日所写的，"我们正在目击一个在我们的想象力范围内最为悲惨的政治局面。人民已经完全掌握了自己的命运，却不知道要做什么……事实上各俱乐部要求成立临时政府和制宪会议的声明正在从各省传来，在罗马听到的要求也是如此，但没有人打算真正宣布其中的任何一个"。[35]

尽管有来自更激进派别的压力，下议院仍然极不乐于主动出击。12 月 26 日，下议院中的一个温和派成员试着提出下议院没有成立制宪会议机构的权力。走廊里的愤怒人群把他吼了下去。越发严重的是，即便是温和派，在遭到庇护九世的拒绝又惊骇于教宗居然投奔了费尔南多二世国王，他们感到已经无路可选了。按照夏尔·波拿巴的观察，"发起革命的并不是人民，而是君主"。[36]

没有谁比卡洛·阿梅利尼（Carlo Armellini）的事例能更好地描绘温和派是如何变得激进的。阿梅利尼是罗马最重要的辩护律师之一，以冷静的判断著称，在下议院中的影响力很大。他也被告知去协助处理教宗突然离开罗马所留下的权力真空。在仍然由卡洛·穆扎雷利蒙席领导的政府中，71 岁的阿梅利尼担任了内务部部长的职务。[37]

12 月 28 日，正是阿梅利尼走到众人的面前，力劝下议院能够授权召开一个制宪会议。这位在庇护九世获选时还曾欢欣鼓舞，并在教宗的前两年中支持他的律师现已转而反对教宗。那些想要推翻教宗的人，正如后来的一些教宗国的捍卫者指出的，并不是来自教宗国领土以外的麻烦制造者，而是以像阿梅利尼这样的罗马人为主。在他说话的时候，兴奋的掌声和欢呼声从挤满走廊的人群中传来，这使得阿梅利尼要被迫停下来让人们安静。

> 我们难道要让当前的状况继续下去吗？一个由逃跑的君主所代表的拒绝所有对话，甚至不愿接受和平讯息、强迫我们放弃任何调解愿望的不稳政权……这是一种无法持久的状态；这种状态必须停止。然而我们要如何处理当前的局面呢？请告诉我，除了民族的呼唤以外，还能有什么别的办法？这个民族必须要决定自己的命运……难道还有其他的什么大人物比人民和人民本身更有决定国家命运的正当性吗？ [38]

第二天，决定作出了。佩德罗·斯特毕尼坐在飞驰过罗马大街的马车内前往城墙处张贴告示。一场事关 200 名制宪会议代表的投票将在 1 月 21 日举行，他们将由全体男性投票选出——这是意大利史上的第一次。圣天使堡的礼炮鸣放了 101 响，在接下来的整点，整个城市响起了教堂的钟声。傍晚时分，兴高采烈的人群向着卡比托利欧山前进，人们把标志性的马可·奥勒留（Marcus Aurelius）骑着高头骏马的雕像用意大利三色旗围拢起来，皇帝几近被旗帜覆盖。乐队演奏着乐曲，烟火点亮了夜空。一个从威尼斯赶来的爱国教士站在奥勒留雕像的基座上宣布，人民政府的创立是受到上帝祝福的行为。

然而在这一派欢天喜地的节日气氛中，不安的迹象并不难发现。人们听到了离梵蒂冈不远处响起的炮声，有些人以为这是教宗突然回归的信号，便冲向了邻近的城门想要前去迎接。[39]

*

1848 年行将结束，庇护九世的最后两位访客是卡洛·阿尔贝托国王派来的公使，他们要作最后的努力以说服教宗前往皮埃蒙特。他们的任务注定遭到失败。庇护九世认为待在加埃塔更为稳妥，而且他也对这位撒丁尼亚国王没有什么好感。在最近的几个月中，开启立宪体制后的撒丁尼亚政府开始限制教会的影响力，其中包括限制教会对公共教育的把持并试着减少教士阶层的部分特权。即便新获任命的首相暨爱国教士文森佐·乔贝蒂对耶稣会采取痛斥态度也于事无补。教宗认为撒丁尼亚政府并不打算作出任何军事上的努力来帮助他重新统治罗马。[40]

12 月末，一位本笃会（Benedictine Order）①修士、教宗的老朋友神甫鲁伊吉·托斯提（Father Luigi Tosti）前来看望庇护九世。托斯提被教宗房内的朴素吓了一跳。这位修士回忆说："教宗一看到我就哭了起来，这是以前从没有发生过的事。"他看起来不是愤怒，而是压力重重。庇护九世向这位朋友问道，区区几个煽动者怎么把人们导向了如此深的迷误之中？[41]

---

① 天主教隐修会之一，由意大利人圣本笃在 529 年创立，会规严格，遵循中世纪初流行于意大利和高卢的隐修活动，修士要发绝财、绝色、绝意"三愿"。

罗马人兴高采烈地走上街头大唱教宗赞歌的情景并没过去太久。几个月之前，教宗窗户下的广场还聚集着信众渴望一睹教宗慈爱的微笑并沐浴在他温暖的祝福中。现在，罗马的街道再一次出现了庆祝的场面，但是这一次获得人们赞美的并不是教宗。

1849 年 1 月 2 日，随着举行制宪会议计划的宣布，前教宗国的士兵们在街道上游行前进，他们拖着大炮，领导队伍的是紧握着步枪的市民卫队。他们集结在人民广场，伴随着乐队演奏的爱国乐曲，手持武器的人们在那里燃起了篝火。当火星蹿向黑暗的天空，飘向天上的新月时，人们涌入了卡比托利欧山。三色的烟火从这里点亮了夜空，也照亮了披在马可·奥勒留身上的意大利旗帜。

并不是所有人都在庆祝。许多罗马人的生计依赖着教宗、枢机主教和贵族。这些人眼睁睁地看着其他人在游行庆祝，心中焦急地盘算着将要发生怎样的事情。[1]

民众热情在教宗国的其他地方并没有高涨。温和派已经感到束手无策，他们不愿见到局势被激进派引到别的方向上，但是也对教宗投奔反改革的那不勒斯而无可奈何。阿斯特利·基伊舰长在 1 月 3 日那天写道："我坚信，绝大部分人都希望教宗回归，而且教宗只要使出一点安抚性的手段便可以得到他的臣民对和解条件的积极回应。"[2]

但是教宗并没有后退一步的打算。在新年致辞中，教宗谴责了亵渎、谋杀和罗马的其他暴虐行为。他的措辞十分严厉，拒绝了"缺少对任何上述行为加以谴责的、空洞的回归请求。返回罗马的前提至少是要人们保证反对这群非法之徒和同一群疯子所做出的暴力行为，这群人如今仍在罗马横行霸道，施行着野蛮专制"。他抨击了建立"一个所谓的罗马政府国民大会的可憎决定"，并警告罗马市民，任何支持共和政府的人都已经犯下了重大的罪行。[3]

如果教宗认为他威胁要对这些人绝罚（excommunication）会对局面有所帮助的话，接下来发生的事很快就会证明他错了。他对那些倾向改革的批评激起了广泛的民愤，更糟的是，教宗甚至遭到了人们的奚落。有示威者闯进了罗马的圣职服装店，拿走了存放在店里的枢机主教帽和教宗白色小帽，他们一边起哄一边走街串巷，把这些东西都扔到了河里。教宗致辞的副本在罗马各个教堂的门口被撕得粉碎，并被丢弃在城市的公共厕所里。一些爱捣蛋的人还打扮成了圣职的模样，嬉皮笑脸地模仿他们说话。这些人高喊着："绝罚万岁！教宗和枢机主教一路平安！"随后大规模的抗议示威爆发了，教宗的盾形牧徽被从政府建筑上丢了下来，人们将它从西斯廷桥上丢到了台伯河里。[4]

罗马的报纸也毫不客气地批评教宗。文章的摘要被贴在城墙上并作为传单分发给民众。人们并不把这条新的道路看作对宗教的拒绝，他们反而将改革视作追随上帝的意志。

> 马斯泰·费雷提只抬了两次手：一次是祝福，一次是诅咒。他祝福了对自己的人民开炮的人，这个人让他的残酷暴政更加稳固。他诅咒了自己的人民。这两件事中无论是哪一个，都不是上帝的旨意。
>
> 勇气，罗马的人民！凭着真正的信仰、对祖国的真爱、良心和决心，上帝将与你同在。将来有这么一天，教宗会从监狱中被放出来，他将忏悔他的错误和软弱，他会对压抑

他、控制他的那些人的慑人欲望进行忏悔，他将回归子民的爱，回到神圣的路上。[5]

教宗的新年致辞也激起了教宗国其他城市的暴力反应，这促使了一些主教决定要小心行事。在罗马的主要报纸上，有一篇文章鼓吹说博洛尼亚总主教已经决定抵制"绝罚令"，这篇文章的副本被贴在了城墙上。按照这篇文章所宣称的，在咨询了一群杰出的神学家以后，总主教判定，教宗发出的讯息不符合天主教教义。[6]

在罗马的美国领事馆中，尼古拉斯·布朗（Nicholas Brown）用巧妙的修辞给华盛顿方面发去了教宗致辞的全文。他对此给出的解释是："虽然这篇重要文件一如既往的冗长且拖沓，但是一份精简摘要却不足以完全体现这篇文章的愚蠢。"[7]

*

欧洲的政治状况远不能说是稳定。还不到一年以前，一场革命已经推翻了法国国王并带来了一个共和国。在那不勒斯，费尔南多国王已经被迫要准许立宪。西西里仍然充满了暴动，动荡不安继续威胁着首都。在卡洛·阿尔贝托向奥地利军队有条件投降之后，正如基伊舰长所言，撒丁尼亚国王本人的"王位也在摇摇欲坠"。在一封寄往英格兰的信中，这位海军军官补充说："如果你听说卡洛·阿尔贝托到斗牛犬号上避难的话，请不要感到惊讶。"[8]

奥地利已经见证了梅特涅侯爵在前一年遭到驱逐，随后在年末，弱智的斐迪南一世，这位1835年登基的皇帝退位了，他18

岁的侄子弗朗茨·约瑟夫（Franz Joseph）被推上了皇位。这位新皇充满了神秘感，在位将近 70 年。"做事秉承种种善良的原则，这是天主教教育的结果，"罗马教廷驻维也纳大使这样观察说，但是"很难判断他的才智，因为他极少说话。"

梅特涅的位置已经被 48 岁的费里克斯·施瓦岑贝格侯爵取代了，他有一颗军人的心，仪表堂堂，为自己的军人气概和重压之下的冷静而自豪。他的自信，可能会被某些人称作傲慢，因为即便出任总理，他仍旧身着军装。"施瓦岑贝格侯爵，"他的一个朋友回忆说，"对人类持有最大的蔑视，对人性却缺乏基本的了解。"他是一个忠诚的天主教徒及旧秩序坚定不移的卫道士，并且坚信教宗的神权是维持欧洲稳定的关键。施瓦岑贝格很快就成了枢机主教们谈论的焦点——梦想着复辟的安东内利自然也包括在内。9

自从上个春天开始，维也纳已经命令外交使节离开罗马，奥地利在教宗国也没有大使了。考虑到教宗的新境况，迫在眉睫的是要找到一个替代方案。莫里茨·埃斯特哈齐伯爵（Count Moritz Esterházy）看起来十分适合这份工作。他来自匈牙利最虔诚的天主教家庭，而且年轻时也在罗马待过很多年。教廷大使在通知安东内利关于任命的消息时报告说，他非常坚守天主教原则，也非常保守。虽然还不到 40 岁，但埃斯特哈齐已经担任过奥地利驻荷兰的大使了。10

当新任大使已经准备好起程前往加埃塔时，施瓦岑贝格给他提出了一些指示。这位总理抱怨说，意大利人觉得奥地利对意大利施加了过度的影响。他评论说："没有什么事比这更荒谬了，但是也没有什么事情比这件事更被意大利人深信不疑……人民的无知和受过教育的人的坏心肠……滋生了偏见，说伯爵先生

费里克斯·施瓦岑贝格

（Monsieur Count）＊，你得到的任务就是由你来打破这一切。"
施瓦岑贝格坚信，意大利需要一个秩序良好、人们尊敬权威的社
会。他对西班牙上个月的提案持开放态度，西班牙提议，由天主
教各国共同草拟一个让教宗重掌大权的计划。而由法国或英国作
为教宗和臣民的调停人，由他们作出努力使冲突和平收场，则是
绝对不能容忍的。庇护九世，施瓦岑贝格建议说，必须不去理会
那些试图让他离开加埃塔的人，也不要理会那些劝他和篡夺他权
力的人谈判的建议。[11]

　　枢机主教安东内利对法国缺少信任，同时也对其他天主教国

＊　在这几十年中，奥地利的外交通讯使用法语，而不是德语。

家的军事能力没有信心，他希望能说服奥地利政府作为领导，重建教宗在罗马的统治。施瓦岑贝格则反对这个主意，因为他不想和法国搞对抗，也就是说，他明显地反对让奥地利进行单边行动。奥地利对意大利东北部的控制十分微弱，路易－拿破仑和法国共和政府的意图也并不明确。施瓦岑贝格最不想做的就是把法国的新政府推向支持撒丁尼亚国王卡洛·阿尔贝托，最终导致奥地利被逐出意大利半岛。[12]

虽然奥地利的目标十分明显，就是要重建完全由教宗权威掌控的教宗国政府，但是法国人并不这么想。在获选后不久，路易－拿破仑就给庇护九世发出了一封信以表达他自己的良好祝愿，但是让教宗不高兴的是，信里完全没有提到法国将提供什么帮助来恢复教宗对罗马的统治。法国的新任总理欧迪隆·巴罗（Odilon Barrot）是 1831 年教宗国各地爆发人民起义的强力支持者，他对教宗的国王身份没有一丝的认同。让事情更加复杂的是，法国议会里还存在着强大的左派，他们激烈地反对教权干预政治，并将罗马的暴动视作一场抱有共同目标的姐妹运动，目的是推翻旧有的专制秩序并带来一个现代共和国。1 月初，对教宗声索现世权力不以为然的法国新任外交部部长爱德华·杜伊（Édouard Drouyn）提出警告，奥地利政府在罗马做出的任何单边举动都将有挑起和法国爆发战争的风险。[13]

庇护九世心中怀有的希望是依靠自己的军队夺回国家，这样的话就能摆脱外国的限制了。1 月初，他给曾经帮他平息北部省份动乱的祖齐将军捎话，想要将他征召到加埃塔来。但是出乎教宗意料的是，祖齐不仅不同意为教宗组织一支远征军，还试着说服教宗，使他相信最明智的办法就是保留宪制并找到和平解决冲突的途径。[14]

虽然法国仍然保持着希望，认为这位曾得到人民爱戴的自由派教宗仍然能够以某种方式回到罗马，但其他人都已认识到1848年的创伤已经造成了永久的伤痕。驻罗马教廷的威尼斯公使表示："最好不要对教宗抱有更多幻想了，他是一个好心善良的人，但是他认为只有自己才代表和担负着教会。在这样一个人的身上，意大利必须对所有事务保持畏惧且不要异想天开。教宗是强大的，在罗马，他就是权倾天下的人。"15

*

1月21日是一个阳光明媚的美好星期日，在教宗国各地，来自社会各阶层的男性投出了制宪会议的一票。有投票资格人数的三分之一，即25万人投了票，这是意大利历史上的第一次大选。一个星期以后的中午，密密麻麻的人群聚集在卡比托利欧山顶的广场上，获选者的名字被大声宣读出来。从罗马选出来的当选者是政府当前的领导人：热爱拉丁文的教会律师穆扎雷利蒙席、激进的诗人兼医生佩德罗·斯特毕尼、优秀的辩护律师卡洛·阿梅利尼，以及令人敬畏的民众煽动家夏尔·波拿巴亲王。虽然来自社会下层的文盲也可以投票，但是获选者全都来自中上层社会。"雄辩者"并不在获选人的名单上。当最后一个名字被宣读出来后，罗马城内敲响了钟声，圣天使堡鸣放了101响礼炮。16

人民对制宪会议选举的广泛参与深深惊动了教宗，在他写给一位最亲近的高级教士的信里，庇护九世说道："最可悲的行为正在罗马发生……然而，上帝总是一如既往地保护罗马免于邪恶的迫害……上帝将会再次拯救罗马：让我们期待和祈祷吧。"17

法国大使哈考特对教宗提出警告，依靠奥地利和那不勒斯军队重返罗马将会带来一场灾难，庇护九世回答称，法国没有让他听到任何清楚明确的提议。与此同时，应采取严厉手段来应对的声音也变得比以往更为强盛了。"使用武力是必要的，要使用更多武力，从始至终都要使用武力，"比利时大使这样建议说。爱国的修道院院长安东尼奥·罗斯米尼正感受着前所未有的孤立，他在 1 月末离开了加埃塔。他吐露离开的原因是，"因为我从来没有被询问过有关任何事情的意见，而且即便我给出了建议，也永远得不到采纳"。[18]

枢机主教安东内利不断地发出天启末日的警告。他在 1 月底告诉罗马教廷驻马德里大使说："因为那个没有正当性的渎神政府的胆大妄为和不虔诚，罗马的事态每一天都在向着毁灭的方向发展。"他提出，对这种事态的袖手旁观"对于宗教和教会来说都是致命的，因为反天主教集团正在以无所不用其极的方式，利用武力和恐怖在罗马创造他们的绝对统治"。[19]

虽然枢机主教把罗马描绘成了一个正在上演混乱的舞台，但大部分罗马市民实际上还是如同往常一样做着各自的营生。有一些圣职拒绝给参加选举的人主持婚礼，但是也有很多圣职在公共聚会时表示了对新秩序的支持，在这种新的秩序之下，教宗的作用只限于宗教领域中。罗马的美国领事报告说："不管恶劣的暗流如何涌动……秩序与和平从未像今天这样遍布在这座古老的城墙内。"他最近刚去听了一场威尔第的歌剧，剧院里座无虚席。[20]

虽然以和平方式取得和解的希望正在快速消逝，但还有一线希望尚存。在 1 月底时，如今已是罗马临时政府成员的穆扎雷利蒙席在奎里纳莱宫召见了英国领事，希望可以替他给伦敦送信。穆扎雷利蒙席坚持罗马的政府成员"一刻不曾放弃过向教宗陛下的保证，他们不仅准备好了，而且也焦急地希望将他们手中的一切权力交给圣父大人，让宗座能够以立宪君主的方式回归，不要再待在加埃塔的那群'奸党（Camarilla）'*的身边了"。现在的情况是，庇护九世先拒绝了他们在 1848 年 12 月派到加埃塔去的谈判代表团，他们才被迫接手的。[21]

在罗马的政治气候阴晴不定之时，罗马的天气却很格外的美好。和去年寒冷、多雨的冬天相比，转年后的冬天阳光明媚和煦。当年度高潮狂欢节到来时，城里人的心情更是喜气洋洋，尽管有一些熟悉的元素在今年的狂欢节花车游行中已然消失。打扮得雍容华贵的王公贵族的马车和衣着华丽的随从通常是人们瞩目的焦点，但是今年这些人几乎不见了踪影。而那些留下来的人则正在悔恨他们的留守决定。当为数不多的留守贵族们的马车穿过科尔索大道时，人们站在路旁对他们大呼小叫，不仅羞辱谩骂，还嘲弄他们穿着制服的随从。人们大声喊着"贵族去死！废除奴役！让假发辫见鬼去吧！"为了纪念这一时刻，罗马监狱的大门打开了，遭到关押的妓女获得了自由。[22]

*

在加埃塔的日子正在一天天过去，外国大使们之前已经习惯了罗马城的夜生活，他们总是坐在豪华的马车里从一个贵族宫殿前往另一个贵族宫殿，如今他们已经尽最大的努力来适应当前的孤立、贫穷的新环境。在大部分日子里，他们一起吃午饭，并且在晚餐时再次聚在一起用餐。傍晚 8 点，有些人将换上他们的长礼服和黑领带去教宗身边拜访一个小时，然后再回到扑克牌和香

---

*　这里指的是一小群穷凶极恶的顾问。

烟的世界里。大使们的晚间聚会有时候会延长到凌晨1点。[23]

　　2月初，一位新同事加入了。庇护九世热情地欢迎了奥地利的新大使。莫里茨·埃斯特哈齐在报告中这样写道："人们已经在那里恭候许久了，就像是等待救世主……他们要依靠我们奥地利，所有的关于安全的希望都寄托在我们身上。"矮小、纤瘦，身材匀称的埃斯特哈齐浑身都流露着能量。他是一个精神振奋的人，身上散发着优雅和杰出的气息。他"和所有小矮子一样恶毒，"一个熟人这样评论道，"但他是一个令人愉快的交谈者。"

　　和他在加埃塔的法国同行们不同，埃斯特哈齐并不抱有不切实际的幻想。他只求教宗能做到一件事：为了让奥地利皇帝能够有出兵的正当理由，他需要教宗发出一个明确的出兵要求。令人遗憾的是，奥地利军队在教宗国特别遭到人民的厌恶，因此尤其有必要让教宗能够明确无误地提出让奥地利进行军事介入的请求。[24]

　　第二天，枢机主教安东内利对于最先由西班牙提出，现在得到奥地利支持的天主教国家会议感到很不高兴，他给罗马教廷驻巴黎大使写了一封信。这位圣座国务卿坚持认为，"即刻采取军事介入已刻不容缓"。但他尤为感到不安的是，奥地利对法国是如此恭顺，这表明它并不愿意单独行动。"如果法国人不觉得加入奥地利和那不勒斯是对自己有利的话，"这位枢机主教抱怨道，"那他们至少应该把位子让开，让那些想要加入的国家进来。"[25]

　　虽然安东内利心怀不满，但是埃斯特哈齐伯爵认为所有的一切都进行得再完美不过了。"那个修道院院长罗斯米尼，庇护九世邪恶的天才能人，是我们面前毫无疑问的最大敌人，"他在2月中旬向维也纳发回的报告中写道，"自从我到来以后，他都待在那不勒斯，还没有重新在加埃塔的宫殿里露面。"在罗斯米尼不在的情况下，埃斯特哈齐继续写道："庇护九世……把自己扔

莫里茨·埃斯特哈齐

向了奥地利的怀抱！我相信他改变心意是诚恳的……但我并不觉得这种转变是深思熟虑的结果，因为恐怕在这位教宗身上找不到任何经过深思熟虑的东西。"

　　尽管这位新任奥地利大使并不看好庇护九世的意志力，但是他对于一直待在教宗身边的圣座国务卿则有另外一番看法："我们已经确信无误地对枢机主教安东内利有了一番了解，就像我们对枢机主教团中绝大多数人的了解一样。"他称赞这位圣座国务卿的旺盛精力，以及他的善于分析和富有政治技巧，埃斯特哈齐还补充说，"他把他的希望都寄托在我们身上"。安东内利已经清楚地表现了他希望奥地利人可以一刻不耽地对教宗国发起进攻。这位圣座国务卿认为，与靠不住的法国往来得越少越好。

*

　　2月5日星期一是制宪会议的开幕日。代表们在上午聚集在罗马的卡比托利欧山山顶，他们骄傲地戴着意大利的三色围脖，鱼贯而入走进天坛圣母圣殿（Basilica of Santa Maria in Ara Coeli），以一场弥撒作为这值得纪念的一天的开始。因为在罗马主教缺席期间任代理枢机（Cardinal Vicar）① 的高级教士已经下令禁止他们到场参加仪式，所以弥撒由一位随军的专职神甫来主持。

　　一大群欢天喜地的民众在进入教堂后加入了代表们的仪式。罗马14个街区的人们也来到街道上，每个街区都举着自己的条幅。来自意大利各地区的代表也同样如此，他们也带着各自的旗帜。伦巴第区由老兵举起来的条幅最为显眼，因为上面罩着黑纱，以表示对近期在抗奥战役中死去的人们的哀悼。来自那不勒斯和西西里的政治流亡者们也骄傲地高高举起他们的旗帜。行进在队伍最后的是罗马的各个俱乐部、民兵和市民卫队。乐队正在演奏《马赛曲》。在制宪会议的获选人中，夏尔·波拿巴亲王和两个世界② 的英雄朱塞佩·加里波第走在一起，后者身上穿着他在南美洲名声大噪时所穿的庞乔斗篷（poncho）。虽然所有的外国大使都在加埃塔和教宗待在一起，但是身穿正式外交官制服的美国领事尼古拉斯·布朗也昂首挺胸地迈着大步。很显然，他并不觉得自己有等待华盛顿发来指示后再做出行动的必要，可当

---

① 官方称谓为 "Vicar General of His Holiness"。教宗身为罗马教区主教，因治理普世教务而分身乏术，故会任命一位枢机主教代理他实际掌管罗马教区的繁重事务。

② 指欧洲旧大陆和美洲新大陆。

华盛顿的指示终于发来时，上面明令写道禁止他承认罗马的新政府。[26]

当 140 名代表在开幕日走进枢密院宫时，宫殿的走廊里挤满了围观的群众，不久以前，教宗的圣座国务卿佩莱格里诺·罗西正是在这栋建筑的庭院中被刺客杀死的。有人可能已经注意到了，大厅里通常被装饰过的庇护九世半身像已经被挪走了。

现在距离教宗出走已经两个月了，除了一个被认为不具正当性的政府以外，已没有其他政府机构存在，旧政权在罗西被刺杀以后就处于流亡状态了。两院都已解散，教宗国的行政系统已成了一片废墟，各个省份也大都各自为政。在这个教宗的王国里，商人、俱乐部和报纸都在呼吁新近选举出来的制宪会议能够做点什么以填补当下的空白。

在这种阴晴不定的气氛中，卡洛·阿梅利尼起身给制宪会议致辞。这位出色的辩护律师向着听众们宣布，君权神授、神权政治的时代已经结束了。庇护九世曾在他就职之初许下了伟大的诺言，但他随后对自己作出的承诺越发不愿真的兑现。他拒绝为意大利的独立而战，因而背叛了民族志业。"公民们，你们所坐的地方，正处在两个伟大时代的遗迹之间，"阿梅利尼总结说，"一边是恺撒的意大利的遗迹，另一边是教宗的意大利的遗迹。我们的任务，就是在这碎石瓦砾之上建起新的丰碑。"[27]

当掌声落下，人们开始要点名投票了。加里波第随即要求大会不要在辩论中浪费时间，而是应该立刻宣布成立共和国。波拿巴也随即起身应和。"你们难道感觉不到脚下的神圣国土正在颤动吗？""这是你们祖先的灵魂已经按捺不住渴望，他们在你们的耳边大喊：罗马共和国万岁！"[28]

代表们并没有耽搁很久。2 月 9 日凌晨 2 点，他们投票决出了四点决定：

①教宗对罗马市民的国家不再具有事实和法律上的现世权力。

②罗马教宗将获得自由行使其精神权威的必要保障。

③罗马市民国家的政府性质将会是纯粹的民主，该国家将采用一个光荣的名称：罗马共和国（Roman Republic）。

④罗马共和国将根据共同民族的要求保持与意大利其他地方的联系。

教宗的现世权力不复存在了。如果说这份权力还能够再回来的话，那么只有一支军队能够办到。[29]

当天下午，在卡比托利欧山顶的罗马市政厅的门廊中，制宪会议的领导人们对着下面黑压压的群众宣读了这些决议，人们同时挥舞着意大利的旗帜。宣布成立共和国的告示开始在教宗国各地的城墙上出现：

伟大的行动已经完成。国民大会，作为人民的合法代表，已经认定了人民主权，这是唯一和我们意气相投的政府形式，也是荣耀父辈的做法……在这么多个世纪过去以后，我们再一次拥有了我们的祖国和我们的自由。让我们显示我们是值得这份上帝送予的礼物的。[30]

在制宪会议最先确定的决议中，代表们决定，新共和国的所有法律文书都将用"以上帝和人民的名义"开头，这句话长期以来都是追求意大利统一和共和的先驱朱塞佩·马志尼的座右铭。

将要铸造的金币和银币上也会铸上类似的话："上帝愿意大利统一。"共和国的国旗将会以意大利的红、白、绿三色代表，同时还有一只象征着古罗马的鹰栖息在枝头。[31]

*

2月11日星期天，有一大群人，其中包括新制宪会议的代表和许多市民卫队成员和士兵，他们一同挤进了圣彼得大教堂举行的特殊赞美颂仪式（Te Deum ceremony）来为共和国的诞生而感谢上帝。同一天，教宗在加埃塔举行了简单的弥撒后，将新任奥地利大使召见到他狭小的房间内。埃斯特哈齐一定会对教宗在他们两个小时的会谈中说出的提议感到震惊。

埃斯特哈齐在给维也纳的报告中写道："教宗庇护九世今天不再是要求我们和法国、西班牙、那不勒斯一起提供援助了，而是把自己完完全全、充满信心地交到奥地利手中，而且通过我即刻发出施以武装介入的请求，以保全自己的志业。"教宗还解释说，为了共同承担的目的，他仍然会正式向四国发出请求，但是，他告诉埃斯特哈齐，这只是做做样子罢了。大使还报告说，教宗想要维也纳知道"他所有的期待都只寄托在奥地利身上，如果条件允许的话，奥地利的介入将是他眼中最渴望的事情。"

在向奥地利大使解释他的要求时，庇护九世承认他对天主教法国有着巨大的个人认同，但是，他解释说，"自己只会反感地看待法兰西的共和国军队介入教宗国的事务中"。教宗的忧虑是安东内利煽动起来的，他害怕法国军队会占领罗马并逼他重回宪政统治。他对此十分有把握，对于刚刚推翻了本国的君主制并在仅仅一年前才宣布了共和制的法国来说，怎么可能靠它来粉碎罗

马的共和姐妹并重建教宗的君主制呢？ [32]

在和埃斯特哈齐会面的三天后，教宗召见了所有能够到来的枢机主教，他们一共有9个人，还有所有派驻教廷的外国大使，庇护九世戏剧性地将所有人聚在了他位于加埃塔的房中。所有人被安排成一个半圆队列，面朝着教宗和安东内利，枢机主教们和大使们各居半边。教宗把罗马最近结束教宗统治的宣言认定为"不公正、不知感恩、愚蠢又不虔诚"的产物。"你们跟着我来到了这个地方，这是上帝之手的引领，这只手……永远不会抛弃虔心信主之人。"枢机主教安东内利随后发给了大使们一张教宗的抗议文告，让他们转交给各自的政府，随后又给大家分发了第二份文件。这正是奥地利大使曾要求过的，由教宗亲笔写下的要求军事介入的文告，即要求奥地利、西班牙、法国和那不勒斯的介入。

在报告教宗要求动用军队的要求时，荷兰大使指出，萨伏依王朝的卡洛·阿尔贝托国王拒绝了教宗的援助请求，"那也就是说，萨伏依王朝现在是唯一仍在意大利受到欢迎的政权了"。鉴于奥地利和撒丁尼亚王国最近才打过一仗，教宗将难以想见这两个国家会站在他的一边。无论如何，现在的选择一点也不难，因为撒丁尼亚政府已经明确表示反对外国军队将教宗重新推回到权力的宝座上。[33]

*

四天后，7000名奥地利士兵越过了波河向着教宗国最北端的城市费拉拉进发。当庇护九世得知这一消息时，他召见奥地利大使表达了感谢。"我现在的一切要求，"教宗告诉埃斯特哈齐，"就是为了能有一个好的结果，所以不要撤兵，而且恰恰相反，请派出更多的军队并且前进得越快越好。"[34]

　　奥地利入侵的消息震动了罗马。在制宪会议期间的特殊午夜，当走廊里的人群高喊着"共和万岁！"时，斯特毕尼站起身来发言。"我们早就预见的一天已经到来，"这位热血澎湃的诗人和医生说道：

> 　　这是考验之日，也是勇敢之日。教会统治集团、奥地利和波旁王室的联盟已经组织起来……奥地利人已经扔掉他们的金属护手，正全力向着意大利出击，他们的挑衅如果不用鲜血洗去，我们便会成为全欧洲的笑柄……我们欣然接受你们这些野蛮的汪达尔人（Vandal）* 的挑战。你们将自掘坟墓走向灭亡。起来吧！意大利的孩子们！上帝要我们的救赎之日快点到来，拿起武器吧！[35]

　　罗马的新政府迅速地做出行动来反对教会。2月中旬，一张印刷出来的警告出现在罗马的城墙上，催促圣职们丢掉他们的三角形黑帽和短腿裤，这些服饰被谴责为反动和无知的象征。也在同一天，卡洛·阿梅利尼，三位新选出的执政者之一，下达了一道命令，让所有的教会团体上报各自的财产清单。代理枢机担心这是没收财产的第一步，于是命令教会的所有宗教机构都要拒绝这个要求。因此，有大量拒绝合作的教士和修士被投入了监牢。

　　有一道命令可以令人回想到法国大革命。在大革命中，革命者认为每个城镇只需要一个教堂钟楼的大钟，其余的都将被融化铸造硬币或武器。当罗马的这一消息宣布出来后，罗马的新统治

---

*　　古代日耳曼部落的一支，曾在455年罗马帝国末期洗劫罗马，此后他们的名字就成了肆意破坏和亵渎圣物的同义语。

者下令城市里所有未经使用的钟都要被熔化掉用来铸造大炮以保卫共和国。除了宗教神学院以外，教会对所有学校和大学的控制都结束了。所有梵蒂冈和奎里纳莱宫殿中的马匹都将充公，同样充公的还有教宗的贵族卫队（Noble Guard）拥有的马匹。[36]

在最初的几个星期里，没有哪次行动要比释放所有宗教审判所里的囚犯更具有象征意义了。当共和政府抵达审判所时，一块从圣彼得广场扔出来的石头打到了掌管牢房钥匙的多明我会（Dominican Order）修士身上，他当时正在和两个面容丑陋的狱卒打扑克。在狭窄、阴暗的牢房中锁着的是那些受到各种指控的男男女女，他们被判处的罪行有口出恶言、女巫行为、诽谤天主教，或者像那两名修女的案件一样——坠入爱河。在打开了枷锁后，这些囚徒摇晃着身体向罗马城明亮的阳光中走去。

截止到3月初，所有的圣职特权都已被废止，同样被废止的还有宗教法庭对世俗信徒的司法管辖权。教会庞大的地产被收归国有，审查制度也被取消。[37]

这些举措促使加埃塔发来了怒不可遏的痛斥。枢机主教安东内利对还愿意听他说话的所有人表示，新成立的罗马共和国只是在靠恐惧、威吓和欺骗进行统治。这群人只不过是一帮疯子，他宣称，以及一小撮轻信他们虚假的引诱之词的人，共和国的统治缺少人民大众的支持。至于被宣扬得沸沸扬扬的民众投票，安东内利声称，一样是场胡闹。在制宪会议选举后不久，这位枢机主教就曾建议各教廷大使："在国都那边，他们买了3000张工人的票……他们通过医院来做假票，付了一大笔钱给那些低下阶层的人，让他们在不同的投票点多次投票，让不同的人穿上教士服装来制造圣职也支持选举的迹象。"这位枢机主教的指控令人震惊，即便他所说的事情大部分纯属杜撰。[38]

枢机主教安东内利继续保持着他的言语攻击，为被混乱和暴力统治的基督教世界首都大发悲恸。他告诉欧洲各国的外交官们，这群正在统治罗马城的人正在变卖教堂里的艺术品以支付他们的账单。虽然这并不是事实，而且他对罗马城的无政府状态的叙述经过了极大的夸饰，但这些编造出来的故事已经在全欧洲的天主教徒间传播开来。

共和国的部长们站出来否认这些指控，并且在城墙上张贴了一份倡议书，敦促罗马市民尊重天主教圣职和教会的财产，但是针对教士阶层展开的暴力行为并非凤毛麟角，在多明我会主管的宗教监狱中怒火被燃起了，一群暴民放火烧了多明我会的修道院。大量宪兵出动后局面才重新恢复了平静。[1]

教士们不知是勇敢还是愚蠢，居然试着冒着生命危险公开捍卫教宗。3月初，一群人被一名圣职对新命令的大声抱怨激怒了，他们追上他，让他站在桌子上，在人们的哄笑声中被迫要给罗马共和国唱赞歌。在罗马之外，一位曾禁止所辖堂区的司铎为参加选举者主持圣礼的总主教遭到了逮捕和关押，还有一名主教受到了指控，他因试图宣扬反对革命而被逮捕。但是教宗国大部分的主教和堂区司铎都很低调，他们避免和新政府发生公开的对立。[2]

教会在罗马的权力基础正在迅速遭到腐蚀。政府宣布梵蒂冈宫和奎里纳莱宫从此成为公共财产。医院、公共慈善事业和孤儿院之类的一切曾由教会管理的事务统统转到了共和国的手上，连宗教捐助也不例外。[3]

制宪会议的开会过程十分喧嚣吵闹。"大会上既没有纪律，也没有尊严，"托斯卡纳公使观察道，"失控是常有的事，徒劳的发言和反唇相讥更是家常便饭。"他还补充说，至于那些更为温和的代表，他们的"善心要多于智慧"。"我必须不情愿地告诉你，"一位赞同公使的观察者说道，"这个大会在我看来就是一群粗鲁又心怀妒忌的小孩在胡闹。"[4]

罗马共和国正处在极度需要外部支持的境地，在这种情形下，政府派出了密使到巴黎求援。在3月初面见了密使之后，法国外交部部长爱德华·杜伊坚定地认为在罗马当权的那些人会愿意妥协。"面对暴风雨的威胁，他们感觉到了自己的弱小，"杜伊观察道，"革命领袖们会同意接受一个能给他们提供……体面的协议来摆脱他们当前深陷的泥潭。"如果要让庇护九世自己决定的话，杜伊认为，教宗将肯定会决定一个经过协商达成的协议，这比"教宗凭借外国势力的武装直接和罗马市民发生对立后再返回教宗国的残酷现实"要好。杜伊记录说："教宗毕竟并不是一个三流小国的政府首脑。再怎么说，他也是天主教会的元首。"[5]

*

在维也纳，得知教宗恳求奥地利军队独自进行军事介入以重建教宗在罗马的权力后，除了冷笑以外，施瓦岑贝格实在不知道还能作出什么别的反应。这是去年还曾祝福他的军队一路北上去驱逐奥地利人的同一位教宗，现在他正在乞求奥地利军队来拯救他。

但是对奥地利总理来说，他并不清楚该如何回应教宗的要求。庇护九世已经公开呼吁四个天主教国家出兵，而且法国已经警告了维也纳不可独自行动。伴随着奥地利控制下的意大利北方的新动荡，奥地利最不能做出的举动就是给法国提供一个持续支持意大利北方地区的理由。

施瓦岑贝格认为，最好让法国人来着手处理罗马的事务。毫无疑问，罗马事务是一个烫手山芋，而且奥地利本身也没有兴趣独自占领罗马。奥地利所关心的是保持己方对教宗国北部省份和东部沿海地区拥有可自如运用的手腕。北部省份可以帮助保护奥地利的南方边境，同时东部沿海地区可以让奥地利保持对亚得里亚海（Adriatic Sea）的控制。[6]

虽然知道这会引起教宗的震怒，施瓦岑贝格还是决定将庇护九世提出的由奥地利独自出兵的秘密要求通知法国政府。他知道这会让那些已经开始怀疑教宗朝秦暮楚的法国人确信他们的疑虑，但是通过出卖教宗的信任，奥地利总理希望换来法国的信任。他向法国外交部部长提出了一个秘密计划：奥地利军队将镇压教宗国北部和东部省份的暴乱。法国将从奇维塔韦基亚港登陆向罗马进军。

毫不出乎意料，当维也纳驻巴黎大使告诉杜伊，说教宗已经向奥地利提出了秘密计划时，这位法国人气得暴跳如雷。考虑到教宗的表里不一，杜伊说，法国必须要重新考虑对他提供帮助的承诺。至于奥地利提出的建议，他直接予以了回绝。他坚信外国军队永远都无法给教宗面临的麻烦提供一个长久的解决方案。[7]

*

对庇护九世来说，如果有人是教会邪恶敌人的化身的话，那么这个人就是朱塞佩·马志尼。身在伦敦的他一直以来都在推动摒弃圣职和专制统治的意大利统一运动。自1831年起，每一次意大利半岛的起义策划都少不了他的参与。[8]

虽然高级教士们十分厌恶他，但是马志尼并不缺少赞赏和追随者。威廉·劳埃德·加里森（William Lloyd Garrison）是美国废奴运动的领袖，他在两年前的伦敦之行中拜访了马志尼并立刻被他吸引住了，正如他所言，加里森被他"睿智的头脑、谦逊的作风、儒雅的气质和引人入胜的言谈魅力所吸引"。"我被他吸引住了，"这位美国人如此回忆说，"就像是无法拒绝的磁铁一样；在他身上我找不到一丝一毫的自私利己，也找不到一丁点儿的世俗野心。"加里森补充说，他是一个"光辉的理想主义者，但是从未越过理性的边界"，他是一个"勇敢过人又具有道德勇气的人"。[9]

托马斯·卡莱尔（Thomas Carlyle）是当时英国最伟大的文学人物之一，马志尼在伦敦时和他成了朋友。在那里，根据卡莱尔的观察，他住在"一个环境几近恶劣的地方"。他喝拌有面包渣的咖啡，一根接一根地抽烟并偏好说法语，虽然他的英语很好，但还是带有浓重的意大利口音。卡莱尔回忆说："我从未见过更英俊潇洒的人，他温柔的眼睛闪烁着光芒，脸上充满了睿智。"[10]

一位100年前心怀共鸣的英国传记作者也捕捉到了他身上具有的矛盾性。他评价马志尼"对自己的想法拥有坚定无比的自信。让他承认自己有错是一件困难的事，因此他从来不会从自己的错误中学到教训……他的这种特别的固执，以及他在毕生时间里反复揣摩的为数不多的几个观点中带有的力量和信念，是比他更机敏的知识分子所无法给予的"。但是，他补充说："马志尼信念中绝对的自信还伴随着他个性上最诚挚的谦卑，这让他成了先驱型的人物。他是最谦卑也最不具野心的人，他感受到了来自上帝的召唤；但是上帝的名义让他独断又死守教条……对他来说一点点的妥协也意味着懦弱。"[11]

马志尼对女人有着特殊的魔力，美国记者玛格丽特·福勒也成了众多迷恋者中的一个，这位能言善辩的记者用对这位共和英雄铺天盖地的赞美向美国读者发去了报道。她深深地相信，马志尼是一位天造之才，所有人看到他的第一印象都是"一定会成为他灵魂的信徒，成为他美德的信徒"。在头脑上，他是一个"诗意的政治家，但是在心灵上，他是一个情人"。在她的通讯作品中，她承认了"我深爱着马志尼，他也爱我……他散发着温柔的外表让我的灵魂深处奏响了忧郁的乐曲"。[12]

当这位传奇般的意大利统一运动的先驱在 3 月 5 日傍晚抵达罗马时——他是来这里就职的，他在近期的增补选举中获得了议席——很多罗马市民像是迎接救世主一样前去欢迎他。曾经和明格蒂及其他自由派要人一共在下议院效力过的路易吉·卡洛·法里尼观察说："他是教宗、王公、使徒、教士……他的圣职本性要多过政客特质。"上述那些人都在罗西被杀以后离开了罗马。政府如今正受到欧洲最强大的几支军队的威胁，政府的领导人们正面临着被绝罚的威胁，政府本身的运转也十分糟糕，财库空虚，军队既弱小又欠缺装备，罗马实在需要出现一个英雄。"所有人的目光都投向了马志尼，"当时正住在罗马的瑞士学者约翰·巴霍芬（Johann Bachofen）观察说："人们都把希望寄托在这位革命传道者的身上。"[13]

大会的代表们在 3 月 6 日那天正在为一张银行账单展开争论，随着一个代表的一声叫喊，所有人都把头转向了一个正在走进大厅的瘦小身影。"马志尼万岁！"那个代表喊道。随着这声呼喊，代表们鼓起掌来，场面变得像合唱团一样，代表们的争论也戛然而止。"我相信我是代表全体大会来讲话,"坐在大会主席椅上的夏尔·波拿巴说道,"邀请马志尼代表坐到主席身边。"当这位大名鼎鼎的流亡者坐下来后,新一轮的掌声响了起来。没有人还想要回到那张银行账单的话题上去。在一阵催促过后,马志尼起立发言了。

> 所有的掌声和给我的热情示意,我的同仁们,这反而是我应该要送给你们的,因为我还没有做出些什么,但是我要努力尝试,因此我才来到了罗马。罗马对我来说一直是一个有着好运气的地方。我在年轻的时候曾学习意大利的历史,我就发现……只有一座城市如此受到上帝的喜爱,能够在死后涅槃重生,并更伟大地回来,完成在这个世界上的使命……我看到了皇帝们让罗马崛起……看到了罗马在蛮族的手中消逝……然后我又看到了罗马的复生并到达了更高的高峰,这不是靠武力征服,而是靠言语,以教宗之名的言语来继续伟大的使命。我心想,罗马在这个世界上已经有过两次生命,一次比一次来得更伟大,这样的城市不会没有第三次生命的……在皇帝的罗马之后,在教宗的罗马之后,人民的罗马将会到来……我不能向各位保证什么,但是有一件事是确定的,那就是我加入到各位的行列中,为了谋求意大利的福祉、罗马的福祉和全人类的福祉。我们必须要渡过难关。我们也许不得不发动一场神圣的战斗来打击威胁着我们的唯一的敌人奥地利。我们将投身到战斗中,我们一定会胜利! 14

马志尼虽然个子不高,但是说话的声音威风凛凛,但是当他讲完话之后,他看起来非常疲惫。虽然这是他的个人胜利时刻,但他看起来依然很忧郁。"我极其紧张，"他在第二天透露，"这里的初衷是好的，但是能力却很糟。直到我抵达的当天，任何战争准备都还没有着手进行。我们没有武器，而且几乎全欧洲的政府都在和我们作对。"让事情变得更糟的是，他补充道，和他一起共事的人都对他来说都是陌生人。[15]

北方发生的事件即将会带来另一重震撼。自卡洛·阿尔贝托国王一年之前败于奥地利人开始，他就在卧薪尝胆等待证明自己的时机。他现在决定不能再等待了。3月17日，有消息传到了罗马，说这位国王再次率军进入了伦巴第，但是国王重塑声望的尝试很快就变成了一场灾难。85000名撒丁尼亚士兵几乎还没发起进攻就遭到了奥地利军队59000人的压制。很快，奥地利人反而攻进了撒丁尼亚王国的领土。3月23日，卡洛·阿尔贝托向83岁的老将军拉德斯基投降。遭遇到这新来的耻辱，卡洛·阿尔贝托退位了，他把王位交给了儿子维克多·艾曼努尔二世（Victor Emmanuel II）。在一名随从的陪伴下，这位退位的国王在午夜的夜色中离开，前往法国。他即将死在流亡中，在郁郁寡欢和心碎中度过最后的日子，享年50岁。[16]

当消息传到罗马的大会中时，受到挫折的代表们肆无忌惮地高喊"意大利万岁！独立万岁！"意大利独立的斗争，他们发誓，将会继续下去。但是他们的未来看起来却十分灰暗。在粉碎了撒丁尼亚军队后，现在已经没有人能够阻止奥地利人向着教宗国挥师南下了。

面对这样的威胁，大会意识到他们需要更强有力的领导，他们投票选出了一个三人执政团，并予以无限的权力来保卫共和国。马志尼将会是三人之一，这是毫无疑问的。正直诚实的温和派律师阿梅利尼——他的兄弟和儿子都是耶稣会士——也将获

卡洛·阿尔贝托国王退位

选。上个月在大会上发表搅动热烈情绪的开幕演说的人正是阿梅利尼。另一位人选，代表教宗国的北部，也是一名律师，名叫奥雷里奥·萨菲（Aurelio Saffi）。他是一个很受大家喜欢的好人，出身于贵族家庭，年仅 29 岁，而且还保持着每天都给住在弗利（Forlì）的母亲写信的习惯。虽然这三个人都有执政者之名，但只有一人才是事实上的掌舵者。他已经有了动力、才智、勇气和广大的人脉网络，以及领导这个几乎没有抵抗力的共和国来抵御欧洲大陆主要强国的联合军队所需的信誉。[17]

　　虽然马志尼的幻想家声名早已在外，但是当把权力握在手上时，他立即表现了清晰的局势判断能力。他知道自己唯一的希望都在法国身上。毕竟法国也是一个姐妹般的共和国，而且一直以来对奥地利的军事规划感到不安。从巴黎传来的报告让马志尼多少有了点鼓励。"有消息从法国传来，"一名大会代表在 4 月初的日记里写道，"是一则安慰人心的讯息。法国政府好像终于下定决心，不但不参与其他大国介入我国的行动，而且与此相反，它恰恰反对这样的行为，因此奥地利好像也动摇了。愿上帝将事情确实如此发展！"[18]

身在加埃塔的枢机主教安东内利正在盘算着外国军队的重大介入如果不马上到来的话，将会造成怎样的灾难。"如果说我们提出的武装介入要求只是把锚抛向一艘正在下沉的船的话，"安东内利在 3 月中旬给罗马教廷驻马德里大使的信中写道，"让我补充一句，如果不迅速展开行动，一切都将毁于一旦，现在正在

罗马共和国三人执政团：卡洛·阿梅利尼、朱塞佩·马志尼和奥雷里奥·萨菲

流失的每分每秒都在将我们推向无可挽回的深渊。"在 3 月的晚些时候，他发布了一封内容相似的警告信给驻维也纳和马德里的教廷大使："怎么可能呢！"安东内利问道：

> 天主教各国怎么能面对这么多针对宗教和神圣伟大元首的暴行而无动于衷呢？……如果天主教国家不赶快救危难于水火的话，以后就再也没有身居其位的教宗了，人们只能对着残垣断壁哭泣，教宗将不再身居基督教的中心罗马，而是会在新日内瓦。*

接下来的一个月，安东内利仍在书写末日来临前的挽歌：

> 罗马和教宗国其他地方的形势已经糟糕得无以复加了。不虔诚、灾难、掠夺和恐怖日益滋长。基督教的圣座已经变成了犯罪的舞台和渎神的学校。多亏了各大国的反应迟钝，他们将有机会光荣地把教廷重建成一堆恐怖的瓦砾废石，而不是一个国家。[19]

安东内利使用这样凄惨的语调是为了能帮助他的教廷大使，实际上，安东内利已经越来越有信心了。他心中确信，奥地利将不会让罗马共和国持续太久，共和国现在的军队已经不再受意大利北部的撒丁尼亚国王保护了。他知道维也纳方面已经向法国知会了关于教宗让奥地利提供援助的秘密请求，他对埃斯特哈齐表

---

* 公元 563 年，日内瓦湖的湖啸淹没了日内瓦的教堂、房屋和桥梁，造成了大量人口死亡。

达了自己对奥地利方面破坏教宗的信任是多么失望。但是法国对这则讯息的反应只会让他更确定自己所坚信的，即法国威胁将重新考虑他们对教宗提供支持的保证，安东内利相信教宗只能依赖奥地利。[20]

几个月前还曾激怒奥地利的庇护九世现在要依靠奥军来获得拯救。"教廷的力量很弱小，"撒丁尼亚在加埃塔的公使于 3 月末观察说，"而且很容易受到外力的影响。只要抓住对的时机，一个人可以做到他原本看起来做不到的事。"或者像英国在意大利的公使发给伦敦的报告中所写的："教宗对未来的决定已经完全取决于枢机主教安东内利和兰布鲁斯齐尼的建议了。"[21]

在罗马，三人执政团发布了一封公开信，要求群众举行集会以支持政府。"这是我们的任务，我们要向意大利和全欧洲证明，我们所呼吁的，无论是对上帝还是对人民，都不是谎言，我们的工作是有宗教意义的、有教育意义的，也是具有最高道德属性的，那些关于不宽容、混乱、脱序的指控是不实的骗术。"新政府对于前景的怀疑是有原因的，启发人们对于新政府的信心极为重要，马志尼宣称"共和国的政府是强有力的"，但是他知道事情并非如此。[22]

*

枢机主教安东内利曾寄希望于西班牙提议的四国会议能够不要举行。他认为，这件事只会推迟军事行动，给法国带来又一个机会以让局面对他们有利。但是虽然有枢机主教的请求，奥地利仍然坚持他们将不会在法国缺席的情形下行动。安东内利勉强通知了奥地利、法国、西班牙和那不勒斯，第一次会议将于 3 月

30 日在加埃塔召开。他也告诉四国自己会亲自主持会议。[23]

在会议日的当天，哈考特向巴黎抱怨，甚至连加埃塔的空气闻起来都是奥地利人的气味。他认为，四国能够达成协议的可能性极低。法国政府已经决定要面对痛苦的现实，寄希望于教宗能够接受他们提出的方案已是不现实的想法。能够在教宗和罗马之间得出一个双方协商后的协议当然是最好的选项，但是庇护九世不愿意作出任何让步，与此同时，罗马的新政权也坚持，无论达成什么样的协议，都要包含结束教宗现世权力这项内容。让教宗国的人民自发起来要求教宗回归统治也是不可能的。至于找到一个全部由意大利人组成的势力来援助教宗，以避免外国军队入侵，这样的可能性看起来更不可能。撒丁尼亚王国将不会派兵去打击那些一直响应其志业，和奥地利作战的人民，费尔南多的军队也仍然在忙着扑灭西西里人的叛乱。

简而言之，哈考特建议他的外交部部长，法国的手中只剩下了三个选项：让教宗听任命运的安排；允许奥地利人单独行动；法国独自采取军事行动。"我承认，"他补充道，"所有这些选择都很糟，但是我不相信还有找到更好选项的可能。"在公开宣布将会保卫庇护九世之后，法国怎么能面对教宗栖身于那不勒斯所属的堡垒小屋中度过余生而无动于衷呢？法国也当然不能袖手旁观地看着奥地利人独自行动，因为那将意味着奥地利占领教宗国全境并成为基督教世界最神圣之地和教宗本人的保护者。只有一个选项仍然存在，它和此前一样不堪。哈考特下结论说："实际上，我们发现自己被迫陷入了一个各种巧合构成的窘境，我们得亲手重建教宗的统治。"

对法国大使来说，还有另外一个原因能够说明为什么让法国军队护送教宗回到罗马十分重要。如果奥地利人成了重建教宗国的人，"他们将会重建各种旧事物，而如果由法国来做这件事的话，我们可以保证遵照自由的原则来确保教会自身的真正利益"。[24]

3月30日，枢机主教安东内利在加埃塔主持了第一场四国会议。单法国一国就派出了两名代表：驻罗马教廷大使哈考特和驻那不勒斯大使雷内瓦尔。埃斯特哈齐伯爵代表奥地利参会，朱塞佩·鲁道夫伯爵（Count Giuseppe Ludolf）代表那不勒斯王国，而西班牙则由驻罗马教廷大使弗朗西斯科·马丁内斯代表参会。在接下来的几个月中，这六个人将多次会面，一如既往地发生激烈争论。面对着安东内利和奥地利、西班牙及那不勒斯大使的联合力量，两名法国人感到自己被孤立了。从第一次开会起，他们的分歧就十分明显，哈考特和雷内瓦尔提出，通过外国军队来重建教宗的权力将会让人民反对教宗。安东内利则对此十分不以为然。这位枢机主教坚持认为，当看到外国军队的第一眼，教宗的臣民就会起身反抗压迫他们的那一小撮疯子。"即便来的是土耳其人，"这位枢机主教说，"人民也会额手相庆的。"

安东内利估计这支军队需要有3000人。那不勒斯大使鲁道夫伯爵热情洋溢地支持武装介入，但是他提到，考虑到西西里正在发生叛乱，费尔南多国王没有足够的兵力来完成这样的任务。西班牙大使也承认西班牙最多只能提供所需人数的三分之一。埃斯特哈齐代表奥地利提醒他的同行，奥方已经准备好了出兵来匡正教宗之位，但是在法国确定同意之前，奥地利是不会行动的。

枢机主教安东内利随后提出了他的个人提议：四国将负责各自重新夺回教宗国的一部分：奥地利是东北部和亚得里亚海沿岸；那不勒斯是南部省份；法国是西北部；占据罗马的任务将交给西班牙。让法国也参与在内可能会令奥地利人满意，但是这份计划让法国没有得到任何教宗国的重要城市。最后，这场会议在没有达成决定的情况下不欢而散。[25]

安东内利再次感到十分气馁。他希望能只依靠奥地利军队的念头已经被施瓦岑贝格侯爵断然回绝，法国拒绝参加任何共同策划好的入侵。这位枢机主教将他的愤怒发泄在了写给罗马教廷驻维也纳大使的信中：

> 由此来推断，法国独自行动的后果将造成教会首脑无法完全自由、独立地重回圣座，而且，多亏天主教各国百般阻挠，宗教的事业也难以盛行于世。
>
> 因此闹革命的人会变得更加胆大妄为，他们可能知道法国并不情愿参与介入，但同时又设置障碍阻止奥地利、西班牙和那不勒斯联合采取行动，于是他们会比之前更加残暴、更为压迫，以满足他们自己不敬上帝的欲望。因此只要法国不迅速介入教宗国，或者不同意奥地利介入……教会将继续在这种再残忍不过的奴役中承受痛苦。[26]

考虑到不在罗马的教宗缺席受欢迎的复活节仪式可能会激起罗马市民的不悦，马志尼因此很渴望能确保在圣彼得大教堂举行一场适当的复活节弥撒。这样的场合也可以向人民展现共和政府将不会对他们的宗教构成威胁。在掌控圣彼得大教堂的高级教士的坚决反对下，共和政府只好自行举办典礼。在复活节星期日当天，上千名罗马市民和混杂其间的穿着节日盛装赶进城的农民，一起涌入了巨大的教堂并且把广场挤得水泄不通。一位爱国的威尼斯教士，在12名教士和最近才从意大利各地民兵队伍中召集来的随军神甫的协助下主持了弥撒。梵蒂冈唱诗班的成员没有身穿他们习惯的白色亚麻布罩袍，而是穿着便服唱了赞美诗。歌词中也没有出现那些人们熟悉的句子。"拯救我们的共和国（Salvam fac Republicam nostrum）"，唱诗班对着人群高喊，这正呼应了法国大革命，人们当时曾用这句口号替代了"上帝拯救国王（God save the king）"。

在庆典之后，主持弥撒的教士们出现在教堂大门上方装饰着意大利三色布条的阳台上给人们送去祝福。马志尼也身处下面的上千群众之中。"显而易见，"当这位意大利独立的先驱看到人们跪倒在地时说，"这种宗教式的生活还将持续很久。"他可以攻击教士阶层的腐败，但是他明白，如果他攻击的是教士们主持的仪式的话，用不了多久他就会失败。

当马志尼的心情陷入忧郁时，对大多数人来说，这是庆祝的时刻。从面对广场的梵蒂冈宫殿窗户中，制宪会议的代表们向人群挥舞着他们的手绢。当共和国军队举着步枪并将枪口对着天空穿过广场时，圣天使堡鸣响了礼炮。那天晚上，照亮圣彼得大教堂巨大穹顶的并非往年节日中点亮的明灯，而是人们燃放的三色意大利烟火。[27]

*

4月中旬，法国海军的夏尔·鲍丁海军上将在加埃塔和教宗见面并告诉他法国战舰即将抵达供教宗安排。海军上将告诉庇护九世，这艘战舰大到足以把教宗身边的所有人载往法国。教宗最初的心情很好，但是当他仔细考虑自己的选择时，心情也随之低落下来。他可以去法国，教宗说，而且他知道如果他亲自向法国提出要求，要法国帮助他重新回到罗马的圣座上，那么这件事会毫无迟疑地进行下去。"但这件事会被如何看待呢,"他反问道,"天主教的首脑和耶稣基督的代理人向外国人恳求向自己的臣民开战?"教宗认为,他最好还是在加埃塔秘而不宣地发出军事援助的要求。[28]

教宗随后见到了哈考特并再次催促他和奥地利达成协议,这样教宗国才能得以恢复。只有奥地利和法国,庇护九世说,才拥有军事上的手段能让他回归权力。

法国大使试图向教宗解释法兰西政府所面临的困难。"即便全世界所有重建圣父权力的善念都握在手中,"他告诉庇护九世,"我们也不可能不考虑法国的公众意见。"让法国和它的主要对手奥地利一同携手重建教宗的神权政治,这样的想法即便令人满意,也是完全不现实的。这位法国大使如是说道:"无论是对还是错,人们把奥地利视作专制主义原则的代表,并且把奥地利视为意大利的压迫者。我们,与此截然相反,被视为自由的捍卫者,是人民解放的保护者……所以,让两个完全不同的元素组合在一起,进而在同一面旗帜下共同前进是一件极为困难的事。"

至于教宗是否应投入奥地利的怀抱,哈考特警告说:"奥地利是意大利众所周知的敌人,您的王位将只能建立在枪炮之上。"这一天早晚都会到来,当枪炮被撤下,这位法国大使的预测是:"您的现世权力将会在全意大利的唾骂声中土崩瓦解。"教宗必须要作出事关重大的抉择。他要决定是投入奥地利的怀抱,还是听从法国的劝诫。

庇护九世反问道,他要如何依靠法国呢?毕竟,法国现在是共和国,但是谁能保证下次大选会让法国处在什么样的变化中呢?法国说他们不会和奥地利人一起来重建他的现世统治,但是教宗问，那么如果奥地利独自向罗马进军的消息传来，法国又将如何行动呢？他们会袖手旁观，让奥地利人独自沐浴在拯救圣座的荣耀之下吗？[29]

考特没能被说服，教宗转向了另一位他觉得更容易打交道的法国大使阿方塞·德·雷内瓦尔。在前面的谈话之后，雷内瓦尔报告说："圣父大人非常不安，不像是平日里给所有有幸接近他的人留下的那种安静平和熟悉印象。"教宗告诉他："眼看着无休止的邪恶日复一日地滋长在我悲愤的臣民中，我的心在流血。"庇护九世盯着这位法国大使的脸，"现在轮到你来终结这个残忍的局面了。请动手相助吧，我以上帝的名义，以人性的名义恳求你，我用眼中的泪水请求你，让这个残酷的悲剧落下帷幕！"当教宗说出这些话的时候，他的眼泪顺着脸颊流了下来，滴在他紧扣着的手上。

雷内瓦尔再一次试图劝说教宗前往法国，到法国后他可以唤起法国人响应他的号召。"我明白，"教宗回答：

> 但是你能想象我接受你的建议吗？如果我抛弃一直以来认定的立场，你会怎么想？我要如何拒绝那些一直以来不断表现已经作好准备支持我的人呢？我要怎么把天主教会的命运放在一个强权手中而不挑起别国的妒忌和敏感神经呢？那样难道不会损害我在宗教上的力量吗？想想看，大多数天主教国家都是君主制，难道我能投向欧洲天主教强国中唯一的共和国吗？你相信吗，这样的结果会带来无休止的猜忌和麻烦。你要我怎么能接受你强加给我的条件呢？

这并不是一个强加条件的问题，法国大使回答，而是一个面对法国政府面临的时局和挑战而作出调整的问题。

"当然，"教宗说，"但是这将持续到什么时候呢？我之前所作出的种种尝试又起到了什么效果呢？"

"我许诺去法国，"教宗说，"我一定会去，但是与此同时，眼看着罗马就这样变成了一个全意大利最危险、最糟糕的人渣的聚集地。伦巴第、利沃诺（Livorno）和西西里的乱党残余，以及那不勒斯的叛军都被逐出了各自的土地，这些人全都蜂拥而至跑来罗马。反抗者全都将罗马当成获得支持的最后源泉。想一想这一切的所有悲剧！和奥地利达成协议吧，"教宗催促说，"这是症结所在。"30

从西西里、佛罗伦萨再到米兰，其他反抗意大利君主统治的反抗老兵都在赶往罗马，这件事也存于安东内利的脑海中。天主教国家之间的犹疑，枢机主教在他写给罗马教廷驻马德里大使的信中抱怨说，"是超越信念的灾难"。现在意大利各地已经平静下来，他解释说，"所有的叛军领袖都跑到罗马去了"。但他在信里还提出了另一件让他伤脑筋的事：他听到传言说法国可能会单独行动占领罗马。安东内利力劝教廷大使要让西班牙政府帮忙劝阻巴黎的行动。他最不想要看到的事就是罗马掌握在法国人的手里。31

和雷内瓦尔结束会面的两天后，教宗召见了枢机主教们并发布了训谕，这是19世纪里教宗演说中言辞最为激烈的一次。他控诉罗马已经变成了一个"充满了狂暴野兽的丛林"。商业停滞、公共金库里空空如也、私人财产和教会财产已经被收缴、教堂被亵渎、修女被从修道院中驱逐，"道德最高尚和最卓尔不群的教士和修士遭到了残忍的迫害，被戴上锁链，主教们……被暴力地从人群中拖走并丢弃在地牢里"。

他再次发泄了自己对罗马市民的愤懑，说他们"丝毫不知感恩"。在他的教宗统治初期，他回忆，曾对政治犯施行大赦，并推行大量改革措施以改善臣民的生活。但是，他悲伤地说："我们在一开始时的慷慨让步和主动允诺不但没有结出我们想要的果实，反倒是被连根拔起，因为那些狡猾的骗子滥用我们的善意来煽动新的混乱。"在一份目的是驳斥枢机主教认为教宗是这一切灾难的罪魁祸首的辩白书中，教宗以时间顺序罗列了他之前所做出的所有决策。他认识到了公众游行示威的危险并试图控制局势。他也曾看到新近组成的咨商委员会可能会触及教宗的权威，因此他在举行的首次会议上就申明了这个委员会将只是一个建言性团体。这份清单还继续罗列了种种决策。他再一次呼吁天主教四国——奥地利、法国、那不勒斯和西班牙——派出军队重建他在罗马的权威。[32]

*

法国总统路易 - 拿破仑已经被搞得摇摆不定。他个人将教宗的政治作用视作中世纪的残余。在他年轻时，他甚至曾拿起武器反对过教宗的权力。但是如果说有一件事他必须要捍卫的话，那么这件事就是法国荣光的回归。当他的公共教育和宗教事务部部长、绝对热忱的天主教徒阿尔弗雷德·德·法鲁（Alfred de Falloux）前来为教宗请命时，他应对得胸有成竹。法鲁向总统提问说，他怎么能袖手旁观、眼睁睁看着奥地利军队南下意大利半岛并占领罗马呢？

"你说的没错，"路易 - 拿破仑回答，"法国不能只是当一个观众……面对奥地利胜利的旗帜插在意大利的境况，"带着巨大的乐观善念，这位法国总统说，"我们将获得全世界的掌声。"法国对意大利没有领土野心，在保护教宗国一事上也不存在任何经济利益。法国关心的只是主要对手奥地利的军队，他们已经控制了意大利的东北部，不能再让他们占领教宗国的全境。[33]

　　未经准备又没有经验，这位法国总统在没有明确计划的情况下继续作出决定。同一天，安东内利在加埃塔召开了第一次四国会议，和路易－拿破仑的不屑态度一样，法国总理欧迪隆·巴罗也对教宗统治提不起兴趣。他在法国国民议会上提议，让100多万法国人发起一支为期三个月的远征部队前往意大利。他对这一行动的解释再清楚不过了。"在国民议会面前，"一位同僚向他提议，"表现得模糊暧昧一些。"巴罗接受了这个建议。[34]

　　4月16日，当是否授权军事行动的决定即将进行投票时，巴罗向国民议会作出了他的最终请求：奥地利正在向意大利进军。他们已经粉碎了卡洛·阿尔贝托国王的军队，现在奥地利人的目标是重建托斯卡纳大公——也就是奥地利皇帝的叔叔——在这之后便会南下罗马。"法国不能对此漠不关心，"巴罗告诉他们，"无论是维护我们在意大利的正当影响力，还是协助罗马人民能够享有以自由制度为基础的善治政府"，这都要求法国刻不容缓地展开行动。

　　激进左派的领导人亚历山大·勒德鲁－洛林（Alexandre Ledru-Rollin）已经离开了法国，他在最近的总统选举中以巨大差距位居第三，他生气地指责总理使诈。在他所有动听的民主修辞言论之下，这位反对派领袖说，巴罗是在利用法国军队来重建罗马教宗的权力。然而勒德鲁－洛林和他的左派同僚们实属少数，最后的投票结果是395∶283，军事行动的决议获得了通过。法国军队将很快动身前往意大利，但是他们到达以后究竟要做什么却远没有那么明确。[35]

杜伊向奥地利大使通知了法国所作的决定，他们将派遣一支远征军到罗马港口城市奇维塔韦基亚。据奥地利大使随后发回给维也纳的报告中观察，法国之所以在采取行动前没有询问奥地利的意见，是因为他们存有大量不合逻辑又前后矛盾的争论。[36]

杜伊同时也给加埃塔的大使发去了军事行动的消息。他解释说，这次行动的目标，"既不是给罗马市民带来任何他们不愿自由接受的政权，也不是为了限制教宗，让他在回到罗马后采取这样或那样的政府形式"。法国政府坚定地相信，他解释说，"庇护九世回到他的国家后，将会带回（他之前所支持的）宽仁、启

/ 176

法国外交部部长爱德华·杜伊·德·路易

蒙和自由的政策"。

　　哈考特被告知要通知安东内利有关法国远征军的消息，杜伊解释说，为了教宗能够从中获利，"圣父大人必需赶快发表一份宣言，确保自由的制度、遵照人民的意愿、顺应将会粉碎一切抵抗的时代要求。这份宣言要在我们的军队刚在教宗国的沿岸出现时就发布出来，这将会是一个和解的信号，它将只会造成最低程度的不满……为了这一行动的功效和必要性，你不能一直强硬下去"。[37]

　　与此同时，法国外交部部长给即将领导法国远征军的夏尔·乌迪诺将军（General Charles Oudinot）发出指示，这显示法国政府的认知距真实情况是多么遥远，他们认为人们会迎接法国军队的到来。"我们收到的所有讯息都让我们有理由相信……你将会受到热烈欢迎，有一些人会把你视为解放者，还有一些人会把你看作有力的调停人，是前来制止危险局面的。"但是，杜伊建议说，如果有任何阻止你登陆的企图的话，"你不要理会一个在全欧洲都不受承认的政府作出的抵抗，他们在罗马独木难支，罔顾绝大多数人的意愿，他们是一小撮搅动局势的人，而且大部分是外国人"。

　　在向法国国民议会保证这支军队并不是去占领罗马的仅仅两天之后，外交部部长向将军表明，这完全是他的使命。"你将判断情况是否允许你进入，我保证你不仅一定不会遇到严重抵抗，而且会得到欢迎，你将会明白，到那里去的任务是响应人民的呼声。"至于人们如果不向法国军队张开双臂的话要怎么办，外交部部长并没有说。[38]

　　和正式的指令一同发出的还有杜伊的一封机密附件：乌迪诺去教宗国要和奥地利指挥官保持良好关系。奥地利军队将进入博洛尼亚和安科纳，不要做出阻碍他们的行动。至于教宗，他待在加埃塔越久越好。如果他能在法国军队登陆后立即来到马赛、罗马或奇维塔韦基亚都将是更好的情况。"要避免，"他补充道，"让教宗去亚得里亚海沿岸的任何地方。地中海是法国的，亚得里亚海是奥地利的。"[39]

三个步兵军团，一共 12000 人、250 匹马、16 门大炮和两个工程兵小队已经准备好了执行任务。载着这些人马装备的第一艘船于 1849 年 4 月 21 日深夜起航。至于面临的灾难，他们还一无所知。[40]

/ 第12章　友军

各种传言一个接一个地传到了罗马，虽然这些传言中很少有和法国相关的消息。奥地利人正在从伦巴第向南进发。那不勒斯国王正在为向北进发作准备。上千西班牙军队刚刚上岸就与他们汇合。马志尼绝望地要求更多的防守兵力，他需要一支55000人的军队，他呼吁意大利各地的爱国者们都到罗马来。三人执政团要求附近的沿海城镇菲乌米奇诺（Fiumicino）给他们提供沙子以填满上千个阻绝罗马街道的沙袋。[1]

"罗马非常的平静，"一个造访的英国人记录道，他还补充说自己并没有看到人们对罗马共和国有很大的热忱，"但也没听到人们可能已经预期的诸多抱怨。"这位访客，30岁的诗人亚瑟·科洛夫（Arthur Clough）在和马志尼见面时吃惊地发现他和"我想象的不一样，不是一个秉持狂热思想的人"。他看起来十分安定平和。但是，科洛夫补充说，他没有幻想。当那么多外国军队正在赶往罗马，马志尼"当然认为罗马共和国很有可能会倒塌"。他已经花了毕生时间梦想着这一刻，如果真的发生了，他乐意为了意大利的志业牺牲，成为一个殉国者，而不是畏畏缩缩地害怕那些试图用武力重建教宗政权的人。[2]

*

教宗的救赎，看起来可能已经到手了，因为法国已经同意出兵，所有的四个天主教国家也都展开了行动。施瓦岑贝格已经下令拉德斯基将军麾下的奥地利军队进入托斯卡纳重建大公国，随后再进入教宗国北部省份恢复教宗的统治。带领5000人的费尔南多二世从那不勒斯王国出发，已经向北跨过了边境并发回报告说人民鼓掌欢迎他的到来，其间还响起了"庇护九世万岁！"的口号。4月29日，一小队西班牙舰船停靠在了教宗国的南部海岸，上千名西班牙士兵开始陆续下船。[3]

几天以前的4月24日星期二，运载着16门大炮和12000名士兵的法国蒸汽船**巴拿马号**（Panama）停靠在了奇维塔韦基亚的地中海港湾里，有一群人挤在岸边观看。一艘小船带着一名法国外交官和两名高级指挥官上岸，该城拥护共和政体的地方长官正在那里心急如焚地等待着他们。"永远为自由精神所激励的法兰西共和国政府，"这位外交官念着手中的一份文件，"宣布在尊重大多数罗马人民意愿的渴望下，带着友谊来到这里……承诺不给这里的人民强加任何没经他们选择的政府。"读完这份令人摸不着头脑的开场白后，他要求允许法军上岸。

带着三人执政团不准任何外国军队上岸的命令，地方长官提出要求，即需要12个小时的时间好让他来咨询罗马方面的意见。这是法国人所不容许的。地方长官仓促召开了奇维塔韦基亚行政和军事领导人会议，但是考虑到法国压倒性的军力和人民对拿起武器奋起抵抗前景的恐惧，他们确信除了屈服已别无选择。

所有8000名法国士兵陆续从跟在**巴拿马号**后面的12艘蒸汽战舰中上岸，并在港口布置起了营地，这个过程持续了整整24个小时。100匹马、24门重型火炮及数不清的食物补给、弹药和红酒被一箱箱抬了下来。"奇维塔韦基亚的人民，"一位见证了这个场面的英国记者报道说，"目瞪口呆地看着这一切，人们鸦雀无声，一句赞美或咒骂的话都没有听到。既没有给法国人的掌声，也没有给庇护九世的欢呼。"法国的企图尚不明确。虽然他们声称是带着友谊而来，但是他们一分钟也没有浪费就把城市的地方长官关了起来。当他们高高地举起法国国旗时，旁边的罗马共和国国旗则被收了起来。如果他们携带了教宗的旗帜，他们也没有将它举起来。[4]

*

待夜色降临，罗马的城墙上贴着令人惊讶的告示。"罗马人民！"告示的开头这样写道，下面是三人执政团的签名，"众多法国士兵已经抵达奇维塔韦基亚。"第二天，马志尼和他的同仁向罗马市民发布了一份更长的声明。

> 外国入侵已经威胁到了共和国的领土……共和国将奋起反抗。人民必须要向法国和全世界展现他们并不是乳臭未干的孩子，而是堂堂的男子汉……不要让任何人说出：罗马人想要自由，却不知道该如何行动。我们要用反抗给法国人上一课……我们不变的答案就是我们绝不会再回到那个已经被我们推翻的可憎政体之下。

直到这时，公众对于共和政体的支持仍不统一。人们虽然厌恶政府由圣职来掌管，但几百年来的教宗统治，使人们对教廷仍抱有很深的认同。如今虽然害怕，但是人们也会愤怒。面对外国入侵，罗马市民开始团结到马志尼政府的背后。4000 名共和人士聚集在枢密院宫外，催促大会能够面对新出现的威胁站稳立场。夏尔·波拿巴扯着嗓子对群众大声疾呼："我们尊重宗教！但永远不会接受由圣职把控的政府！"[5]

4 月 26 日清晨，在巨大的紧张气氛中，马志尼起身向大会致辞。昨天晚上，他告诉大家，法军指挥官乌迪诺将军已经派出了代表团和三人执政团会面。法国人声称他们受到了奇维塔韦基亚人民的欢迎，并希望他们可以在罗马得到同样的友爱迎接。首先，他们来的目的是保护人民免受奥地利和那不勒斯的入侵。他们的目标是确定人民的意愿，并以之为基础找到一个方式来调停和教宗的争端，进而发现一个和平的解决方案。

如果法国是来阻止奥地利人和那不勒斯人的入侵的话，马志尼回答说，他们这样的做法可真是让人闻所未闻。法国为什么不先公开宣布他们将阻止这样的入侵发生，从而让事态在起初就被止住呢？而且，如果这就是他们前来的原因的话，他们怎么不预先和罗马的政府取得联系呢？至于确定人民的意愿，马志尼反问道，法国人难道不知道罗马的制宪会议是经过普选而来的吗？自教宗国上千年的历史以来，直到今天我们才能说罗马实际上是由人民的意愿来统治的。

在大声宣读他们的最终决议之前，代表们先打开了通往大厅的门，让在外面焦急等待的群众也能够进来。"经过三人执政团的商讨和沟通，"最终决议被大声宣读出来，"大会将依靠自己的力量来守护共和国，并将以武力来对抗武力。"刹那间，数不清的帽子被抛向了空中，现场的空气中充满了"共和国万岁！（Viva la Repubblica！）"的喊声。

在马志尼为了保卫城市所作的各种准备中，没有哪一项比招来加里波第更为重要了。在缺少一支有效的正规军的情况下，加里波第的军团及其在南美洲身经百战的核心成员成了共和国最为有效的战斗力。但是到目前为止，马志尼还没有急着让这个头发蓬松的战士来到罗马。虽然这位两个世界的英雄已经获选进入制宪会议并出席了第一次会议，但是他不是一个政治家，作为一个军事领袖，他更擅长的是执行别人的命令。多数让他闻名于世的事迹在这时候尚未发生，但此时他早已信心满满了。他对三人执政团表示："我身经百战，但还不曾知道失败的滋味。"

4月27日下午6点，加里波第率领着他1500人的军团骑着马经由罗马的大殿门（Porta Maggiore）进入了永恒之城。当时的场面让观者记忆犹新。一群热情狂野的战士，皮肤晒得黝黑，身穿黑羽，头戴三角帽，满脸的络腮胡上沾满了灰尘，小腿裸露在外，簇拥在他们领袖的身边。城市里很快就议论起来。"快来看！快来看啊！加里波第来了！"从没有人见过这样的场面。队列中的所有人，据一位生活在罗马的英国雕塑家观察，他们看起来更像是一群土匪，而不是纪律严明的军队。他们穿着宽松的外衣，背着黑色的背包。有些人手持长矛，另一些人拿着步枪。他们的腰带上别着的并非一般士兵佩带的长剑，而是宽短剑。[6]

这位英雄本人，骑着他白色的高头骏马，显眼得让人不可能错过。加里波第身材适中，有着厚厚的肩膀和宽阔的胸膛。他的蓝眼睛看起来几乎是紫色的，这让许多人难以忘怀。他栗色的头发蓬乱地披在肩膀上，没有经过特别的打理。他嘴上的胡须十分茂密，和他深红色的络腮胡连在一起。他晒得黝黑的脸和狮子样的鼻梁上遍布着小雀斑。他穿一件短尾红色外衣，戴一顶黑色毡帽，两根鸵鸟翎子高高地竖立着。在他的左股上挂着一把马刀。[7]

加里波第的到来让这座焦虑中的城市震惊。"当我看到他高贵的身姿骑着漂亮的白马出现在市场上时，"一个当场应征加入护国军的意大利人回忆，"他的平静，他英俊的脸、威武的身姿、光滑的额头、浅色的头发和胡须……只会让我联想到在画廊中见过的救世主……我们都对他顶礼膜拜。"或者如一位他的忠诚追随者所言，加里波第是"一个专为战争而生的人，拥有罕见

朱塞佩·加里波第

的勇气⋯⋯士兵爱他如父，因为他是一个公正、充满人性、诚恳和严肃的人⋯⋯他的炽热可以带来胜利"。

　　让加里波第的传奇色彩更为浓厚的是永远待在他身边的卓越人物。安德里亚·阿古雅尔（Andrea Aguyar）的黑皮肤和高大身躯、孔武有力的彪悍体型，绝对能吸引所有人的目光。他的父母是蒙得维的亚（Montevideo）一带的奴隶，自从南美洲开始便已追随加里波第南征北战，他已经把自己的生命交给了两个世界的英雄。阿古雅尔的穿着打扮就像加里波第本人一样吸引目光，他身穿墨蓝色的庞乔斗篷，里面是一件红色长衫，头顶上戴着贝雷帽，下身是带绿色条纹的蓝色长裤。他手里拿着一根长矛，矛尖下面装饰着红色的饰带。他的腰带上挂着产自南潘帕斯草原的套索。这位仪表堂堂的乌黑肤色的军人骑在黑玉色的战马上，身边是金黄头发的加里波第，穿着白色斗篷，身骑白马，这样的场面无不令人难忘。当加里波第和阿古雅尔骑着马穿过罗马的街道，上百人涌上街头想要一睹他们的风采，女人们把她们手中的孩童放在肩膀上，让他们也能目睹这个历史时刻。[8]

在加里波第的身边还有一个长着浓密大胡子的 47 岁巴尔纳伯会修士，他是来自博洛尼亚的乌戈·巴希（Ugo Bassi）。他的长相不凡，慈眉善目，额头很高，留着黑色的大胡子和浓密的黑鬓发，他的长发像波浪一样挂在头顶上。乌戈·巴希既是一位激情四射又广受欢迎的传教士，也是一名诗人，他长久以来都大声挞伐上层圣职的腐败污染了教会。他一直是庇护九世坚定的早期支持者和意大利独立与自由的拥护者。当教宗在 4 月的演说让这位意大利爱国者的希望破灭以后，垂头丧气的乌戈·巴希最初还曾为教宗辩解。在博洛尼亚巨大的中央教堂举行的一次戏剧性的布道中，他力劝大众不要怪罪教宗。庇护九世，这位修士说，并不是一个坏人，而是他周围邪恶的高级教士们的受害者。但是到年底时，巴希已经开始呼吁人们结束教宗统治了。他在 1849 年初的布道和写作为制宪会议获得民众的支持起到了巨大的推动作用。

当他在 4 月第一次看到罗马城外的军团时，乌戈·巴希立即拜倒在这位领袖的魅力下。"加里波第是最值得用诗歌来歌颂的英雄，他也是我这一生梦寐以求想要遇到的英雄"，这位巴尔纳伯会修士继而写道，"我们的灵魂相连，就好像我们曾是天堂中的姐妹，随后一同生活在人间。"从那一刻起，巴希成了军团的战地神甫和加里波第激烈反对教权的宗教伙伴。[9]

加里波第和他的战友安德里亚·阿古雅尔

在穿行经过罗马的街道时，加里波第和他由乌合之众组成的军队向着圣西尔维斯特女修院（Convent of San Silvestro）前进，三人执政团把这里安排为他们的总部。当一行人抵达时，住在这里的最后几个修女也收拾行李匆匆逃走了。[10]

＊

雷内瓦尔和哈考特收到了来自法国远征军的消息，同时接到的还有来自巴黎的紧急指示。巴黎的指示表明，法国军事行动的成败寄于他们的肩上。如果教宗能够宣布他愿意回到改革之路上，罗马市民将会张开双臂欢迎法军的到来。如若相反，后果将是灾难性的。[11]

雷内瓦尔跑去跟枢机主教安东内利见面，安东内利听到法国军队登陆的消息后十分不高兴。法国大使强调了教廷宣布继续改革的重要性，但是安东内利却听得兴致寥寥。这样的决定，枢机主教说，将由教宗来定夺，但是他本人十分怀疑这件事的可行性。"教士阶层和人民中的绝大多数人，"安东内利解释说，"都谴责庇护九世的改革，他们还认为一切的不幸都来自这些改革。"

怀着想要得到更积极回应的期望，雷内瓦尔随后去见了教宗。相比较安东内利在得知法军抵达后展现的不悦，教宗先是对这条消息表示了热烈欢迎。受到鼓舞的雷内瓦尔向教宗解释说，法国渴望能够让教宗重回大位，但是要让这件事情成真，他们需要教宗能够出自己的一份力，宣誓将维持自由主义制度。看到教宗将信将疑的表情后，雷内瓦尔试着说服教宗。他斩钉截铁地说，教宗要做的一切，只不过是让"庇护九世还是庇护九世，仅此而已"。他必须让自己从身边的反改革势力的影响中解放出来。

"我知道得清楚极了，"庇护九世回答说：

> 我知道在这件事上你将会说什么。教宗是奥地利人，枢机主教们是奥地利人和反改革的人，教宗周围的人正在推他重走老路，可怜的教宗无可适从……别担心，庇护九世仍是庇护九世。但我难道不曾经历了一场令人不悦的悲伤之事

吗？这样的经验难道不算数吗？我难道不该从我所遭受的所有恶行中学到教训吗？我面前难道不曾摆着 1000 个警示让我警惕吗？我是不是不该温和地对待报纸杂志？是不是应该把俱乐部查封，进而将大部分的国民卫队解除武装？[12]

对雷内瓦尔来说，这真是个坏消息。如果他们不能改变教宗的想法，那么法国发动军事行动确保罗马人民自由的正当性，将会在世人面前变成一场残酷的欺诈。

哈考特也差不多同样气馁。"对于那里的局面，我找不到太多感到高兴的理由，"他在从加埃塔发回的报告中说，"我们才刚刚踏上教宗国的领土，对我们的责难和反制就开始了。"法国军事行动的成功与否要取决于教宗的配合，哈考特所描述的情景在巴黎将不会受到一点欢迎。"因为圣父大人比他周围的人更温和、更稳健，我本曾乐意直接从他那里得知他是否愿意至少听从我们的一些建议。我必须要坦诚，我是带着巨大的悲伤之情秉笔直书，我现在无法对这件事抱有希望。"[13]

*

夏尔·乌迪诺将军是拿破仑麾下最著名的一位将军的儿子，他最近刚刚继承了父亲的公爵头衔。他是一位保守派，对荣誉十分在意，他对自己高贵的姓氏和法国的荣誉都倍感骄傲。他被催促在罗马要行进迅速，人们鼓励他相信在行进过程中不会遇到什么像样的抵抗，因此他并不打算要耽搁行程。

仍然身在罗马的法国外交临时代办向将军汇报："马志尼和他的同党想要只依靠三四百个外国人和民众俱乐部中的那些疯子来进

夏尔·乌迪诺将军

行抵抗。"他向将军保证,罗马人"天性怯懦",他们将会在看到强大的法国军队的当下就逃之夭夭。在罗马的所有防御部署,比如街垒和大炮,外交临时代办报告说,只不过是摆设罢了,加里波第的军团只是一群纪律散漫的暴民。许多其他身在罗马的外国人也持有相同的看法。"人们竖起街垒准备保卫城市,"住在罗马的英国艺术家威廉·史都瑞(William Story)在他的日记中简单地写道,"大量的劳工和农民围站在那里,不时地将一铲子沙砾放到手推车里，但他们花了三天才完成在柏林只需一个小时就能干完的活。"[14]

4月26日，也就是乌迪诺军从奇维塔韦基亚离开的一天之后，雷内瓦尔和哈考特给他发了几乎同样的讯息。"前进，将军！"哈考特如此催促道。"加快脚步赶往罗马十分重要。你的突然抵达已经造成了惊动和恐慌。你应该好好利用现在的局势。如果你给罗马的那些坏人留下足够的时间从最初的惊慌失措中重整旗鼓，他们将会准备作出抵抗并造成流血牺牲，最好要避免这样的情形。"

"我不认为抵抗的意志非常确定，那只不过是罗马当局和人民一时间的念头罢了"，刚刚抵达的美国外交临时代办在4月27日这样建议华盛顿。"和法国抗衡是没有希望的，这对所有人都是显而易见的事。"[15]

受到这些报告的鼓励，乌迪诺带着他的部队在4月28日离开了奇维塔韦基亚，通过奥雷里亚（Aurelia）沿着大海向南进发。他带了4800人，没有装备重型火炮。士兵身上也只带了三天的食品储备。

在那天的炎热清晨，圣彼得广场上的加里波第和新晋战争部部长朱塞佩·阿维扎纳将军（General Giuseppe Avezzana）检阅了部队。除了加里波第的军团之外，他们还集合了教宗国正规军的残部。52岁的阿维扎纳的个人生涯跌宕起伏。他年轻时在皮埃蒙特曾参加了1821年席卷意大利的起义，后来被判了死刑，于是逃上了一艘驶往美国的船，并在那里成了美国公民。一年之前，当他听说家乡的起义已经如火如荼时，便立刻赶了回来。[16]

/ 188

在圣彼得大教堂面前的台伯河对岸，几千名国民卫队成员聚集在使徒广场（Piazza Santi Apostoli），这里离许愿池喷泉不远。在这里，已经成为制宪会议中最直言不讳的激进派的诗人兼医生佩德罗·斯特毕尼正在对着群众演说。"你们会允许由圣职把控的政府死灰复燃吗？"斯特毕尼紧紧地握着俯瞰广场的阳台栏杆大声喊道。

"绝不。"人们喊道，并把手中的步枪举过头顶。

"你们是否会竭尽全力地捍卫自由？"

"共和国万岁！"人们雷鸣般的呼喊响彻云霄。[17]

*

向着罗马方向一路南下，法国士兵们无法不注意到那些用法文写的标语，那些标语挂在树上或是木杆上，沿路两旁到处都是。标语中的大写字体拼写出法国宪法第五条："法兰西共和国尊重外国，也期待得到同样的尊重，法兰西共和国不发动任何征服战争，绝不动用军力妨害任何人的自由。"

而罗马的城墙上则写着不同的讯息。

> 兄弟们！起来啊！那些外国人，那些罗马人民的公敌正在步步进逼。他们想要奴役我们，让我们这些自由的人民如同市场中的牲口一般，他们想要把我们出卖掉。敌人侮辱我们，说罗马不会发生战斗，因为我们罗马人没有胆量起身战斗……他们前来摧毁我们亲手创造的政府……想要践踏我们的自由和荣誉……以上帝和人民的名义，起来啊！兄弟们！[18]

在翌日晚间，乌迪诺命令他的军队在罗马西郊扎营。这位将军认为这些士兵构成了一幅令人印象深刻的景象。士兵们人高马大，戴着高筒军帽，肩膀上披着金黄的穗带，脖子上围着一圈金属护颈。他们身穿长军服，腰带紧紧地扎在腰间，衣服下摆接近膝盖，遮住了一部分红色军裤。腰带上挂着马刀，插在皮制的刀鞘中。他们将睡袋背在肩上，子弹放在围在腰间的弹药包里。虽然天气酷热难耐，但军队士气高昂，尤其是因为他们满心期待着得到罗马人的热烈欢迎。他们已经连续行军两天，途中没有遇到任何引人不悦的事情，现在他们已经在城墙脚下安营扎寨了。

一个罗马的大会代表团来到法军营地力促乌迪诺终止他的攻势。他们警告说，一旦法军发起进攻，罗马将还以激烈的抵抗。

"胡说八道，"将军一口回绝了，"意大利人从不打仗。我已经在密涅瓦饭店（Hôtel de Minerve）定了晚餐，我还要到那儿吃饭去呢！"[19]

/ 第13章　法军进攻

　　乌迪诺并不是太担心这座在他眼前矗立着的26英尺高的17世纪城墙。他认为，罗马市民对他们的新政府不满，再加上见到法国军队的恐慌，将会让他们一刻不误地打开城门。他没带大型攻城炮，也没带登城用的梯子。4月30日清晨5点，他下令收营攻取罗马，向着靠近梵蒂冈宫的罗马城西北角进发。当他们接近城墙的时候已经到了上午，他的士兵们穿着厚重的大衣在越来越高的日头下大汗淋漓。

　　在距离城墙1英里处，他们遇到了一个岔路口。在右边，是一条狭窄的小路，尽头是延伸至贾尼科洛山（Janiculum Hill）山顶的古代水槽和圣庞加爵门（Porta San Pancrazio）。在左边，更宽阔的道路通往的是俯瞰梵蒂冈的高点，随即地势会下降到距离圣彼得广场不远的骑兵门（Porta Cavalleggieri，也译"卡瓦勒吉埃里门"）。乌迪诺命令大部队走左边向梵蒂冈前进，然后又派了一支约1000人的小分队向右保护侧翼。

　　当法国主力军距离城墙不到四分之一英里时，出乎他们的意料，两门大炮突然轰鸣作响，从城墙中的一处碉堡中朝他们开火，给先头部队送上了一阵霰弹。共和国军的首领阿维扎纳将军早上才收到法军前进动向的电报，他派了一名上尉爬上圣彼得大教堂的圆顶塔去监视敌军的行踪。在马志尼那边，他已经确保罗马已经在宗教和军事上都作好了准备。他热切地想要把守军的意志和罗马市民的宗教融为一体，他下达了命令，将《三人执政团举行公众祈祷之决议》的告示张贴到城市的各个地方。当教堂钟楼响起警告敌人进攻的钟声时，决议书宣布："圣餐仪式将在所有的主要教堂中举行，以祈祷罗马城的安全和正当事业的胜利。"[1]

当乌迪诺发觉罗马人想要抵抗时，他本可以谨慎小心地命令部队撤退，以等待增援和围城战所需的重型火炮的到来。但这位将军仍然抱持着罗马人一旦目睹他的军队，抵抗意志就会立刻瓦解的信念。无论如何，如果他的军队在听到枪响的第一刻后就夹着尾巴逃走的话也太过羞耻了，这是连想都不用想的。

当听到了炮响，法国射手们立即作出反应开了几枪，这造成了城墙里的守军出现了片刻的混乱，乌迪诺命令士兵们继续前进。他计划从位于城墙西北角的波特塞门（Porta Pertusa）进城，这个城门比邻梵蒂冈的花园，如果必要的话，他会用炸药把城门炸个粉碎。但是当部队接近城墙的时候，他们发现那里连城门的影子都不见了。波特塞门在几十年前就已经用墙围了起来，这样的变动并没有呈现在法国的军事地图上。

当法军发现犯了错，他们已经被笼罩在了枪林弹雨之下，城市里的守军奋力用大炮和火枪（即滑膛枪）向下还击。法国人匆忙地推来了两门小野战炮并开始射击。一些勇猛的法国士兵试图用刺钉翻越城墙，但这是不可能做到的。

在波特塞门的进攻计划受阻后，法军指挥官下令让一队人马沿着城墙向右移动，转而攻打骑兵门。为了能到达那里，士兵们必须要走至少半英里，从陡坡下山，穿过一片在城墙上的守军射程内的开阔葡萄园。这项任务，正如他们很快意识到的，简直是难如登天。第二队人马被派去向左突破，企图绕过梵蒂冈来攻破天使门（Porta Angelica）。他们需要一条足够宽的道路好让法军的马拉火炮能够通行，士兵们不得不顺着一条山脊向北走，然后往下进入谷地来靠近城门。在距离天使门500英尺的地方，迎接他们的是猛烈的炮火。打头阵的法国炮兵上尉率先阵亡，一同死去的还有四匹拉炮的战马。

那支早先从主力部队中分开的小分队，沿着古代水槽向贾尼科洛山山顶的圣庞加爵门前进，但他们根本就接近不了城门。为了防止法国人在占据城门外的贵族庄园后用作防御据点，加里波第已经率人来到了这里。几个世纪以来，贾尼科洛山相对凉爽一些的气温和茂密、繁盛的花园都是吸引贵族家庭的地方。其中最重要的是科西尼家族和潘菲利家族，如今最血腥的战斗即将在他们的土地上展开。作为一支热血澎湃、斗志高昂，但只经过草率训练便匆忙应战的志愿军，大学生和艺术家们迎面穿过潘菲利家族的花园和法国步兵针锋相对。当年轻人一个个在法军的攻势中倒下，加里波第挥舞着他的马刀，骑着白马，率领着他的大胡子军团杀入战阵。加里波第的军官们身穿极为醒目的红衫，带着人冲进了盛开的玫瑰花丛，趁着法国士兵换子弹的间隙用刺刀刺向敌人。在冲刺中，一枚法军射出的子弹打穿了加里波第的肚子，这个伤口将纠缠他好几个月。革命修士乌戈·巴希从未远离他心目中的英雄一步，当他正在附近想要帮忙时，他的马也中枪了。

从晌午打响的战斗进行到了下午 5 点才告结束。法国将军乌迪诺并没能在密涅瓦饭店享用豪华晚餐，而是被迫在退向奇维塔韦基亚的途中扎营。他要帮忙救治手下的无数伤兵，但是最让他感到痛苦的，是要起草发往巴黎的报告。与此同时，加里波第正带着 300 名排成一队的法军俘虏凯旋。"共和国万岁！""庇护九世去死！"罗马市民在法军俘虏穿行街道时喊道。当一个扛着步枪的女人路过时，国民卫队（National Guard）* 的小伙子们热烈地鼓起掌来。所有人都争先恐后地要求得到自己的武器。[2]

罗马市民对新政权的支持已经毋庸置疑地表现出来。他们对

---

*　在罗马共和国成立后，市民卫队改组为国民卫队。

法军的胜利，正如符腾堡领事（Consul of Württemberg）在战斗几天后措辞不无惋惜的报告中所言，"产生了意想不到的效果……从那天以后，之前还看起来完全悲观的人们，心中迸发了巨大的热忱……刹那间，人们心中充满了无可限量的战斗热情，完全出乎法军的预料"。美国外交临时代办也对这种突然出现的转折感到相似的惊讶。"外国军队的出现已经让人们了解到共和政体就是他们的选择、教宗体制的弊端，以及自由志业尚未成功。所发生的一切让成千上万人得到了转变，他们从事不关己的旁观者变成了热情洋溢的坚定支持者。"[3]

在备战时，马志尼指派了一支特殊的医疗部队，让克里斯蒂娜·贝吉欧乔索伯爵夫人（Princess Cristina Belgiojoso）来领导，她即将成为意大利独立战争中涌现出的传奇女性。她在罗马组建了 12 个军事医院，并招募来自上流社会的女性提供服务。40 岁的克里斯蒂娜出身米兰最富有的贵族之家，她在 16 岁时嫁给了一个比她年纪大得多的老贵族，但她在 20 岁那年离开了他。克里斯蒂娜相貌出众，她的才智、举手投足和引人注目的穿衣打扮都十分出名。她很瘦，肤色接近苍白，长着黑眼睛、黑头发和窄鹰钩鼻。她总是全身白衣，这让她的黑珊瑚项链更加夺目。她毕生支持意大利独立，曾于 1831 年被奥地利人逐出米兰，她后来在巴黎的住所成了其他意大利流亡者、知识分子和艺术家的聚集地。和许多意大利爱国者一样，她也因教宗政府被推翻而振奋，急忙赶回了永恒之城来加入正在那里发生的历史性事件。[4]

在法国发起进攻的那天，克里斯蒂娜给负责女志愿者的美国记者玛格丽特·福勒写信，她曾让福勒前往罗马最大医院之一的菲特贝内法拉特里医院（Fate Bene Fratelli Hospital）救助伤者。她在信中说："请于 12 点抵达——如果警报的钟声没有更早响起的话。"这封信的结尾十分简单:"愿上帝助我们一臂之力。"[5]

女性将在罗马的防御战中扮演重要的角色。当战斗在 13 日发展到高潮时,女性手持火枪和战刀,镇守城市中的街垒。在接下来的几天里,罗马城里可以看到一摞摞的石块,上面都写着"女子武装"。在 5 月 6 日时,街垒委员会发出了一道呼吁:"罗马的女人们!聚集尖锐的石头、结实的砖头……卢克丽霞(Lucretia)* 自戕而死,不辱其节。你们,罗马美丽的女人们,捍卫你们的荣誉吧!"[6]

在出人意料的胜利之后,罗马市民展现了新的自豪。"就在昨天,"贴在城墙上的一份告示的开头这样写道,"法国开始进犯罗马。他们从圣庞加爵门进来……当了我们的笼中俘虏。"马志尼已经证实了被俘法军的口供并张贴在全城各处。俘虏们说他们受到了误导,被告知罗马市民正在呼唤教宗回归,但是正如一个战俘所说,当他们一到罗马,"我们就听各处都在说:'我们不打算再要一个由圣职统治的政府了。'我们是以朋友的身份而来,我们是兄弟,因为我们都是真正的共和派,我们来这里作战只因我们遭到了背叛。"[7]

马志尼本人并不抱什么幻想。除非法国换边站,否则他知道,罗马共和国注定会失败。费尔南多二世国王和他的那不勒斯军正在从南方咄咄逼人地赶来,奥地利人磨刀霍霍地准备从北方杀来。马志尼没有任何办法能够阻止他们,但是法国则另当别

---

* 卢克丽霞是公元前 6 世纪的一名罗马执政官的妻子,她被伊特鲁里亚国王的儿子强暴后自杀而死,人们认为这件事导致罗马君主统治被推翻,古罗马共和国因此而到来。

论。两个月以前，法国国民议会的 57 名代表给罗马共和国发来了一封声援信。"老暴君们，"他们这样写道，"在攻打罗马并推翻罗马的独立之前应好好考虑一下。如果他们胆敢做出这样的举动……意大利的公民们，法国的民主慰问将与你们同在。你们应该要求援助，将会有志愿军前来帮你们把野蛮人赶出去。"那时，法国人还根本不会想到最后成了"野蛮人"的不是奥地利人，而正是法国人自己，他们居然是那个要粉碎罗马新生共和国的人。[8]

法国政府的双面性已经暴露在光天化日之下了。法国新的议会选举将在两个星期内举行，马志尼有理由去思考，或者至少是希望法国左翼能够在选举中获胜。如果真的如此的话，法军的任务将毫无疑问地发生改变。到那时，法国将不会和三个天主教君主一同阴谋粉碎罗马共和国，而是有可能会派遣军队前来帮助这个姐妹共和国。

罗马三人执政团渴望能在选举之前博得法国人的认同，他们下令释放法军战俘。马志尼在节日般的气氛下向被释放的人道别说，两个共和国之间不具有敌对的基础。"罗马的人民"，他解释道，"将会向我们姐妹共和国的勇敢士兵们鼓掌，并以中午举行的友好游行向他们致敬。"在国民卫队方阵的带领下，法军士兵在《马赛曲》的伴奏中行进在科尔索大道上。道路两旁的罗马市民排着队鼓掌，有人跑上来拥抱亲吻年轻的法国士兵，还有人给他们递上食物。"法国人民万岁！"他们高声呼喊着，"姐妹共和国万岁！圣职政府去死！"[9]

在同一天，也是法军被击败的一个星期之后，英国的海军舰长阿斯特利·基伊来到了罗马。这座城市是战区，他已经听说他的英国同胞想要逃离这里。罗马城门外的庄园已经被炸为灰烬，树木也已被砍倒，为的是留下一条清晰的火线来阻止任何军队的进犯。人们在家里堆满了铺路石，准备爬上屋顶用石头砸向冲破了城墙的敌人。街垒仍然在快速地建造。有新的传言说那不勒斯军已经从南边压境，所有人的心都提到了嗓子眼。

英国舰长是来见马志尼的，后者用带有浓浓意大利口音的英语和他交谈。过去的几天对这位意大利领袖来说是一个很大的考验。他看起来十分憔悴，胡子灰白。在得到了马匹将不会落入法国人手中的保证后，马志尼同意了舰长提议，所有需要离开的外国人均可离境。

第二天，舰长又找到了马志尼，希望能帮忙找到一个避免流血的方式。罗马城肯定是守不住的，这是一目了然的事情，基伊这样告诉共和国的领袖，他认为即便现在不被法国占领，罗马之后也会被天主教国家的联军打败。很显然，和法国谈判一定比和奥地利人或那不勒斯人谈判来得好。法国人的面子刚刚遭受了如此严重的一场当头棒喝，他们发起的第一波攻势就这样无功而返，所以他们一定会拼尽全力地夺取罗马。这位英国舰长回忆说，"我用了所有能用的理由来说服他放弃无谓的抵抗"，但是马志尼完全不为所动。这位意大利独立的先驱认为，用不了多久，当法国人听说他们的军队并不是为了听到的理由前往罗马，而是在帮助教宗重回统治，愤怒的火焰一定会把法国从敌人变成罗马共和国的盟友。[10]

随着庇护九世提请的军队正在紧锣密鼓地召集之中，民众对教宗和天主教圣职的怒火已经越燃越旺。"人民的仇恨表明他们反对圣职统治，"制宪会议的一名代表在 5 月初写给妻子的信上这样写道，"这真是不可思议。他们在公众广场上烧了枢机主教们的马车，并责难任何为教宗讲话的人。谁要是为教宗辩护，他立刻就会成为人民怒火的迁怒者。"枢机主教们光鲜亮丽的金色马车被砸得粉碎的场面成了盛大的群众活动。在这样的一次表演中，为了取悦围观的群众，妓女们穿上了教士的衣服。还有一次，一个男子穿着枢机主教鲜艳的红袍张牙舞爪地坐在马车里，围在旁边的还有假扮的教士和仆从。一个假扮的乞丐随后接近枢机主教行乞并被轻蔑地赶走。随后，人们一起拿着斧头和棍子一拥而上，在唾骂声中把马车砸成了碎片，然后将其付之一炬。

共和国官员走访了罗马的每一座修道院和女修院，通知修士和修女可以自由地打破他们的宗教誓言。深居在女修院中的修女们只是轻轻地把她们的窗户打开一道缝以接收这条讯息，但是看起来没有人会使用他们刚刚得到的自由。[11]

乌迪诺将军给巴黎发了一封电报，汇报了他的失败。他以极为简明的措辞行文："我军在罗马城下遭遇抵抗，随即后撤至奎托城堡（Castel di Guido），乌迪诺将军会在那里等候增援部队和围城用的重型装备的到来。"与此同时，他还写了一封更长的报告。他在报告中评论："怀念旧政权的人远少于我们本来的估计……庇护九世虽受爱戴，但是人民惧怕教士阶层重掌政府。"法国的荣耀正面临危难，乌迪诺的个人荣誉也同样如此。这位将军写道："不用担心。"一旦增援抵达，他信誓旦旦地说，只用几天就能征服罗马。[12]

当法国总理欧迪隆·巴罗惊讶地接到乌迪诺的电报，得知法军在罗马遭到出人意料的挫败时，他整个人如同遭了晴天霹雳一般，立即瘫坐在椅子上。内阁成员聚集在受病痛折磨的路易-拿破仑周围，每个人都战战兢兢地揣摩着把这条消息告知国民议会后的情景。"我军受到的耻辱不会马上消弭，"天主教部部长法鲁争辩道，"它是对法国影响力和意大利自由精神的双重打击。"

通过观察总统的表情，对推进意大利自由志业的努力并不真诚且对现状深感担忧的法鲁知道，他的那句话已经打在了要害上。对路易－拿破仑来说，什么事都不如把他自己打造成法国荣耀的捍卫者来得重要。这条消息将会激起国民议会对阁僚的大力挞伐，为了避免面对这样的窘境，他们决定先保持安静，直到获得更多细节后再作进一步打算。两天后，当兵败的消息开始流出，政府发出了一篇简短、完全误导真相的声明：

> 政府收到了电报，在民意要求的呼声下向罗马进发的乌迪诺将军正在遭到全力抵抗，发起抵抗的是占领罗马的外国人，乌迪诺将军正在罗马城外不远处安营扎寨，等待其余远征部队的到来。

政府试图把这条不幸消息的影响力尽可能地压低，但他们的努力并没有取得成效，在同一天进行的国民议会中，气氛极为压抑。法国最有影响力的温和派共和党人于勒·法弗尔（Jules Favre）提出了质疑，难道上个月听到的不是说他们要投票决定派出军队保护罗马不受奥地利的侵害吗？总理难道没有向大会保证，军事行动的目标，按照巴罗亲口说的，是去保障罗马人民能够拥有一个建立在自由制度上的善治政府吗？法弗尔发难道："我们军官的鲜血，和我们无私士兵的鲜血是为了教宗而流，是在为独裁专制而流。"面对阁僚的否认，法弗尔继续发难：

> 你们口口声声说没有。但是我认为，而且大会也将评定，你们是在给自己的行径找借口。我希望大会将把这件可叹之事好好拿在手中，不要再继续给你们信任了，因为大会

已经知道你们做了什么，但至于这是出于无能还是叛国我就不得而知了。

"这是叛国！"左翼代表们大喊。

法弗尔要求向罗马派出一个代表团以表明法国国民议会的态度。他提出，"要让法国的立场和之前执行这场不幸任务的人划清界限，这是非常重要的。国民议会必须要介入此事，以表明大会的意志和权威"。国民议会随即通过了一个决定，即在意法军所拥有的权利仅限于议会所授予的权限。[13]

*

当法国正在舔舐自己的伤口时，费尔南多二世国王和他的那不勒斯军正在穿越教宗国南部的城镇并向着罗马进发。5月2日，三人执政团向罗马市民发出了威胁警报："他的企图，是重建教宗作为绝对现世统治者的统治。他达到目的的手段将是迫害、暴行和劫掠。"马志尼在三人执政团中的同仁奥雷里奥·萨菲在第二天写给母亲的信中展明心迹："12000人的那不勒斯军和他们的国王现在正在韦莱特里（Velletri），但他们吓不倒任何人……正如罗马人常言的：'我们已经吃过高卢鸡了，现在要尝尝通心粉。'*"[14]

5月5日，那不勒斯军进入了阿尔巴诺（Albano），这里距

---

* "Ce semo magnate li Galli, mo ce magneremo li maccheroni." 是罗马人常说的歇后语。"Galli"一词既意为"法国人"，也意为"公鸡"。罗马人还认为意大利南方人都吃通心粉。

罗马东南部只有 15 英里。费尔南多国王写信给教宗，称据他的新前哨观察，人民将会夹道欢迎他这位英雄。三天后，基伊舰长在阿尔巴诺见到了费尔南多二世，他却给伦敦的海军上级叙述了一幅大不相同的场景。"阿尔巴诺的人民，即便不是共和人士，也对那不勒斯人反感至极，费尔南多国王在各处强迫人们高喊'国王万岁（Viva il re）'，并关押了很多他怀疑反对介入行动的人。"15

在打退了法军的进攻后，加里波第和他的军团现在可以空出手来对付那不勒斯人了。如果单是纸上谈兵的话，加里波第军团看起来根本就不是那不勒斯军的对手。费尔南多国王的军队有 16000 名身着精美军服的士兵和骑在高头大马上的骑兵与装备齐整的火炮，他们面对的，在很多人看来，简直是一群乞丐，和常见的土匪团伙没什么两样。除了身着红衫的军官以外，加里波第的士兵没有军服。能担任军官者主要是因为他们在战场上作战骁勇，跟士兵相比，除了穿得不一样之外，他们并没有其他的标记。当停下来休息的时候，加里波第军团会放马四散游走，然后在没有辔头也没有马鞍的情况下骑起来就走。至于食物，他们则是靠抓羊来解决，用他们的刀把羊肉切开，带回营地烤来和大家分着吃。加里波第本人给人的印象与其说是一名将军，还不如说是一名印第安酋长。他骑在马上，一个观察者说道，仿佛天生就是长在马背上。他用枪和大衣为自己搭起一个小小的帐篷，如果不是在这里休息的话，他就会跑到山顶上用望远镜搜索敌人在乡间可能出没的地点。他的部队由一群年轻人组成，每个人身上都迸发着意大利民族志业的热情，老兵忠心耿耿地追随着他们从一个大陆跑到另一个大陆的勇敢领袖，还有一些人，则良心感不强，既想要冒险，也希望能掳掠一番。

费尔南多国王紧张地追踪着加里波第的动向。5月9日，他派出了一批部队去切断加里波第军团的逃跑路线，但是在三个小时的激战中，人数更少的加里波第军团逼得那不勒斯军只得尴尬地撤退，匆忙中扔下了他们的大炮。由于听说过狂野的加里波第军团令人震惊的传闻，那些被俘的那不勒斯士兵恳求能够得到原谅，他们用那不勒斯口音百般辱骂教宗。加里波第抽着一根雪茄享受着一日辛劳换来的战果，他决定要乘胜追击，但此时有消息传来，罗马即将面临法军的第二波进攻，于是他下令撤退。[16]

这时候，西班牙军队已经在沿海城镇菲乌米奇诺登陆了，这个城镇位于台伯河河口，在罗马以西18英里处。这并非最佳的登陆地点，因为小镇的几百居民已经在每年的疟疾暴发季前离开了这里，但正是在这里，西班牙人热闹喧天地树起了一面教宗国国旗。"合唱团已齐集，"三人执政团在罗马各处张贴的海报上宣布，"奥地利、法国、西班牙要再次老调重弹，回应教宗的呼吁。"[17]

*

5月初，为了再一次尝试劝说教宗能公开宣布愿意继续改革，哈考特和雷内瓦尔给枢机主教安东内利送去了一份正式文件表明法国的立场。法国已经决定派兵到罗马，他们写道，"出于慷慨的善意，法国充满自信地认为圣父大人期待在他的国家维持自由制度……共和政府的考量并不是给罗马人民强加一个不为其自由意愿所接受的政权"。

两位法国大使解释说："法国的目标是促使双方和好，确保圣父大人能重回罗马，能再次处于他和人民都满意接受的局面中，因为只有这样，才能保证意大利和欧洲不会面临新的动荡。"最后，大使们再次重申了教宗已经听过无数次的请求：

> 为了促成目前困难重重的任务能够圆满达成，法国非常需要得到教宗政府的帮助。因此，教宗应该再无推迟地、屈尊降贵地发布声明，保障自由制度……正如我方已经再三声言的，这将让所有的抵抗迎刃而解。[18]

如果法国大使还觉得最新的请求将会比之前提出的更为有效的话，他们很快就会大失所望。庇护九世对雷内瓦尔说，让自己重蹈覆辙是愚蠢的，之前的改革已经把他推到"悬崖边上了"。

"所以，不要再幻想我会重新走老路，我永远都不会准许。"庇护九世说。

他继续解释说，意大利人和法国人不同。在教宗国，这不是一个教会权威难以和立宪统治相融和的简单问题。"如果你们法国人能够更仔细地好好琢磨这件事的话，"他说，"你们就能明白，意大利人并不适合代议制。他们还没有受过足够的教育……他们必须先经过一段成熟准备期。当他们能像其他人一样，有能力建立一个能提供自由的政权时，这个时刻会来的，但不是今天，他们现在还没有准备好。"[19]

雷内瓦尔可以算是垂头丧气，但是哈考特的情绪比他还要低沉。要不是为了不让奥地利人占领罗马，他干脆想对巴黎建议法国洗洗手撒手不管算了。前方的阴霾让人害怕：法国的战士将会抛洒他们的鲜血去建立一个被罗马人厌恶反感的圣职政府，他们得到的回报将只有罗马人民的憎恨。

哈考特报告说："教宗这个人很好，但是他的善良也有弱点，他善变、优柔寡断，因此他在本性上难以逃脱周围的那些反启蒙、反改革者对他施加的影响。他周围都是一些打骨子里热爱奥地利的人。"[20]

在巴黎，当左派持续不断地谴责政府的两面派作风，法国外交部部长生气地训斥了身在加埃塔的大使们，他甚至更不切实际地要让教宗立刻宣布他的改革计划。5月10日，他给乌迪诺将军下达命令："告诉罗马市民，我们不想要和那不勒斯人一同反对他们。法国的追求是达成协议……而且增援部队已经派过去了。你可以原地等待增援，之后要尝试和罗马人达成协议，最好是在这样的情形下进入罗马，如果被迫要强攻的话，就要确保最大的成功可能性。"[21]

*

枢机主教安东内利不信任法国人，而且对法国人、那不勒斯人和西班牙人的战斗力都没有信心，他的希望仍然寄托在奥地利身上。"这是场彻头彻尾的公愤，"他向罗马教廷驻维也纳大使抱怨说，"对基督教的中心和圣座的援助一拖再拖，罗马正处在宗教和人道最张牙舞爪的敌人手中。我希望奥地利不打算推迟这盼望已久的解放时刻。"[22]

安东内利虽然还不知道，但是好消息已经在路上了。施瓦岑贝格侯爵已经派了一支由15000人组成的部队为托斯卡纳大公夺回了他的领地，并且正马不停蹄地朝着博洛尼亚城和教宗国的方向进发。[23] 5月8日，一个带着7000人和12门大炮的奥军师占领了俯瞰博洛尼亚城山顶的有利位置。陪同奥军一起的还有加埃塔诺·贝蒂尼蒙席（Monsignor Gaetano Bedini），庇护九世选择在博洛尼亚重建教宗政府。当博洛尼亚人拒绝屈服后，奥军便发动了进攻，攻打该城的两座城门，随后他们被城墙上还击的火枪打退了。在附近的山丘上，奥地利人用炮火猛轰山脚下的博洛尼亚。八天的炮轰过后，城市一片火海，博洛尼亚人的情形已经无可挽回，他们投降了。[24]

*

当奥地利军队正在炮轰博洛尼亚时，新的法国公使正在前往教宗国的路上，他想要避免法军之前的一幕在罗马重演。法国国民议会已经决定派人去确保军队进攻不要用力过猛。他们选定从

费迪南德·德·雷赛布

事这一后来被证明是费力不讨好的任务的，是时年 43 岁的费迪南德·德·雷赛布（Ferdinand de Lesseps），他的父辈也是外交官，雷赛布在不久前曾担任法国驻马德里的大使。雷赛布此前曾尽可能地远离法国政治这个烫手山芋。如今他却踏进了两面派和叛国的雷区，他将无法从中全身而退。[25]

法国政府陷入罗马僵局的尴尬还有可能更加一发不可收。5月 11 日伦敦《泰晤士报》的一篇社论言辞激烈地评论说，"我们有责任报道这一系列的政治和军事上的更惊人的错误和失败"。法国政府的虚伪并非没有被注意到："这场灾难的根源似乎是法国政府讲得天花乱坠的一套模棱两可的话，这只不过是为了隐藏他们此次行动的真实目的。他们敢于行动，却没有胆量公开承认这么做的原因……〔他们〕继续睁着眼睛说瞎话，硬要说反奥示威实际上是允许奥地利重新恢复教宗统治的游行。"《泰晤士报》还补充说，作为法国政府两面派行为的结果，一场政变很有可能将在巴黎上演。[26]

/ 204

在巴黎举行的一场和奥地利大使充满火药味的会谈中，法国外交部部长杜伊恳求奥地利能帮忙让教宗摆脱在加埃塔周遭的人对他施加的"魔法"——法国外交部部长用了这样的一个词来形容他们对教宗施加的影响，他们让教宗反对先前曾支持过的改革道路。另外，杜伊还提出警告，一场在奥地利和法国之间的战争有可能会爆发，这有可能导致冲突迅速燃遍整个欧洲。据奥方回顾，在一个多小时的会谈中，法国外交部部长一直"用啰里八嗦令人困惑的方式"无休止地拖延时间。

已经忍无可忍的奥地利大使插话了，"你说在加埃塔有充满魔力的影响。如果你所指的是奥地利帝国内阁的话，那你就大错特错了。奥地利在各地的代理人都表里如一"。法国政府才是那个口是心非的人。"在巴黎，"奥地利外交官指出，法国政府"说它派出军队是为了捍卫罗马的自由，而在加埃塔却说出兵的目的是让圣父重归圣座。"巴黎口口声声说采取行动阻止奥地利，但是，奥地利人说道，这骗不了任何人。"你指责我们要为教宗不信任［我们］而负责……别自欺欺人了。这是你们自己导致的。圣父大人相信你给国民议会提出的方案，而且国民议会也相信你给教宗提出的方案。"法国政府，这位奥地利大使指责，才是那个如今试着让教宗来为法国的无能背黑锅的人，是法国政府挑动教宗来安抚法国议会中的左翼反对派。"你冒险让自己站到教会的对立面，你们这样做，"奥地利人警告说，"是忘了那句老话是怎么说的了吧——永远别惹女人和教士。"27

*

5月9日，雷内瓦尔抵达了位于罗马城外的法军指挥部来面见乌迪诺将军。增援部队已经抵达，将军的心情格外的好，他胸有成竹地盘算着过不了多久，自己就能挽回失去的名誉了。然而他意识到了摆在自己面前的任务十分微妙。为了教宗而夺取罗马，他解释给大使听，远比征服一个城市要复杂得多。如果是炮轰全城以强迫它屈服的话，这意味着将罗马城里的教堂和古迹会被夷为平地，这些都是文明世界的骄傲。法国也不能在罗马城里展开街垒战，因为这造成的流血将会导致教宗和人民的关系彻底崩坏。如果不这样的话，乌迪诺解释说，他的计划是带领一支具有压倒性优势的大军，用大炮在城墙上打开一个缺口，架桥越过台伯河，强迫叛军政府投降。雷内瓦尔同意这是个好计划。在最后，他认为，抵抗的程度将很有限。

基伊舰长也持有相同的观点，在访问罗马之后，他来到城外驻扎的法军营地。5月12日，他告知伦敦，新的攻势将很有可能在几天之内发动。按照他的预测，"罗马城墙有很多部分连半个小时的炮击都抵御不住，法国人将轻松地进入罗马"。对于这位英国海军军官来说，法国人的问题并不是能否成功攻陷罗马，而是一旦攻取之后，他们将做出什么样的举动。在已经被攻占的城镇里，法国会同时树起法兰西国旗和罗马共和国国旗，他们从来没有举起过白色的教宗旗帜。[28]

第二天夜晚，新任法国公使费迪南德·德·雷赛布在奇维塔韦基亚上岸，随即南下前往法军指挥部。刚一抵达，他就交给了乌迪诺将军一封来自法国外交部部长的信，信中解释了他此行的目的。信上只字未提法国国民议会中的怒火致使雷赛布走马上任。杜伊只是轻描淡写地解释说，考虑到乌迪诺曾遇到的出乎意料的抵抗，政府已经决定，派遣一名外交官陪同将军全力和罗马当局展开谈判。[29]

乌迪诺将军对于一个外交官骑在自己脖子上的安排感到很不舒服，这个外交官手中的谈判任务和职权好像和他的计划有所冲突。但法国政府想要和平解决事情的态度也的确不明显，因为雷赛布还给将军拿来了第二封信，来自法国总统路易－拿破仑。

我亲爱的将军！

电报里说您在罗马城下遭到了出乎意料的抵抗，这条消息让我心如刀割。如你所知，我本来希望的是，罗马市民会睁开眼睛亲眼见证这场友好、无私的行动。但事与愿违。当我们的战士被当作敌人，我军的荣誉已经受到威胁。我将无法容忍让这样的打击继续发生。你绝对不会缺少增援。告诉士兵们，我钦佩他们的勇气，我也分担他们的痛苦，他们将永远得到我的支持和感激。[30]

第二天，乌迪诺给杜伊发了一封电报："我将在罗马市民的同意下进入城市，而且不开一枪一炮。至少我有足够的理由对此充满信心。"[31]

正如他的上司后来所抱怨的，这位法国将军即将面临艰难的考验。

5月中旬，乌迪诺将军搬进了新指挥部，位于罗马城门外2英里处的一栋庄园中。几千人的增援兵力已经到达，还有更多人正在赶来的途中，法国军官正在为和谈破裂后的围城作准备。最让乌迪诺担心的并不是罗马共和国在军事上的能力，因为他们实在没什么实力可言，他担心的是即将到来的罗马夏日。一个法国军营中的记者抓住了这种可怕的情景："热浪已经袭来……甚至在罗马城内，有很多外地人生病发烧，但是除此之外，在户外睡觉的人都染上了严重的疟疾。如果是这样的话，对那些在罗马1英里外扎营的2000人来说，等待他们的会是什么呢？"在5月末的一篇报道里，记者补充道，"从昨天开始，有100人因疟疾引起的高烧而浑身肿痛，在一个星期的时间里，医院就将统计不出持续增加的患者数量了。在这样的情境下，总指挥还会犹豫不定吗？在我看来，答案是否定的"。[1]

当法军正在城西集结，费尔南多国王和他的军队正位于教宗国的阿尔巴诺，这里距离罗马城南只有几英里远。来自西西里的消息让这位国王更加大胆了，他的军队已经在5月15日攻陷了巴勒莫，结束了一年之久的叛乱。他心急如焚地想要把自己树立成教宗的救星，于是他身先士卒，带领着身后的10000人进军了。

此时，新任法国公使雷赛布已经和罗马的三人执政团开始了和谈，法军立即发起进攻的威胁已大大降低。按照马志尼的想法，这正是回应南方威胁的好时机。5月中旬，加里波第的非正规军和佩德罗·罗塞利将军（General Pietro Roselli）指挥的正规军一同向罗马城外进发。这两支部队的合作正是天作之合。罗塞利接受的是正规军事训练，并且深谙兵法和战争史。他仔细地策划并严密监视着部队的行动。相比之下，加里波第没有接受过正规的军事训练，也从不使用正规战法。他打仗全凭直觉，靠情感来指挥。在罗塞利的指挥部中，加里波第被称为"海盗"，但是一旦作战开始，罗塞利将证明他才是那个对突发情况应变得比较慢的人，而加里波第则是机敏地驰骋在战场上。费尔南多国王最害怕的就是加里波第。加里波第正在进军的消息一传来，这位波旁君主便命令军队向南调动，在韦莱特里进入防御阵势，小道传言此时已在费尔南多的军中传开，他们称呼加里波第为"红魔"，有人说这位红魔是战无不胜的。当加里波第发起进攻，早已吓破胆的那不勒斯士兵再次快速溃散，向南逃到了边境的另一侧。费尔南多国王垂头丧气地在 5 月 21 日回到了加埃塔，这更进一步浇灭了教宗的志气。[2]

费尔南多的挫败让教宗相信他的救赎只能依靠奥地利军队，但是施瓦岑贝格侯爵却另有打算。"我们的所有努力，"他在 5 月19 日告诉埃斯特哈齐，"必须要避免让意大利的情势复杂化，不可激起我们和法国人之间的冲突。"他写道，完成此事的最好办法，就是透过在加埃塔的四国会议。

施瓦岑贝格还觉得必须要给一个建议。他对法国使节们提出的建议感到震惊，即让教宗通过访问法国来赢得人们对他志业的支持。这样的提案，他宣布，"在我看来，简直太荒唐了，让教宗去那里寻找追随者，只不过是给法国的虚荣献上谄媚罢了"。这位奥地利总理回忆，当他几年前在罗马的时候，身处于辉煌圣殿之间的教宗，是一个威风八面、气定神闲的人。而相比当下，他评论说："一个观光客一样的教宗，在欧洲各地坐着火车来回跑，在每一站都要停下来对着人群祝福，以满足人们的好奇心，这样的情景无异于是……给已经散布各处的轻浮和怀疑论者提供笑料。"[3]

*

当雷赛布住进罗马城中心的一家宾馆开展和谈后，他亲眼看到了罗马市民抵抗入侵的决心和让乌迪诺的进攻寸步难行的勇气。这位外交官心想，还有一线希望能够促成和平的解决方案。5 月 17 日，乌迪诺心不甘情不愿地同意了停火。[4]

两天后，罗马政府拒绝了雷赛布的第一个提案，它正好反映了法国议会授权向罗马出兵的理由。提案文本中呼吁罗马市民向法兰西共和国呼吁"博爱的保护"，进而像欢迎自己的兄弟一样欢迎法军士兵。这份提案保证了罗马市民有权利自由决定自己的政府组成形式。罗马城内的军事行动将由罗马军和法军协同执行，罗马的市民政权也将继续运作。马志尼提出，这份提案缺少了对罗马政府合法性的认可，罗马共和国是经由罗马人民自由选举产生的，罗马共和国已经存在于罗马了。[5]

法国的新一届国民议会选举也在这个时候举行了，这件事更让乌迪诺很快就对雷赛布失去了耐心。保守派已经大获全胜，粉碎了马志尼所期待的让法国对他的共和事业提供更大支持的期待。按照乌迪诺将军的想法，继续谈下去已毫无用处。"如果是真心实意地想要和平，"他在 5 月 21 日告诉雷赛布，"那就让我们进入罗马。我们军队的纪律和政府的慷慨是罗马人想要的秩序和自由的最可靠的保证。"同一天，在奇维塔韦基亚港口，停靠于此的**斗牛犬号**舰长基伊向伦敦发出了最新讯息。"法国人，"

/ 第 14 章 背信的谈判 /

他预计，"在这个星期之内，无论是靠条约还是靠攻势，都将毫无疑问地掌控住罗马。"6

永恒之城呈现的是一幅反差对比强烈的景象。商店仍然营业，生活依旧继续，但城门则是牢牢紧闭，人们只能在获得军事许可的前提下出城。外国入侵的威胁已经把罗马人民团结起来，人们对教宗试图通过军事征服重建统治而感到愤怒。对罗马共和国第二大城市博洛尼亚的炮轰则让局面变得更糟了。7

5月20日下午，1848年在罗马街道上还曾领导效忠教宗游行的"雄辩者"带领几百名支持者来到人民广场。他们在那里撕下了广场上四座教堂门口挂着的教宗牧徽，随即进入教堂砸烂了信众的木制忏悔室，将碎片拿来加固城中的街垒。对罗马人民来说，最能象征教士阶层入侵人们生活的莫过于忏悔室了，在忏悔室中，面对绝罚的威胁，人们不得不揭示他们心中最私密的想法和行为。8

"雄辩者"和他的人马随即顺着科尔索大道而下，把沿路其他教堂中的忏悔室也一并破坏掉。他们把一些残片带回到人民广场中央，人们计划着在夜幕降临后点起篝火来庆祝。

得知这件事情以后，马志尼有些失望。他随即下令国民卫队出面制止，次日罗马城墙上贴出了一张告示。"罗马市民，"上面写着，"昨天，一时的糊涂迫使危害临近，有些人破坏了教堂中的忏悔室来加固街垒。"考虑到人民所面临的险境，他们的冲动行为可以被原谅，但是，三人执政团在此警告，"我们神圣共和国的敌人正在全欧洲的各个角落看着我们，他们正寻找机会抹黑我们的神圣行为，并指责人民的不敬和反宗教立场。"这张告示在结尾处说道："请将昨日拆除的忏悔室碎片物归原处，兹事体大，不可怠慢。"9

*

　　当庇护九世得知法国人已经派出新的公使和罗马统治者进行谈判，他十分愤怒。更让他恼怒的是哈考特和雷内瓦尔仍不断地恳请他允诺继续改革。无论他回绝多少次，他们仍不死心地反复施压。虽然他早些时候曾感到和法国的感情纽带更为亲密，但现在事情变得越来越清楚，他必须得依靠奥地利人。

　　"你可以确信，"庇护九世在 5 月 18 日告诉雷内瓦尔，"奥地利并不强迫我做什么……奥地利乐于保护我的独立且不逾矩。"10

　　雷内瓦尔发觉自己正处在一个越发难办的处境中。他反复告诉杜伊，法国根本就不可能成功说服教宗接纳罗马的代议制政府，然而来自巴黎的信函每一次都带着同样的命令。雷内瓦尔还对本国政府让雷赛布前往罗马的决定感到生气，因为这件事削弱了他的权威。"这个问题，我亲爱的伯爵，"雷内瓦尔向加埃塔的荷兰大使透露说，"现在一切都太过复杂了，我承认，我已经对局势一无所知了，我想要放手，让比我更有能力的人来处理，或是干脆让事情自然发展下去。"11

　　5 月 20 日星期日，在加埃塔会议的最后一次会晤中，两位法国使节在枢机主教安东内利的房间中发现他们成了众矢之的。为什么法国会派出一个公使去和抢夺罗马的犯罪团伙谈判？他们宣称雷赛布只是去磋商城市的投降事宜，但是这样的说法连他们自己也不相信。随后议程转向了事态的进一步发展，那不勒斯大使要硬着头皮向大家解释费尔南多的军队是如何被加里波第的乌合之众打败的。这样的溃败，鲁道夫伯爵试图让他们相信，全都是法国人的错。他们不但拒绝和费尔南多二世协同行动，而且还和马志尼谈判，这让罗马军得以空出手来全力对付南边的那不勒斯军。

最后，鲁道夫评价说，费尔南多国王走到教宗国的任何地方，他都会举着教宗国国旗，并将所到之处的地方行政立即交予教廷当局。相比之下，无论法国人走到哪里，他们都举着自己的旗帜和罗马共和国的旗帜，并且拒绝让庇护九世的密使恢复教宗的统治。

奥地利大使随即接过这个话题来痛斥法国，指责他们侵蚀了天主教四国会议的根基。不但没有和他国勠力同心，法国在没有任何预兆的情况下出兵罗马，现在甚至还要阻止其他国家的介入。

会议结束后，雷内瓦尔跑到了教宗那里，庇护九世此时的心情十分糟糕。他问道，那些响应他的号召而战，而今却被费尔南多二世丢弃在教宗国南部城镇的士兵们该怎么办？他们现在要任由加里波第处置了。那天傍晚，比利时大使试图安慰心碎的教宗。这位外交官回忆："圣父大人流着眼泪告诉我说……'亲爱的阁下啊，我个人可以忍受任何事，但是当别人因你而遭难时，那会让你更加感到痛苦。'"此时，正逢斗志昂扬的军乐从外面的街道传到教宗的窗边。"这样的对比让他深为厌恶，"大使说，"他抬起头，望向天空。这是庇护九世常常做出的动作，"比利时人观察道，"这个动作透露了他的内心五味杂陈。"12

*

雷赛布下榻的饭店位于上流社会的康多蒂街（Via Condotti）。他往返于饭店和法军指挥部，和乌迪诺将军讨论最新的事态进展。他在一个随意到不能再随意的非正式场合中和马志尼首次会面。这位法国公使在凌晨 1 点来到马志尼的住处康苏塔宫，他向门卫询问在哪儿可以找到这位意大利独立的先驱。门卫指向了位于二楼的一个边间，雷赛布为了不发出声响，脱下鞋走向长长的走廊尽头，探头看了看马志尼的朴素房间。在这里，有一张简单的铁床，马志尼正在上面睡觉。雷赛布把房间里的唯一一把椅子拉到床边，坐了下来。他轻轻地叫着马志尼的名字，但是这位欧洲最伟大的民族主义理论家并没有被打扰到。法国人用渐渐抬高的嗓门重复着他名字，直到这位精疲力竭的执政官终于被叫醒。

马志尼的房间完全没有卫兵，他睁开眼睛，惊讶地盯着这位坐在他床边的法国公使。在半梦半醒中，这位意大利的先驱开口问雷赛布是不是来暗杀他的。[13]

在随后展开的讨价还价中，雷赛布对这位独立先驱的印象从赞赏他的勇气变成了怀疑，他怀疑这位意大利的先驱将会是一个"现代版的尼禄"①。雷赛布在 5 月中旬曾这样抱怨，马志尼"只不过是又一个充满野心的粗人"。雷赛布十分清楚罗马市民对圣职统治的厌恶，也知道人民对于教宗要求外国军队介入感到愤怒。但是，他认为除了受过教育的精英阶层，没有几个人可以被算作共和派，或是会在乎意大利半岛的偏远地区发生了什么事情。对大多数罗马人来说，无论是西西里人还是威尼斯人，他们就和法兰西人或西班牙人一样，都是外国人。他相信，只有马志尼和他的这一小群狂热分子——他们大多数都是中产阶级出身，且来自教宗国以外——才梦想着意大利的统一。[14]

乌迪诺一直催促能够快点发起对罗马城的攻势，随着每天传

---

① 尼禄（Nero）是古罗马和欧洲历史上著名的暴君。

来奥地利军在教宗国北部省份连战连捷的消息，他不耐烦的心情与日俱增。他知道奥地利人想让法国人夺取罗马，所以他不担心奥地利人在这件事上会抢先一步。但相比之下，法军的毫无行动和奥军的不断胜利让他在对比中感到颜面无光。即便是哈考特，虽然他对教宗很失望，但也仍在催促乌迪诺快点发起进攻。"我们率领 20000 人来意大利不是为了听凭马志尼先生和他的同伴的调遣"，他在 5 月 22 日造访指挥部时这样告诉乌迪诺将军。当日晚些时候，乌迪诺在罗马的宾馆里给雷赛布发出了一则讯息："亲爱的先生，没有人比我更了解您的风度翩翩和魅力四射……但是您对现状的指责实在有害，已对法国的利益和尊严造成了伤害，这种做法无异于在损害我军的荣誉。"三人执政团已经拒绝了法国的提案。这意味着，乌迪诺说，他们之前宣布的停火已告终结，是时候要发起进攻了。[15]

同一天，刚刚抵达的美国外交临时代办小刘易斯·卡斯（Lewis Cass，Jr.）向乌迪诺和雷赛布毛遂自荐，提出让自己来担任法国和罗马共和国之间的非官方调停人。卡斯的父亲是一位美国参议员，曾在 1848 年代表民主党竞选总统失败，他来罗马接替不幸的雅各布·马丁的职位，后者于 1848 年夏抵达罗马不久就去世了。卡斯从罗马给乌迪诺带来了一封信，这封信是夏尔·波拿巴亲笔起草的，他当时正在担任罗马制宪会议的主席。这封分为三段的信全文如下。

> 罗马共和国接受法国国民议会的深思熟虑，即授权向罗马派出军队以阻止外国介入，此举受到了我方的欢迎和感谢。
>
> 罗马人民有权自由地宣布政府的组成形式，法兰西共和

国从未对此权利有所怀疑，并将保证完全认可罗马国民大会经罗马人民普选而提出的宪法。

　　罗马人民将法军士兵视作兄弟并表示欢迎。但是，只有在威胁迫近时，法军才能在罗马共和国政府的要求下进入罗马。[16]

虽然这份新提案上有一些雷赛布不能接受的内容，但是这封信仍给他带来了一丝和平解决危机的希望。他不认为马志尼会弯腰低头，但是他认为军事压力将迫使罗马政府中的那些不那么受意识形态驱动的成员接受现实。26 日当天，雷赛布给巴黎的杜伊写了一封信，请求他阻止乌迪诺在谈判仍有可能成功的情况下发动进攻。他明白，法军不能等到疟疾来临的季节再采取行动，但是，他仍然力劝法国政府能再多给他几天时间。[17]

＊

在法国于罗马城外建立起军事指挥部的同时，身在加埃塔的奥地利大使愉快地把博洛尼亚城的钥匙交给了教宗。埃斯特哈齐在他的报告中写道，庇护九世明显是受到了感动，他表达了对奥地利军队高效率的赞赏，这已经是奥军交给教宗的第二座城市了。"我们的行动所取得的迅速成功……相较于罗马城下的法国人的可耻态度，"埃斯特哈齐说，"形成了鲜明的对比，并在加埃塔备受赞赏。"

奥地利大使兴致勃勃地想要跟教宗谈论这个令人不悦的鲜明对比，但是这位大使很快就会发现自己正陷于一个尴尬的局面之中，因为他得试着平息教宗对法国的怒火。听到关于法国和罗马和谈的最新消息，庇护九世怒气冲冲地告诉埃斯特哈齐，他想要发布公开的抗议。奥地利人警告教宗不可以这么做。法国现在毕竟是一个共和国。如果教宗把它推得太远的话，它恐怕会站到对手的一边去，如果人数充沛、装备精良的法军援助罗马共和国的话，后果将是灾难性的。[18]

埃斯特哈齐大使还发觉他不得不缓和枢机主教安东内利对法国越来越大的敌视情绪。他被两位法国大使近期坚持让教宗宣布重回改革道路的简报激怒了，安东内利告诉奥地利大使，他将要求法国使节正式撤回这份简报。埃斯特哈齐只好再次提醒他，千万不可采取任何有敌意的行动。他向安东内利提出，自己乐意帮他起草给法国人的回件，这个提议很快得到了安东内利的应允。[19]

当奥地利人在辅佐安东内利给法国写回信的时候，这位枢机主教则在给教宗施加影响。在加埃塔，没有人不知道这件事，教宗不会说出任何枢机主教所不允许的话。"没经过他的首肯的话，"撒丁尼亚大使说，"什么事都决定不了。"[20]

"曾几何时，"施瓦岑贝格在5月末时评论道，"庇护九世还公开说过他宁可被关在圣天使堡中，或是被迫在修道院里退隐，也不愿看到有任何一个外国士兵，尤其不愿看到奥地利人踩在他的国土上。这可真是沧海桑田！教宗如今看起来是跳到了另一个极端，他是多么热切地希望自己的国家挤满了外国士兵啊——而且尤以奥地利士兵为妙。"[21]

这位总理竭力呼吁要小心行事。"在教宗的内阁中，"施瓦岑贝格告诉埃斯特哈齐大使，"似乎有很多人认为抵消法国可憎行为的最好方式就是让其他国家把兵力集中起来一同介入，奥地利当然也不例外，让这些国家一起将罗马包围起来。"在他看来，这只会让事情变得更糟。考虑到法国的公众意见，奥地利军队如果在罗马出现有可能会把法国推到罗马共和国的一边。这样的结果会造成双方阵营在欧洲对撞。

事实上，法国在当时的形势也绝对不平静。右翼赢得新近一次的议会选举导致大量愤怒的群众每天晚上都聚集在巴黎的街道上。5月22日，议会开会时出现了让总理极为尴尬的情况，一位左翼代表大声朗读了奥地利的温普芬元帅贴在刚刚被征服的博洛尼亚城墙上的公告。公告里宣布，罗马共和国的毁灭已为"四个大国"所决定，这完全暴露了法兰西共和国同奥地利、西班牙与那不勒斯的君主串通一气，他们是同谋。[22]

教宗和意大利半岛远非奥地利政府当时所关注的唯一事情，因为此前的1848年，各地爆发的起义的后续波动仍在影响着奥地利帝国的其他管区。为了把匈牙利仍在持续的叛乱镇压下来，奥地利人已经开始向俄国沙皇寻求帮助了。由此，沙俄军队已经在和匈牙利革命军交战了，这也导致了上千名沙俄士兵的死亡。[23]

虽然有这些疑虑，奥地利总理仍然关注着教宗的困境。在他看来，正如那句古老的格言所说的，教宗在哪里，哪里就是罗马。如果法国拿下了罗马并且逼迫教宗接受法国提出的回归条件的话，那么庇护九世最好是转移到教宗国境内的其他地方去。这样的话，教宗就能够持有更强硬的立场，而不像是在罗马一样，当一个"准备好和法国人达成合作的温顺工具"。而且理所当然的，奥地利考量的最重要目的，就是教宗可以继续处在己方的强大影响力之下，并且受到奥军的保护。法国人将得到罗马，但是奥地利人将得到教宗。[24]

5月28日早晨刚刚从法军指挥部回到加埃塔后，雷内瓦尔发现港口中停满了西班牙舰船。在三个星期前，一艘西班牙战舰曾在菲乌米奇诺港停靠。现在，大部队已然抵达，3500人的军

1849 年 5 月 26 日，庇护九世在加埃塔祝福西班牙军队

队在加埃塔的城墙外扎下了营地。[25]

雷内瓦尔带着罗马的最新讯息来找安东内利。他发觉这位圣座国务卿的心情很糟糕。摆在他书桌上的是一份近期发行的罗马官方报纸，上面刊登了雷赛布和三人执政团谈判的消息。

枢机主教质问道，对于雷赛布"不可思议的"提案，和他在加埃塔会议上所说的话，究竟要相信哪一个？雷内瓦尔向圣座国务卿保证，这位新任法国公使的所有行动都是他自导自演的。他们仍然在等待来自法国政府的进一步指示，雷内瓦尔说，他本人也愈发难以忍受雷赛布了。[26]

在罗马，希望伴随着恐惧，各种谣言传得满天飞。新任美国外交临时代办发觉自己夹在了三人执政团和法国人之间，虽然他在呈送华盛顿方面的报告中否认了这一点，但他合理地猜想美国政府大概不会对此感到高兴。卡斯之前曾表达过他不认为罗马市民将反对法国军队的到来，现在他却持有完全不同的看法。他报告说："各行各业如今愈发持有一致的态度，那就是保卫共和国；各行各业都表现了爱国热情，并要坚决抵抗，这是我在罗马街面上听到的众口一词的声音。"卡斯尤其赞扬了罗马的女性，她们为了意大利的民族志业捐献了自己的珠宝首饰——"其中有一些珠宝据说价值连城"。"这座城市，"他补充道，"是那几千个已经坚持斗争了许多年的人们的最后阵地，他们来自北方的米兰或南方的巴勒莫，他们的理想都是为了独立和立宪制政府而战。"据他的估算，来自意大利其他地方的流亡政治犯高达 18000 人。"罗马，"根据他的观察，"已经成了这些人的最后聚集地，这里也可能是他们最终长眠的地方。"[27]

罗马守军的意志十分坚定，虽然他们正痛苦地发觉有大批法国军队正在城外集结。有一个在贾尼科洛山顶端的圣庞加爵门驻守的年轻人，名叫利欧尼·帕拉蒂尼（Leone Paladini），他正在给身在米兰的父母写信。和他一起的，还有来自伦巴第的 300 名志愿军，这些人主要是来自贵族和富裕家庭的理想主义者与年轻人。修道院的花园里种着洋蓟，这是他们的主要食物，并搭配一些面包、腊肠及一点点酒。

在日落时分，当人们期待的凉爽降临，音乐声就会响起。"我们中有两三个很棒的歌剧演员，"帕拉蒂尼在信中告诉双亲，"因为我们几乎都是学生，所以大家都还算是擅长配唱，因此我们能组成一个真正不错的合唱队，大家彼此交替地演唱一些军歌和爱国歌曲，好听极了。"当学生们唱歌的时候，年轻人的思绪就会飘向他们远在家乡的亲人，他承认，人们都会流泪。他们很多人不久后就会在离唱歌不远的地方失去生命；生还的人可能会丢掉一只手臂、一条腿、一枚眼睛或是双目。[28]

*

哈考特在加埃塔给巴黎写了一封情绪激烈的请求信。法国军队必须立刻拿下罗马，如果能和平地完成任务是最好的，如果有必要的话，使用武力也可以。"我们必须得这么做，否则的话，局势将发展成奇耻大辱，创造出我们难以回避的尴尬局面。"法国让教宗接受立宪体制的努力已经付之东流，现在需要新的战略。应该先一举拿下罗马，哈考特提出，随即"在他眼前呈上一目了然的条件，因为如果没有人逼他，他就一丝不动，什么也不做"。[29]

虽然留给雷赛布避免流血的时间正在快速流逝，但他仍然坚定地认为和谈能够成功。他在 5 月 29 日写信给巴黎，"在罗马城里，马志尼和罗马市民之间存在着明显的分歧，人们希望能和法国达成协议。"虽然雷赛布可能夸大了事实，分歧并不是"明显的"，但是毫无疑问，很多罗马人都认为和全副武装的法军作战毫无意义。奥地利人已经在几天前夺取了佛罗伦萨，他们正穿过翁布里亚（Umbria）向着罗马北部进发。毋庸置疑的是，法国正在配合奥地利以恢复教宗的统治。

同一天，雷赛布写信给巴黎，说他已经给罗马城里的三人执政团发去了最后通牒。法国已经不能再等了。他提出了四点达成协议的条件：

①罗马市民必须要求由法兰西共和国提供保护。

②法国不会对罗马市民所拥有的自由决定其政府组成形式的权利提出异议。

③罗马市民需以友军规格欢迎法军。法军将依据合理的

判断自行调整位置，这既是为了罗马共和国的防御，也是为了法军的利益。法军不会介入罗马共和国的行政事务。

④法兰西共和国保证，法军所驻扎之地将不会受到外国的攻击。

雷赛布在结束他的通牒前提出了警告：这些条件如不获接受，他将视同自己的任务宣告结束，法军将立即采取行动。[30]

虽然雷赛布让马志尼相信他的谈判也得到了法国将军的首肯，但实际并不是这样。在过去的几天里，乌迪诺对雷赛布调停效果的失望已经演变成了公开的敌意。当时，在雷赛布提出最后通牒的几小时后，三人执政团发出了另一封讨价还价的提案，乌迪诺发怒了。马志尼的新提案还提到了法国宪法的第五条，说法国绝对不会派出军队妨碍他国人民的自由。马志尼仍坚持法国驻军的情形要交由罗马共和国政府商议。

/ 220

乌迪诺命令他的高级军官作好攻击准备。雷赛布则恳求再多给他一点时间，但是他发觉军官们正联合起来反对他。"还要等?！"一个将军满腹狐疑地大喊。"等到炎热和传染病的季节到来吗？等到我们的士气低落的时候吗？"雷赛布建议让军队移动到罗马南边的山丘地带以躲避酷热和疾病，同时也能避免那不勒斯人和西班牙人的迫近。乌迪诺拒绝了他的提议。这样的行动会被视作耻辱的撤退。[31]

第二天早上，当法国军队在罗马城墙外各就各位，雷赛布身穿全套的外交官制服，去向三人执政团作最终的、孤注一掷的谈判努力。在一天的紧张协商后，他成功达成了协议。在兵临城下的威胁下，马志尼同意撤回和罗马共和国及法国宪法第五条有关的内容。[32]

雷赛布急急忙忙地赶回法军指挥部，带着最新的谈判结果让乌迪诺签字。乌迪诺拒绝了这个要求。"自从本月 17 日以来，"也就是雷赛布抵达的那一天，这位将军告诉他，"你已经把我指挥的远征军搞瘫痪了。"在一封匆忙写给三人执政团的信上，乌迪诺否决了协议并声称，雷赛布是僭越职权在和他们签订条约。"我从我的政府得到的指令是，"将军写道，"严格禁止我向目前的形势妥协。"

愤怒的雷赛布说他将会搭下一班法国军舰带着协议返回巴黎，他确定自己一定能够得到维护。随后，他给三人执政团写了一份照会："我以我的信誉向你宣布，我将坚决捍卫昨日签署的协议，即刻起程前往巴黎以让其得到批准。"[33]

当雷赛布正在收拾行囊，一个手持电报的通讯员跑了进来。这封电报来自巴黎的外交部部长杜伊，电报的行文十分简洁，直入主题："共和国政府已结束你的任务。你将在接到此讯息后即刻返回巴黎。"与此同时，另一封来自巴黎的电报给乌迪诺下达了进攻罗马的命令："事不宜迟，在传染病季节来临前应采取行动。协商已经破裂……集中兵力，以最快速度攻下罗马。"乌迪诺被告知，法国政府将派哈考特和雷内瓦尔前来罗马城外的军事指挥部，以配合他展开外交及军事行动。[34]

雷赛布实在是受了屈辱。政府派他前来谈判，是为了安抚国民议会的代表，他们的谴责如雨点般落在巴罗和他的同僚身上，但是在法军经历 4 月底的耻辱性失败后，能够满足路易-拿破仑的，唯有一个选项：胜利地昂首进入罗马城。5 月中旬选举后产生的新一届更趋保守的国民议会已经给雷赛布的命运打上了结案的封印。

*

罗马，几百年来的基督教灯塔，已经变得极度仇视罗马天主教会。前任教宗的告解神甫法夫尔（Father Vaure）尽管反对罗马共和国，却带来了令人担忧的消息，他讲述了教会在罗马人的眼中已经沉沦到了何种地步。据他的观察，在永恒之城里，大众宗教仍然兴盛。事实上，很难找到没有悬挂十字架的家庭，或是哪个作坊的墙上没有挂着圣母玛利亚的画像。但是大多数罗马人都反感政府由教士把控，也因此讨厌圣职，如今即使是女人，法夫尔神甫说，都很少参加弥撒。35

虽然罗马已处在极其危险的境况之下，但是共和国的领袖仍然出人意料地在公开场合抛头露面。一名英国访客就曾不知不觉、毫无预料地碰到马志尼好几次，而且英国访客的身上带着一把手枪，"我觉得，也许不怀好意的耶稣会士还没考虑过用手枪解决问题"。当马志尼最新的讨价还价方案被法国人回绝以后，奥地利军队吞噬了罗马共和国的北部领土，同时还有几千名西班牙士兵正从南方逼近，他们支援着费尔南多国王的军队，马志尼痛苦地感到自己已孤立无援。"我发现他十分憔悴和疲惫"，另一位英国访客说，他不无讽刺地评论说，"就像大多数意大利人一样，他也是一个空想家。"36

6月2日，当压倒性的法国军队进入战备状态，马志尼在写给加里波第的信中发泄着他的失望。

/ 222

> 我快疯了，我想要结束罗马和其他一切地方的防务，然后跑到弗利格诺（Fuligno）①去，或是干脆用手里的枪一了百了。每当在这样的关头，我都觉得我能找到可以信赖的人，找到托付国家命运的人……可是最后我找到的却是丧失

---

① 翁布里亚山区的一个城镇。

信心、趋于保守和个人主义。

罗马和意大利的未来压在他的肩膀上，马志尼只有在他回到位于康苏塔官的房间里一人独处时才会感到宽慰，通常是在午夜过后，他会拿起一把吉他。他是一个很有造诣的乐手，一边弹琴一边唱起悠扬的歌。他所说的放弃一切职务的威胁只不过是随口抱怨而已。在多年的流亡、抗辩、梦想和上千页的通信之后，他等待的时刻终于到来了。但是他是否能活着亲眼看到下个月，甚或是下个星期，仍然难以预料、疑影重重。37

/ 第 15 章 为罗马而战

这是欧洲历史最含讽刺意味的场面之一，法兰西共和国的军队对罗马共和国发起了进攻，路易－拿破仑任命 44 四岁的亚历西斯·德·托克维尔（Alexis de Tocqueville）顶替爱德华·杜伊担任外交部部长。托克维尔是欧洲最享誉盛名的宪法权利理论家，他突然发觉自己正在指挥着一支摧毁罗马共和国的军队，并要重新确立起圣职统治。

托克维尔出身贵族世家。他的曾祖父、祖父、祖母、姑姑、叔叔全都在法国大革命中丧命在断头台上，而且他的父母也曾遭到囚禁，直到雅各宾专政的恐怖统治在 1794 年结束后才被释放。在拿破仑失败后的几十年中，托克维尔的父亲曾担任过法国一些地区的行政长官。1831~1832 年，托克维尔在美国待了一年。这趟美国之行的目的是学习美国的监狱制度，但是在学习过程中，他的笔记本上却写满了对这个年轻共和国的观察和众多谈话记录。在他回到法国的三年后，他出版了名著《论美国的民主》（Democracy in America）的第一卷。他宣布自己是"新类型的自由派"，他用编年史的写法记载了民主的实际操作，他提出警告，多数人的统治可能会对个人自由构成威胁。在 1848 年革命后，他通过选举进入法国制宪会议，并在大会里盛赞美国是法国新政府应该参考的榜样。1849 年 5 月，他被选入经他参与起草的共和宪法所创立的国民议会。众所周知，托克维尔是一个新的、更民主时代的支持者，但他的同胞也会惊讶地看到他还是一个"旧社会的贵族（gentilhomme de l'ancien régime）"的完美代表。他衣冠楚楚，精致且温柔，是一个身材不高的体面绅士，长着俊美的黑眼睛，留着一头乌黑的长发。[1]

亚历西斯·德·托克维尔

托克维尔向一个对他进入政府的决定感到十分失望的朋友解释说："是他们把我从病床上拉走的，他们不顾我的反抗，一再向我保证他们是在阻止一场即将到来的危机……他们还说，我和我的朋友比任何人都处于更好的位置来阻止这场风暴。"托克维尔接受了进入政府的要求，但有一个前提条件：他不会在国民议会上为政府之前对罗马所做的行为辩护。仍然担任总理的欧迪隆·巴罗答应了。"我不知道我还能在这个位置上坐多久，"托克维尔在6月中旬承认，随后补充道，"但毫无疑问，不会很久了。"[2]

在接受政府任命时，托克维尔几乎完全不认识路易-拿破仑。在接下来的几个月中，托克维尔将会对这个人有仔细的了解，并且作出结论——人民低估了这位总统。他认为，大多数怂恿路易－拿破仑参选总统的人之所以这么做，并不是因为他们相信他特别合适，而是恰恰相反，他们"认定了他很平庸"。他被认为是一个没有自我原则的人。他们自信地认为自己能够让路易－拿破仑屈从于众人的意志。

从个人角度来说，托克维尔觉得路易－拿破仑是个不错的人。他天性很好，是一个讨人喜欢甚至温柔的人。但是人们永远不会知道他的想法，因为在几十年流亡生涯的卧薪尝胆中，他已经学会了伪装自己的真实意图。他很少说话，当他说话的时候，也很少说些重要的事情。他迟钝、浑浊的眼睛并不是他心灵的窗户。这位伟大的拿破仑的侄子对于危险掉以轻心，但在危机中会展现自己的勇气，然而与此同时，他又鲁莽地变更自己的立场。"他的才智，"据托克维尔的观察，"是不连贯且混乱的，这是一个眼高手低的人。"虽然他拥有敏锐的洞察力，"但他总是时刻准备好了让一个好想法搭配一个馊主意"。路易－拿破仑真正拥有的是他身处政治舞台上的巧妙演技，他知道如何演好自己的戏份。[3]

6月7日，在被新选出的国民议会替代以前，法国制宪会议在它的最后几个决定中投票禁绝了法国政府派兵攻打罗马。但是代表们并不知道，路易－拿破仑已经命令乌迪诺出兵了。[4]

*

法军的进攻已迫在眉睫，罗马人的反应从骄傲变成了绝望。他们难道不是已经打败法国人了吗？难道加里波第不是已经两次给费尔南多和他的那不勒斯军送上了耻辱性的败退吗？但难以忽视的是，奥地利军队近期在教宗国境内马不停蹄地攻城拔寨。费拉拉已经陷落，博洛尼亚和佩鲁贾也陷落了。夹在罗马身上的钳子已经越收越紧。[5]

马志尼召集了共和国的全部剩余战斗力来保卫罗马。6月1日，加里波第军团从他们的南方突袭行动中归来。对马志尼来说，这位两个世界的英雄归来让人既喜且忧。"除了两种方式以外，我无法为共和国的利益贡献任何东西了，"加里波第在那天告诉马志尼，"要么是当一个权力无限的独裁者，要么就当一个简简单单的军人。作出选择吧。"马志尼绝对不会任命加里波的为独裁者，那绝对是一个灾难，但是他认可加里波第的军事才能，也知道他会坚守阵地以抗法军。加里波第的最后提议遭到了马志尼的断然拒绝，但他仍然接受了命令，尽管他和马志尼的关系依然紧张。[6]

/ 226

从南方一起回来的还有600名来自伦巴第的年轻人，他们结束了和费尔南多国王的战事。24岁的卢西亚诺·马纳拉（Luciano Manara）是这些年轻志愿军的领袖，在1848年将奥军逐出米兰的"荣耀五日"里，马纳拉让自己名声大噪。他出身于一个富有的米兰家庭，这个中等身材的美男子留着浓密的络腮胡，他激发出了追随者们的绝对忠诚。"他脸上的每个细节都散发着高贵的光芒，"一位同胞这样评价他，"马纳拉每次环视人群，都能赢来人们的效忠。"当他和奥地利人的鏖战已经转移到了米兰城外时，马纳拉发现围绕在自己身边的志愿军人数越来越多，这些人都曾参加过撒丁尼亚国王卡洛·阿尔贝托试图把外国人赶出意大利的战斗。在这位撒丁尼亚国王于3月份兵败以后，奥地利重新恢复了对伦巴第的控制，这些人随即向南撤退，加入到罗马的防御力量中。[7]

"我根本无法形容所有这些人对圣职的憎恨是多么真实、多么深厚、多么坚决，而且他们也反对庇护九世"，罗马制宪会议中的一个温和派代表在法国的入侵已经隐约可见时曾这样观察。很少有罗马人是马志尼真正坚定的支持者，他评论说，但是他们都基于一点而团结在共和派周围——所有人都"憎恶由圣职来把控政府"。

和罗马守军的决绝心态形成鲜明对比的，是教宗支持者们舒畅的心情。"悲伤变成了喜悦，"神甫法夫尔如是说，他是前任教宗格里高利十六世的告解神甫，他在描述法军进攻的命令所造成的影响时说道，"人们感谢上帝把我们从深渊中拯救出来。"[8]

乌迪诺的军队已超过了 30000 人且全副武装，许多人都是参加过阿尔及利亚殖民战争的老兵，他还有 60 门大炮并享有从法国源源不断送来的稳定补给。他们面对的，只是 18000 名守军，他们是罗马各种势力匆忙组成的杂牌军，其中有加里波第军团的 1200 人，有伦巴第的志愿军 600 人，有宪兵 700 人，有罗马的大学生军 350 人，还有一些零散的从外国招募来的士兵。他们缺少统一有效的指挥，也缺少火炮，弹药数量则十分有限，而且他们的补给线会被法国轻松切断。[9]

乌迪诺的最高指挥部最终确定了作战计划。他们将尝试着突破罗马城墙，这座高大城墙的最高处有 25 英尺高，即位于贾尼科洛山的圣庞加爵门，该处在城市的西面，也就是法军在 4 月末被打退的地方。从某种角度来看，这是一个看起来奇怪的选择，因为圣庞加爵门是最坚固的城墙，但是一旦能攻入这里，他们便能够占领俯瞰罗马的制高点。在 6 月 2 日向法国战争部部长解释这样的计划时，乌迪诺将军还补充了另外的考量。"因为从此处开展攻势，我方担负的毁坏公共历史建筑的风险最低，考虑到要用炮火来攻打一座像罗马这样的城市，这的确是一个十分有说服力的考量，因为文明世界的历史正镌刻在这座城市的身上。"[10]

6月3日凌晨2点半，在距离圣庞加爵门仅仅650英尺的地方，一支法国旅展开了行动，他们爆破了围绕潘菲利庄园的13英尺高的城墙。在一场历时四小时的激烈战斗后，法军夺取了庄园并俘虏了200名罗马守军战俘。法军也攻击了附近另外两处庄园中的罗马军前哨，但在浴血奋战后，他们被打退了。

加里波第，一目了然地身披他的白色庞乔斗篷，身穿红衫，头戴插着鸵鸟翎子的毡帽，带着他的手下冲锋陷阵，身边跟着他忠心耿耿的奴隶出身的副官安德里亚·阿古雅尔。像是奇迹一般，在肉搏战中，一个月前肚子上曾中弹的加里波第居然没有再度负伤，但是在近600步长、300步宽的空间里，罗马守军有超过600人阵亡或负伤。[11]

那天晚上，经过18个小时的战斗，一排几乎看不到尾的担架队伍穿过罗马挤满了街道，死者和伤者被运送回城。在这座见证过数不清的喧闹游行的城市里，在那些相同的街道上，四处鸦雀无声，围观的人们默默地流着眼泪。只是在注视着这列悲怆的行进队伍时，很多母亲才一眼认出自己的儿子，看到他们已经发白、没了生命的身躯。当罗马人开始考虑战胜强大的法国军队的胜率是多么微弱的时候，更多的坏消息传到了城里。那不勒斯军已经重新夺回了韦莱特里。如今已经增加到9000人的西班牙军队，正在向北移动，在沿海的城镇中树起了教宗国国旗。

圣天使堡的斜影里有一座跨过台伯河的桥。一群罗马守军正在桥上聚集在乌戈·巴希的周围，这位加里波第的修士正颤颤巍巍地站在一根柱子顶端带着大家做礼拜。他们为顶住法军攻势付出了沉重的代价，但是敌人目前正在距离城墙仅仅 650 英尺的地方建立阵地，战斗才刚刚打响。[12]

*

如果这一天对罗马人来说关乎死亡与悲伤，那么对两位身在加埃塔的法国大使来说，这真是一个好日子。哈考特和雷内瓦尔早就在心急如焚地等待来自巴黎的消息了，他们担心法国政府可能会拒绝他们的建议并支持雷赛布的谈判协议。一大清早，他们就得知雷赛布已经被召回，攻击的命令已经下达。哈考特急匆匆地跑去见教宗。他已经打赢了这场对雷赛布的战斗，如今他需要向巴黎彰显他的立场本来就是对的，通过占领罗马，他们最终能从教宗那里榨出他的让步。[13]

哈考特在第二天开始动笔写一份给巴黎的报告，在一开头，他就细数了来自奥地利、那不勒斯和西班牙军队的最新动向。"这些各自的行动，"他写道，"都对我们夺取罗马没什么帮助，反而会抵消我们的影响，一旦我们拿下罗马城，他们的行动会对我们提出的要求造成干扰。"在这份报告中，他补充道，三个天主教国家得到了教廷的强力支持。

在他当天和教宗长谈之后，哈考特感到自己的地位已得到了坚实的巩固，继而施压改革，庇护九世实际上已没有更好的选择。他曾愿意让更多的世俗信徒参与政府管理，他说，这将重新把咨商委员会迎回到政府中。但至于允许立宪一事，这是哈考特口中所说的"真正的权利"，教宗的拒绝态度已经再清楚不过了。他不会允诺任何他无法轻易给出的权利。

在加埃塔，法国大使进一步观察说："这个挤满了枢机主教的地方弥漫着世俗利益的味道，人们装糊涂、耍诡计，而且缺少任何更为高贵的情操，人们无法寄希望于教宗会打破这种境况，尽管他的确试图作出一番努力。"像修道院院长罗斯米尼这样的人已经被"拨到一边去了，被迫离开了加埃塔，对这些围绕在教宗身边的自私自利、腐败、腐朽之人无能为力"。哈考特报告说，这些高级教士在乎的唯一事情，就是"他们的世俗特权和与之相对的一切，即试图使人民相信，攻击他们的特权等同于攻击教会和宗教的真正利益，而且他们根本做不出任何一点能够荣耀教会和宗教的事。"[14]

如果说法国大使对枢机主教造成的负面影响感到绝望的话，他也肯定对他们中最有权势的那个人感到绝望。法国入侵的当日，在耽搁了很久的进攻消息终于传到他手上之前，安东内利才刚给罗马教廷驻马德里大使写了一封信，以表达他对西班牙女王派出数千兵力的感激之情。"他们的到来，"安东内利写道，"正是时候，因为，基于法国军队迄今为止的表现，本应该已大功告成的圣父大人重夺圣座的努力，如今已大为推延，而且即便到现在为止，一切看起来仍遥遥无期。"安东内利不只是对法国的缓慢进展感到不安，他也强烈怀疑法兰西人到底是站在哪边的。枢机主教曾表示过，如果教宗最终要回到他的国家，干脆避免返回罗马，而是去到一个和西班牙更意气相投的小城镇。[15]

安东内利正在竭尽所能地让妥协的声音远离教宗。几个月以前，修道院院长罗斯米尼已经离开了加埃塔，他心知肚明，正是安东内利害得教宗反对他。6月9日，心怀着仍有可能劝说教宗找到回归罗马的和平之路，罗斯米尼回到了加埃塔。这位修道院院长甚至还没来得及和教宗打招呼，庇护九世就先声夺人地警告他："我反对立宪。"罗斯米尼试图让教宗改弦更张。的确，罗斯米尼对教宗说，并非所有人的权利都将立即恢复，但关键的是要给他们一些希望。

庇护九世仍然不为所动。"即便是让他们把我切成碎片，"他答道，"我也不愿意再给他们一部宪法了。"

修道院院长并不那么容易灰心丧气。所有其他文明国家道德高尚的统治者，他争辩说，都已经允许立宪了，甚至连奥地利都这么做了。教宗国怎么能继续维持专制统治呢？对待这一点，庇护九世回答说，教宗国和其他任何国家都不一样。一部宪法，他已经认识到，和教会政府水火不容。他已经下了结论：出版自由、结社自由，还有所有类似的行为在本质上都是邪恶的。这些都是教宗过去并不认为有必要表达出来的主张，因为这是理所当然之事，是他们呼吸的空气里就确定了的。政府为全民所共有的概念对他们来说是一个完全陌生的概念。庇护九世现在意识到了，让自己随着变革的时代被淘汰掉，这违反了教会的基本原则。他发誓再也不会重蹈覆辙。

/ 230

虽然罗斯米尼没取得什么进展，但安东内利知道教宗有多么喜爱这位修道院院长，他不想给对方留有任何的机会。6月11日傍晚，一名加埃塔警察来到罗斯米尼的房间要求检查他的护照。经过一番检查之后，警官告诉罗斯米尼他缺少有效的那不勒斯签证，必须要即刻离开加埃塔。罗斯米尼很诧异，他不觉得自己的证件有任何违规之处。他是受到教宗的邀请而来，罗斯米尼坚称，除非教宗亲自让他离开，否则他是不会走的。这位警察随即离开了，可在接近午夜时又回来了。罗斯米尼先是提出抗议，拒绝开门，说他已经穿好了睡衣准备就寝，但是当警察威胁说要破门而入时，他只好打开了门。警察告诉他，明天清晨，会有一艘船来接他，如果他不上船的话，将会面对悲惨的后果。在离开前，警察告诉他，这是枢机主教安东内利下的命令。[16]

*

托克维尔在巴黎怀着绝望又担忧的复杂心情关注着罗马的事态发展。他并不是那么担心法国军队让罗马屈服的能力，他更担心的是一旦法国将其征服之后会产生怎样的动向。因为法国政府会被人们视为恢复了中世纪的神权政治，而且还协助了自己的死敌奥地利，这样的事情会是一场灾难。他也考虑到了自己作为一个时常呼吁宪法、呼吁保障个人自由重要性的人，这样的局面同样会危及他的名誉。

6月6日，他写信给两位身在加埃塔的大使，告知他们自己已经被任命为外交部部长并传达了政府的目标。"我发现法国已经走上了一条本人不会自愿选择的道路"，他这样写道。他们应该要尽可能取得最好的结果，摆在他们眼前的是四个目标，托克维尔向大使们解释：法国必须对意大利施以适当的影响力；教宗必须要重新获得独立的地位并且有能力自由行使他的宗教使命；他们必须阻止教宗国旧有的专制政权回归；最后，他们需要支持教宗国的多数人民，尽力结束困扰教宗国政府的滥权。[17]

所有的这些要求都没有出乎哈考特和雷内瓦尔的意料，但是让他们吓了一跳的是托克维尔所附上的一个附加说明：新任外交部部长通知他们，他将指派自己的私人使者弗朗西斯科·德·科瑟尔勒在法军进入罗马时协助乌迪诺。[18]

科瑟尔勒是托克维尔的密友，他去年在教宗刚刚逃离罗马时曾在意大利待了好几个星期，没能成功劝说教宗前往法国。哈考特和雷内瓦尔在雷赛布被法国政府召回后才高兴了区区几天而已，如今二人再次感觉受到了轻视，他们的角色被削弱了。在选择科瑟尔勒的决定上，托克维尔不仅是选择了一个他信任的人，而且也选择了一个强烈认同天主教的人，这样的人选将有助于劝说将信将疑的教宗和那些教宗周边态度更为冷淡的人，托克维尔想要利用这个决定以让教廷作出一个法国亟须他们作出的决定。[19]

托克维尔这样告诉他的新使节，迄今为止，法国所有让教宗接受改革的努力都是白费力气。他们不断得到的回答都是他们应该相信教宗本性善良。"但是我们也知道，"托克维尔写道，"教宗身边人施加的影响会引导教宗走向一条绝对凄惨的道路。"教宗必须让他的臣民确信他有良善的意图。"如果说无政府主义政权在罗马市民中激起的对旧制度的仇恨还没有明显表露出来的话，"托克维尔写道，"那首先是因为人民还不知道旧制度存有回归的可能。"让教宗保证"严肃认真地施行自由制度"是解决问题的关键。否则，法国就是在玩火让自己陷入灾难。这位《论美国的民主》的作者说道："我们是不可能接受这样一种角色，成为恢复专制权力的帮凶，即便是表面上的角色也完全不可接受。"[20]

当法国军队正在全力准备攻破罗马古老的城墙时，很多人认为用不了几天，罗马就将陷落。事实也的确如此。法国最开始炸开城墙的努力获得了些许成效。带着他惯常的戏剧化演绎，夏尔·波拿巴给制宪会议展示了一颗落在街道上的哑弹。他提议他们将这枚炮弹保存在罗马档案馆中，并且配上一个告示："这是一位教宗下令炮轰罗马的虔诚信徒和儿童的永恒纪念。"

/ 232

但落在特拉斯提弗列（Trastevere）的炮弹爆炸了，这是位于贾尼科洛山和台伯河之间的罗马最贫穷的街区之一。6月7日，来自特拉斯提弗列的教会文员代替圣埃吉迪奥女修院（Convent of Sant'Egidio）的修女向政府提议，要求允许她们转移到河对岸更安全的地方。[21] 在女修院附近，法军的炮火点燃了房屋，有小孩被活活烧死或是被埋在瓦砾堆下的景象使罗马人的怒火更加难忍。他们说，这全都是教士们的杰作。

"再来一个庇护九世吧！"那些仍保持着幽默的市民喊道，眼看着炮弹在他们的眼前落下。为了鼓舞士气，城市守军也用相似的幽默在城墙顶端给三门大炮起了名字，分别是：庇护九世、安东内利和兰布鲁斯齐尼。女人和差不多8岁的孩子们冲出家门，用湿泥巴把落在地上的未爆炸弹的引信熄灭。在一颗熄灭的炮弹上，有人用简单方形字母写道："圣父大人献给特拉斯提弗

炮轰罗马

马志尼命令所有身体健全的罗马男性都加入军队，保卫城市，并呼吁所有人，无论男女都参与建造防御工事。政府征用了手推车和货车，命令位于城市另一边的贵族宫殿向遭受轰炸街区的难民开放。男男女女把一个个的床垫堆在城门后面，床头雕塑的各种天使造型杂乱地挤在一起，脸冲着四面八方。男人们拿着火枪在城市里穿梭，有人穿着军服，有的穿着便服。6月8日，眼看守军的补给已经愈发枯竭，共和国战争部部长向罗马市民发出请求，希望能用钱来购买各种落在城市中的炮弹和哑弹。"市民们，"部长说，"这些炮弹在你们手上没有用处，但是，用我们的大炮，可以把它们还给敌人！" 23

与此同时，伤亡人数也在节节攀升。"许多年轻人，他们是来自比萨、帕维亚（Pavia）、帕多瓦（Padua）和罗马大学的学生，"陪在他们床边的玛格丽特·福勒写道，"他们负伤躺在医院里，情形好一点后就再度冲回战场。有人亲吻着自己被切下来的胳膊，还有人把从自己身体中忍着剧痛取出来的骨头碎片保存起来，他们将这些东西当作人生中最精彩日子的纪念物珍藏起来。"在一封写给拉尔夫·沃尔多·爱默生（Ralph Waldo Emerson）的信中，福乐解释说：

> 虽然我经受苦痛——因为我之前不知道，枪伤的创伤会导致高烧——但是我很高兴，能和这些人在一起，我感到由衷的喜悦；几乎无人不被这样的高贵精神感动。很多人，尤其是那些伦巴第人，他们是意大利年轻人中的花朵。当他们的伤情好转一点，我会给他们书和鲜花，他们看书，我们也彼此交谈。 24

对马志尼来说，只有一个希望还在：他认为法国进攻罗马的消息可能会引发巴黎的民众起义。他有一个理由让他相信，对罗马的攻击不会在法国获得非常广泛的公众支持。"在这里，"时任奥地利驻巴黎大使报告说："天主教团体很弱小。巴黎的普通民众、城镇的市民阶层，以及最重要的国民卫队，全都漠视宗教事务，或是在本质上敌视他们眼中的'圣职政权'，"他继续下结论道，"意在重建教宗权威的远征行动在法国并不受欢迎。"25

法国政府试图尽可能长时间地对国民议会隐瞒进攻的消息。6月11日，当代表们终于知道了正在发生的事，愤怒炸裂开来。带着巨大又嘶哑的吼声，42岁的左翼领袖亚历山大·勒德鲁-洛林，这位高大、魁梧、肩膀又厚又宽的男人率先发难。在过去的几个月里，他一直与马志尼保持着书信往来，他曾向对方保证，法国盟友绝不会让人失望。26

"公民们，"勒德鲁-洛林吼道，"我相信，我们正身处一个演说已变得完全没有用处的紧要关头。"他说道，在法国最初的进攻过后，罗马的城墙仍旧挺立，它勇敢的卫士们目前正在浴血奋战。"但是，"他一边夸张地比划着，脸颊由红润变得紫青，一边补充道：

> 法国人的血和罗马人的血已经喷涌成河了。毫无疑问，以大会的身份，我们向罗马承诺将保护其独立……确定无疑的是，制宪会议在5月7日的投票已经决定意大利的远征将不会再偏离其预定的任务……巴罗和各部部长不断在重复同一件事：远征军的目标不是终结罗马共和国……而是保卫罗马，确保其自由制度，并反对奥地利人的设想——攫取罗马，进而给罗马市民的头上强加一个专制的政府。

展开行动的时候到了，勒德鲁－洛林在结尾时说，是时候罢黜总统和他的内阁了，他们已经犯下了最穷凶极恶的罪——违反宪法。[27]

但弹劾行动遭到了制宪会议保守派大多数的抵制，左翼领导人于是呼吁公众举行示威游行，抗议政府派兵攻打罗马的变节行为。后来当勒德鲁－洛林带领示威人群穿过巴黎时，骑着马的警察和士兵突然间从路边出现并冲进了示威人群。勒德鲁－洛林和他的同伴跑进了国家宫（Palais National）避难，他们在那里紧张地讨论该如何采取下一步行动。外面，流血事件正在上演，愤怒的示威者们重新组织起来，有些人高喊着要发起武装起义。在混乱之中，巴罗总理告诉国民议会的代表，推翻共和国的阴谋正在进行之中。他收到了消息，路易－拿破仑要求代表们批准实施戒严令。在多数左翼代表缺席的情况下，戒严令以压倒性的优势获得了通过。与此同时，军队已经把勒德鲁－洛林和他的同伴逼到了角落里。这位值得人们敬畏的左翼领袖后来是这样描述当时的情景的：

> 我和朋友们看到死亡已在眼前。我们排成一队背靠着墙……离我们六步开外的火枪手们已经瞄准，只在等待最后的命令。指挥官十分激动并拿着酒瓶……他举起自己的剑，下达了行刑令，这时候有一个高级军官一个箭步跨上前来，让举起的枪都立刻放下。[28]

别处传来了命令，士兵们这时便离开了这些俘虏，勒德鲁－洛林和同伴们逃跑了。在找到了安全的藏身地点过夜后，著名的演说家成功地逃出了巴黎并起程逃往伦敦。他将迎来此后 20 年的流亡生涯。[29]

*

巴黎传来的消息彻底打破了马志尼希望法国来搭救他们的美梦。罗马共和国看起来就要终结了，但罗马人仍在战斗。越来越不顾一切的绝望行动迫使法军的重炮无法接近城门，守军会在夜间出城展开突袭。用驻罗马的英国领事的话来说，这展现了"比军事技能更了不起的勇猛"，他们早已一次次地被打退，被迫回到城内。6月12日傍晚，乌迪诺将军给罗马人送去了一封信。"我们并不是来和你们打仗的，"他告诉罗马市民，"法国政府的目的被你们误解了。"如果城门不向他的军队敞开，他预计"会造成可怕的伤亡"，他警告说，自己已经无法再让军队保持克制了。"如果你们坚持抵抗，"乌迪诺说，"你们需对无法修补的灾难负责。"最后，他给出了12个小时好让罗马市民准备投降。[30]

在遭到罗马市民的断然拒绝后，法军重启了攻势。身处被包围的城内，美国外交临时代办描绘了一幅激动人心的画面。罗马人最初成功地抵挡住了法国军队，他写道，这激发出了人们对共和志业的更大支持：

> 从黎明到傍晚，围观者挤满了穹顶、大教堂和围栏墙，他们对着每个英雄的举动喝彩，激励最勇往直前的行为……通往城门的道路上竖着铁刺，骑兵无法通过……他们自己的城门处被挖开了……敌人必经之处的每间房子，在经过了室外的抵抗后，房子里面还准备了烧得滚烫的热油和石头，时刻准备着泼向窗外。

然而食品仍旧短缺，法国人切断了古老的罗马水道，因此清水变得异常珍贵。在焦虑和恐惧中，许多罗马人开始对教会的宗教信仰产生质疑，而这种信仰已经滋养了罗马好几个世纪。"这场斗争，"据美国外交官观察：

> 已经不再是一支军队同另一支军队的战斗了……而是对整个道德世界的观念、希望和信仰的争夺，它可能会在接下来的世世代代中回荡。这场介入行动的实际目的正在动摇天主教大厦的最根本奠基，摧毁上千颗信徒的心……很自然的，这样的后果让很多人扪心自问，那个代表和平宗教的人是否真的拥有以武力来夺取现世权力的权利；而且……因教会首脑的所作所为，不少人开始怀疑起天主教的本质。他们无法信仰一种……如今正迫使人成为奴隶的工具式宗教。[31]

尽管罗马守军对其志业的信念可能比任何时候都燃烧得更为光亮与壮烈，但对于不可避免的失败，现在看起来已很难忽视了。不会有人再给他们带来援助，而且矗立在他们和强大的法国军队之间的那堵城墙也并不是为了抵御现代炮火的不断轰击而建的。现在看起来，唯一悬而未解的问题是他们会单独落在法国人的手中，还是奥地利、那不勒斯和西班牙也会加入进来。无论如何，马志尼也想过投降。"虽败犹荣的事情是存在的，"如他后来所观察到的，"耻辱性的胜利同样存在。"

在避免进一步流血的最后一次努力中，乌迪诺招来了恩里克·塞努奇尼（Enrico Cernuschi），他是罗马街垒中的年轻领袖，乌迪诺竭尽全力劝说他能够允许法国军队和平入城。

"在罗马，"塞努奇尼回答，"我们这里盛产悲剧，却总是难以创作出喜剧……如果我们不能挽救意大利的话，我至少想要挽救对意大利的回忆。意大利将不会像杂耍般的轻歌曼舞那样谢幕。"[32]

6月中旬，法军的炮弹如雨点一般落在制宪会议所在的枢密院宫上，代表们已经转移去了相对安全的、位于卡比托利欧山山顶的市政厅。每天都有上百响法国大炮的轰鸣声传来。在街道上快速穿行的人中，有人拿着武器，也有分发石块和弹药的女人，还有人帮忙传递消息或搭建街垒用的材料。一种可怕的安宁笼罩在城市的中心。傍晚的科尔索大道上仍然聚满了逃离室内酷暑的人们，街灯点亮着，商店开着门，虽然通常摆满蔬菜和肉的柜台大部分已空空如也，少数的鸡肉也贵得令人咋舌。在各个广场中，乐队仍在演奏，他们节日气氛的舞蹈和远处大炮的轰鸣合奏了一曲奇妙的复调旋律。但这种保持正常生活的努力并不能掩盖那些棺材。一个穷苦的洗衣女工在前往圣彼得大教堂做礼拜的路上穿过了一群年轻的士兵，其中有个人拍了拍她的肩膀。"阿姨，"他说，"请您替我说三次圣母玛利亚，望圣母能让这一切快点结束，我实在快坚持不住了。"

其中一个年轻的伦巴第志愿军，他驻守的位置位于圣庞加爵门处最激烈的交火中心，他是这样回忆起那些日子的：

> 时间能让你习惯任何事情。所以当看到那些身体泡在血中的伤兵被来来去去地输送时，我们几乎已经麻木了。我们吃面包和肉片时已经顾不上身旁超过20具尸体发出的恶臭，那些尸体在过去16天中就停在科西尼庄园的花园里，没有埋葬也没有包裹起来，黑得像炭一样，浑身已经发软，就像泡糟了。[33]

勒在罗马喉咙上的铁钳越收越紧。6月19日，经过了好几个星期从陆上和海上的炮轰之后，亚得里亚海岸的安科纳港城已经向奥地利人投降。博洛尼亚和其他好几座城市都已经被奥军攻下，他们立刻将地方行政交由教宗派来的一位蒙席以重建他的统治。[34]

6月20日，法军将他们的重型攻城炮架在了距离城墙350码的开火点。在12门24磅炮的连续炮轰后，城墙很快就摇摇欲坠了，炮火打开了三个裂口，很快就会宽到足以发起最后的冲锋。[35]

巴黎，托克维尔心如死灰地审视着永恒之城浴血的前景。法国把自己塑造成自由的捍卫者。"在一场示威后，我们付出了高得不能再高的代价，"托克维尔告诉乌迪诺将军，"只是为了让教宗的旗帜握在罗马人手中。我们必须让我们远征行动的性质保持在国民议会授予的界限之内，保持在政府要我们保持的界限之

/ 239

1849年6月20日，法军炮轰罗马城墙

内。"同一天，他给自己的个人使者科瑟尔勒写了一封信以表达不悦，他发现，在罗马找不到任何一个温和派的政党，只有共和政府的支持者以及另一小群渴望回到教会等级制下的反改革人士。托克维尔坚持，法国必须在游行人群对教宗回归的欢呼声中进入罗马。"如果我们不能有这样的现实，"他建议科瑟尔勒，"那就完全有必要，至少要制造出这样的情景。"[36]

临近 6 月 21 日午夜，法军加紧了进攻。据一位守军回忆，"那天晚上的轰炸和炮火最为可怕"。当炮弹落在罗马城最著名的那几个广场上时，法军士兵爬过了城墙上的裂口并开始挖掘通道。马志尼催促加里波第赶快阻止反击，但这位两个世界的英雄不愿接受一个完全不懂军事者的指挥，于是他决定按兵不动。愤怒的马志尼急匆匆地写了一封信给伦巴第志愿军领袖卢西亚诺·马纳拉以抒发他的怒火。

> 昨天夜里，攻势已经打响，过了一个半钟头，他们爬过了裂口……明天敌人的火炮就会就位，这样的攻势是挡不下来的。情况现在已经完全改变；让我这么说吧，完蛋了……我认为罗马已经陷落了。上帝让敌人对我们发动快攻，而人民将会在街垒那里好好地抵抗一番。所有人都将加入。多等一会儿都将太迟。

"我所剩的唯一希望，"这位被团团包围的意大利独立领袖下定了决心，"就是不要让我的名字和投降行为相提并论，估计用不了多久，有人就会投降。但这对我能有多重要呢？"他反问道："真正的意义在于这对罗马和意大利来说至关重要。"[37]

/ 第 16 章　征服

　　枢机主教们的心情现在好多了，他们越来越相信罗马共和国的渎神统治已经快要落幕了。他们中的大多数人都避开了加埃塔附近的朴素住宅，而是在那不勒斯安家落户。他们在那里积郁着心里的牢骚，怪罪庇护九世欠缺周全考虑就为了寻求公众支持从而让他们落到了这番境地，他们也因为教宗很少寻求他们的建议而闷闷不乐。

　　6月底，庇护九世感觉到了枢机主教们的牢骚，他给枢机主教中最有影响力的成员写了一封信，这个人就是前任教宗格里高利十六世臭名昭著的强硬派圣座国务卿鲁伊吉·兰布鲁斯齐尼。"从那不勒斯传来了一些消息，"教宗这样开头，"令我实在难过，我听说有些枢机主教正在抱怨他们被加埃塔抛弃了，被丢在了黑暗之中……这些牢骚，"庇护九世警告说，"可能也证明了那些常常满口怨言之人所持有的偏见。"

　　教宗告诉兰布鲁斯齐尼，他正在筹划一个重回罗马之后的计划，他许诺将会听取枢机主教们的建议。他大致列出了他想要的指导原则。"立宪制政府，"他写道，"绝不。"他用大写字母强调了这一点，这大概会让枢机主教们踏踏实实地将心中悬着的大石落下。"但是，"他补充道，"也要必不可少地做出一些举动，因为……人民正处于如此愤怒的状态，否决他们是不可能完全做到的。"[1]

　　当教宗给身在那不勒斯的兰布鲁斯齐尼写信时，埃斯特哈齐正在草拟他发往维也纳方面的最新汇报。奥地利总理最近才给埃斯特哈齐写了一封信，他在信里表达了自己有多么高兴，因为教宗坚定地拒绝了法国提出的采纳改革的劝说。"庇护九世面对法国压力所展现出的智慧，"施瓦岑贝格写道，"看起来已经结出果实了。"[2]

"到现在为止，"埃斯特哈齐回答，"我所有的努力都在于鼓励和帮助罗马教廷在面对法国的傲慢要求时，能够坚守己方合法、合理的拒绝。"他恰好找到了一个好听众。

安东内利并不需要什么鼓励就会不顾一切地反对法国。在7月初给教廷大使的通报中，他再次批评了乌迪诺过于避免流血冲突。"这种有害的拖沓速度，"他写道，"和奥地利军队相比，更为险恶……奥军已经占领了教宗国的大部分领土，战胜了在博洛尼亚和安科纳遇到的顽强抵抗。"[3]

教宗也持有同样的看法。为什么，庇护九世问道，法国为什么不在占领的地方升起教宗国国旗？在加埃塔和罗马城外的法军阵地之间来回奔波的哈考特给了教宗一个并不会让自己得到好感的回答。"他们很想要升起教宗国国旗"，哈考特解释说，但是"到目前为止，法国的政策都是不对人民强加任何事情。我们已在等待一些支持教宗的情况出现，然后就会做出行动，我们甚至在尝试用各种方式促成这样的结果。"虽然使出了浑身解数，哈考特说，目前仍无法激起人民对恢复教宗统治的哪怕一丁点儿的热忱。[4]

在罗马城外，新来的法国公使已经对军队的推进速度越发失去耐心。"想象一下我的惊讶吧，"科瑟尔勒在6月25日告诉托克维尔，在乌迪诺将军召开的军事会议上，"我得知他们估计还要再过15~20天才能拿下台伯河右岸。"科瑟尔勒认为，根本就没有任何理由，为他们什么就不能立刻取得突破呢？[5]

托克维尔则更加小心翼翼，他力劝对罗马城的炮轰只可在不得已的情形下做出。那种可以迅速征服罗马的全面进攻会破坏建筑物和古迹，这会引发整个文明世界的惊骇与厌恶。"你可以肯定的是，"法国外交部部长说，"全欧洲都会听见我们的炮弹声，而且没有任何事会比破坏罗马的古迹更有损于我们远征的荣誉。""罗马，"他补充道，"和任何其他一座城市都不一样。"[6]

托克维尔也为罗马被攻占之后的境况感到紧张。他告诉科瑟尔勒，他们必须让圣父宣布他有意愿建立"开明且自由的政府"。法国还有任何别的理由可向自己的人民以及全世界证明，我们的军队在罗马的所作所为吗？[7]

法国外交部部长还有另一件无法让他放心的事情。拉德斯基将军，这位在意大利的奥军总指挥刚刚宣布，教宗想要在回归罗马以前先移驾奥地利控制下的博洛尼亚。"我并不是非要向你说明，"托克维尔写道，"这样的决定将带来十分有害的影响，从欧洲自由的角度观察，这将是对圣父的沉重一击，而且我必须说，这将给我们造成巨大的灾难！它会让我们的行为看起来无比的荒谬。"[8]

随着法军巩固了他们在不久前推进到罗马城墙之内的位置，炮轰仍在继续。"一整个晚上，炮弹继续在城中倾泻，"罗马的尼古拉·隆考利（Nicola Roncalli）在日记中写道，"在短短的45分钟里，就有47发炮弹被法军发射。总共，估计有超过150发……大多数落在通向卡比托利欧山的一条战线上。"[9]

为了让罗马免于遭受更进一步的破坏，一群罗马的外国外交官聚在了英国领事约翰·弗里伯恩（John Freeborn）的家里，起草了一份给乌迪诺将军的抗议信。落款处有10位外交官的签字，包括美国领事尼古拉斯·布朗，以及普鲁士、荷兰、丹麦和瑞士领事在内，他们信上"深感对过去几个日夜针对永恒之城的炮轰行动的担忧"。他们指控说，这场进攻"置生命和财产于不顾，将居民至于危险中，而且还伤及无辜的妇女和儿童"。他们进一步补充道，炮弹已经摧毁了许多价值不可估量的艺术品。"我们相信您，"领事们劝说道，"以人类和文明国家的名义，请停止更进一步的炮轰，放过城市中的名胜古迹，这些古迹处于全世界所有文明国家的道德保护之下。"[10]

乌迪诺的回复相当迅速。"对罗马的炮轰，"他承认，"将导致无辜的人喋血并让本应该永恒矗立在这里的伟大建筑遭到毁灭。"但他提醒各国领事，他已经在 6 月 12 日对罗马政府的最后通牒中说过了，"罗马城投降的时间越拖延，"将军警告道，"你们对伤亡的恐惧就会越严重。但是这一灾难的责任并不在法军身上。历史将会让我们免于任何的类似指控。"[11]

科瑟尔勒已经知道，如果托克维尔听说了外国领事们的抗议后会有多不高兴，他匆忙地大致描述了一些事情的原委。如果乌迪诺决定不否认外交官对他破坏罗马的指控的话，那并不是因为这样的指控具有效力。在整个围城期间，科瑟尔勒提出，"没有一颗炮弹是瞄准罗马城内发出的"。所有的法国炮火都是要打破城墙，即便有一些确实可能偏离了轨道，无心地炸到街区中的住宅。"有一颗甚至击中了制宪会议，"他补充说，"但那是例外。罗马城本身并没有遭到炮轰。"

可乌迪诺为什么好像接受了这样的指控呢？法国公使认为，这是为了故意助长罗马人内心的恐惧。如果他许诺不会炮轰他们，那他就是在鼓励市民作更进一步的抵抗，那样会造成更多的无谓流血。[12]

虽然科瑟尔勒否认了炮轰行为，但是炮弹仍继续落在罗马城中。临时医院里挤满了伤患和死者，此时连续不断的炮火正在试图穿透罗马城厚重的城墙。

"除了为加里波第而死，没有任何事情比这更适合我了"，乌戈·巴希说道。这位蓄着大胡子的修士看起来很快就能得偿所愿，因为他正在贾尼科洛山上持续激战，帮助着伤者和奄奄一息的人们。他骑着白马，在黑色教士长衫外套着一件红衣，黑色长发不断地在他醒目的宽边黑帽之下飘动，他所有的武装只是一个挂在脖子上的十字架。"意大利，"巴希告诉人们，"需要烈士，需要许多的烈士，只有这样才能自由和伟大。"[13]

6月26日，加里波第惊讶地见到了27岁的南美洲妻子阿尼塔（Anita）出现在他指挥部的门廊上。虽然他已经吩咐过妻子不要来，但她还是安全地离开了尼斯前来这里找他。第二天，虽然加里波第和阿尼塔都毫发无损地逃脱了，但炮火还是把指挥部轰成了废墟。

随着形势越发无望，两个世界的英雄提出了一个新的计划。他认为罗马共和国的政治和军事领导层应该放弃罗马，转移到周围的山区中继续作战。马志尼否决了这个主意。他坚持罗马是他们所需的最后立足点。他们的殉难将会成为他们高贵志业的见证，也成为那些为自由而战的后继者们的精神灯塔。面对自己的提议遭到断然否决，加里波第深感愤怒，他命令他的军团离开贾尼科洛山并跟随他越过台伯河去往城市的东侧。这对那些被留在身后独自面对法军攻势的人来说无异于晴天霹雳。伦巴第志愿军的年轻领袖卢西亚诺·马纳拉情绪激动地劝说加里波第要在次日回到前线。[14]

6月29日是罗马的两位保护圣徒彼得和保罗的纪念日，在这样的日子里，好像没有任何事情能阻止罗马市民上街庆祝。在傍晚8点，一阵暴风雨从天而降，最初的几声雷鸣让人分不清是打雷还是炮火在轰鸣。但瓢泼大雨很快就消散了，节日的欢腾仍在继续。在圣彼得大教堂的上空，意大利的三色烟火照亮了教堂的巨大穹顶。火把随即在穹顶上被人点亮。在城市各处，罗马市民把蜡烛放在窗台上。在广场上，军乐团演奏着乐曲，尽管只有寥寥数人还在街上走动。[15]

罗马市民不顾一切地想要相信任何使他们或许可以获救的传言。比如，有一支英美联合舰队已经抵达了奇维塔韦基亚，他们的目标是切断法国的运输线。另外，还有小道消息说法军中暴发了霍乱，甚至连乌迪诺将军也生了病。漫长无休止的夜间炮轰让入睡成了不可能的事。一个接一个的战士中弹倒下或是被弹片所伤。载着最新尸体的手推车吱吱呀呀地穿过街垒。法军压倒性的火力优势和源源不断的增援在天亮时已显得格外清晰，同样一目了然的是，罗马守军的弹药、食物和饮用水已濒临枯竭。[16]

凌晨 2 点，当节日后的夜晚降临罗马，法军终于像潮水一般顺着城墙的裂口涌入城内。端着上了刺刀的火枪，他们向疲惫不堪的罗马守军发起了冲锋。在夜色中，在泥泞和浓烟弥漫的空气中，很难真正看清谁是敌人，谁是朋友。加里波第带着他的人挥舞着马刀，很快就让刀刃浸染了血迹。法军包围了伦巴第志愿军的指挥所斯巴达别墅。被包围在里面的人站在窗口向外射击，许多人也中弹倒下。很多人被头顶上塌下来的砖石击倒，也有人被法军炮火轰得粉碎。在此前的一天，伦巴第军团充满理想主义的领袖卢西亚诺·马纳拉才刚给朋友寄出了一封信。"他们会赢的，"他写道，"因为在配给方面，他们能用 40 门炮瞄着一个小目标猛轰。但是每一寸的断壁和碎石都会被保卫到底。每一个掩埋着尸体的废墟上都有我们宁死不屈的志士。"他在结尾时说："此时的罗马是伟大的，如同罗马的记忆，和那些被野蛮人炮轰的伟大建筑一样伟大。"后来，他在遭到敌人血洗的空当中写了第二封信："我们必须牺牲，这是带给 1848 年的严肃终章。为了让我们树立下的榜样能够垂范后世，我们必须死！"[17]

6 月 30 日，当留着大胡子的马纳拉站着用望远镜观察敌人阵地时，一颗子弹在他的胸口打穿了一个洞。当他倒在地上时，他嘴里嘟嚷着："现在，我成了离魂异客。"

加里波第领导了最后一次绝望的冲锋，他带着军团杀入法军阵线，并奇迹般地毫发无伤，而且还杀出了重围，但是长久以来一直陪在他身边的那个人却没有那么走运。一颗爆炸的弹片钻入了安德里亚·阿古雅尔的头。加里波第的这个黑人侍卫、伙伴即将在几小时后死去，他的身体被安放在马纳拉的旁边，停放于罗马过于拥挤的医院里。第二天早上，暂时休战了，双方都将趁机收敛尸骨和伤员。[18]

*

卡比托利欧山山顶，在制宪会议代表们的注目下，马志尼走上了发言台。如果以头衔来看，马志尼并不比三人执政团中的另外两人拥有更大的职权，但是就如众所周知的，马志尼才是那个拿主意、领导共和国事务的人。夏尔·拿破仑坐在主席的位子上，而他堂弟的军队正在步步紧逼，征服罗马。虽然马志尼的脸通常面无血色，但他并不掩饰任何的焦虑。罗马守军所展现的英雄气概，他告诉听众们，已经赢得了世人的赞赏，但是，他承认，他们将无法再挡住法军了。

他们有决定命运的抉择要作，马志尼说，因为只有三个选项可供选择。第一个，他告诉大家，是投降，这个选择他将不予考虑，因为他无法忍受这样的耻辱。第二个是继续战斗。毕竟，他们已经花了好几周的时间修筑街垒，等的就是这种局面。在罗马狭窄的街道上，法军没法使用火炮，他们必须挨家挨户地从得到武装的人民手中抢下罗马。这是一种光荣且值得敬佩的选择。剩下的还有一个，他告诉制宪会议，是他希望得到采纳的，也就是加里波第几天之前即已极力劝说的方案。大会，连同政府和军队，将转移到其他省份重整旗鼓。在别的地方，他们可以从当地人口中补充兵源，进而继续为自由奋战。

不安的杂音和不满的声音开始迎接这位领袖的发言。有人建议把加里波第叫上来向大家解释他的想法，于是有一个传话的人跑去找他。没过多久，两个世界的英雄在人们的欢呼和长时间的掌声中迈着大步走上前台，他沾满泥污的衣衫已经破碎，斗篷上也沾满了血，脸上则混杂着泥土和汗水。"他抖了抖浓密的金发，"一个在场者回忆道，"就像是一只发现自己受了伤的狮子……他的外表与其说是悲伤，不如说是勇猛。"人们问他要如何继续战斗，加里波第回答说，他们将疏散到特拉斯提弗列，也就是法国人的河对面，炸掉河上的桥。但是大家都心知肚明，这只是让无可避免的事情拖延了几天而已。在被问及继续在罗马打街垒战的可能性时，加里波第回答说，街垒战的计划绝对没有胜算，法国人才不会冒着巷战的危险来抢夺街道，他们只需将大炮越发靠近市中心，给城市带来更血腥的杀戮，直到罗马投降为止。罗马人，加里波第说，已经尽了英雄主义者所能做到的一切。他补充了对马志尼所提方案的支持：政府和军队应该撤到山上去。[19]

马志尼对制宪会议的影响已经令人惊讶地削弱了许多。他太愿意牺牲别人的生命以实现自己宏论，这样的印象已再次出现在人们的脑海中。撤到山上去——谁知道具体是哪座山呢？而且在四国军队的追踪下，带着垂头丧气、消耗殆尽的军队，缺医少药、弹药不足、没有食物、没有财资，靠着已经陷入赤贫的农民供养，如果说这还不算自杀，那就是愚蠢透顶了。

28岁的恩里克·塞努奇尼——来自皮埃蒙特的一个富裕家庭，制宪会议的代表之一，也是负责街垒防御的人——站起身来发言了。"你完全了解我是多么全身心地保护着这块不幸的土地和这里的人们。但是现在，"他的嗓门开始提高并愈发难以自抑，"由我来当那个人，宣布法军现在可以畅通无阻地进城，罗马和这里的善良人民……经历了那么多的努力，现在必须得接受占领。"当眼泪顺着他的脸颊流下来的时候，许多代表也开始和他一同抽泣。"那几分钟里，"一个亲历者后来回忆，"除了抽泣以外，大厅里什么声音都听不到。"[20]

城中各处都贴上了制宪会议通过的方案，措辞十分简单：

以上帝和人民的名义，

罗马制宪会议即将停止已经愈发无谓的抵抗，并命令所有人各安其位。此决议系三人执政团所作，望遵照执行。[21]

罗马人不会投降，但是他们将不再战斗。几个小时之内，另外一份通告出现在城墙上，宣布三人执政团已经辞职。在赞扬了罗马市民为自由而战的勇气后，他们的新讯息以典型的马志尼风格结尾。

今天，一片乌云遮住了你。它将不会停留很久。你们之中那些最优秀的人，那些拿起武器的学生已经捐躯，请为了他们而牢记你们的权利和信仰。上帝已经将他们的鲜血聚集起来作为对你们的保证。上帝要罗马自由，上帝要罗马辉煌；这一切终将到来。你们没有被打败。这是烈士的胜利，他们的陵墓是通向天国的阶梯。[22]

为保卫罗马并抵抗法军进攻而捐躯的人数将一直是未知数字。可能有几千人，尽管法军负责进攻的将军引述的数字是1700~1800人。而负伤者就更多了。法国渴望将自己的损失缩到最小，其官方公布的数字是162人阵亡，842人负伤。[23]

马志尼辞职后，通知乌迪诺罗马制宪会议停止抵抗决定的责任落到了罗塞利将军身上，他是罗马共和国军的首领。罗塞利给乌迪诺发去了一份简短的通告并附上了大会决议的副本。"我方将立即放下敌意，"罗塞利写道，"希望你们也一样，将军，也作同样的决定。"他还补充说，罗马政府的代表将会在傍晚前往法军指挥部讨论相关事宜。[24]

四人代表团在午夜过后抵达了位于城外的法军指挥部。乌迪诺赞扬了罗马市民的英勇战斗，并表达了对造成的人命损失和城市破坏的遗憾。他说，他的要求十分简单，法军必须和平地进城，并占据有利的地点。代表团回答说，他们将和城市委员会讨论并在明天傍晚返回。[25]

第二天，城市委员会仍然怀着一些希望认为法国有可能满足他们的要求，即确保奥地利等国的军队不会进入罗马，他们将这一点加入到了投降的附加条款中。罗马将得到允许保有自己的军队，它将同法军一道确保公共秩序的平稳运行。国民卫队也将得到保留。另外，法国将保证"个人自由和所有人的财产"，并且不会介入罗马的"内部行政事务"。[26]

那天傍晚，当四人代表团把提案呈现出来时，乌迪诺回答说他需要和他的同僚们商议，并在明天早上回复。后来，在当天夜里，科瑟尔勒抵达了军事指挥部，他发现乌迪诺正要签署罗马城市委员会拿出的提案。科瑟尔勒惊讶得目瞪口呆。乌迪诺怎么能支持推翻教宗的那些人继续保有影响力，怎么能让共和国创造出的军队继续存在呢？罗马的制宪会议已经宣布了放弃所有的抵抗，为什么还要跟罗马人讨价还价呢？在片刻的犹豫之后，乌迪诺同意了提案。

7月2日，当法军准备进入这座被征服的城市时，罗马的街道上演了令人难忘的场面。男男女女都跪在卢西亚诺·马纳拉的送葬队伍旁，这位 24 岁的伦巴第志愿军领袖，穿过洒满花瓣的街道。他的那些幸存下来的同袍，经过几个星期不曾停歇的战斗，穿着沾满了脏污的军服走在送葬队伍的后方，有些人一瘸一拐地架着拐杖，许多人头上还缠着纱布。马纳拉沾满血渍的长衫被平铺在棺材上，当它抵达目的地卢西纳（Lucina）的圣洛伦佐圣殿（Basilica of San Lorenzo）时，棺材的盖子被打开了，人们看到马纳拉穿着军服，手里仍握着剑。"这是那些难忘的情景之一，"一位亲历者回忆道，"给我留下了永生不灭的印象，每次想起来都仍会浑身颤抖。"[27]

当法军随时都有可能大摇大摆地进城时，美国外交临时代办刘易斯·卡斯找到了加里波第，并告诉他美国已经派了一艘船在奇维塔韦基亚准备将他接走。他和那些在法国人到来后可能面临威胁的人都可以逃离。加里波第不为所动，他在圣彼得广场召集了剩余的共和国军。在这里，他骑着白马，在几千名军人中间还有一些女人、小孩和老人，两个世界的英雄困难地穿过人群，来到广场中央的方尖碑前，在这里抬起双手示意大家安静。"对那些跟随我的人，"他大声喊道，让巨大广场上的人都能听到，

"我要求对祖国的热爱……我不能保证会有回报，我只能承诺会有艰难、饥饿和各种战争的危险。"头发斑白的人们举起手中的枪作出回应，喊着："我们跟你走！你就是意大利！加里波第万岁！"至于他具体要到什么地方去，没人知道；他本人看似也没有答案。[28]

那天晚上 8 点，有 4000 人聚集在罗马东侧的拉特朗圣若望大殿前的广场上等着追随加里波第。对于他的红衫军来说，跟随他并不是一个困难的决定，但是对大量的其他人来说，他们不知道要如何抉择。他们担心一旦到了山上，在敌人的追赶之下，他们要被迫从当地农民手里要吃的，他们会被当成比土匪强不了多少的人。但是如果留在罗马，他们想要知道，法国人来了以后会发生什么？[29]

当时，玛格丽特·福勒也在人群中，她是这样描述这种场面的：

> 我从未见过这么美丽的场面，如此的浪漫，也如此的悲伤……太阳缓缓落下，新月正在升起，意大利年轻的花朵正在这里整装待发。他们从各地会集于此，把他们的心交给了意大利的独立志业……他们现在必须离开，不然就要成为俘虏或奴隶……我看到那些受了伤的人，他们只要还能走，就把行李放在推车上……很多年轻人，出身富贵之家，挥着手绢跟他们的世俗财富道别。

她对加里波第的印象仍然很好，认为他是一个大英雄："加里波第的妻子骑着马跟在后面。他本人则穿着一件醒目的白色长衫；他的样子完全就是中世纪时的英雄人物……在他的眉毛或是脸颊上，看不到一丝疲惫。"

　　他们的车队就要起程了，37头骡子拉着他们卑微的补给。"雄辩者"，意大利的民众英雄，陪伴在他的两个儿子身边，把他们带出了城。加里波第的南美洲妻子阿尼塔皮肤黝黑，身材瘦小，骑着马，吸引了许多目光，她的眼神如钢铁一般坚定。当加里波第走到城门口时，她停了下来，纵身下马，走向那些来向他致意的制宪会议代表，和他们拥抱致意，那些人胸口上佩戴着象征意大利的三色饰带。"人心坚定，目光如炬，"玛格丽特·福勒观察说，"无人流泪。"30

*

　　已经没有多少时间留给罗马的制宪会议了，但是在法军涌入罗马之前，他们还渴望要完成一件事。好几个星期以来，一个委员会正在忙着制定一部共和宪法，这部宪法将会明确自由人民的权利，为全意大利作出示范。它的最终细节在几天前才刚刚敲定。

　　7月3日中午，在法军随时都有可能到来的情形下，代表们聚集在位于卡比托利欧山山顶的由米开朗琪罗设计的广场上。在几百名支持者的注视下，大会主席大声地朗读出新宪法的内容。就像是一个神圣的时刻，人们纷纷摘下了自己的帽子。

　　他读道："民主政府的最基本规则，是平等、自由和博爱。它不承认贵族头衔，也没有出身或门第的特权。"接下来的内容是不分宗教，所有人在法律面前一律平等。教宗将享受"各种必要保证以独立地行使其精神上的权力"。绞刑被废除了，言论自由和结社自由得到了保障，隐私受到了保护。由所有男性选民选出的大会将会制定法律。[31]

当这份宪法在卡比托利欧山上被大声宣读出来时，第一支法国部队进驻了人民广场。几个小时后，由乌迪诺将军带领的法国大部队进城了，他身后跟随着高级军官和法国骑兵师，法军行进在科尔索大道上。商店大门紧闭，整个城市都在哀悼。法国军乐团开始奏乐，却被愤怒的人群弄得兴致低落，很快就放弃了演奏。路上有人喊了起来："罗马共和国万岁！""庇护九世去死！""教宗的无耻士兵！"骑在马背上的乌迪诺将军受尽了辱骂："枢机主教乌迪诺！""骗子！""罗马刽子手！"有一小群教宗的忠诚支持者不合时宜地在向法军致意，他们的下场是成了人民发泄愤怒的遇难者。死者中至少有一名圣职。[32]

那天晚上，乌迪诺在罗马的城墙上贴出了用意大利语和法语书写的《致市民通告》。"法兰西共和国及其军队已经派遣至你们的国土上，"开头这样写着，"其目标，是重建人民所期许的秩序。一群狭隘的、腐化的少数人让我军被迫攻破你们的城墙。我军现在控制住了城市并意在完成我们的使命。"制宪会议被解散了，各种俱乐部也被查禁，街垒被拆除，罗马共和国的旗帜被扯了下来。在获得军事当局的许可之前，任何内容都不可以发表和出版。[33]

虽然加里波第已在前一天带着他的人马出了城，但是还有超过 10000 名罗马共和国军老兵留在了罗马，他们仍然保持着武装。在没有正式投降的情形下，他们得到指令不要抵抗，这些前几天还在跟法军浴血奋战的人们正在军营中等待，很多人都待在巨大的圣天使堡中。第一天夜晚，当罗马的士兵们在营房中睡觉时，法军被迫在户外就寝。

关于一切进展的报告在 7 月 5 日交到了托克维尔手中，科瑟

法军士兵

尔勒并没有在报告里掩饰他的愤怒。他们已经征服罗马好几天了，然而大量有武装的人仍然待在城里，按照他的说法，这些人已经暗杀了20人，只因为他们表达了对教宗的支持。三色旗仍然出现在街道上。"投降的人，"科瑟尔勒写道，"已经因我军的胜利而真的失败了。"他强烈地批评了乌迪诺。科瑟尔勒说，要是法军在刚进城的时候能让罗马守军彻底投降并解除他们的武装的话，事情就将容易得多了，但是这位将军却想要避免流血冲突。[34]

对马志尼来说，失败极为苦涩。"罗马已经放弃了，"他在法军进城当日给母亲写了一封信，"它的位置，以军事角度看，十分脆弱，但是城市里已经准备好了街垒，已经准备好了让世界大吃一惊。但是制宪会议不想要这么办，在恐惧的刹那间，一切都丢了。"他回顾了当初他是怎么力劝大会能和军队一同离开，换个地方继续作战，但是这个提议也遭到了反对。"所以现在，"马志尼下结论说，"恢弘的戏剧以最悲伤的方式谢幕了"。

玛格丽特·福勒前去拜访了这位被打败的领袖并惊讶地发现了他的巨大变化。"在短短两个月里，他变得衰老了很多。貌似一切生命的源泉都枯竭了。他的眼睛里都是血丝，皮肤蜡黄，身形消瘦。"然而这个已被福勒偶像化的人依然待在那里。"善良、平静，但是充满了比以往更炽烈的目的，在他身上，我仍能感到这位英雄虽然疲惫却依旧深得我心。"[35]

*

7月4日，也就是法军进入罗马的第二天，乌迪诺让他的私人使者、法国工程兵部队上校阿道夫·尼尔（Adolphe Niel）动身前往加埃塔，带去了法军进城时所获得的城门钥匙。"庇护九世的脸上笑逐颜开，"尼尔在一封写给他身在法国的哥哥的信中回忆了和教宗见面的场景，"你可以从他脸上读出最动人的善良。他的声音安详、举止简单，而且带有巨大的威严。"为了表示感激，庇护九世给法国将军写了一封信。他想要祝贺乌迪诺，"不是为流出的血——流血让我憎恶——而是为终结无政府主义状态的胜利而向你祝贺，也为恢复正直的基督教人民的自由而向你祝贺。"教宗总结道："法军战胜的是人类社会的公敌，出于这个原因，法国应该赢得全欧洲正直之人的感激。"[36]

庇护九世在收到罗马城门钥匙的同时，还收到了一封来自高级教士中的强硬派枢机主教兰布鲁斯齐尼的信，这是给教宗一周前的信函的回信。他赞扬了庇护九世拒绝了那些曾劝他保持改革的要求，兰布鲁斯齐尼尤其强调了他对教宗拒绝宪法的态度的拥护，他把宪法贬斥为"和圣座的政治特殊性完全不相符"。枢机主教还催促教宗拒绝用世俗信徒替换圣职在政府和法庭任职的要求。他警告说，如果让步的话，那就是确保让最近的灾难再度死灰复燃。"必须让这些人有所节制，"他建议道，"也许可以用某种温和的方式制动，但制动是一定要做的……人民必须认识到他们已经犯了多么大的滔天之罪，他们应该用一些办法来赎罪。"[37]

没有谁比哈考特更警觉枢机主教们给教宗施加的压力了，几个月来，他在加埃塔一直敦促庇护九世能够摒弃他们的建议。在罗马被攻陷的那天，他在罗马的法军指挥部里给托克维尔发出了一份紧急报告。他告诉外交部部长，跟仁慈的圣父打交道会让法国一无所获。教宗庇护九世只是会一再表达他模糊的善意。他之所以会闪烁其词，就是对真正需要的事情避而不谈，然后再保证说他会给人民"真正的权利"。他和雷内瓦尔已经使尽各种努力苦口婆心地规劝教宗，但是一切都是白费功夫。当受到压力的时候，教宗只会重复一句话，说他的良心无法允许他像法国人所期待的那样行事。庇护九世甚至威胁说他可以不回罗马，而是改去别的地方，"甚至是美洲，"哈考特汇报说，"如果我们逼迫他的良心的话。"

哈考特已经丧失了他的一切耐心。他相信，只有两条路能让法国避开灾难。这两条路都意味着法国必须要发出最后通牒。如果能劝说奥地利加入，法国和奥地利可以一起要求教宗公开申明他保持立宪制政府的意愿。他要是拒绝的话，法国和奥地利可以撤出军队"抛弃他，让他独自面对，而他们则可以卸下所有未来的责任"。如果，按照更有可能的情形推断，奥地利是不会同意这个计划的，要是这样的话，那就只剩下一条路了。法国将不得不单独行动并告诉教宗如果他不"重建之前所允诺的制度的话"，他们将不会让他回到国都去。[38]

法军现在占领了罗马，但是不得不在城市中升起教宗国国旗。庇护九世仍旧待在加埃塔简朴的房间里。一场心理上的战争即将开始，身陷其中的是《论美国的民主》的著名作者和流亡中的教宗－国王。究竟谁能赢得这场胜利仍然扑朔迷离。

/ 第 17 章　占领

在教宗没有对保持改革作出任何承诺的情形下，法国人看起来并不急着要重建教宗国政府。"到目前为止，"根据奥地利大使的观察，"我所看到的就是法军占领了罗马"，这已经是过去50年间的第三次了，他说道。早在1798年，拿破仑就已占领过罗马，并使庇护六世被迫流亡。十年后，他的军队回到了罗马，让继任者庇护七世被迫放弃了这里。现在，法军再一次占领了罗马，教宗的命运再一次掌握在了别人的手中。与此同时，奥地利军队正在博洛尼亚、安科纳、费拉拉和许多别的城镇里巡逻，他们才刚刚在这些地方重建了教宗的统治。[1]

在法军进入罗马两天以后，法国将军路易·德·罗斯托兰（General Louis de Rostolan）被任命为罗马执政，此人是一位强硬且没受过良好教育的老兵，参加过法国在阿尔及利亚的战争。他立即宣布禁止所有的集会，且所有人在晚上9点半以后禁止上街。任何针对法军士兵的暴力或侮辱行为都将遭到严厉的惩罚。"罗马市民们！"罗斯托兰这样警告说，"我知道如何保障你们想得到的秩序。至于那些做白日梦，还想要继续压迫你们的人将会发现，我是绝不会姑息和妥协的。"[2]

在新的各种限制令中，宵禁是罗马人最为憎恶的一项。傍晚，夏日骄阳带来的热气让那些没有窗户人家的房子变成了难以忍受的火炉。户外，在傍晚的凉风中，23000名法军士兵在广场和市场中搭起了营帐，他们的上百匹马被沿着街道拴在路边。[3]

苦于缺少正式的外交官身份，科瑟尔勒，这位托克维尔的私人使者提出要求，希望将他作为法国在罗马的主要代表人的身份公之于众。在写给外交部部长的信里，科瑟尔勒指责了三个阻碍他做事的人。对乌迪诺，他已经在 6 月的第一份报告中大力挞伐了一番。"我告诉您，"他建议托克维尔，"乌迪诺将军有犯下各种错误的能力，甚至是那些看似不可能的错误他也做得出。在行政事务上，就像在战争中一样，他总是犹豫不定、模棱两可、缺少判断孰轻孰重的能力、模糊、拘泥于细枝末节、拥有能把任何事情搞得复杂的才能，他能用最精炼的方式来表达十足的错误观点。"让乌迪诺待在这个位子上，他警告说，将会带来灾难。[4]

对总指挥的人选来说也是如此。哈考特，科瑟尔勒很少提到他，因为他曾支持过科瑟尔勒早先提出的请求，托克维尔已经让这位驻罗马教廷大使知道，他将在不久之后被召回。因此，科瑟尔勒写道，部长阁下必须要作出选择："是雷内瓦尔还是我？"

他承认，科瑟尔勒写道，和他不同，雷内瓦尔会说意大利语，而且他在意大利认识很多重要人物，也是意大利事务的专家。没人能够否认他是一名有出色判断能力的人。但是，科瑟尔勒说，还存在一个问题。在君主制被推翻，法国宣布成立共和国的时候，他当时不在法国国内，雷内瓦尔几乎完全不了解国内的新秩序。"他受的教育，"在科瑟尔勒看来，"是形成于宫廷中的，自由在那里并不受重视。"当科瑟尔勒把哈考特描绘为无用之人时，因为他缺少必要的精明——教宗也觉得他粗鲁讨厌——雷内瓦尔则被批评为没有对圣父施加足够的压力。[5]

"没有人比我更确定乌迪诺将军是一个不适合的人选，"托克维尔在 7 月中旬回复道，"在我看来，把这样的重大事务交给这样一个人简直就是犯罪，从我进入内阁的第二天开始，我就在要求将他换掉了。"很快就会有结果。"至于那些参与谈判的人，"外交部部长向他的朋友保证，"通过召回哈考特，我已经开始着手将事情捋顺了。你应该不会觉得惊讶，我之所以这么做的主要目的就是让你来主管罗马的事务。"

在托克维尔的眼中，雷内瓦尔必须要被更加小心地处理，因为他明显是一位功勋卓著的人。如果想要把他从意大利弄走，他们需要先在欧洲的其他地方为他找一个重要的职位。"我相信，正如你也相信的，"托克维尔下结论说，"对你来说，最好的方式是独自做事。哈考特的离开已经让事情变得简单多了。"[6]

*

罗马的气氛十分沉闷，未来依旧模糊。7 月 11 日，一个法国雇来的人跑到房顶上要抹去意大利的绿、白、红三色涂饰，随后一块石头打中了他的头使他丢了性命。此人并非这个月中在罗马丧命的最后一位遇难者。不时就会有法军士兵或教士因赞扬法国占领的声音太大而遭到攻击。但是法军并没有手软，他们严格地执行着禁令，犯下攻击罪的人会被逮捕，背靠着墙接受枪决。[7]

雷内瓦尔给巴黎的报告带来了一些鼓舞人心的消息。在过去的几天里，他在 7 月 9 日写道，法国已经解散了罗马的国民卫队，没收了他们的武器并逮捕或流放了许多试图在人群中扰乱新秩序的人。他们也让法国、奥地利和西班牙的大使官邸回到了它们理所应当的主人手中。之前更喜欢待在室内或是只有在伪装一番后才敢冒险出门的教士和修士，现在越发频繁地穿着他们的圣职服饰出没在罗马的街道上。雷内瓦尔所交谈过的大部分罗马市民，按照他的报告，并不认同那些近日来统治罗马的疯子，但是他们也对教宗的回归感到忧心。"从基本的出发点而言，"雷内瓦尔复述道，"这场革命是要让教士阶层远离权力。这是关键，也是受到大众欢迎的想法，所有人都理解。至于采取何种制度其实远没有那么重要。"[8]

在那段令人陶醉的共和日子里，聚集在罗马的意大利爱国者们如今发现他们已经无处可去了。美国领事尼古拉斯·布朗和他的英国同行约翰·弗里伯恩发出了上百张签证以帮助他们逃跑，有些人向北逃到欧洲，有些人则去往美洲，还有人跑到了北非。这两个人的行为都违反了他们各自政府的意愿。"这些不幸之人，"弗里伯恩告诉伦敦，试图为自己发出的500本护照辩护，"几乎是跪着恳求能得到这样的保护。"英国外交大臣巴麦尊勋爵（Lord Palmerston）训斥了弗里伯恩违背明确命令的行为。至于美国领事拥抱罗马共和国的行为，华盛顿甚至更为不悦，随即将他解除了职位。[9]

尼古拉斯·布朗在7月9日登上了开往热那亚的船，陪在他身边的是已声名狼藉的民众俱乐部领袖佩德罗·斯特毕尼，他被指控是佩莱格里诺·罗西遭刺杀的幕后主使。许多共和人士和他们一同起程，手中都握有美国领事发给他们的护照。[10]

马志尼仍在罗马，但是他也知道自己不能再待下去了。他已经拿到了美国护照，上面写有他的化名"乔治·摩尔（George Moore）"。他得到了好友玛格丽特·福勒的帮助，从美国外交临时代办那里得到了这本护照。他问福勒认不认识任何一个乐意带着他一起前往瑞士的美国或英国家庭。马志尼告诉她，"靠一点点的伪装和我的美国护照，"他可以"耐心地等待并把自己隐藏好，直到动身之日的到来。"由于福勒找不到这样的家庭，马志尼采取了另一条路线，隐姓埋名地在7月12日坐船去了马赛。从那里，他在没人认出来的情形下来到了日内瓦，躲过了瑞士警察，然后抵达伦敦继续他的流亡生涯，并继续谋划意大利的独立志业。[11]

法国人对庇护九世已经无可奈何了，这也许让教宗更能松一口气了。当托斯卡纳大使听说法国已经给教宗呈上了罗马城门的钥匙，他随即前来表示祝贺，却为教宗的反应吓了一跳。不但没有表示感谢，教宗抱怨法国人对那些把他赶出罗马的人太过心慈手软。怎么能让加里波第跟他的喽啰们逃跑呢？怎么会允许马志尼在光天化日之下出现却没人察觉呢？为什么只有法国的国旗飘扬在罗马的上空？[12]

枢机主教安东内利也同样愤怒。"每个占领了教宗国其他领土的国家，"他在给教廷大使们的信上写道，"都值得称赞地升起了教宗国国旗并宣称他们的占领是为了重建圣父大人的政府。"法国人却完全不一样。"到现在为止，在已经公开的各种举动中，法国没有提过一次圣父，也没有提过一次他的政府，更没升起过教宗国国旗。"煽动家们，安东内利抱怨道，包括那些曾加入过罗马城市委员会的人，继续大摇大摆地走在街上，而司铎们却因为在公开场合穿着教士服而胆战心惊。[13]

法国曾想象教宗统治的回归只能建立在庇护九世宣布维持宪法权利的基础上。现在他们的军队占领了罗马，但教宗仍然没有作出这样的宣示；法国发觉自己正处在一个很尴尬的位子上。毕竟他们的军人流了血，他们怎么能承认罗马市民不想再接受教宗的统治呢？他们唯一可行的方式就是自己创立一个政府，但是这不仅会直接挑战教宗对基督教世界首都的权威，也会激怒奥地利人，而且会让法国花费难以计数的资金。[14]

面对不可避免的形势，法国只好屈服。法军在 7 月 15 日将教宗国国旗于圣天使堡上升起，并鸣放了 100 响礼炮。在高级军官的陪同下，乌迪诺将军骑马穿过了聚集着上千名法军士兵的圣彼得广场。在广场上，他跨下马，走上了通向大教堂的阶梯，那里有三名枢机主教正在等他。在举行了一场纪念征服罗马的弥撒后，枢机主教安东尼奥·托斯提（Cardinal Antonio Tosti）登上了讲坛。他直视着乌迪诺说道：

> 您将给您的子孙后代留传"罗马解放者"的头衔……您将我们从压迫我们的恶魔和人类的耻辱中解救出来……善良的人们仍在为遇难的法国士兵哀悼，但是这些血，以及被这些恶魔和暴民野蛮屠戮的无辜圣职们，将会为法国带来天堂的祝福，给您，也给您英勇的将士们。

当乌迪诺将军穿过如高山一般耸立的大教堂往回走时，前来庆祝的罗马市民高喊着感激和庆贺之辞，冲上来亲吻他的手。他们很多人都是教廷的雇员并在前几个月中被迫低着头过日子。带着此时的情绪，有些人走到了附近的特拉斯提弗列街区，在这里高喊着"庇护九世万岁"，并招呼其余的居民也加入他们的行列。但他们得到的并不是期待中的回应。罗马市民隆考利在日记中写道，"特拉斯提弗列的女人们用恶劣的手势回应，然后猛丢脏话攻击庇护九世"。[15]

科瑟尔勒参加完罗马的庆祝仪式后径直前往菲乌米奇诺，并从那里登船驶往加埃塔。[16]庇护九世热烈地欢迎了他。"我绝对忘不了此时的情景"，科瑟尔勒这样说。新任法国公使对待教宗的热络态度和哈考特在教宗那里的糟糕印象之间的对比更强烈了，"只要是亲身经历过他父亲般的温柔慈祥，"科瑟尔勒写道，"你就会明白，不带着激动的感情作出回应是一件多么困难的事。"托克维尔用科瑟尔勒顶替了哈考特的位置，这已经相当明显地表明了他的态度。科瑟尔勒是他亲近的小圈子中的一员，二人曾一起共事过十年，从事新闻和政治方面的工作。托克维尔认为科瑟尔勒十分适合这个职位，因为他对宗教事务很有兴趣，而且在庇护九世离开罗马后曾短暂担任过法国政府的教宗特使。但是科瑟尔勒对教宗的态度和托克维尔很不相同，并终将大大削弱托克维尔为阻止旧有的神权政治回归而作出的诸多努力。[17]

在科瑟尔勒和教宗最初的两小时谈话中，以及第二天同样长达两小时的谈话中，他对庇护九世提出了继续跟随反改革道路的危险。虽然教宗没有表现任何同意法国人建议的迹象，但是科瑟尔勒仍然为教宗辩解，"我确信，"他给托克维尔写道，"教宗庇护九世仍和 1847 年时的态度一样。"

在和哈考特的清晰对比下，后者几乎从未表现过对烦扰教宗感到后悔，而科瑟尔勒则十分明显地保持着对教宗的恭顺。当科瑟尔勒劝说教宗任命世俗信徒和圣职一起进入政府中工作时，庇护九世开玩笑地说，"那你想不想做我的财政大臣？"教宗提醒面前的这个法国人，他的一个同胞佩莱格里诺·罗西就曾被任命协助教宗理顺国政。"他是我找到的唯一一个有能力统管整个新政治途径的国务活动家，"庇护九世评论道，随后加了一句，"然后他们把他给杀了！"

/ 263

每一次和教宗谈话过后，科瑟尔勒都会再去面见枢机主教安东内利。这位法国公使试图让他了解令教宗马上返回罗马的重要性。否则的话，他辩称，法国人在 7 月 15 日的庆典上费力不讨好地鼓动民众的那一点点热情很快就会消退。但是安东内利不为所动，很明显，他并不急着让教宗回到罗马。

与此同时，他知会了这位新来的法国公使，教宗正在准备向他的臣民发布一封宣示。这将是教宗自夺回罗马后的首次发言。这至关重要，科瑟尔勒答道，教宗一定要采用适当的语气。

安东内利把文稿交给了他，科瑟尔勒越读越灰心。教宗提到需要重建他的统治，但是对允诺臣民自由的事情只字未提。他被告知这份文告已经送给了乌迪诺将军，随即将贴在罗马的城墙上。科瑟尔勒立即赶往罗马试图将这封文告拦下来。这位法国公使心想，如果照着这样的内容宣布，而只字不提教宗继续改革的意愿，必将造成一场灾难。[18]

当他在 7 月 21 日来到罗马时，科瑟尔勒发现乌迪诺根本不合作。难道他们不是几天前才刚刚发布了一条恢复教宗权威的极尽吹捧之能事的宣告吗？他们现在怎么会阻止教宗下给臣民的宣示呢？

事情终于水落石出了，上面的问题已经毫无意义，教宗宣示的副本早已出现在罗马的大街小巷上了。[19]

教宗庇护九世致最爱的臣民

上帝已经将手臂高高举起，并命令暴乱和不虔敬的风暴平息下来。袖已指导天主教军队维护人类的权利免遭践踏……

我最爱的臣民们！可怕的事情天旋地转般地发生了，我们的心已经被教会遭受的苦难、宗教遭受的苦难和你们遭受的苦难所击倒，但是你们仍然没有失去爱，这份关爱一直在守护你们，一直在你们身上。我们的祈祷会让我们再回到你们中间的日子快点到来……

与此同时，为了重新安排公共事务，我们将会组建一个委员会，这个机构将会由一位大臣来全权负责，以便规范国家和政府。

　　我们总是恳求上帝的祝福……现在我们将恳求上帝更大的帮助，降临力量在你们身上，这将是巨大的安慰……有希望让那些因犯下错误而无法享受其果实的人，也许能够用真挚且长久的忏悔来挽回。[20]

　　自从法军占领了罗马，人们就开始焦急地等待一些信号能让他们了解教宗回到罗马后会采取怎样的举措。他们希望那位年近古稀、慈爱、有自由观念的教宗回来，但是害怕回来的是一个心怀怨念的教宗，在他邪恶顾问们的鼓动下，重新建立起令人憎恨的由圣职把控的政府。教宗的第一封宣示并没有减轻人们聚集起的恐惧。

　　托斯卡纳大使在当天观察说："城市里最醒目的景象令人心碎，我说的不是物质上的破坏，尽管物质上的破坏一目了然，但我说的是一些更重要的事情。人们脸上所浮现的不满……不愿意让自己臣服在一个与时不符的重回旧时代的政府之下。"伦敦《泰晤士报》驻罗马的记者也评说道："对重建教会政体的恐惧……弥漫在所有阶层中，只有那些和枢机主教们有密切关联的人除外。"[21]

　　如果说罗马市民垂头丧气，那么在罗马的法国军队也并不高兴。他们被当地人怨恨，住在逼仄的临时住房中忍受酷暑，他们的任务也不明确，并且常常听说疟疾发病季节给永恒之城带来的损害。"夏天太难熬了"，法军上校阿道夫·尼尔在7月末给他的兄弟写信时这样说道。在本月早些时候，正是尼尔把罗马城的钥匙交到教宗手上的："事情太棘手了。教宗不敢回来。"傍晚时，他报告说，当宵禁令解除后，又长又窄且尘土飞扬的科尔索大道上会挤满了马车和行人，这是罗马人在逃避酷热。一堆堆的马粪让街道变得危险。"鹅卵石对马来说太滑了，"尼尔观察说，"虽然戴着有钉的马掌，但它们还是常常滑倒。"[22]

罗马的犹太人焦急地等待着教宗统治的恢复对他们来说意味着什么。罗马共和国覆亡当天宣布的宪法已经赋予了他们平等的权利，但是现在一切都不好说了。当犹太人试着在罗马南边的韦莱特里镇开一家商店时，当地的商人怨声载道。作为回应，枢机主教安东内利从加埃塔写信来，向他们建议说在教宗的权威回归以后，犹太人就不再被允许把商店开在犹太聚居区以外的地方，而且他们很快就会被关回曾经的围墙里去。[23]

法国驻罗马教廷大使哈考特公爵已经被托克维尔召回，他是在 7 月 21 日离开罗马的。他即将在两个月后退出外交界。[24]

在加埃塔，雷内瓦尔对教宗在罗马被攻占下来后的第一封宣示中的发言感到不满，教宗的发言完全没有提及继续改革，他只好来到教宗处进言。

"你想要让我忘掉尊严吗？"庇护九世回答，"如果我做对了什么事情的话，"他问法国大使说，"难道我的行为不应该是自然而然的吗？这难道不应该是显而易见的吗？"

只要庇护九世还需要法国人来帮他夺回罗马，他就需要给他们留下一点他会半推半就的希望。尽管教宗的政治算计并不精明，他的本性也不是想要取悦他人，而且长时间以来，相较于奥地利，他在情感上更喜爱法国，这都让他对法国人保持着迁就。现在罗马已经拿回来了，他不需要再退让了。

"你不知道我的意图，"教宗这样告诉雷内瓦尔，"你不会看到我会作出你所要求的承诺。我不想要任何的宪法，因为宪法将会终结教宗职权。但是至于你常常跟我提到的改革，难道我没答应你吗？"庇护九世在这里说的是他愿意建立一个代理城镇和省的委员会，甚至是一个关涉国务的咨商委员会。而且，他还补充说自己清楚教宗国长久以来的积弊。"难道我不知道司法制度亟须建立吗？难道我不知道财政和行政都需要大加改良吗？"教宗反问道。

"你为什么要怀疑我的意愿呢？"教宗问，"难道我的巨大善意还不足以证明一切吗？"25

雷内瓦尔随即去见了安东内利，后者给他带来了更多令人沮丧的消息。庇护九世已经指示他任命一个三人执政委员会来掌管罗马的新教宗政府。教宗最初提到了任命一位枢机主教和两名世俗信徒，但是安东内利现在坚持只有枢机主教才能合适地代表教宗。在雷内瓦尔看来，这一点等同于发出绝对错误的讯息。安东内利还告诉法国大使，他很快就会宣布重新建立起旧式的宗教法庭。雷内瓦尔被吓了一跳。

第二天，雷内瓦尔再次去找教宗谈话。"庇护九世，"他观察说，"拥有一种和善、舒缓的心理倾向，即使是在最愤怒的时候也会很快平静下来。但不幸的是，"这位外交官补充道，"他缺少决断力，而且他不知道应该相信谁。"此前法国人将这种决断力的明显缺乏视作弱点，如今同样的弱点变成了承载法国人希望的一根细细的稻草。雷内瓦尔试着把教宗的注意力转移到回归权力后需要进行的大赦上。如果反其道而行，镇压同罗马共和国有关的人，便只会更进一步点燃人民反对他回归的怒火。

庇护九世则不为所动。"不要忘了我是谁，"教宗说，"对那些罪大恶极的人的惩罚是必要的。至于其余的，重要的是让他们离开。"

雷内瓦尔的话题又转向了安排世俗信徒进入政府的重要性。

教宗近期在教宗国的其他城市里指派的所有政府人员都是圣职。"圣父大人，"大使说，他已经预料到了教宗的反应，"您一定是想要告诉我们这些高级教士的职位只是暂时的——"

"事情就是这样。"教宗打断了他。

"没错，这是好事。但是这一重要的事实却完全没人知道……难道把此事公开不会是好事一桩吗？"

庇护九世告诉他说会好好考虑考虑。[26]

*

当雷内瓦尔在加埃塔苦口婆心地恳求庇护九世时，罗马人正紧张地等着教宗所选出的三人执政委员会的消息。法国驻罗马的外交临时代办汇报说："人们的恐惧大过希望。"他们将教宗周围的高级教士们视作一群谄媚之徒。"庇护九世，"伦敦《泰晤士报》驻罗马的记者写道，"被一群除了只会提出旧方法而拿不出任何新药方的人簇拥着，他们知道的旧方法就是地牢和流放。"[27]

三人执政委员会的人选被宣布了，罗马市民的恐惧被证明并非杞人忧天。枢机主教加布里埃勒·德拉·更贾（Cardinal Gabriele Della Genga）在三人中最为著名，于1836年34岁之时被教宗任命为枢机主教，此前七年，他的叔叔教宗利奥十二世（Pope Leo XII）刚刚离开人世。在教宗任期的前两年中，庇护九世曾经把反改革的德拉·更贾当作顾问，并把他安放在了费拉拉，让他担任当地教宗政府的首脑，他在那里相当遭人愤恨。这位枢机主教顽固、野心勃勃且报复心极强。他并没有忘记自己几年前在罗马受到的羞辱，当时在教宗拒绝和奥地利开战后，愤怒的暴民追着他的马车把他赶了下来。奥地利人对任命的消息感到很高兴。更贾将会成为正在组成中的三人执政委员会的灵魂人物。[28]

其他两名枢机主教就不那么知名了——雷内瓦尔当初曾把他们鄙视为"无名小辈"。鲁伊吉·凡尼谢利（Luigi Vannicelli），48岁，在过去的七年中担任枢机主教，深受格里高利十六世的喜爱。在他担任驻博洛尼亚的教廷特使时，他的反改革态度就已经众所周知了，他还在罗马做过四年的教廷警务总管，他也是奥地利人所欢迎的对象。"他是枢机主教兰布鲁斯齐尼最喜欢的人之一"，奥地利大使这样回忆道，"而且和他的同僚德拉·更贾一样，他也是前圣座国务卿最亲密和最忠诚的朋友之一。他的政治倾向和我们对他的看法，我相信，是毋庸置疑的。"

执政委员会的第三名成员是44岁的枢机主教罗多维科·阿提埃里亲王（Prince Lodovico Altieri），他来自一个古老的罗马贵族之家，30岁时被任命为总主教，曾担任过罗马教廷驻维也纳大使，35岁时晋升枢机主教。他比德拉·更贾更好相处，也对改革持开放的态度，奥地利人对他十分警惕。"枢机主教阿提埃里，"在先对另两位执政大唱了一番赞歌之后，埃斯特哈齐告诉施瓦岑贝格，"确实是硬币的另外一面，我真对他的提名感到遗憾，为枢机主教安东内利和他的敏锐判断力感到可惜。"但不用担心，奥地利大使评论说，阿提埃里在枢机主教德拉·更贾的手上产生不了任何影响，他知道要做什么，也会给枢机主教凡尼谢利提供支持。[29]

如果说埃斯特哈齐算是心满意足的话，雷内瓦尔可没有。在听说了任命人选后，他们马上跑去向教宗控诉。令人好奇的是，庇护九世并没有为自己的选择辩护，而是责难他们找不到合适的人选来担此职位。在任何情况下，他补充道，已经做了的决定就是木已成舟。雷内瓦尔向托克维尔重述当前局面时说："我没有再坚持下去，而且，我对他所处的尴尬境地和种种的不确定感到同情，我也同情他虽然有着诚实和善良的初衷，却优柔寡断，且在灵魂上十分脆弱。"[30]

"你们法国人，"教宗说，"总是做事急匆匆的。你们想要一蹴而就，而我们罗马人不一样。我们不慌不忙，有时候，我承认，的确耗了很多时间。但是这并非想要吓唬你，你要有耐性。"[31]

在巴黎，托克维尔拿着来自意大利的报告，胸中怒火汹涌。"很清楚，"他向科瑟尔勒抱怨，"他们是在跟你耍花招，他们正在看我们的笑话。罗马教廷正在把我们的许诺当傻子来耍，就仿佛我们是小孩子，摆在眼前的既成事实说明，这些人积习难改。你相信我，教宗这个人并不真诚。"也许，托克维尔承认，庇护九世觉得他所做的事情是出于良善目的。"但是对我们来说，"外交部部长下结论说，"他身上就有那种典型的伪善，为自己的行为所造成的伤害尽力装出一副和蔼的样子，以便伪装自己软弱。"

托克维尔已经忍无可忍了。法国人已经无法再忍受更进一步的羞辱了。如果说，在他们为教宗所做的一切之后，教宗继续拒绝法国的要求的话，他发誓，他会公开地向全欧洲斥责罗马教廷，向全天主教世界斥责他。"你看着吧，"他告诉自己的老朋友科瑟尔勒，"我将会做我应该做的——宁可不是出于外交部部长的职责，或仅仅是出于一名议会代表的责任——我绝不会接受他们为我们送上门来的耻辱和嘲弄。"[32]

第三部分　**受畏惧的人**

教宗国三人执政委员会
以圣父大人之名
行圣恩统治
至教宗陛下现世统治下的所有臣民

神圣的天意，通过所向披靡、无上荣耀的天主教军队拯救了所有教宗国的人民，让人民逃离了最狂暴、最黑暗的暴风漩涡，尤其拯救了罗马人民和罗马城——这个我们最神圣宗教的所在地和中心。因此，为了信守 7 月 17 日在加埃塔发布的敕书宣示中的承诺，圣父大人如今派我们全权来到你们中间，将以最佳的手段和最快的速度恢复秩序，抚平那一小撮无政府主义暴民造成的损害。

这份公告上的日期是 1849 年 8 月 1 日，发自奎里纳莱宫，上面签有三位新近得到任命的枢机主教的签名。这份公告表明教宗国政府已经重临罗马。几个小时之内，所有沿着科尔索大道张贴的副本都被扯了下来，这件事被枢机主教们指责为"民主分子的愤怒"。

罗马市民把枢机主教委员会称为"红衣三人团"，这不仅仅是因为他们衣服的颜色，也是缘于他们对反对者的毫不留情。人们曾期待他们中至少能有一名世俗信徒。但是，正如他们所见的，教宗派来了一群坚持宗教审判所的保守教士。在 8 月 1 日的第一次公开行动中，枢机主教们想要举行庄严肃穆的游行仪式，终点定在了圣彼得大教堂，但是法国军官和城市里的高级教士们都提出了反对意见。他们告诉三位枢机主教，罗马还没有足够"清洗干净"。[1]

第二天，"红衣三人团"宣布了他们的第一项决定，废除了自罗西被刺杀以来的所有行政举措。重新恢复了宗教法庭，所有罗马市民都极为痛恨由圣职来当主持。自11月15日开始，所有的政府雇员都被解雇了。所有曾拒绝为罗马共和国效力的人都受到欢迎，重新回到了他们的工作岗位上。一个特别委员会还将决定在罗马共和国时期继续任职的人是否可以获得允许，保留他们的职位。一天后，枢机主教们宣布，罗马共和国时期流通的货币将只有票面价值的零头。[2]

虽然教会的压迫主要体现在宗教审判所上，但是最让罗马人警惕的是代理枢机法庭的恢复。宗教审判所主要负责处罚违反戒律的圣职人员。代理枢机法庭处理的大部分案件则和罗马市民息息相关。凭借幕后的教廷警察势力和基层教士们的警惕目光，代理枢机法庭深深地侵入着人们的私人生活。[3]

法军害怕新的枢机主教委员会将引发混乱，他们在8月3日进行了一次有力的展示。战区好像又一次重临罗马，所有的骑兵和步兵都在一夜之间进驻了主要的广场，战马上鞍、子弹上膛。法军将三门大炮推到了人民广场上，炮口对着城市的主干道。所有的这一切，据刚刚抵达的奥地利领事的观察，"完全没有促使公众转变态度"。枢机主教和法国将军们的首次会议也没能顺利地进行。法国人知道，意大利人不会对枢机主教们无法流利地讲法语感到惊讶。对枢机主教们来说，则感觉受到了冒犯，将军们没有亲吻他们的指环，他们觉得这些人真是粗野。[4]

"如果奎里纳莱宫不是有法军守卫的话，"伦敦《泰晤士报》驻罗马的记者这样写道，"当人们发现从一个貌似慈祥的教宗身上已经得不到任何的许诺时，从加埃塔发来的一切都会引发严重100倍的怒火，罗马连一个小时的安全也不会有了。"英国记者注意到了当地人对法军态度的转变。在枢机主教们到来之前，罗马人把法军视作教宗军队的延伸。现在他们则把法军看作站在"他们和对枢机主教的复仇之间的人"。[5]

法国和新的教宗政府之间的紧张关系已变得愈发明显。枢机主教们渴望把罗马共和国的相关要人斩尽杀绝。这样的做法让托克维尔坚持认为将会导致灾难发生，他警告科瑟尔勒："我们将会在全世界面前颜面尽失、身败名裂。"他命令科瑟尔勒和乌迪诺，要确保不能举行这样的审判。

但是迫害很快就开始了。8月8日晚上，两个教廷警察闯入了负责共和国军医药事务的主管人佩德罗·利帕里（Pietro Ripari）的家。身处狱中的利帕里要求知道他会面临怎样的指控。他们告诉他，对他的指控源自1848年他和马志尼在瑞士的通信以及他批评教宗的写作。在从一个监狱转到另一个监狱，接受了一系列的审判之后，这名医生最终在两年后被判处了20年监禁，罪名是"非法通信"。教宗的地牢里挤满了这样的不幸冤魂。[6]

托克维尔很生气。即使是温和的改革，教宗也毫不含糊地拒绝了，"这导致我，"他对科瑟尔勒坦白说，"极度的烦恼，我甚至无法克制……我们为他花了钱，赔上了士兵的生命，我们在危险境地中给他冠上了支持自由的声誉。是我们出手救了他，不然这场革命可能早就把他推翻了，然后在这一切之后，他们居然敢拒绝我们，怎么可以这样？"

法国，托克维尔提醒他的公使，在介入罗马时曾抱持三个目标。他们已经达成了前两个：确保法国对意大利施加相当的影响；确保教宗地位之独立。但是他们不能在没达到第三个目的的情况下就离开罗马：教宗国的人民一定要处于"真心诚意的自由制度"的统治之下。法国的荣誉和尊严，托克维尔斩钉截铁地说：要求我们达成这三个目标。"如果没达成必要的结果就离开的话，那还不如干脆不要插手"，他忿忿地说。[7]

当第一份关于镇压的报告送达的时候，托克维尔给乌迪诺将军写了一封信，斥责他没有阻止这件事。法国外交部部长在信上说：

> 我收到的所有关于意大利的消息都让我愈发地确信，自从教宗国政权回归罗马以来，你都还没有明白自己所扮演的……角色。你好像觉得现在什么都不用做，而是成为一名旁观者，观察教宗国政府的行动……我从报纸上和书信中得知，在你的赞成或至少是默许下，被全欧洲大加谴责的机构，例如宗教审判所和遭人厌恶的代理枢机法庭已经重新被建立起来。[8]

托克维尔没有告诉乌迪诺的是，在他写信的同一天，他终于成功地让路易－拿破仑将乌迪诺解职了。"在过去一个月的每一天里，"他告诉科瑟尔勒，"我都在要求把乌迪诺将军召回来，只是因为惰性的关系才没有获准。今天，我明白地表明如果不将他召回，那我将拒绝执行任何任务。他才终于答应了。"[9]

8月4日，也就是同一天的清早，乌迪诺还不知道他已经被解职了，他还在思忖着自己终于有时间可以见到庇护九世了。乌迪诺乘坐了一艘法国船只来到了加埃塔。带着慈爱的微笑，教宗拥抱了这位将军，赞扬了他为教廷和教会所做的一切。[10]

第二天，乌迪诺和教宗进行了一次长谈。将军告诉他，假如当初有一支强大的军队的话，他的首席大臣根本不可能被暗杀，之后的一系列事件也就根本不会发生了。乌迪诺提出，他和他的高级将领们很乐意为教宗效劳，愿意针对组建一支现代化的军队提供建议。与此同时，他力劝教宗尽快回到罗马。

庇护九世对此提出了异议。那里的公众情绪，他恐怕仍然太过愤慨，这让他无法立即回归。他再一次为罗马市民的不知感恩而悲伤。他指出，也许自己应该先移驾罗马郊外山上的冈多菲堡（Castel Gandolfo），那是历任教宗们的夏宫。[11]

*

在巴黎，罗马发生镇压行动的报道点燃了国民议会的怒火。为了回应代表提出的要求，托克维尔被迫要作出保证，让法国出兵远征的目标能够圆满达成，不可以让中世纪的神权政治死灰复燃，托克维尔只能不情愿地站起来发言，左翼代表们则在整个过程中不断地打断。

这位外交部部长说道，法国正在和教宗磋商，这是关键的时刻，他们的目标是确保教宗维持他之前已经创立的自由制度。鉴于各位代表拥有丰富的从政经验，托克维尔告诉他们，这件事不适合公开讨论。会议大厅的左翼席位此时发出了强烈的刻薄笑声，同时右翼则传来了赞同的声音。

"我有权不仅相信，而且要用尽可能正式的方式说明，"托克维尔在他的发言临近尾声时作出结论，但让他感到恼火的也许并不是左翼代表们一直在起哄喧闹，而是他自己不得不厚着脸皮忍受他们的不悦，"这是圣父大人的坚定意愿。一个天主教徒，一个持善念的人怎能怀疑庇护九世所说出的话呢？基于教宗和我方的强烈意愿，我们可以确定，我国在意大利的远征将不会带来一个盲目又不合时宜的保守政权"。[12]

*

在亚平宁山脉的深处，加里波第和他的人马好像已离末日不远了。他们在早些时候放弃了在罗马以北建立一个根据地的计划，加里波第现在已经把他的目光锁定在了威尼斯，这是意大利最后一块仍然坚持反抗奥地利的地区。经过了几个星期的行军，他的军队规模已然缩水，患病、受伤、饥饿和丧失了意志的人不是被甩在了身后，就是被打发走了。

到了7月底，加里波第带领他的军队前往袖珍的山地共和国圣马力诺，穿过茂密的森林和湍急的河水，他们把奥地利追兵甩在了身后。加里波第在圣马力诺解散了誓言为他战死的人们。"记住，"加里波第告诉众人，"宁可死也比给外国人当奴隶苟活要好。"加里波第将大多数部下留在了身后，随即带着怀孕的妻子和300名追随者，怀着希望前往威尼斯。在圣马力诺当局的调停下，驻扎在附近的奥地利军队许诺，其余的人如果放下武器，就可以回家。其中有900人同意这样做，但他们很快就将后悔对奥地利人的信誉和荣誉感所抱有的信任。

在抵达了亚得里亚海岸之后，加里波第和他的追随者攻打并占领了一座奥地利哨站，他们在得到了13艘渔船后向威尼斯驶去。加里波第生来就是一个水手，在海上，他感到如鱼得水，但是过不了多久，速度更快的奥地利军舰就追上了他们并朝他们开火。大部分船只被俘，船上的人被拷上锁链送到了附近的奥地利堡垒中。如奇迹一般，加里波第、他的妻子阿尼塔、修士乌戈·巴希、"雄辩者"和他的两个儿子都成功地逃脱了。

　　他们在费拉拉北部沿岸的一个无人区登陆，加里波第决定，他们最好分成小组行动。他和阿尼塔向拉韦纳（Ravenna）进发，希望能在那里得到帮助。第三天，在奥地利人的穷追不舍之下，已经怀有七个月身孕的阿尼塔实在无法再向前行走了。她已经被山路的艰难累得精疲力尽，开始发起高烧。一天后，阿尼塔离开了人世，她肚子里的第四个小孩已永远不会来到人间。心境陷入狂乱的加里波第继续前进。在沿路同情者的帮助下，他跨过半岛，来到托斯卡纳沿岸并从那里安全地抵达了热那亚。[13]

加里波第和他濒死的妻子阿尼塔

当加里波第成功逃离了危险，那些在圣马力诺放下武器的人已经戴着锁链被送到了博洛尼亚。当地的一本日记这样描述了当时的场面："今天中午，在步兵和骑兵的中间，6个曾效命加里波第军团的人抵达了城里……这些可怜的人全身被捆着，光着脚，他们的惨状足以让最铁石心肠的人为之动容……没有人知道他们的命运将会怎样。"14

乌戈·巴希已经成功抵达了位于费拉拉东部的沿海城镇科马乔（Comacchio）。当地的一名眼线向警察举报了他，警察旋即将乌戈·巴希转交给了当地的奥地利指挥官。15

对于博洛尼亚的奥地利将军来说，这个叱咤风云的知名修士、加里波第的左膀右臂，绝对是一个天大的赏赐。他正在为加里波第的逃脱而懊恼，盘算着一定要展开报复。他直接给这位巴

修士乌戈·巴希被捕

尔纳伯会修士冠上私带武器的虚假罪名，没经过审判就将他判了死刑。8月时，被捆起来的乌戈·巴希被8个士兵举到了一辆军队马车上，游街开始了。在马车的两侧各有一名神甫跟随，还有一名鼓手敲着葬礼的鼓点。当他们抵达刑场以后，巴希跪下来祈祷。有一个士兵要给他戴上眼罩，但是他要求由那名神甫代劳，从而让自己在死前最后接触到的是一名圣职。指挥官举起了佩剑，巴希的祈祷声回荡在刑场的上空，奥地利人猛地向下挥动胳膊。这是来自博洛尼亚的爱国修士的最后瞬间，他早就预料到了会有这一刻，他曾勇敢地冒着法国人的子弹照顾伤者，给疲惫的罗马守军带来上帝的话语，现在他瘫倒在地，几颗子弹打穿了他的身体。[16]

"雄辩者"，罗马的民众英雄，他所面临的则是更残酷的命运。他和两个儿子在8月9日一起落网。和他们一起被捕的还有其他5名加里波第的追随者，其中一人是个年轻的神甫，曾和乌戈·巴希一起照料伤患和奄奄一息的革命者。第二天午夜，奥地利士兵带着8名囚徒，让他们分为两组、相互捆着手腕前往刑场。奥地利人没有进行审判。"雄辩者"和他的小儿子洛伦佐（Lorenzo）捆在一起，他恳求克罗地亚军官能够放了这个孩子，他才13岁。带着讥讽的笑脸，军官下令先把这个孩子射死。随后他们才把枪口对准了"雄辩者"和他的长子鲁伊吉（Luigi）。[17]

*

在加埃塔，雷内瓦尔仍在试着说服教宗能够采取改革路线，他给教宗带来了一封托克维尔不久前写给大使的信，并大声地朗读了信上的内容。这封信措辞严厉地细数了法国对教宗的失望，并提出了警告，如果教宗不顾法国建议的话。

"你不相信我，"激动的教宗打断了雷内瓦尔，"这不公平。我的话从来没有变卦过。我所许诺的事情，我会做到。我为什么要食言我曾许下的承诺呢？"

"法国，"雷内瓦尔回答，"已经等得足够久了，而且至今没有看到任何结果……旧法已经再次建立，而且没有任何迹象表明它们会在近期得到修改。难道巴黎的不悦和失望还会让人惊讶吗？"

西班牙、奥地利和那不勒斯，教宗回应道，都对目前的进程感到满意，为什么唯独法国觉得它不行呢？

"法国，"大使说道，"冒着政府的存亡之危来保护您。"法国政府必须要给它的人民一个答复。"那不勒斯的国王或是奥地利的皇帝难道有需要去答复什么人的质询吗？"雷内瓦尔问道。

"迟早会的。"教宗说。

雷内瓦尔可不打算轻易将这个话题放下。"我不这么看，"他说，"从我来的地方，当新的力量已经积聚起来，最重要的即要把政府的计划讲明白。我们相信，在想要安抚人民的情绪时，不确定性是一种最糟糕的状态，关于这件事，我们法国有大把的经验。所以，我们等待圣父大人能够在第一天就把计划说清楚。"

"阁下，我们应该改变你的态度，"教宗回答，"你瞧啊，你所说的，你是在威胁、恐吓我吧！就因为你背后有 30000 人，你就觉得可以把自己的意志强加在我的身上吗？"

"圣父大人，请不要误会，"雷内瓦尔回答说，他试图平复教宗的情绪，"我们一开始就请求您准许一部宪法——"

"你要是还这么坚持，"教宗打断了他，"我是绝对不会回到罗马的。"

"我不是在坚持,但我们的要求是,您能答应对我们作出的承诺,还有任何事能比这更温和吗?"

雷内瓦尔越来越泄气了,他在给巴黎发回的报告中讲得很清楚。

过去几年发生的历史向我们表明了许多事,例如向教宗施压是完全没有用的。在这一切中,教宗展现了一名圣职在精神层面的最本质属性。在他的沉默中,他已经把一切都说明了。施压只是白费力气,徒劳无功。他坚定地不改初衷,最后有人要被迫妥协。我们没有逼他。任何其他一位君主,一旦离开他的国家,就将不再具有任何意义。但是这个人即便在流亡中,也不会失去什么。我们唯一的方式就是劝说。我们可以告诉他所面临的危险,并告诫他要力求避免这种危险,但是从此时起,当我们看似是要对他施加影响时,我们的任务其实早已失败了。[18]

/ 282

*

当法国大使在加埃塔和教宗发生争吵时,当骇人听闻的死刑正在教宗国北部省份有条不紊地进行时,罗马城里也在发生着变化。乌迪诺的位置被59岁的老将军路易·德·罗斯托兰所取代。在7月时,正是罗斯托兰作为罗马军政府的执政官,作出努力来平息城中的暴力事件。并不乐观的托克维尔这样告诉科瑟尔勒:"没错,他的确是个不重要的人,但他做事准确、守时、诚实,在缺少任何更好人选的情况下,有他也足够了。我是这么希望的。"[19]

托克维尔指示这位新任的军队首领在所有的政治事务上听从科瑟尔勒的建议,但这并不是一件容易做到的事,因为科瑟尔勒正在养病。"我的排泄物里几乎已经没有血了",科瑟尔勒在8月中旬带着些许欣慰之情向托克维尔报告。他写信给外交部部长建议说,根据医生的建议,他正计划从加埃塔的莫拉搬去卡斯蒂拉马里(Castellamare)静养,这个地方位于那不勒斯湾的顶端,天气不会那么炎热。在那里,他可以得到妻子的照料,他的妻子正是美国革命时期的法兰西英雄拉法耶特将军(General Lafayette)的孙女。

对于科瑟尔勒身体微恙一事,庇护九世则收到了不同的消息。虽然这位法国公使据说是得了炎症性痢疾和脑发热,但是外交部门里的某个人告诉教宗,法国公使的突然离开并非出于身体上的病情,而是缘于精神崩溃。按照他的说法,这已经不是第一次在他身上发生了。[20]

8月中旬,当加埃塔的天主教四国会议重新召开时,雷内瓦尔发现自己是在单打独斗。他已经放弃了法国早先提出的立宪要求,大使催促教宗至少要创立一个拥有征税权的世俗信徒委员会。安东内利毫不犹豫地拒绝了这个设想。这样的一个委员会,他解释说,将会带来"所有导致流亡加埃塔的荒唐和危险再度出现"的可能性。埃斯特哈齐声明强烈支持安东内利,西班牙大使马丁内斯也是如此。马丁内斯是西班牙最杰出的文学家之一,他早先曾被认为是政治上的进步派。但是对西班牙来说,罗马问题是独一无二的,这件事要以纯粹的宗教眼光来看待。教宗不能作为立宪君主来统治。教宗国更适合让教会来统治,所以世俗信徒只能扮演微小的、支持性的角色。马丁内斯的温和、文学自觉和虔诚的宗教使命感让他成了庇护九世最喜欢的人之一,他的支持也帮助教宗下定了决心。[21]

雷内瓦尔已经感到绝望了。他向托克维尔保证，如果法国当初能在教宗拒绝在罗马立宪的事情上作出让步的话，那么现在教宗将有可能允许成立如遮羞布一般的征税委员会。但是现在，这件事也遭到了一口回绝。

"游戏已经结束了，"雷内瓦尔慨叹道，"如果他们能给我留一些诉说时间的话，那也算是有礼貌了。"[22]

*

在罗马，教宗神权政治的所有专制元素都已被恢复。8月中旬，枢机主教们宣布将成立一个委员会来调查所有政府、警务、法庭和公共行政机关的人员，从而决定他们中有谁参加了"已经过去的政治动乱"并要接受惩罚。这个委员会也将调查所有的公共养老金受领人，以决定谁的养老金要遭到停发。相似的委员会已在教宗国各地建立起来，枢机主教们还恢复了严密的审查制度，目的是"防止受结社思想或民主情绪侵害的期刊报纸造成破坏，这些媒体会导致公众品德败坏、危及公共安全"。[23]

新政府的大臣职位也得到了重新安排。其中最重要的职位，也即唯一握有实权的内政大臣，将掌管整个警务系统。对于这个职位，教宗带回了那个臭名昭著的"蒙席斗牛犬"多门尼科·萨维利。正如一个编年史作家所描述的，这位广受憎恨的警察头子是"一个铁石心肠、惹人厌而且报复心重的人"，这只斗牛犬很快就和法国人起了冲突。"真是个不幸的决定"，雷内瓦尔这样评论道。在他上任几天后，萨维利就试图让法军帮忙追捕前制宪会议的代表。[24]

　　8 月 23 日，枢机主教们发布了新的公开声明：反天主教、反圣职统治的罪人，最近叛乱的匪首早该受到惩罚了，这个时间已经拖延太久。他们正在成立一个特别委员会来监督对这些人的审判，萨维利蒙席将全权负责监督工作。[25]罗马的气氛压抑难挨，尼尔上校这样观察，他写信告诉自己在法国的兄弟：

> 政治状况很糟糕。罗马街道上充满了服饰各异的教士、方济会托钵僧（Capuchin）和多明我会修士，这些人的傲慢行为挑动着军队的耐性。他们出现在公共场所的各个角落，和法国教士的体面修养大相径庭。总的来说，他们是政治人，为了保住旧有的权位而大声呼号。从另一方面看……绝大多数的世俗信众都强烈反对由圣职来把控政府，并且厌恶这种政治影响力的回归。[26]

　　法国内阁相信教宗和他周围的人正把他们看成笨蛋，面对着在全世界和本国人民面前颜面扫地的险境，眼看着奥地利及其盟友正在恢复罗马的专制统治，内阁已然忍无可忍。在 8 月中旬的一次会议中，长久以来都对罗马的军事行动持有怀疑态度的法国总理再次检讨了新近发生的令人愤怒的事件。教宗之前曾许诺，在罗马当政的委员会将主要由世俗信徒组成。事与愿违的是，他指认了三名枢机主教。在第一次接见在罗马驻扎的法国将军和高级将领时，枢机主教们甚至懒得穿上他们鲜红色的长袍，他们让乌迪诺和其他人在门外等了很久很久。当法军将领终于得到了接见，枢机主教们冷冰冰地和他们打了招呼，然后开始下达命令——并没有像法国曾要求的那样征求乌迪诺的意见。随后，重临罗马的教宗国政府最先采取的措施之一就包括恢复了宗教审

/ 285

判所。法国的荣誉感，巴罗说，要求他们不能再遭受这样的侮辱了。

在总理言辞激烈的长篇演说后，托克维尔向内阁成员们宣读了他近期收到的英国外交大臣巴麦尊勋爵的来信。这位英国大臣在信中说，如果法国政府给驻罗马的法国军队传达的捍卫自由的命令的意义是如此微不足道的话，那么他怀疑，英、法两国政府是否还能继续合作。罗马的远征已经引来了巨大的尴尬，现在威胁到了法国和英国的同盟，这是法国外交政策的核心。法国流了大量鲜血，付了大量金钱来帮助教宗回归罗马，巴罗说，可庇护九世非但没有表现感激，反而用极其糟糕的方式相要挟。这场猜谜游戏是时候该停止了。[27]

阿尔弗雷德·德·法鲁，法国的公共教育和宗教事务部部长，一位炽热的教宗捍卫者对此十分警觉，他力劝同僚不要采取任何的鲁莽行动。当会议暂停以推迟最终决定时，法鲁急匆匆地跑到了教廷大使那里。他告诉被吓住了的大使，如果自己今天没有参会，那么法国从罗马撤军的决定早已拍板定案了。就像往常一样，他补充道，总统的善意再一次保护了他们。只有路易－拿破仑，或是范围更缩小的话，只有托克维尔，他说，才对罗马事务有所了解。至于剩下的那些部长，他们"既不明白教宗是什么，也不知道宗教为何物"。他已经无法再阻止他们了。法鲁告诉教廷大使：

> 为了教会的福祉，我恳求你能给安东内利写一封信，让他至少能对法国的公使展现起码的尊重，甚至比这更重要的，指明圣父大人想要遵循的政治路径到底是什么。不管接下来会发生什么事，看在宗教的分上，让他公开说出来，而

且要尽快说。如果不这么做的话，政府将会认为有必要采取行动，这是会深深伤害天主教心脏的举措，将会毁灭圣父大人的现世统治。[28]

*

科瑟尔勒仍处于康复之中，雷内瓦尔则继续面见教宗，但他取得的效果微乎其微。大使表达了对大规模抓捕政治异见人士的不满，教宗的回应十分典型。他说道："在罗马，他们认为［被捕者］数量巨大，但是我的意见恰恰相反，我的抱怨是他们抓得还不够多。"庇护九世认为罗马的镇压远不谈不上过度严苛，而是仍过度放纵。"司法程序，"教宗抱怨道，"仍是一个僵局。罪犯仍然没有遭到惩处。那些曾公开反对我的人正大摇大摆地走在罗马的街道上……真正应该让我们警惕的是镇压行动的完全缺失，以及对各种罪犯的长期不予惩罚。像是这样的局面，"教宗进一步问道，"难道我能发布什么大赦吗？我还能做梦回到罗马吗？"

雷内瓦尔回忆说："教宗已然受了刺激，我看出了……清晰的受难迹象。他已经对我们的要求感到厌烦。我们的控诉让他觉得腻烦……他已经关闭了通往让步的道路，而是要起身反抗……他现在已经清楚地表明，只要法国人不改变态度，他就不会返回罗马。"然而，雷内瓦尔写道，在枢机主教们一心想要报仇之时，各国外交官们也在暗地里和奥地利联络，"教宗是我们唯一的支持。除了教宗以外，我们没有别人可以依靠。在教宗的内心深处，比起奥地利，他总是更贴近法国。很快，"法国大使预测，"事情就会迎来转机。"[29]

当雷内瓦尔离开教宗的居所并赶回罗马时，一名法国上校也正在赶往罗马的路上。他身上带着的是路易－拿破仑发出的最后通牒。

法国公共教育和宗教事务部部长法鲁已经说服了法国总统，法国将推迟军队从罗马撤出的时间，但路易－拿破仑和他的总理都不愿把事态就此丢下不管。按照总理巴罗的回忆，这是他唯一一次见到通常平静如水的路易－拿破仑情绪如此波动，对教宗陷他于尴尬境地感到忿忿不平。在那次戏剧性的内阁会议后，总统决定以书面形式发布最后通牒，将这份通告交付给他的副官埃德加·奈伊上校（Colonel Edgar Ney），让他带去交给身在罗马的罗斯托兰将军。

> 法兰西共和国并未向罗马派兵以扑灭意大利人的自由，而是正相反，法国军队的目的是恢复秩序，以免过激行为，从而能打下坚实的基础，让先前勇敢地推行各项有益改革的圣座可以顺利回归……我悲痛地得知，圣父大人的慈爱意图以及我方的行动，已经被敌意和一些人施加的影响所撕裂，那些人想要用惩罚和暴政来当作圣父回归的基石……［罗斯托兰］将军将替我表明，在我国国旗的影子下，他将不会允许任何改变我方军事介入性质的行为。我将让教宗的现世权力以如下方式延续：大赦、行政机构世俗化以及一个自由的政府。

/ 288

法国总统还在信里指责了罗马的三位枢机主教对待法国军官

的糟糕方式，以及他们缺少对法国士兵所作的重大牺牲表示感激。他时刻不忘自己的最强之处就是拥有伟大的家族姓氏，路易－拿破仑把自己当成了伯父形象的延续。

> 我们的军队在欧洲各地驰骋，当他们离开的时候，残暴的封建主义就会解体，自由的种子已经发芽。我们不能允许在1849年，有一支法国军队与这样的原则背道而驰，而且导致了相反的后果。[1]

当奈伊上校带着这封信离开巴黎，一场内阁会议在同一天的早晨召开了，总理在会上给法鲁递上了这封信的副本。这位部长意识到，这封信的内容一旦公开，将会引起暴风骤雨。这位笃信天主教的部长问道，罗马的什么人将会看到这封信的内容。这封信，路易－拿破仑向他保证，将只会给罗斯托兰将军一人。

"那么好吧，总统先生，"法鲁问，"你保证它绝对不会公开吗？"

"哦！不会的！绝对不会的！"路易－拿破仑回答，但他已然吩咐奈伊的做法恰恰与之相反。[2]

托克维尔是在这场会议上才知道有这封信的事情的。他写信警告科瑟尔勒："几天以来，所有来自意大利的消息都是灾难性的……有消息说人民对教宗国政府极为不满，甚至有可能更讨厌我们。"这样的情形所带来的后果就是那两场内阁会议，托克维尔说，在会议上他要试着阻止同僚采取突发的行动。"他们讨论的，是要拒绝认可教宗国当局在罗马及我军占领省份中的合法地位。"托克维尔这样描述道。[3]

当8月27日抵达罗马时，奈伊上校把信展示给了当天才刚从加埃塔回到罗马的雷内瓦尔，并通知他总统想要把这封信在罗马的官方报纸上发表。大使立即认识到了事态的严峻性。"这将会造成巨大的影响，"雷内瓦尔向巴黎提出建议，并补充说，"很难预料一旦公开后的所有后果。"[4]

这封信在第二天并没有见报，因为罗斯托兰将军拒绝批准这么做。考虑到紧张的公众情绪以及军中广为散播的不满情绪，将军担心发表这封信太过危险。[5]

被将军一口回绝之后，奈伊上校自行誊抄了一份副本，所以这封信在次日传遍了城市的每一个角落。街头巷尾，无人不在谈论这个话题。枢机主教们也得到了一份副本，执政委员会找来了雷内瓦尔，告诉他这封信不仅侵犯了教宗的威严，而且有煽动教宗国暴乱的风险。如果法国人无视劝阻，仍要继续发表的话，他们威胁会离开罗马，把教宗国政府所在地设置在境内的别的地方，并升起一个更友好的盟国的旗帜。[6]

这封信的非法抄本在第二天已经传遍了罗马的大街小巷，教廷警察开始突袭咖啡馆，毁掉他们找到的副本并搜查私藏的打字机。如今法国总统拒绝教宗计划的消息已经公开，法国《辩论报》（*Débats*）进行了报道，认为教宗和法国的分裂似乎已不可避免。这篇报道的记者推测，教宗不但不会回到罗马，反而更有可能去往某个奥地利控制的教宗国城市，这个城市有可能是博洛尼亚，也有可能是安科纳。[7]

雷内瓦尔回到了加埃塔。他发回给巴黎的第一份报告的语气十分凝重：

> 一切努力都已徒劳无功。社会的真正需求仍然没有着落。法国的建议也毫无影响……枢机主教和他们周围的人能把最完美的体制和机构变得一无是处……在罗马，这里有大

量知名的、受过良好教育的出色律师，但是法务大臣却是个绝对的无名之辈。至于工务大臣，他们选了一个造过一座桥的承包商。财政大臣是一个簿记。这就是他们头脑中有关让世俗信徒进入政府的理解。

现在埃斯特哈齐成了教宗的耳边人。这个奥地利人在一周以前就进一步巩固了自己的地位：抗击奥地利军队的最后一个抵抗据点威尼斯，终于在旷日持久的炮轰、饥饿和霍乱中投降了。"镇压，"雷内瓦尔在报告中说，"就是罗马政策的关键词……这些人声称罗马的一切进展都糟糕透顶，因为他们杀死的人不够多，关押的人不够多，惩罚的人也不够多。"[8]

雷内瓦尔再次找到教宗向他提出警告，罗马的教宗支持者数量每天都在缩减，甚至连最温和的人也开始对未来感到绝望。只有立刻动身前往国都，宣布慷慨的大赦，并宣告会搭建一个启蒙开化的政体，灾难才可扭转。雷内瓦尔反问道，至高无上的宗座怎么能只依赖外国武力来统治他的人民呢？如果教宗继续走在这样一条忽忽之谋的道路上，大使警告说，他最好打消依靠法军作支撑的念头。[9]

枢机主教们并不像法国大使那么焦虑。"我们也不觉得人民对教宗国政府忠心耿耿"，9月初，三人执政委员会中的枢机主教德拉·更贾在罗马这样对奥地利领事承认道。"我不抱幻想，"他补充说，"我知道喜欢政府受圣职把控的人十分有限。"但问题并不在于教会统治，而是在于异端思想，多亏了那些蛊惑人心的家伙，异端思想已经在那些没文化的群体中传开了。教宗和高级教士对教宗国实行统治，这是上帝的意愿。他们所经受的灾难，德拉·更贾指控说，都是教宗的错，因为正是他的"过度宽大"削弱了人民对他们正当统治的爱戴。[10]

*

庇护九世没有听从法国人极力奉劝的回返罗马，而是决定离那里更远些，找一个离那不勒斯较近的舒适居所做驻地。在加埃塔待了大约九个月零九天又九小时后——眉头紧锁的拿破仑编年史作家这样计算——9 月 4 日星期四一早，庇护九世在那不勒斯国王和王后的陪同下，成了第一个搭乘蒸汽船的教宗。

当他们沿着海岸航行，费尔南多二世国王给教宗指着每一个沿途的地标建筑作介绍，并指着维苏威火山（Mount Vesuvius）上空飘着的烟，这是它在准备新一轮的爆发。他们的目的地是费尔南多二世为教宗预先准备好的一个巨大的王宫，位于波蒂奇（Portici），据那不勒斯城只有几英里远。至于教宗将在此处停留多久，没有人知道。[11]

*

罗马，剩余的街垒残片和断壁残垣仍然历历在目。夜幕降临后，那些怀念罗马共和国的怀旧者聚集在当地的小吃店里举行煽动性的宴会，并分发记载共和国美好日子的非法抄本。有四座剧院重新开张了，虽然法国当局干脆查封了其中的一座，因为老板辱骂观众中的法兰西军官。

事实上，几乎所有曾效力于制宪会议的人现在都已经离开。法国当局已经把最后一人诱上了开往马赛的船，告诉他们将会在法国得到寻求政治避难的保障。法国人渴望让这些人离开教宗国，而不是让他们面临牢狱之灾，或是被教宗国政府处决。但路易－拿破仑并不很想让他们待在法国。当船只在法国港口靠岸时，这些人被留在了甲板上，等待着被送往美洲。[12]

教宗的支持者们在罗马仍感到害怕，其余的人则郁郁寡欢。"走到哪都能撞见这群压榨国家的闲散教士，他们是一种难以磨灭的邪恶，"尼尔上校在给他兄弟的信中写道，"他们是一群谄媚的乞食者，不习惯自食其力。"按照法国军官的设想，罗马人最需要的就是一个高效的由世俗信徒组成的平民政府。"但是，"他问道，"在一个越来越倾向把一切都交给教士的教宗权威下，这一切怎么可能得到调解呢？"[13]

与此同时，路易－拿破仑正因他的信仍没有公开发表而在巴黎大发雷霆，然而罗斯托兰将军却威胁说，他宁愿辞职也不会允许这封信被公之于众，他坚信这封信不但会削弱军队的士气，而且还会鼓励民众对新的教宗国政府发起反抗。[14]

罗斯托兰并不是唯一一个反对这个要求的人。科瑟尔勒誓言，如果法国政府继续坚持让总统的信公开，他也会辞职。与此同时，雷内瓦尔补充了自己的警告："将此信公开会违反教宗国政府的正式意愿，"他认为，"这种把教宗国政府踩在我们脚下的羞辱过于不近人情。"[15]

法国的公使们之所以不愿意公开这封信，主要在于他们不愿意有任何事情妨碍教宗已经等待多时的发言，向他的臣民公布新政府的各项计划。几个星期以来，他们都在告诉教宗让臣民知道大范围赦免乱党、由世俗信徒而非圣职担任政府人员，以及继续之前已经采取的多项自由化改革等计划的重要性。他们现在都在紧张地翘首以盼，看教宗是否会采纳他们的建议。

在抵达波蒂奇之后，教宗找来了多位枢机主教以听取他们的意见。对法国的敌意已经越来越深。枢机主教们辩称，许诺向臣民作出让步将会暴露软弱。人民将会看到一个身陷重围的教宗在向法国的压力低头。如果要像法国人所催促的那样恢复咨商委员会的话，枢机主教兰布鲁斯齐尼警告说，所有的一切就都完了。那将是通向革命的第一步。枢机主教们一点也不想让教宗去一个法国人控制的城市。对兰布鲁斯齐尼来说，教宗最好能去一个教宗国境内由奥地利占领的城市，因为这样的话，他就可以随心所欲了。

教宗看起来像变了一个人似的。臣民的抗拒已经深深刺痛了他。他再也不想要体验那种自罗西被杀以后，身处在混乱的罗马城中的可怕无助感了。他现在紧紧地抓着一条能让自己舒适地安放信仰的道路，即圣彼得宝座上的历任教宗们所跟随的永恒真理。听从那些告诉他必须要与时俱进的言辞只会使他头痛，只会给他深爱的教会带来灾难。在庇护九世看来，代议制政府和个人自由不仅与教宗国的神圣本性格格不入，而且天生邪恶。这将成为他余生中坚定不移的信念。[16]

9月17日，企盼已久的教宗宣示终于张贴到了罗马的城墙上。在先是赞扬了"勇敢的军队和天主教国家"把罗马从"暴君"手中解救出来并重新恢复了他的力量后，教宗描述了他想带给新政府的各项职能：将会有一个国务协商委员会，其成员和职责将在日后宣布；将会建立一个财政委员会，以审议政府财务并提出税务方面的建议，其成员待选；还将建立各省议会，其代表将由各市镇委员会推举，而后者的成员则由地方上的有产者经选举产生；至于司法，将由教宗本人确认领导层，并指派一个委员会商讨改革事宜。[17]

教宗宣示的最后一项事关赦免问题，上面十分简略地写到细节有待公布。三位枢机主教在第二天公示了细节。远不同于法国人催促的广泛、慷慨的赦免，这个赦免令极为严苛。没有获得赦免的人包括共和政府的成员、制宪会议的代表、各军事组织的首脑，而且还有庇护九世在 1846 年担任教宗后不久，所宣布的大赦名单上的所有政治犯和流放者。[18]

"在所有大赦的历史上，"曾经在罗西政府中掌管公共卫生事务，并在罗马共和国时期逃离罗马的路易吉·卡洛·法里尼评论说，"你绝对找不到这样的一份文件，让你只能在开玩笑时才能称它是大赦。如果你仔细看相关条款，你会发现无人得到了赦免。"[19]

在写给罗马教廷驻维也纳大使的讨论教宗大赦一事的信函中，枢机主教安东内利大肆抨击了法国，他知道法国一定会对这样的赦免感到不悦。这位圣座国务卿解释说，教宗对赦免的限制既是道德和宗教上的要求，也是司法上的要求。他告诉大使，既然教宗现在已经宣布了政府恢复后的各项计划，那么希望法国人也应该要停止他们没完没了的要求了。但是，他补充说："我不能向尊敬的阁下隐瞒……［法国人］每天提出的要求，都违反了天主教所保证给予圣父大人的事关现世统治的君主权利。"[20]

在托克维尔和路易－拿破仑与教宗的意志之争中，法国人已经赌上了他们的军队和国家的荣誉，但是教宗，按照安东内利的话来说，是一个清楚地了解教会政治力量的人。更具慧眼的意大利观察家们早就毫不怀疑谁会是这场较量的胜利者了。自由派的博洛尼亚贵族马西莫·达泽格里奥——罗西遇刺以后，庇护九世最初打算让他来领导政府，从 5 月开始，他成为撒丁尼亚王国的首相——是预见未来前景会十分黯淡的人之一。"我仍然怀疑，"在一封写给友人的信中，达泽格里奥吐露，"法国的影响力能敌得过圣职的狡猾。"[21]

人们等待已久的宣示和大赦只是更进一步地燃起了人们胸中的怒火，就像荷兰大使所说的，"憎恨教会政府的感情在这里普遍存在"。在法军内部，对出力恢复神权政治的怨怼之情也在快速蔓延。[1]

在向巴黎方面报告教宗的决议时，雷内瓦尔竭尽全力试着为其粉饰形象。法国在很久以前就放弃了他们的立宪要求，就连他们提出的最温和的让世俗政府制定税收政策的要求也遭到了教廷的拒绝。但仍有一些积极的因素，尤其是在市政府层面，法国能够从此处获取称赞，因为这部分完全处在法国的压力之下。即便是如此温和的改革，枢机主教们也十分不安，在法国大使的报告中，枢机主教们"声称改革是新灾难中的病菌，是通向又一次流亡的大门。他们认为——我毫不夸张——旧有的格里高利体制才是唯一合理的"。

"在圣职人员的眼中，"大使补充道，"庇护九世就是一个正在把现世权力带向毁灭的瞎子。"枢机主教们已经采取了能够使用的各种手段，如"密谋、困扰、诉苦，甚至是胁迫"来达到他们的目的。"谁知道呢，"雷内瓦尔问道，"以他的软弱个性，在被这种受难般的经历震撼过后，如果不是法国的态度鼓舞了他，谁知道圣父大人会不会动摇呢？他现在所做的一切，尤其是为了取悦我们。这些为我们所做的事，让他付出了巨大的代价，这一点是毫无疑问的。"

雷内瓦尔知道托克维尔和他的阁僚会对教宗提出的微小让步感到不满，他于是要谨慎地反对任何仓促的举动。"如果我们表现得不悦，"这位法国大使警告说，"我们将会冒犯到庇护九世极其敏感的个性，可我们只能将希望寄托在他的身上。"[2]

与此同时，巴黎的一份新的报告惹恼了托克维尔。英国和法国报纸都在报道马志尼提出的尖锐指控。这位意大利的独立先驱控诉说：

> 挤在罗马监狱里的那些人是被眼线举报的，他们中的大部分只是遵从了当时的政府号令，现在，他们成了教士复仇的牺牲品。而圣天使堡中正关押着50名以上的圣职人员，他们的罪名只是给罗马共和国的医院提供服务。年轻的警员们也遭到了关押，他们受到了残酷的终身监禁的判决。

"这将是非常严重的事情，"托克维尔告诉科瑟尔勒，"如果这是真的，即便只有一部分是真的。"他要求确认一下自法军进入罗马，有多少人因政治罪名遭到过关押以及还有多少人仍处于关押中。他断言，法国是不会准许有这样的监禁发生的。如果枢机主教们抱怨说法国侵犯了教宗的权力的话，外交部部长说道，"那就让他们尽管抱怨去吧"。托克维尔告诉他的公使：

> 留给我们的唯一安慰、唯一理由就是让世人对自由的希望不至于遭到毁灭，这也是我们军事远征的初衷，因此我们至少要解救一些人。我们能从中赢得世人的同情，而不是让他们击败我们。让我再重复一遍，这不是建议，这是命令。[3]

正当他在写这些话的时候，法国外交部部长终于收到了一份教宗向人们宣布的政府组成计划的副本。托克维尔早就放弃了希望，他知道教宗不会接受法国的施压，确保立宪得以施行，可现在他又一次感到了怒不可遏。和怀恨在心的教宗相比，他生气地说道，奥地利皇帝和那不勒斯国王可以算是仁慈的圣洗池了。"我曾说过，法国不允许远征行动造成一种结果，即恢复一个盲目且难以和解的旧政权。这个政权现在比我之前预想的还要盲目，其难以和解则远超我想象的极限。"这位《论美国的民主》的作者再也忍受不了这样的窘境了。他告诉科瑟尔勒，即便是考虑到国家的利益，在我所提出的政策进行得如此糟糕的情况下，我怎么还能继续待在外交部部长的职位上呢？ 4

*

在庇护九世位于波蒂奇的豪华的新居里，雷内瓦尔向教宗告知了法国政府对他近期发布的宣示有多么失望。

"也许你能在法国找到一些为我讲话的人，他们能看到围绕在我周围的数不胜数的困难，"教宗答道，"我清楚地知道，我给出的政治制度十分不完整。君主权力仍然原封不动。没有得到分享。但是我没法再做更多了。任何一个认识到意大利实际情形的人都没法再做更多了。对于民主，意大利还没有准备好。"

顺着最后这句话的观点，庇护九世问雷内瓦尔，在意大利各地近期实行的宪法中，有多少还仍然有效。那不勒斯国王提出过他的宪法，托斯卡纳大公也颁布了宪法，只剩下撒丁尼亚王国还保有宪法，事实已经证明：宪法，是君主的灾难。教宗如是说。在过去的一年半中，撒丁尼亚国王已经换过 8 位不同的首相了。"如果纯粹的世俗君主都承受了这么多痛苦，考虑到要在意大利允许言论自由，"教宗反问道，"作为一个要照顾如此多重利益的教宗，你怎么会觉得我能够克服这种困难呢？"

作为一名自豪的意大利人，庇护九世曾经也怀着同样的梦想，希望意大利免受外人的统治，但是他从没深思过这个梦想要如何实现，也很少考虑过会对教廷和教会产生何种影响。如果他曾思考过这些问题，他将会认识到，自己对天主教会特权的信念将同驱动意大利独立的自由理想发生碰撞。在他1846年的第一份教宗训谕中，庇护九世曾提及欧洲君主们的神圣权利。在教宗训谕《有关信仰与宗教的通谕》中，他说道："我希望，我们的政治领袖们将永远把虔敬与宗教信仰牢记在心，牢记交予他们的君主权力并不只是为了让他们统治世界，更是为了让他们保护教会。"上帝信任国王们的统治权利，从而把巨大的权威交给他们，并要求他们匡扶教会和教会的教宗—国王。这就是庇护九世所理解的世界，他心中的世界是上帝的意愿，而且只有在这样的世界里，教会才能保有安全。他现在已意识到，如果推动意大利独立的势力获取胜利，教宗国将不复存在。[5]教宗告诉雷内瓦尔：

> 别再自欺欺人了。意大利的自由派，那些先进的自由主义者，那些将会用最快的速度获得权力的人，他们的脑海中只有一个念头：统一。这是一个不切实际的幻想，这个念头只会使意大利的心脏破碎，可能最终反而造就了外国的统治。只是因为法国成功地实现了统一，就能断定意大利也可以如法炮制吗？统一是意大利的天性吗？是意大利所需要的吗？……你们法兰西确有自己的问题，但千真万确，你们的国民性本能十分惊人。你们总是准备好了为国家牺牲自己。你们难道在意大利见过类似的事情吗？统一是一个狂野的梦，更是一个促使政党不断践行的梦……意大利所有君主的分裂是他们必须要克服的障碍……但在这些障碍之中，最大

的就是教宗。对他们来说，废除教宗的君权就意味着已克服了十之八九的障碍。[6]

一如往常，在见过教宗之后，雷内瓦尔跑去和安东内利会面。他再次规劝枢机主教不要拖延教宗回归罗马的日期。教宗曾经放不下心的那些人现在不是流亡就是身陷囹圄，还有什么问题要让他继续等待呢？

问题就在于空空如也的国库，枢机主教答道。教宗没法两手空空地回去。他得能够支付政府人员的薪水，推动重建工程，分配慈善资金。简短来说，他需要借一大笔钱。在教宗格里高利十六世时，教廷已经伸手借入了一些这样的贷款，大多数是从罗斯柴尔德银行家族手中借来，这个家族是全欧洲各国政府的放贷金主。安东内利再次向罗斯柴尔德家族伸出了手，直到这些讨论的结果水落石出以前，庇护九世是不会回返罗马的。也就是说，在历史的又一个充满讽刺的例子中，在把犹太人赶回犹太聚居区的同时，教宗要依靠全欧洲最重要的犹太家族来摆脱困境。[7]

9月底，罗斯托兰将军再次向巴黎提出辞呈。与此同时，科瑟尔勒告诉托克维尔，他也想要辞职，他表示他不再有信心能完成外交部部长所安排的任务。"找个人顶替我吧，"他在10月2日写信告诉他的老朋友，"越快越好。"在两个星期的时间里，他说，他可以做好收尾工作并作好返程的准备。"我是带着坚定信念给你写信的，同时我也绝对平静，心里没有一点苦闷。对于这件繁复而重大的事情，我们俩的观点不同。就这么办吧。它将不会对我们的友谊造成伤害。"[8]

科瑟尔勒一边等待着答复，一边继续向外交部部长抱怨道："在与你的私人通信中，我仍然找不到你对教会的一点点善意"，

"你怎么能把教会和驻扎在博斯普鲁斯海峡的土耳其军队相提并论呢？这不是你该说的话。我不再能明白你在这个问题上的俏皮话了……和教会打交道的第一要务就是要了解教会，而我甚至还要加上一点……要爱教会……但不幸的是，你却偏偏是个新教徒！"[9]

在收到了科瑟尔勒的辞呈后，既不是一个严格的天主教徒，也很难算得上是新教徒的托克维尔急匆匆地开始执笔回复。他只能希望，他写道，科瑟尔勒的决定并非不可扭转。众所周知，他是托克维尔的好朋友，但用如此公开的方式拒绝托氏的政策会产生强烈的损害。[10]

托克维尔的信产生了期望中的效果。在他保证不再做出任何可能伤害朋友的事情后，科瑟尔勒同意留任，但是两人间的紧张关系仍在持续。[11]

罗马，"蒙席斗牛犬"多门尼科·萨维利已经巴不得让教宗的计划赶快付诸实施了。9月24日，他向罗马的警察发布了新的命令：

> 按照圣父大人在通谕中所传达的愿望，所有未得到豁免的个人，无论是在临时政府中任职，还是参与制宪会议，抑或是罗马共和国三人执政团的成员，以及各军事单位的首脑，包括此前获得过大赦又参与了近期政治动乱的人……将立刻予以逮捕，交由犯罪特别法庭审判。[12]

两个星期后，一个新的部门审查署成立了。成立这个部门的目的是找出参与近期"政治动乱"的教师和教授，并判定他们是否能被允许继续持有教职。[13]

在新的教宗国政府所面临的诸多问题中，有一项是如何统驭城里的年轻人，他们中的很多人都曾热情地参与反抗圣职的战斗。10 月中旬，罗马的代理枢机收到了一封检举罗马儿童夜校的匿名信，信中指控这家于罗马共和国时期建立的学校仍在继续运作。

> 看着一群年轻人高唱着反宗教、反圣父和反对一切教阶制度的歌曲招摇过市，共和分子会有多高兴，真正的天主教徒就会有多悲痛……自从法军进城，教宗国政府恢复以后，他们仍然胆大包天地在一所这样的夜校中呼喊"教宗是猪！罗马共和国万岁！"

告密者抱怨道，这样的学校仍被允许活动，实乃丑闻一桩。[14]

一场宗教革命正在进行之中，罗马的警务署署长这样向法国人尼尔上校坦诚。他认为，因为厌恶教宗政权，许多罗马市民现在想要成为新教徒。尼尔向他的兄弟谈及这件事的时候，谈到了一个来到罗马的犹太人的故事。这个人对圣职人员的腐败程度大为震惊，于是决定马上受洗成为天主教徒。他解释说，能在如此骇人的腐败官僚系统中存活这么久的宗教一定是真的宗教。[15]

"最大程度的不满情绪弥漫在罗马城内"，一位英国公使在10 月初时报告说，枢机主教委员会所作的每一项决定都会招来更大的敌意。"他们的每一项决定都在原则上显示了最强劲的保守倾向和旧圣职统治的种种压迫……毫无疑问，教宗现在已经走到了之前他曾感兴趣的原则的对立面。"[16]

教宗在不久前搬进了位于那不勒斯城外的豪华王室宫殿，这种举动完全无助于增加他在罗马的受欢迎程度。"罗马城中的废墟仍在冒烟，教宗连续的短途旅行和声势浩大的出访，"在奥地利领事看来，"被以一种最有害的方式加以解读，这种解读的方式损害了他往常作为教会领袖受到的尊敬和爱戴。"罗马市民会问，为什么教宗不像被拿破仑驱逐的庇护七世一样，简单起居，用连日不断的祈祷来祈求上帝保护他的人民呢？当时的一位英国记者这样观察："教宗庇护九世已经莫名其妙地喜欢上了那不勒斯人的土地，而且，我恐怕他自己也会讨厌这样，但是他看起来太乐于置身在宁静和安全之下，不着急处理别处的动荡局面。"这样的观察中有一部分确是事实，因为教宗的确对于回归那个难以驾驭的国都抱有巨大的恐惧。尽管住在费尔南多二世的宫殿中并不能完全让人感觉舒适，庇护九世在那里被那不勒斯王室扑面而来的恭维和关照压得喘不过气来。[17]

其他人也得出了同样的结论：教宗把自己交到费尔南多国王手上，这是要付出代价的。"我再次目睹了恐慌，"英国海军舰长基伊于 10 月 6 日从那不勒斯发出报告，"这位缺乏头脑的那不勒斯国王正在抓捕任何参与过，或是被怀疑有意愿参与自 1848 年 1 月以来的任何一次动乱的人。恐怖统治是真实存在的。没有人在晚上睡觉前能够确定明天早晨自己是不是在监狱里。"法国大使持有同样的看法："这种恐怖感受一直维持在很高的水位线上。人人自危，每个人都觉得受到了威胁，感觉背后有一双盯着的眼睛。人们生活在被包围的状态中，生活在批斗委员会和血淋淋的死刑状态中。"警察和法庭，雷内瓦尔报告说："展现的是超出可控范围的狂热和凶残……已经到了人类能够承受的极限。"教宗频繁地进入那不勒斯，造访城中的女修道院，雷内瓦尔的观察是："人们总是会对教宗出现在街道上感到惊讶，人们的热情极度消退，现出缺乏敬畏的迹象。"[18]

*

10 月中旬，路易 – 拿破仑需要得到新一轮的资金支持以供给罗马的远征军，这导致了又一场在国民议会中的冗长辩论。在那些提出反对要求的发言人中，就包括维克多·雨果（Victor Hugo）在内。他的肢体动作十分引人注目，这位享誉盛名的作家热情洋溢地谈论总统送到罗马的公开信，并将这封信的内容和教宗的回应作出对比，说教宗在最近的通谕中勾勒了对于已经恢复的政府所抱持的打算。

> 人们中间隔着遥远的距离。有人说是，其他人说不是！这些事情造成的两难局面谁也无法绕开。你一定要说出有一方是错的。如果你认同这封信，那么你就得否定通谕。如果你接受通谕，你就得否定这封信。如果你站在共和国总统的一边，就是以伟大国家的名义，以 300 年思想启蒙的名义……以文明世界的名义为罗马市民的自由呐喊。如果你站在另一边，你选择的就是枢机主教安东内利，就是以教士政府的名义在拒斥罗马市民的自由。作出选择吧！[19]

雨果在不久后又补充道："庇护九世是一个单纯、和蔼、胆小、行动迟缓、粗心大意的人……你可以把他看成一名乡村神甫。站在他旁边的、穿着红色长筒袜的安东内利，露出外交官的神色，高挑着间谍般的眉毛，像极了一个令人生厌的保镖。"[20]

在正式讨论开始的三天后，托克维尔——作为一个演说技巧并不出色的人——要站出来发言了。他害怕这一刻。他当然不能说出实情。他怎么能告诉代表们，教宗已经下定主意要回到旧有的神权政治呢？法国政府已经违逆了国民议会所表露的期待，动用了国家的军队摧毁了一个共和国，结束了宪制，恢复了一个被广泛视作中世纪残余的政府。他要如何承认法国政府非但没有让法国的死敌奥地利的梦想破灭，反而替对方达成了夙愿呢？

托克维尔告诉国民议会的代表，法国政府已经提出了一系列要求。基本原则包括恢复罗马的 1848 年宪法，最重要的是那些保护个人自由的内容，法庭必须要保证人民的基本权利。要建立市议会和省议会，其代表要经人民选举。必须要由世俗信徒来取代政府中的圣职人员。

托克维尔随后继续说道，虽然谈判仍在进行当中，但是教宗从言谈上看已很明显地表达了拥抱改革的期望。在说到这一句时，左翼代表们起哄的嘘声实在太大，这位外交部部长不得不暂停下来。

"先生们，你们怀疑圣父大人的话吗？"托克维尔抓住了一个能发言的时机问道。在说出这些话后，明知自己言不由衷，托克维尔的情绪已开始变得有些失控，或者只是出于良心的谴责，总之他已经难以保持镇定了。

因为他曾信任庇护九世，托克维尔在能够继续发言后说道，他有信心法国能成功完成使命。"我相信，"他这样告诉代表们，"因为他回应着我们的祈祷，所以他只有坚持这份宏大的计划——让自由和宗教和解，并继续扮演他已经有过梦幻开端的伟大角色。"说到这里时，托克维尔不得不再次被左翼代表们的笑声打断。在大会主席不断要求保障秩序的情况下，外交部部长才得以完成他的发言。

两天后，持续嘈杂的争吵终于结束了，投票开始。虽然来自左翼的声量很大，但他们在那天的票数中远远落后。继续给罗马远征军提供经费的决议得到了通过。[21]

*

10月28日早晨，身在那不勒斯的雷内瓦尔得知了法国国民议会的投票结果，他急匆匆地赶到了波蒂奇，发现教宗正在和费尔南多二世国王待在一起。两人听到这个消息后都感到很高兴，教宗尤其表现得很激动。"很清楚了，"庇护九世说，"上帝是在保佑我们。"[22]

雷内瓦尔有新的担忧。他最近听到了一些传言，说教宗的恐惧源自安东内利的煽动，已经决定先不返回罗马，直到他能够找到更意气相投的军队来代替那里的法军为止。

法国大使找到了圣座国务卿。"让法国乖乖地看着自己的地位拱手让人，"他警告安东内利，"这是非分之想。我们撤军之时，教宗就只能独自面对了，那时其他的军队也已经离开。"他问安东内利："你怎么能想象出法军撤出教宗国，而奥地利人还在继续占领呢？"教宗需要回到罗马，法国会提供帮助，使教宗能够组建起自己的教廷军队，这样的话，所有的外国势力都要撤走。"那时候还能有什么困难呢？"雷内瓦尔问道，"请你给我指出来障碍在哪里，我们随后就会让它消失不见。"

法国大使发觉枢机主教的态度不可理喻，随后便去找了教宗。"别担心，"教宗说，试着让他平静下来，"我将会回到罗马，很快就会的。我不是说1月或2月，那已经太晚了。时候就快到了。"然而，这并不意味着麻烦就迎刃而解了，因为他告诉雷内瓦尔，最近得到了消息，"阴险"的阴谋正在罗马酝酿，目标是要反对教宗。"我自己并不害怕,"庇护九世马上补充了一句,"我把自己交在上帝手中。但是有必要阻止发生新的不幸。"23

虽然在罗马有各种的愤怒和不满,教宗仍然有一些理由相信人们会乐见他的回归。许多罗马市民的生计都依赖城中的教会,因为这座城市是罗马天主教在全世界的中心,这个角色就是罗马的生命线。待在罗马的奥地利领事这样解释:

> 我确信圣父大人将会得到各种他理所应当享有的体面和尊敬,因为无可置疑的事实摆在这里,即人民或多或少都和教会有着联系。他们的利益也维系于教会领袖的存在。他们对教宗的缺席感到十分的气馁,他们的习惯、生活方式,甚至是文化习俗都跟教会政府的特性息息相关,这都是无法在一时一刻间放弃的。而且,今天位于各处的罗马市民都热切盼望着能够回归平静的旧有生活,这种状态让他们能舒服地过日子。这种渴望只有在教宗身在罗马的情况下才能实现。现在,所有人都已明了这个事实,而且尽管政府没有努力结束此前存在的种种问题——实际上,这种事情处理起来十分棘手——并且不同部门的司法和财政机构虽然也建立在最让人无法容忍的基础之上,但教宗仍会在各地收获认同和尊重。24

*

在罗马最焦虑的居民当中,4000名犹太人目前正龟缩在他们脏兮兮的犹太聚居区内,等候着自己的命运。庇护九世曾经给予他们的可以在没有任何特别许可的情况下也能离开犹太聚居区的自由现在已被收回。再一次，为了能够出门，他们需要请宗教审判所中的圣务法庭出具一份特别许可，并把这张许可拿给沿途经过的每个城镇当局查验。对犹太人来说，这就是屈辱之源。罗马共和国的自由宣言现在已成了回忆。[25]

对犹太聚居区的突袭在一个天还没亮的早晨开始了。10月25日凌晨4点，法军在犹太聚居区大门处列阵，阻止任何人进出。在台伯河边的犹太聚居区一侧的边界上，停靠了一些警用小船。教宗国的官员从那些小船中走出来，踏上了犹太聚居区狭窄、迷宫一般的街道。他们冲进去挨家挨户地搜查，寻找在共和国统治的几个月中从教会和贵族宫殿中拿走的物品。[26]

认定犹太人分属于推翻教宗统治的势力，给教宗国政府提供了一个赢回普通罗马市民支持的契机。罗马的官方报纸《罗马报》（Giornale di Roma）对这件事大肆报道。"众所周知，许多在过去无政府动乱期间被偷走的物品都被卖到了犹太人手中，"这份报纸接着写道，"在25日前夜，警方包围了犹太聚居区并搜查了所有住户。"

搜查持续了整整两天。警察逮捕了发现可疑物品家庭的户主，并将他们投入监狱。抗议这些物品属于自己的犹太人寥寥无几。官员们希望能将所有在犹太聚居区中发现的财产公之于众。物品清单列得很长，尽管只是一些寻常之物：枢机主教的红色小帽、教堂圣坛上的亚麻布、圣职服装、铜盘，以及许多银瓶、糖碗、叉子、勺子和刀子。[27]

令人奇怪的是，警方的突袭报告所证实的并不是任何在犹太聚居区中查获的赃物，而是为犹太人曾支持不久前的共和政府而恼怒。警方在报告中指控说："犹太人普遍上对宗座政府持有一种莫名的仇恨，而且对无政府主义政府特别的欢心振奋，他们对最危险的煽动行为不会现有任何的羞耻感，无论在政府、俱乐部还是其他秘密集会的地方都是如此。"无法逃过教宗国政府注意的是，有两名犹太人曾被选入制宪会议，还有三人曾加入过罗马的城市委员会。[28]

感觉到了托克维尔可能会被这个消息惹怒，科瑟尔勒——可能也对犹太人怀有普遍的偏见，但是无论如何，他都想要不致使托克维尔对教宗的不满更进一步地扩大了——他写信向朋友保证，搜查行动仅是出于合理的怀疑，而且完全合法。对犹太聚居区的突袭行动，法国特别补充道，是符合"人心所向的，人们都开始认为［犹太人］曾被当作一个特权群体来对待"。[29]

*

当科瑟尔勒的信送抵巴黎时，他的老朋友已经不再是外交部部长了。不久之后会证明，这肇始了法兰西第二共和国的覆亡，路易-拿破仑宣布，他想要一个能够更为体现自己意志的外交部部长。在现存的内阁中，大部分人都是他成为总统后不久任命的，当时，作为一个新来的无名小卒，他需要国民议会中最有影响力的重要人士的支持。现在他越来越确信，自己可以不受那些人的摆布，那些人心中各有自己的政治考量和目标。他的新内阁将会由那些没有政治实力的人组成，许多人都来自军方，只能依凭总统。欧迪隆·巴罗，这位遭到憎恨的总理表现了自己的警觉，他把这件事称为路易-拿破仑的"政变"。但是虽然法国国民议会中有大量的人对这个行为感到震惊，却很少有人表示反对。[30]

　　路易 - 拿破仑也决定要解职科瑟尔勒，他觉得此人同托克维尔太过亲近，还从罗马召回了罗斯托兰将军。远征军总指挥和驻罗马教廷大使的角色将被合并，由一位职业军官来担任。对于这一职位，总统选了一个君主主义的右翼人士，54 岁的将军阿希尔·巴拉杰·迪里埃（Achille Baraguey d'Hilliers）。

/ 308

阿希尔·巴拉杰·迪里埃将军

　　令人吃惊的是，路易－拿破仑在宣布由谁来顶替托克维尔担任外交部部长时，他没有提出让某个军人或是亲近他的人来担任此职，而是任命了正在那不勒斯的法国大使阿方塞·德·雷内瓦尔。

　　当这个出人意料的消息传到那不勒斯的时候，雷内瓦尔正在床上被痛风折磨着。被任命为外交部部长的荣誉固然令人高兴，但来自总统的信任也令人受宠若惊。可在路易－拿破仑的心中，所盘算的路线仍旧充满了不确定性，让雷内瓦尔担任外交政策的建筑师存在风险，他并不了解总统外交政策的大概轮廓，而且几乎不认识任何一个将会和他在内阁中共事的军人。雷内瓦尔对这一点感到十分不自在。信使回到巴黎时，跟他一起抵达的并不是雷内瓦尔，而是一封大使的自白文书，解释他无法接受总统的任命。他借口缺少议会经验并且因为出国太久，已经不熟悉法国国内的政治形势。被雷内瓦尔一脚踢开后，路易－拿破仑将找来另一位将军顶替托克维尔。一个新的时代就要开始了。[31]

教宗身边的人继续警告他不要返回罗马，他们不情愿回到一个对教士阶层持有敌意且处于法国人控制下的城市。11 月，他们告诉教宗，隐藏在瑞士的马志尼已经派出了 24 名刺客前往罗马。就在同一个月，罗马警方逮捕了 11 个计划举行宴会以庆祝罗西被刺身亡一周年的人。"回到罗马，"在雷内瓦尔看来，"是一件不受欢迎，而且带有恐惧意味的事。"[1]

新任法国大使巴拉杰将军于 11 月中旬赴任，他搬进了罗马市中心宏伟的科罗纳宫。他渴望能向教宗出示委任状，但是被那不勒斯王国为阻止法国霍乱疫情蔓延而实行的隔离措施给耽误了。在等待放行的日子里，巴拉杰向巴黎寄出了第一份报告，他对当前的局势并不乐观。

> 圣父大人应该不要忽视这个事实……人们的痛苦和不满正在日益增长，不只是在罗马，在其他省份也是如此……国家元首旷日持久的缺席更加巩固了已在很多人中流传的想法，即教宗的存在对于公共事务的执行并非不可或缺的前提。数不清的抓捕行动每天都在为他树立起新的敌人，三个枢机主教的行为被合理化为奉教宗的圣命行事。目前看来，教宗所做的一切都是在疏远人民。[2]

当霍乱隔离时间减少到十天以后，巴拉杰得以在 11 月 29 日踏上那不勒斯的领土。第二天早晨，他首次见到了教宗。"除了稍显冷淡以外，我得到了很好的接待。"他在汇报中这样说道。巴拉杰是一名将军，并不是外交官。他缺少的是机智老练，充满的是高昂的法国国家荣誉感。他既不向枢机主教低头，也不向贵族低头的态度将让这两拨人都对他保有戒心。

当巴拉杰进来时，教宗的手中正拿着一封刚刚收到的来自路易－拿破仑的信。信上清楚地表明，法国总统不再为此前的一系列要求继续施压了，这意味着，他否决了8月时的那封信。法国总统已经抛弃了长久以来都是教宗现世权力反对者的欧迪隆·巴罗总理，而且也抛弃了尴尬地发觉自己正在恢复教宗的神权政治的托克维尔。路易－拿破仑考虑到自己正在努力地削弱法国国民议会的力量，因而也就不再试着限制教宗对其臣民的权威了。相反，这封信只是为了让教宗能显露出宽恕。

"总统劝说我能将仁慈和宽厚展现，"心烦意乱的教宗说，"但是，他也说到了公正。"庇护九世告诉巴拉杰，正是公正这两个字，要求那些违抗他的人必须受到惩罚。

"教宗现在畏惧罗马的人民。"将军总结道。他试着再次向宗座保证，法国牢牢地掌握着局势，不会让他在回归后受到伤害。但是，新任法国大使也向国内发回了报告，他发觉教宗不但没有对法国为他所做的一切有所感恩，恰恰相反，他和身边的枢机主教安东内利只是抱怨个不停。[3]

两天后，巴拉杰再次面见教宗并开始施压，敦促他确定一个具体的回归日期。庇护九世再次说出了他所害怕的话。"教宗跟我说，匕首、短剑和大量怀恨在心的臣民都还在城里，有必要先解除这些人的武装……我向他的保证简直是在白费力，他只是说'我承担所有的责任'。"巴拉杰告诉教宗，自己愿意动用"最为严厉的手段"来保障他的安全，但是，"教宗回答说：'请求无效。'他已被坏顾问围绕，这些人在利用他的恐惧"。[4]

*

对于庇护九世已经决心走上反改革道路这件事，如果说还存在一丝怀疑的话，那么他在 12 月初发布的训谕也足以打消这种怀疑了。在给意大利所有总主教和主教的训谕中，教宗的口吻无比强硬，第一句话就开宗明义地透露出严厉的气息。

> 你们知道，正如我所知道的，我尊贵的兄弟们，最近的背德行为让卑鄙的敌人更加强大，他们是真理、正义和荣誉的敌人，他们在光天化日之下或是暗地里策划各种阴谋，在各地向意大利忠实的信徒散播骚乱。这些骚乱的内容包括放肆地允许对每一种反宗教事务的思考、谈论和聆听。他们传播的这些骚乱就像波涛中的泡沫，所造成的影响不仅在动摇意大利的天主教，也在尽可能地将天主教完全毁灭。

多亏了"上帝的宽恕和天主教国家的军队"，罗马和教宗国已经恢复，教宗继续说道：

> 然而，那些邪恶的与上帝为敌的人、那些法外之徒仍在从事他们的勾当，如果不是公开作恶，至少也是偷偷摸摸地作恶……当我看到一些意大利人现在如此邪恶、如此卑劣地受到欺骗，居然对不敬者的污秽教育如此赞赏，我便无法克制眼泪。事实上，他们并不在乎策划阴谋会给意大利带来毁灭。

教宗抱持着中世纪的社会观点，这种情形已经再明显不过了。他引用《圣经·新约》(《罗马书》13：1-2)的内容告诉意大利的主教们："政府的权柄，人人都应当服从。因为没有一样权柄不是从　神来的；掌权的都是　神设立的。所以抗拒掌权的，就是反对　神所设立的；反对的人必自招刑罚。"他也援引了圣奥古斯丁，向主教们提醒奥古斯丁给过的训诫：

> 天主教会教导奴隶要对主人忠诚，不要让冲动僭越他的职责，主人也要善待奴隶，想到至高的上帝是他们共同的主人……它教导国王要善待人民，人民要服从他们的国王。[5]

虽然教宗在他的训谕里多次提到了男人，但是女人只被提过一次，那是在训谕的第一段里。"在她们卑鄙的鲁莽之下，"教宗说，罗马的叛乱者把他们对圣职人员的忠诚推到了一边，"因此，当他们中的一些人在生病和垂死挣扎时，他们缺少宗教的帮助，并把最后一口气用在放荡的妓女身上。"教宗在这里提到的女人是那些在罗马照顾伤者和死者的护士。在教宗统治的国家里，作为护士的修女只会照料女性患者。少数几个允许修女照顾男性患者的教团也只是让她们在男性中间人的帮助下照料病患。[6]

在接下来的一个月里，前罗马共和国护士团的领导人克里斯蒂娜·贝吉欧乔索伯爵夫人，在受到教宗这席话的刺激后，写了一封信作为回应。她写道：

> 圣父大人，我在一份法国报纸上读了您给意大利各主教的通谕……您在这篇文字中提到有人死在了妓女的怀抱里。鉴于让女性进入罗马的医院是我的决定……我相信我有责任

对您提出的指控作出回应……医院里总是配有神甫，但是……理所应当让您感到悲哀的是，在众多遇难者中，不止一人是在缺少神甫帮助和圣礼安慰的情形下死去的。如果圣父大人对此有所不知，您的代理人们肯定也对此毫不知情，这是因为，在枢机主教们带着您所交给的权力回来后不久，

爱国者克里斯蒂娜·贝吉欧乔索伯爵夫人

所有那些曾在医院中履行圣职的神甫都被丢到了宗教审判所圣务法庭的监狱里。[7]

逮捕和监禁仍在继续。英国驻都灵大使在报告中写道:"我从罗马那里得到的消息十分令人哀叹。'圣职的复仇(La vendetta Pretina)'火力全开,法国人则对一切都不吭一声。我没有听到任何教宗回归的确实消息,我实在不知道,在以他的首肯为名的这种过度行径和疯狂政策之后,他要以怎样的姿态回到罗马?"

对于镇压的操盘手枢机主教安东内利来说,法国官方的不断介入让他心生沮丧。当巴拉杰试图阻止逮捕那些参加了罗马共和国的教宗国军官时,安东内利向雷内瓦尔提出抗议。要是法国军官们做出了这样的事,你"早就把他们拉出去枪毙了"。[8]

*

教宗决定和费尔南多二世国王一起在卡塞塔(Caserta)的宫殿里过圣诞节,这座宫殿位于那不勒斯以北22英里处。当庇护九世准备在12月24日离开时,他见到了雷内瓦尔,后者又一次问他什么时候返回罗马。教宗再次提到了他需要跟罗斯柴尔德家族借钱,但是还有更让他担心的事情。"对于圣职的憎恨,"教宗吐露,"仍然十分猖獗。"[9]枢机主教团的枢机助祭最近提醒庇护九世不可以返回罗马。他警告道:

> 罗马仍然充满了各种煽动家,而且有能力犯罪的人不在少数,警察又不能全力办案。人们在咖啡馆里公开谈论反对教宗、反对枢机主教、反对教士阶层的话题,革命人士依旧

大胆而且构成威胁。我知道人们想要您迅速回归罗马以纠正
各种罪恶。但是，您是否有办法结束嘈杂的混乱，进而重建
良善的宗教、道德和政治秩序？在缺少足够物质力量的情况
下，要如何确保他们服从于您呢？[10]

为了阻止教宗回归罗马，枢机主教们得到了费尔南多国王强
有力的支持，后者渴望能继续从教宗保护人的身份中获利。雷内
瓦尔在 1849 年的最后一天报告说："有一个强大的团体，以那不
勒斯国王为首，这些人试图让教宗远离他的国家。"他们可以找
出各种各样的托辞，但是法国大使观察到，他们的真正动机是他
们所不愿承认的。"他们不信任教宗，不信任他的动机，不信任
他的倾向……一言以蔽之，他们害怕教宗会从一个阵营跳到另一
个阵营。"[11]

*

在新年前夜，罗马的新政府命令在科尔索大道上挂起节日的
装饰和教宗国国旗。但是人们无心节庆，教宗的支持者们在窗
户上挂出来的带有教宗牧徽的挂灯也被一些有准头的石块打得
粉碎。

回到波蒂奇之后，按照惯例，庇护九世在新年当天接见了外
交使团。他的口吻和以往不同，语气十分低沉。"我们必须对上
帝抱有信心，"他说，"但是也不要存有任何幻想……前路仍然
布满许多荆棘和危险。"[12]

在 1850 年的第一天，医学博士、拥护意大利统一的历史学
家以及将在 1860 年代初担任意大利王国首相的路易吉·卡

洛·法里尼捕捉到了刚刚恢复的教宗国中的肃杀气氛:

> 教育和慈善事务已被教士阶层把控。罗马有宗教警察和法国警察,在别的省份是宗教警察和奥地利警察。对出版的审查……不是依照法律,而是根据宗教审判所圣务法庭、主教和警察一时兴起的念头来执行……全部旧有的、团体的、教会的和形形色色的法庭,尤其是特别法庭都得到了恢复……全部旧有的教士豁免权和特权也都得到了恢复……耶稣会士的复兴更是势头强劲……监狱里已人满为患。[13]

如果说庇护九世在新年到来时担心他的臣民对教宗统治怀有敌意的话,他也对教廷的财政状况深感焦虑。和罗斯柴尔德家族的商讨在近一年以前就已开始,而且仍在巴黎继续,该银行家族在法国的首脑詹姆斯·罗斯柴尔德(James Rothschild)正频繁地和教廷大使会面。[14]

新任法国外交部部长让-厄内斯特·德·拉·伊特将军(General Jean-Ernest de la Hitte)在给巴拉杰的新年第一封通信中写道:"在我们看来,圣父大人回国一事的成败已越发明显地取决于贷款事宜的结果。所以我们要尽己所能,促进和加速达成此事。"几天后,他从巴黎发回了新的消息:"我刚刚得知,罗斯柴尔德先生已经有意和教廷进行贷款磋商了。教宗对他的犹太支持者所持的善意留下了良好印象。"[15]

教宗已经正告国内的犹太人回到聚居区内居住,他现在只能依赖欧洲最重要的犹太人的善意来返回自己的国都了。对罗斯柴尔德家族来说,他们已经感受到来自犹太教同胞的巨大压力。这对他们来说并不是全新的处境。自从罗斯柴尔德家族成为历任教宗的贷款人以来，教宗国的犹太社群就在请求其成员利用影响力来减轻他们的痛苦。在庇护九世上任后的当年，罗马犹太聚居区的官员们就曾给教宗送去一份请愿书，要求能够以最适度的方式改善聚居区的生活条件。在没有得到回复的情况下，他们给所罗门·罗斯柴尔德（Salomon Rothschild）发去了一份请愿书的副本，要求这位维也纳的银行主管提供帮助。作为回应，所罗门面见了教廷大使并催促他能够说服教宗帮助罗马的犹太人。也许正是源于这个要求，庇护九世在他上任后的最初两年里采取了最温和的行动，允许一些犹太人离开并拆除了聚居区的大门。[16]

"教宗回归罗马在很大程度上取决于贷款的结果，"法国外交部部长在 1849 年 1 月 10 日给雷内瓦尔的信中说道，"在巴黎和詹姆斯·罗斯柴尔德先生的讨论正在继续。他的借口有点多。枢机主教安东内利已经催促我去见他，并让我说服他要节制些。"詹姆斯的"借口"集中在教宗对犹太人的待遇上。在借出贷款之前，他想要教宗同意废除罗马的犹太聚居区，并允许犹太人拥有自己的地产、自由经商，而且能进入大学深造。[17]

为了尝试让罗斯柴尔德家族放弃这些要求，在协商过程中，担任中间人的罗马教廷驻巴黎大使提出了事先准备好的论据来为教廷对待犹太人的方式提供辩护。教廷大使争辩说，教宗的举动是在为犹太人的最佳利益着想。如果教宗把犹太人关在聚居区里，那也只是为了保护他们免受基督徒邻居的敌视。[18]

/ 317

*

作为一个把法国的荣誉看得比天主教更重的人，巴拉杰将军很快就对教宗失去了幻想。在他看来，教廷只不过是利用贷款协商在为教宗远离罗马作铺垫。自从罗马恢复了教宗统治以来，法国早就在期待庇护九世能够尽快返回国都。教宗看起来如此不乐意离开那不勒斯国王的怀抱，这实在令法国人非常尴尬，提不起兴趣的态度只能被视作是对法国缺乏信心。哈考特曾提出，只要发出最后通牒，就能让宗座按要求办事。现在，已过去了好几个月，巴拉杰也得出了同样的结论："唯一让教宗遵从符合法兰西尊严与利益的方式就是——我相信……应该决定一个我们的军队撤退至奇维塔韦基亚港的日期。同时警告维也纳和波蒂奇当局，向他们传达我方不允许任何外国军队在罗马替代我们的坚定意志。"

关于这样的一份宣言，巴拉杰认识到，法国将必须作好和那些不理睬他们警告的国家开战的准备。他明白法国政府绝不想要冒这样的险，但是他强调，除此以外，已经没有别的能顾及尊严的替代方案了。

巴拉杰称，法国应该采取这种方式还有另外一个原因。教宗和众多外国大使已经清楚地表明他们渴望组成一支奥地利、那不勒斯和西班牙的联合武装力量，以代替法国来保卫罗马的教宗统治。撤离罗马，并眼睁睁地看着敌对势力进驻，这种对法国国家荣誉的伤害已大到无法承受。

"那不勒斯，"巴拉杰补充道，"看起来已成为反对我们的邪恶算计的中心。他们传播法国政府不再稳固的谣言。每天都散播有新的革命正在爆发，而且人人都协力劝说教宗不要回归。"他在给同样是军界同僚的法国外交部部长的信中下定结论，并且奋力呼吁使用武力：

如果法国不能奋力展现立场，如果，虽然有能力，却没有大声且坚定地发声，如果没有说出已经准备好用武力来支持法国的意志，反而是一个让步接着一个让步的话，我实在不知道我们将会落到何种田地。

你要求我保持耐心和坚忍。我相信，感谢上帝，我已表现了这两种品质。但是如果这样的耐心变成了自欺欺人的话，我不相信我们应该再提供新的机会，因为在这件事上，耐心和忍耐已等同于羸弱。[19]

"看着圣父大人永无止境的不知所措，真是令人揪心，"雷内瓦尔在 2 月初观察道，"眼看着这么重要的事情被托付给一个连自己都不确定的人，他受了近来事态的巨大影响，这个人对于未来的怀疑和恐惧已经太过根深蒂固了。"听安东内利说罗斯柴尔德的贷款已看起来很有希望达成后，雷内瓦尔和教宗进行了两次长时间的会面，试图能让他确定一个返回罗马的日期。

在进入庇护九世的房间开始第二次会面之前，雷内瓦尔看到一位罗马的犹太人代表正在离开。大使随后向教宗询问这名犹太人提出了什么样的要求。教宗告诉他，犹太人抱怨警方突袭犹太聚居区一事，并要求获取"特权"。在他说话的时候，教宗变得更为活跃起来。犹太人相信，或至少是希望教宗有求于罗斯柴尔德家族能使他们处于一种可以向宗座提出要求的局面。事实上，虽然不知道教宗或是雷内瓦尔是否知晓，在拜访教宗之前，犹太人的代表已经先去那不勒斯面见了当地银行家族的领导人查尔斯·罗斯柴尔德（Charles Rothschild）。他们恳求罗斯柴尔德家族除非看到教宗先作出重大让步，否则就不要给教廷提供贷款。

"我力劝这些人，"教宗告诉法国大使，"不要对罗斯柴尔德先生感到太兴奋。我向你发誓，如果对犹太人让步的问题和贷款条件之间有一丝一毫的联系的话，那么结果将会有三：我不会为犹太人做任何事；我不会拿取贷款；我不会返回罗马。"

教宗还补充说，即便他想要给犹太人新的权利，但基督徒臣民激起的愤怒也会让他迟疑止步。在刚刚上任的前几个月里，他曾授权让一些犹太家庭搬出聚居区，他回忆道，"在犹太人搬去的地方，来自住户的抱怨从不曾间断。在他们得到允许进入公立学校后，同样的抱怨也随之而来"。教宗根本不敢想让犹太人拥有地产，他害怕过不了多久，他们将会把教宗国的土地买光，这是不堪设想的事情。[20]

目前在贷款一事上已没有其他变数，能否成交有很大一部分都取决于是否有任何一方会让步。最后，是罗斯柴尔德家族兄弟中最有影响力的一位，住在巴黎的詹姆斯·罗斯柴尔德作出了让步。在法国和奥地利政府的压力下，也出于要让这两个国家都对他有所亏欠，詹姆斯·罗斯柴尔德勉强接受了教廷的非正式承诺。这一承诺并非直接来自教宗或是安东内利，而是透过法国的中间人。他们说，教宗不能被人当作是在拿神学上的重要事务——即对背信弃义的犹太人的惩罚——来作为从犹太人家族获得贷款的还价条件。但是一旦教宗得到了贷款，他们向罗斯柴尔德家族保证，教宗将会放松一些对犹太臣民的限制。[21]

那些在这几个星期见过教宗的人都惊讶于他发生的变化。一位来自罗马教廷办公室的蒙席曾来拜访教宗，他惊讶地发现，曾经慈祥的教宗现在变得如此尖刻。教宗问他的第一件事就是，他是否已将那些在共和国时期仍然继续工作的可怜虫们清除出办公室了。[22]

庇护九世很畏惧回到国都。对比他刚刚当教宗时的经历，那时，他是人们赞美的对象，他知道这些人现在已成了他回归之后要面对的麻烦。他积郁了一股强大的愤懑，不满人们对他之前做的事情不知感恩、恩将仇报，并且对没有几个人站出来为他讲话而感到困窘。与此同时，他周围的枢机主教们怪罪他之前所作的让步和表现的软弱。他们中只有少数几人对庇护九世的困境感到同情，并试着在法国人面前为教宗说话："你们想让可怜的教宗怎么样呢？他是个囚犯，周围都是敌人，他们只让那些对他抱有敌意的人，或是能使他的恐惧再加倍的人接近他。"教宗很受欺凌，一位枢机主教回忆说，在他们上一次会面时，他发现教宗正在一边说一边哭。教宗问道，他怎么能回到一个满是敌人的城市呢？ 23

/ 320

庇护九世抓着一个又一个的借口来拖延回归的日期。"每一天，"一直在催促他返回罗马的侄子哀痛地说道，"都有一堆新的借口如蘑菇一样快速地增长。"24

*

狂欢节通常是一段充满欢乐的日子，这个节日就要到来了，但是因为城里的镇压行动，罗马没有一点节日的气息。安东内利已经下令，所有可能有问题的信件都要被拆封检查，并且把引人关注的内容转送到波蒂奇，由他查看。所有被认定无害的外国报纸，在到达罗马的订阅人手中之前已经被审查人员看过了。法国人在城墙上贴上告示，警告任何持刀剑和枪械的人都会立即遭到处决，但是这样的告示刚刚贴上就会被人扯下来。2月中旬，一个来自特拉斯提弗列的男子在人民广场上被枪决，他被指控杀死了一名法国士兵。一个星期以后，在另一个广场上，一大群人聚在一起观看处决一个 40 岁的男子，他在前一晚被发现携带武器而遭逮捕。[25]

在法国人正处于让他们贴出的告示留在墙上的困境时，教宗国政府的困事则是扯下所有在夜里贴出来的反动讯息。罗马共和国成立的一周年纪念日当天，一份来自马志尼的通告出现了。

罗马人！

在起义中，你们是伟大的，在此时的灾难中，你们依然伟大。全欧洲都赞赏你们为自由和意大利的荣耀所做的战斗……也赞赏今天的你们，坚守尊严而没有像懦夫一样同内敌勾结，也没有不知羞耻地向统治你们的外国武装妥协……自由永远闪耀，而且自由的到来将会比人们想象得更快，自由将洗刷掉压在你们身上的暴政的脏污……

上帝保佑罗马人！今天是共和国的一周年纪念日，你们的流亡者与你们在精神上同在。流亡者们将会在共和国两周年纪念日的那天和你们一同在卡比托利欧广场上庆祝胜利。

共和国万岁！[26]

急着要展现罗马城的生活已恢复正常，教宗国政府把通常会持续 8 天的狂欢节看作一场大考。去年的节日是在宣布成立共和国后不久举行的，当时的气氛甚为欢乐，嘲弄着教廷官员所说的话，即人民正在一小撮不要命的外国疯子的手中受苦。现在，政府听到有议论说要抵制教宗统治复辟后的首次狂欢节，便命令游行队伍经过的主要道路科尔索大道上的所有居民都必须张灯结彩、挂出装饰。那些前些年要人们反对狂欢节带有的种种罪恶的堂区司铎们，如今则是在力劝人们参与其中。

　　尽管作出了种种努力，这一年的节日终究是一场令人尴尬的失败。很少有人装扮自己的房屋，在看不到尽头的华丽装饰的马车周围，整条科尔索大道看起来空空如也。即使是那些有可能参加的人，也被秘密传单阻吓住了。在绝望中，警方提出要支付一些金钱，好让市民戴上狂欢节假面跳到官方提供的马车上，但实际效果与其说是振奋人心，不如说是卑劣龌龊的展示。[27]

　　一名年轻的贵族傻乎乎地决定要勇敢面对人群的奚落，他爬上了自己奢华的马车并告诉车夫沿着科尔索大道走。在他旁边坐着的是他 16 岁的妹妹。在马车行进的时候，一大束鲜花落在了贵族的脚下，他捡起来交给了妹妹，却发觉花束异常的沉重，隐藏其中的是一颗玻璃外包的炸弹。爆炸后，弹片插进了他的脸、手和大腿，然后割破了他妹妹的腿。[28]

/ 第 22 章   回到罗马

1850 年 3 月的一个星期一，枢机主教安东内利招来了四国的大使，他告诉他们，庇护九世将在复活节后的那个星期，也就是 4 月初动身返回罗马。[1]

在会面之后，雷内瓦尔去见了明显对回归国都五味杂陈的教宗。"我不能隐藏这个事实，"庇护九世说道，"我正在走入危险之中，或至少是走入了窘迫和数不清的麻烦境地。不会有比统治此时此地这般去道德化的人民更糟糕的任务了。"在共和分子、立宪主义者、专制主义者之间，他们一个比一个更极端、更有激情，我前面是一条布满了荆棘的艰险之路。看起来，目前已没有回头路可走了。"严酷的考验是不可避免的，"教宗这样说道，"我如果今天不去面对，明天仍要面对。已经无法推迟了，在上帝的帮助下，我将会在宣布的时间启程，再次担负起这个重担。"[2]

拒绝了法国坐船回归的提议后，教宗决定走陆路。他自信教宗国最南端乡村地区的人民会热情地迎候他，为他提供臣民渴望教宗回归的证明。但至于罗马城里的人民要如何接待他，庇护九世就不那么自信了。

安东内利将负责确保行程顺利，他给罗马三人执政委员会的枢机主教们下了许多指令。"那不勒斯警方收到了消息，"安东内利在他的备忘录中写道，"内容可靠，当圣父大人重新进入他的领土后，罗马的煽动者们计划要热情地迎接他，要聚集大量的人群，然后开始呼喊'立宪万岁！国民卫队万岁！'"安东内利给警方下达了指令，必须要找到方法捣灭"他们的颠覆计划"。[3]

4 月 3 日，在教宗离开以前，雷内瓦尔再次前来拜访，告诉他法国是多么高兴圣父大人能在有那么多人试图阻吓他的情形下终于回归罗马。

教宗仍然感到惴惴不安。"他们甚至告诉我，"教宗说，"法国将会回到他们旧有的要求上去，将会强推宪法，然后所有的一切会再度到来。"

雷内瓦尔向他保证，法国早就已经放弃了君主立宪的要求。[4]

*

教宗从波蒂奇启程的那一天终于到来了。他先去了那不勒斯郊外的王室宫殿，向费尔南多二世国王就这么多个月的流亡生涯给他提供的保护和接纳表示感谢。当他抵达时，费尔南多弯下身子，亲吻了教宗的脚和手。当晚，庇护九世同王室一道留宿宫中。[5]

第二天清早，教宗踏上了费尔南多宫殿的阳台，给聚集在下面的一小群人祈福。他随后沿着宏伟的大理石阶梯走下来，停顿了片刻，以让王室成员们跪下来亲吻他的脚。按照那不勒斯官方史官的记载，公主们每一个都眼中含泪。王室卫队列在道路两旁，一辆装扮得十分华丽的马车载着教宗和国王，后面跟着 7 辆马车，每一辆都由 6 匹马牵着。长长的那不勒斯骑兵方队在车队的前方和后方行进。当教宗的马车穿过那不勒斯的北郊时，沿途的农民们摘下了帽子，握在手中，单膝跪地并低下了头。[6]

费尔南多国王在随后的时刻几乎寸步不离教宗。那不勒斯的官方报纸于 4 月 6 日狂喜地描述了他们在那不勒斯王国北方边境的分手时刻。

圣父大人、国王陛下、公爵……几乎还没下车，国王和公爵就虔诚地拜倒在圣父的脚下。仍然跪在地上的国王随后请求圣父的祝福。"是的，"教宗说道，"我祝福你，祝福你的家庭，也祝福你的王国和人民。我简直无法适当地表达对你所提供的热情招待的感激。""我只是尽了一个基督徒的义务。"国王答道。"是，"教宗回答，他的声音传递出浓厚的情感，"你顺从的爱真挚又崇高。"他随即让国王站起身来……热情地拥抱了他，然后回身走进了车厢。在车厢中，国王、王室成员以及他们的随从，一一亲吻了教宗的脚。[7]

庇护九世随即向教宗国的最南境驶去，他穿过了匆忙竖立起来的凯旋门，唱诗班歌唱着赞美他的颂歌，来自附近城镇的官方代表团也赶来表示尊敬。主教和地方精英则争先恐后地在向他致意。

韦莱特里坐落于阿尔班山（Alban Hills）山麓，距罗马东南方30英里远，巴拉杰将军和他的随从在这里和教宗会面，并陪同他走完抵达首都前的路程。如他所言，这位将军非常渴望能"完完全全地打消教宗一刻不曾放下的恐惧"。[8]

一年前正是在韦莱特里，加里波第给费尔南多国王带来了耻辱性的失败。现在的场面则大不一样了。人民兴奋地认为教宗能来到他们的镇子是莫大的光荣，他们热火朝天地作着准备。当地那些想要成为雕塑家的人制作出了假的古典人物雕塑，将他们加在匆忙建造起来的凯旋门上。而6位画家正在市政厅的门上绘写对于庇护九世的赞词。其中的一个出于兴奋，只是写了"教宗庇护九世。万岁！万岁！万岁！"其他人画上了有教宗角色出现的寓言画，其中的一幅古怪地把教宗画成了一名女性天使，她的脚踩着一个身着"叛乱"标签的魔鬼。一个巨大的教宗肖像，被用数不清的纸粘在一个木制躯壳上，立在凯旋门的顶端，不是很稳固，被城镇午后的风吹得微微颤动。6个市镇的要人代表在四处走动，他们穿着晚礼服，在衣衫褴褛的农民和工匠中间显得格格不入。

随后，在傍晚时分，教宗的马车跟在一队骑兵后面来到了小镇。当庇护九世经过时，士兵们亮出了武器，人们跪倒在地。教宗在城镇中心的前面停了下来，但是敬畏不已的当地要人们紧张得舌头打结，磕磕巴巴地发表着之前已经精心准备过的演说。车厢的门打开了，教宗迈出了脚，人们推推搡搡地挤出自己的位置想要亲吻教宗的脚。在教堂里举行了简短的弥撒之后，庇护九世前往位于城镇山顶的宫殿，身后跟着从韦莱特里和周围村子赶过来的上千人。礼炮鸣放，音乐奏响。在高高举着火把的教士的围绕下，庇护九世出现在阳台上。人群立刻变得鸦雀无声，教宗伸出手来祝福他们。9

有理由怀疑教宗能否在他的国都也得到这样热情的欢迎。"教宗的心情让他无法显得乐观"，驻罗马的托斯卡纳大使这样报告说。他解释道：

> 战争和灾难造成的废墟仍然曝露在外。罗马的样子让任何看到的人都会痛心，即便是在教宗即将回归之时也是如此。城里的人口因战争、流放、投入监牢和主动移民而大量下降，这让城市看起来空空荡荡的……弥漫着悲伤和气馁。10

法国人保持着高度戒备，因为未来会有麻烦出现的迹象已十分明显。罗马的女性，警方这样听说，正在准备一场抗议示威来羞辱甫一抵达的教宗。马志尼呼吁民众抵抗的传单神不知鬼不觉地出现在了罗马的城墙上,警察阻止了三个试图堆起一堆木头来抵住教宗的奎里纳莱宫大门的人,他们正准备纵火。[11]

4月12日星期五下午,庇护九世终于出现在罗马的西城门处。17个月之前,他是乔装成一名乡村神甫逃出罗马的。现在他胜利回归了,罗马的教堂摇响了钟声向他表示致意,圣天使堡鸣放了101响礼炮。浩浩汤汤的行进队伍向着阳光照耀下的广场走去,教宗的座堂拉特朗圣若望大殿中已经聚集了一大群翘首期盼的人。当教宗把脚迈出马车时,欢呼声如雷鸣般响起,人们手中挥舞的手绢飘扬起来,但是就像伦敦《泰晤士报》的记者所注意到的,"值得注意的并不是盛大的挥舞手绢的场面,而是看起来很少有人觉得应该要跪下,而且从整体上看,人们只是对热闹的盛事更感兴趣"。当庇护九世走入巨大的教堂,罗马的代理枢机,连同三人执政委员会的枢机主教们前来向他致以问候。他们跪倒下来,穿着黑色外交官制服的使团成员亲吻了教宗的手。庇护九世无法遮掩自己的情绪。进到教堂的中殿后,他跪倒在圣彼得和圣保罗的墓前祈祷。

教廷的队伍随后开始走向城市的另一边。衣着华丽的教廷士兵在前方引路,后面跟随的是法国骑兵、贵族卫队以及教宗马车,巴拉杰将军则在一旁骑马同行,另一边是贵族卫队的首领阿提埃里亲王。法国的高级军官们也骑马紧随其后,再后面的是法军和8位枢机主教,他们每个人都坐在自己华丽的马车中,最后则是城市的政府要员和20名外交官。色彩鲜艳的织锦和花环装饰着沿途的建筑。在教宗经过时,道路两边的法国士兵单膝跪地。他们的队伍终于越过了台伯河并抵达了圣彼得大教堂,其余的枢机主教都在那里等待着。上千人已经挤进了教堂里,每一面墙都有法国士兵守卫。教宗迈进了教堂，感恩弥撒开始了。枢机主教们随即护送着教宗来到了他在旁边梵蒂冈宫中的房间。

教宗庇护九世还将在罗马度过四分之一个世纪，但是他再也没有住进过奎里纳莱宫。那里的回忆太痛苦了。他住所的改变也标志着其他一些事情。奎里纳莱是教宗作为教宗国国王所拥有政治权力的第一象征。梵蒂冈则是教廷的宗教权威中心，是全世界天主教的心脏。回到罗马的庇护九世尽可能地想要远离曾给他带来无数伤痛的政治角色。对于政治方面的事务，他将会让更适合的安东内利来处理。在接下来的几年里，当重大的历史变故改变着他身边的人时，教宗将更加深入地退居到自己的宗教角色中，在精神领域里寻找慰藉。他将不会再让如何处理人民无休止的政治要求所带来的怀疑来折磨自己。[12]

虽然罗马的街道上飘荡着令人兴高采烈的旗帜和条幅，也有鲜花洒在教宗要经过的路上，但是在小山城韦莱特里出现的那种众人迎接教宗的兴奋场面将不会在罗马出现。罗马市民没有忘记近来流洒的鲜血，不久前才征服了罗马的法国军队保护教宗的场面使民众产生了复杂的情绪。"事情合乎情理地进行得十分顺畅，"荷兰大使评论道，"但是没有任何的热情，尤其是对民众来说，这个进城的场面，或是教宗的回归，就那些来看热闹的人而言，他们只是出于最简单的好奇心，假如罗马共和国明天浴火重生的话，他们也一样会来看热闹。"[13]

法国人曾希望教宗一旦远离了费尔南多国王的影响，一旦在法国人控制下的都城里安顿下来，就会开始向法国人的观点靠拢。虽然路易－拿破仑已经放松了对教宗施加的压力，但全方位回归中世纪的神权政治仍然是一种巨大的耻辱。而且从罗马发回来的最初几篇报告内容都不能令人乐观。回到罗马的庇护九世没有显示出任何要遵循法国人建议的迹象。法国大使在 4 月底发回的报告中写道：

> 如同我之前与教宗和枢机主教安东内利关于这件事的谈话结果一样，现实中的情况也不能令人满意，而且我很担忧这样的现状会持续很长一段时间，任何形式的改革都将拖延下去。而且，我无法太频繁地重复，虽然圣父大人其人对于法国是亲近和认同的，但他所生活的环境则在根本上敌视法国。在这一层面上，一切都没有改变。身处罗马的教宗并不比在波蒂奇或是加埃塔时更自由。恰恰相反，他们更加倍努力地打消教宗回归罗马后，本应该让法国得到的影响力。

所有事都不出巴拉杰的意料，也预示着前景的灰暗，因为除非教宗作出重大改革，否则他将绝对无法实行统治，只能借助外国的军事力量。[14]

《泰晤士报》驻罗马记者也作出了相似的描述："我怀着遗憾的心情报道，自从圣父大人回归罗马以来，他已经令他的友人们失望了，而且他没有采取任何一种举措来启发人们的信心或希望……教宗现身所激发的热情正在消退……他不断地抛头露面，但是人民对他的现身几乎不屑一顾。"[15]

苦于养活家中的人口，大多数罗马市民只希望回归的教宗是他们认识的那个在上台之初十分慈爱的教宗。但是意大利爱国主义的火焰仍在许多人心中熊熊焚烧，偶尔有法国士兵或是特别遭人憎恨的教士遭到杀害——他们裹着黑色长袍的尸体，每隔一段时间就会被人从台伯河里捞出来，这让紧张的氛围一直在持续。

4 月 30 日是法国攻城胜利的一周年纪念日，从睡梦中醒来的罗马市民看到有些教堂的墙上被涂上了红色的大字："圣职们，烈士们的鲜血在为复仇呐喊！"新的传单像潮水一般涌进城里，以讽刺的口吻来赞美教宗—国王。

　　哦教宗，可喜可贺啊，你现在在罗马，坐在王座上，你是国王……双手滴着血……

　　哦教宗，可喜可贺啊，你现在是国王。像其他教宗一样，你也背叛了祖国，将它交到外国人的手上……

　　你曾呼吁战争和杀戮……你给屠杀送上祝福！……可喜可贺啊，哦教宗，你是国王！[16]

　　在那些徒劳地等待教宗显现仁慈的人中，有3000名政治犯正在教宗国的监狱中逐渐凋零。一间为单人设计的黑暗牢房中一般会挤进五六个人，他们在夜里不仅没有毯子取暖，还要吸着从厕所飘来的恶臭。这些人靠发霉的面包和豆子维生，他们很快就成了疾病的牺牲品。这些政治犯中包括15名圣职，他们在几个星期前被扣上的罪名是"作乱谋反（lesa maestà）"。卡洛·加佐拉蒙席（Monsignor Carlo Gazzola）是一名声名显赫的天主教知识分子，他被关押在圣天使堡中，由于他编辑的一份报纸中有一篇"伤害教宗"的文章，他被判处终身监禁。在全意大利都流传着各种令人毛骨悚然的故事，例如乔瓦尼·马切蒂（Giovanni Marchetti）的案件，他是一名驯马场的主管人，被指控用蜡烛的火苗熏黑了枢机主教兰布鲁斯齐尼雕像的鼻子。他在1849年遭到收押，但在两年后仍在等待着审判。他在狱中因感染肺结核而咯血，他恳求能够将他释放和家人团聚。但他的要求遭到了拒绝。[17]

当教宗回归罗马以后，枢机主教的三人执政委员会解散了，由一个人来独自执掌教宗国的政府，他就是令人敬畏的枢机主教安东内利。"遭许多人记恨，"教会历史学家贾科莫·马提纳（Giacomo Martina）这样描述道，"他在经济管理事务和捍卫现世权力上已只手遮天。"[18]

随着安东内利的自信心不断膨胀，教宗本人看起来也变得不一样了。他不再和蔼或是乐于使他人愉悦。有位市政府秘书因没有在教宗流亡期间放弃职位而遭到解职，他低声下气地恳求教宗，得到的回答却是，"仁慈的日子已经结束了，现在是公正的时刻"。他看起来老了好几岁，抑郁不时发作，很容易就警觉、怀疑别人，庇护九世在回归罗马后不久才刚刚庆祝了他的 58 岁生日。现在，他的脾气已变得越发容易爆发。[19]

安东内利手脚麻利地巩固了自己的权力。到了 6 月底，他开始谈论要恢复一个已经废弃了很久的举措——让枢机主教们只有在预先约定的情形下才能拜访教宗。在这项举措实施以前，任何枢机主教都能来到教宗的住处面见教宗。"枢机主教团，本来就得不到安东内利的良好对待，"那不勒斯驻教宗国大使在汇报此事时这样评论，"在这样的新举措之下，他们将会更不讨他的喜欢。但是，这也显示了他认为教宗对他的偏爱既强大又稳固。"[20]

感觉自己在教宗心里的位置越来越不稳固的是法国人。不但没有感激法军提供的保护，教宗反而明显地露出厌恶。"简短来说，"庇护九世在 5 月底向埃斯特哈齐抱怨，"我现在是在谁的手里？在法国人的手里！"就像教宗之前所害怕的那样，法国大使一直催促他宣布改革，警告说公众的不满已经越来越严重。[21]

庇护九世则是尽力抗拒。不管大使喋喋不休地告诉他什么，教宗总是告诉巴拉杰，如今虽没有宣布任何改革，但也没有造成任何问题。他说道：

> 我现在已经见过许多国家的使团了。他们没有一个说出过一句关于改革的话。当他们来看我的时候……告诉我说："以上帝的名义，圣父大人啊，不要进行市政选举来让自己再度坠入新的危险之中，广泛的事实基础就是，人们此时的精神状态还不足以平静地进行一场带来好结果的普选。"[22]

现在是夏天，在这个时节里，能够逃离疟疾季节的罗马有钱人都会去往他们位于山区的山间别墅。8月底，在10000名留守罗马的法军士兵中，有1200人病倒了，他们被发烧折磨着。与此同时，毫不停歇的抓捕行动仍在继续。"他们关押了许多人，"雷内瓦尔抱怨道，而且"他们抓人后要等上几个月才开始审理程序。"[23]

迫害仍在继续。在近年来发生的剧变以前，死刑都在一个巨大的广场正中央举行，那里有一个断头台，行刑时会有一群好奇又害怕的人围观。庇护九世的第一次断头台经历是当他还在伊莫拉任主教时，他给两个将要被处决的杀人犯主持了临终祈祷。"我第一次看到断头台，"他在当时给朋友的信中写道，"那个场面的印象仍然历历在目，我相信在很多年后我也无法忘记。"[24]

罗马的断头台曾在罗马共和国激动人心的日子里在游行的人们的庆祝声中被烧掉了，人们随后把灰烬中残留的金属零件扔进了台伯河。此后，刽子手只好被迫用枪来行刑，但教宗国的官员们这才发现它比之前的方式要可靠得多。10月初的一个早晨，一件极为尴尬的事发生了，6个在共和国期间犯了谋杀罪的犯人被带到广场上面对着科斯美汀圣母圣殿（Basilica di Santa

Maria in Cosmedin，也称"希腊圣母堂"），这座教堂最为人熟知的就是真理之口（Bocca della Verità／The Mouth of the Truth）。教宗拒绝了这些人提出的宽恕要求。在一群围观者的瞩目下，行刑的命令已然下达，枪声随即响起。但士兵们瞄得不准，有一名囚犯惊讶地发现自己只是肋骨上擦破了皮。他说了声"谢谢"，明显是觉得受到了赦免。行刑官随即命令第二次射击。最终，在三轮射击过后，所有犯人才被杀死。[25]

在教宗刚刚回到罗马时，美国外交临时代办刘易斯·卡斯便表态希望形势尽快得到改善。枢机主教德拉·更贾告诉他，教宗十分欣赏美国及其制度，这句话被轻信地报告给了华盛顿，同时回报的还有另一个枢机主教所说的教宗渴望能够采取自由立宪制。当时，刘易斯·卡斯已经在罗马待满一年，他终于在庇护九世回归后见到了教宗，教宗的热情赢得了他的好感。这位外交官是这样回忆的：

> 他抓住我的手，跟我谈论了他最新在教宗国推行自由改革时的种种努力和遇到的困难，他补充说，自己已经学到了惨痛的教训，这要求他今后要多加小心，要谨慎地为他的人民准备各种他们还未习惯的事情和秩序。但是，他在近来的政治经历中所遭遇的不如意后果远谈不上使他气馁，他的坚忍不拔和一以贯之十分令人钦佩，他愿意在未来继续追求相同的道路，并且利用所有可行的方式为他的政府引入有益的改革，他承认这些改革是十分有必要的。[26]

在接下来的几个月里，当所有的迹象都显示着回到旧有的神权政治后，这位美国外交官的乐观情绪开始消退了。卡斯评论说，人们在国都对当局的服从只不过是受到胁迫的后果。法军已经退出了所有的公共事务领域，而且，他报告说，"教宗的公务人员已经不再像他们习惯中的那样克制地履行各种职责，如今连最低程度的克制也没有了"。[27]

*

在罗马，没有人比这里的犹太人更感到惶恐。在罗马共和国成立后，所有对犹太人的法律限制都已遭到解除，但是还没来得及享受自由，法国人就把教宗带回来了。现在犹太人生活在巨大的焦虑之中。回到罗马的会是之前那位慈爱的庇护九世，还是一位支持旧时代各种压迫手段的严厉教宗呢？

汇集起来的证据很快就表明回归的是后者，罗马的犹太人再一次找到了罗斯柴尔德家族。在教宗回到罗马的一个星期后，犹太社群的官员们给维也纳的罗斯柴尔德女男爵发去了一封信。"我们的事正处于这种痛苦的境地之中，面前的选择方案只有顺从和保持希望，"他们在信中继续写道，"我们送给您这样的一封信，祈祷您将会给维也纳帝都宫廷的外交大臣施瓦岑贝格侯爵写一封信，鼓励他能够行善举，书写一份官方通告。"他们希望施瓦岑贝格能够敦促教宗维持他之前曾向罗马犹太人作出的让步。[28]

几个月后，犹太社群的官员们准备了另一封请愿信传给了罗斯柴尔德家族。他们按照时间顺序罗列了所有前任教宗们推行的限制令，他们赞扬了庇护九世曾拥有善意和勇气废除其中的一部分，"此举得到了所有已经文明开化的欧洲国家的赞赏"。但现在，他们哀鸣道，同样的限制又恢复了。

犹太人表达了自己的希望，他们想要保持在罗马共和国期间享有的自由。他们希望能再次到犹太聚居区以外的地方生活和工作。他们想要自由地从事各种职业并且能够拥有地产。他们也想让自己的孩子能够进入大学。他们要求结束他们所遭受的羞辱，包括法律禁止犹太人在民事诉讼中作证的权利和必须要在每年交付一大笔钱给教会处理改宗者的教理之家（House of the Catechumens）的要求。他们没有提出进入市政管理部门的要求，因为他们认为这样的要求太高了，但是他们的确提到了市政府相关部门资助的一些卑微工作，他们要求这些为穷人设置的职位也要对他们开放。[29]

犹太人的请求没有换来什么好的结果。庇护九世从来不觉得挑战古老的正统权威是一件多么令人愉悦的事情，在这样的时局之下，他更没有理由这么做。他很后悔在担任教宗的最初几个月中给犹太人允准了那么多的自由。在接下来的几个月里，有关犹太人仍可在犹太聚居区外出没的报道源源不断地传到罗马的代理枢机那里，此后，犹太商店被关闭了，犹太家庭也都被迫搬回了聚居区。[30]

*

罗马的抓捕行动仍在如火如荼地进行。那些批评教宗政权的知名人士无时无刻不生活在恐惧当中，他们随时有被捕的危险，被丢进监狱遭到毒打是司空见惯的事情。塞尔莫内塔公爵米开朗琪罗·卡埃塔尼（Michelangelo Caetani, Duke of Sermoneta）是一个来自罗马的文学家，出身非凡的贵族家庭。1851 年初，他曾向一位英国访客解释了生活在现在的永恒之城是种什么样的感受。每天都有 10 个人被捕,他说,"被关在一个阴暗潮湿的地牢里几个星期,这里还有别的犯人,他们会对新来的人做下任何他们觉得合适的暴行"。这是警方采用的一个办法,他说,以让人们学会在批评教宗政权之前要三思而后行。

公爵解释说,庇护九世坚定地相信上帝已经授予他权利来行使绝对权力。这是一份信任,他充满情感地要将这一权利完完整整地传到他的继任者手中,如同他的前任传给他的一样。[31]

大理石雕像的男性生殖器是测量罗马镇压情况的良好晴雨表。自从米开朗琪罗在西斯廷礼拜堂的墙壁上画了一群裸体人物之后,遮盖裸体人物每隔一段时间都会成为教宗的努力目标。庇护九世现在下定决心要恢复国都的道德规范,于是他也加入到了这场争论中。有一位亲历者在 1851 年 4 月报道说:

> 在圣彼得大教堂,他们继续给天使和精灵(genie)穿上衣服。从精灵的纪念碑到出自安东尼奥·卡诺瓦(Antonio Canova)之手的那两个斯图亚特王室成员的雕像都被穿上了长衫。在进入教堂迎面左手边的壁柱上,刻着一幅巨大的圣利奥(Saint Leo)圆形浮雕,旁边簇拥着没有穿裤子的天使。他们已经在忙着给天使们穿裤子了。他们所做的最夸张的事是:在教宗雕塑的脚上,有一个给婴儿喂奶的女子。他们遮住了雕像的乳房,但是小孩该怎么办呢?他们拿下了他的头,然后让朝反方向装了回去。[32]

大概在这个时候,英国著名的律师、经济学家纳索·威廉·西尼尔(Nassau William Senior)来到了罗马。他很渴望能深入了解罗马的政治局势,于是他去见了几个月前刚刚成为法国新任大使的阿方塞·德·雷内瓦尔。雷氏对罗马市民的负面看法等同于他对教宗前景的悲观看法。"如果有 500 个外国共和人士来到这里，我不认为他们能找到 500 个罗马市民加入其中，"雷内瓦尔这样告诉他，但随即又补充说，"但是我也不觉得他们足以找出 50 个反对他们的人。罗马市民会跑回家，锁上门，然后扒着门缝看热闹。"

西尼尔第二天去拜访了英国领事约翰·弗里伯恩，他是短命的罗马共和国的一位热情支持者。西尼尔向他转述了法国大使的话。这位英国领事反对道："这是彻头彻尾的错误。他不知道这里的中产阶级的感受，因为他不和他们打交道。但我会这样做，而且我能向你保证，法国人只要离开三个小时，这儿就会爆发一场暴力革命。"[33]

美国外交临时代办也持有同样的看法。"现在的趋势，"刘易斯·卡斯在 5 月份向华盛顿方面汇报，"是回归带有各种压迫手段的旧制……反对梵蒂冈的情绪越来越强，我有各种理由相信，教宗国的绝大多数居民都渴望在政治经济上作出改变，愿意经受二次革命的战栗……对教会政府的憎恨和对暴虐当权者的恐惧在每个人的胸中雀跃。"[34]

就连枢机主教安东内利也不再抱有任何幻想。他在 1851 年年中给罗马教廷驻维也纳大使的备忘录中写道："罗马市民已普遍极端腐化，或者极端愚蠢，他们无法给政府提供最低限度的支持。"在革命期间传播的观念和从那时起就不断潜入城中的政治宣传已经"让这些人的思想和情绪扭曲到了认为法国人应该离开罗马的程度，要是那样的话，圣父大人的政府将会发现自己被丢弃给了一群国都里的狂躁暴徒"。[35]

庇护九世不安地坐在宝座上。自从先前那些好似享受节日的人群在街道上穿行，欢呼着赞美教宗的话语的美好日子以来，不仅是罗马市民的希望已经破碎，教宗的梦想也已经褪色了。庇护九世想当一个宽厚和蔼的统治者，他曾在人民的赞美声中感到欢乐。在他担任教宗的最初日子里，出于人民对他的爱，他眼中流出的是欢快的泪水。这和他在耻辱的逃亡时、听着汇报罗马城里对他的咒骂时、带着无以复加的恐惧思忖着回归罗马时流出的泪水有着多么巨大的反差啊！只有在他将心中最大的渴望放下时，他才能面对未来。他心中最大的渴望就是能得到人民的爱戴，但现在这已经被他当成了一种癖好。他需要一个防御的盾牌，这个盾牌的来源不是向人民寻求许可，而是只向上帝寻求恩赐。

一个新的教宗，一个更偏向宗教，但内心更加坚定的教宗正在慢慢浮现。在接下来的几年里，相比担任教宗初期所遇到的变化，他仍会面临同样令人却步的挑战，它们将会影响意大利和天主教会的未来。上帝，就像他所认为的那样，还没有完成对他的考验。他誓言上帝的裁决终将会到来，并证明这一切都是值得的。

/ 尾 声

　　多亏了马赛主教（Bishop of Marseilles）送来了两台断头台，教宗国可以再次用比较有尊严的方式执行死刑了。1851 年，官员们把其中一台从一个城镇送到了另一个城镇，在每个地方都停留足够长的时间以斩断那些在宗教法庭上被判处死刑的人。[1]

　　三年后，经过漫长的审判，有 8 个人在佩莱格里诺·罗西的刺杀案中被判有罪。其中，40 岁的罗马人鲁伊吉·格兰多尼（Luigi Grandoni）和 28 岁的雕塑家桑特·科斯坦提尼（Sante Costantini）被判处死刑，格兰多尼实际上和此案根本无关，他在等待行刑的时候在监狱里自杀了。1854 年 7 月 22 日，科斯坦提尼仍旧宣称自己是无辜的，但还是被送往了刑场。一名神甫、一位修士，以及一个给这样的行刑提供协助的宗教团体成员陪他一同前往刑场。他们向着真理之口的方向走去，这里的广场是罗马的三个砍头场所之一。在看到人群中有一些朋友正在好奇是谁在被押往刑场时，科斯坦提尼大喊道："他们是送我到刑场去！"他果断拒绝了所有的认罪请求和完成临终祈祷仪式的要求，科斯坦提尼说他已经受够了在地牢里的折磨，他只想要快点死个痛快。宗教团体领袖记载了接下来发生的事情。

　　下午 6 点 15 分，病人 * 被送到了断头台上。在上断头台的时候，他在鼓声响起时大声地喊了一句"共和国万岁！"

---

　　*　引人好奇的是，这位宗教团体领袖在这里把死刑犯称为"病人（il paziente）"，在此处使用这样的医学比喻让这句话有了"手术很成功，但病人死了"的新意涵。

这个被判有罪的人在最后关头还拒绝忏悔，他得到了道德的惩罚。令人遗憾的是，许多应受谴责的参与叛乱的罪人，在被送上断头台时都做出了这种邪恶的轻蔑之举。[2]

在接下来的几年里，人头不断地滚进了断头台上的桶里。三年后在同一地点，安东尼奥·德·菲利斯（Antonio de Felice）也被砍了头。这位35岁的制帽工匠在梵蒂冈的台阶上用一个小干草耙子挥向枢机主教安东内利，但是枢机主教的随从们在构成伤害之前先把他制伏了。他最后的勇敢举动是在上断头台之前亲吻了刽子手，然后自己把头放在了刀刃下。[3]

在菲利斯被处死的两个星期以后，革命派的博物学家夏尔·波拿巴亲王死在了巴黎。在罗马共和国的高光时刻中享受到众人瞩目的光环后，他在晦暗中痛苦地度过了生命的最后阶段。他信仰天主教的妻子抛下他一个人留在了意大利，他已是千疮百孔的落难之徒，只能仰赖亲戚路易－拿破仑的怜悯，正是这位堂弟的军队造成了他的悲哀结局。[4]

罗马的犹太人虽然希望从罗斯柴尔德家族和对教宗的恳求那里得到帮助，但在经历了短暂的解放之后，他们发现自己再度被限制在了作为对他们的嘲讽和欺辱的犹太聚居区里过着贫穷的生活。最糟糕的是，他们生活在自己的孩子可能会从身边被带走的恐惧里，在教会的律法之下，如果有任何一个基督徒想要让犹太儿童受洗的话，这个小孩就会被从犹太家庭带出来，进而按照天主教徒的方式长大成人。[5]

法国军队在整整十年间都留在了罗马，以便保护教宗免受他难以驾驭的臣民的伤害。法国人继续劝说庇护九世，希望由世俗信徒来顶替政府和法庭中的圣职，但是教宗不为所动。

教宗的现世王国将不会持续很久了。1859 年，已成为拿破仑三世皇帝（Emperor Napoleon III）的路易 – 拿破仑，满怀着胆魄和卡洛·阿尔贝托的儿子维克多·艾曼努尔二世国王（King Victor Emmanuel II）一起，想要为后者的父亲在十年前遭遇的耻辱性溃败复仇，法国和撒丁尼亚王国的军队于是合力向奥地利发动了新的攻势，他们的目标是将奥地利驱逐出意大利半岛。在奥军的撤退过程中，教宗国内奥占省份的人民扯下了教宗国国旗，并驱逐了以教宗的名义施行统治的圣职。意大利独立的日子终于到来了，新近获得解放的教宗国的爱国者们组织了一场加入正在扩张的萨伏依王朝的公投。维克多·艾曼努尔并没有意愿让意大利半岛的南部领土加入到自己的王国中，但是无处不在的加里波第军团却强逼他这么做，他们带了 1000 名武装志愿者跨海来到西西里，随后北上，闯进了那不勒斯王国。1860 年底，24 岁的弗朗切斯科二世（Francis II）逃离了他的都城——他在一年前继任了驾崩的费尔南多二世国王的王位。弗朗切斯科二世决定把加埃塔的堡垒当作他的最后据点，在他的童年时期，他曾常常跟着家人来这里拜访教宗。经过了一场血腥的围城战后，他于 1861 年初宣布投降。一年后，维克多·艾曼努尔二世统治下的意大利王国（Kingdom of Italy）宣告成立，其领土囊括了意大利半岛除威尼斯和罗马及其周边地区以外的剩余区域。威尼斯仍旧处于奥地利之手，教宗则仰赖于法国对天主教的情感以及法军的持续驻扎，仍然统治着基督教世界的首都。

在意大利国王提出的协商请求遭到断然拒绝后，1860 年 1 月，庇护九世下达了教宗训谕，要求教宗国能保持"纯洁并能够从损伤中恢复过来"。在将参与教宗国叛乱的人们绝罚之后，庇护九世声称他信赖上帝将不会让这种令人愤怒的情形持续很久。

毕竟，在十多年前，教宗的失败已被证明只是暂时现象，意大利的爱国者们还是被镇压了下去。

法国承诺让教宗的统治在永恒之城延续下去，他们将军队驻留在罗马，并和意大利国王达成了不要干涉罗马的协议。让庇护九世能得到些许安慰的是，欧洲大陆强国中没有任何一国乐于见到出现一个强大、统一的意大利。教宗和安东内利都把他们的希望寄托在时间上，他们希望时间能让教宗理所当然的统治可以迅速恢复。到了1865年初，英国公使从罗马发回报告说："像教宗一样，安东内利也希望欧洲战争会再次为教廷扫除困难！"6

/ 340

庇护九世再度被困扰在作为最高宗座的失败感中，这已经是他第二次失去教宗国的大部分领土了。他的脾气再次和他的善良本性产生了冲突。他在1866年初这样询问英国公使："英国是怎么做到吊死2000个黑人来镇压牙买加的起义却能得到别人的普遍赞赏的？为什么我就算在教宗国里吊死一个人都会激起全世界的谴责？"

公使回忆说："圣父大人这时候暴发出了笑声，并且举着他的一根手指重复了好几遍刚才说过的话，这让一切更加令人印象深刻了。"7

对于爱国者来说，没有罗马的意大利就不是真正的意大利，因此，国王面临着要取得罗马的强大压力。他不愿意对永恒之城先动手然后激起和法国的战争，于是国王秘密地输送资金试图促成一场"自发的"人民起义，从而获得介入的正当性。让国王沮丧的是，罗马市民已经太常目睹断头台上的杰作了，他们都不愿意自己的脖子伸出去。

1868年3月，英国公使再次和教宗见了面。法国在不久前重新加固了他们在罗马的防御工事，另外有来自法国、爱尔兰、德意志，甚至远至加拿大的大量天主教志愿者涌入罗马加入教宗国军队，受到了这样的刺激和鼓舞，教宗越发感到自信。以占国家总人口的比例来看，教宗眉开眼笑地告诉英国公使，他拥有了世界上最大的军队。[8]

宗座也完全地利用起了他的精神武器。1864年12月，他发布了现代历史上最重要的教宗训谕之一，题为《谴责当前的谬误》（Quranta cura），并且还附上了一份错误的摘要。他警告说，没有天主教徒会相信言论自由、出版自由或是宗教信仰自由。天主教徒必须要相信的是由教宗一人来统治国家。所有的天主教徒，他宣布，都应该要拒绝"罗马宗座可以，而且应该顺应改革、自由主义和现代文明"的观点。[9]

美国诗人亨利·沃兹沃斯·朗费罗（Henry Wadsworth Longfellow）在1869年初造访罗马时发现，这是一座"遭到围困"又"消沉"的城市。"在阴雨连绵的晦暗日子里向窗外望去，"他在给美国朋友的信中写道，"看着满是泥泞的街道和长满青苔的屋顶，薄薄的湿气就像是幕布一样盖住下面的城市，罗马看起来如同顶着草冠的李尔王一样步履蹒跚。"最让朗费罗感到惊讶的是距离自己第一次造访罗马已经过去40年了，但这座城市居然几乎没有改变。他在见面时将这一印象告诉了枢机主教安东内利。"是的，感谢上帝！"安东内利回答，他停顿了一下，并用手捏了捏鼻子。[10]

几个月后，罗马见证了这座城市350年来从未经历过的事情。教宗把全世界的主教、枢机主教及教团的领袖召集到圣彼得大教堂召开梵蒂冈会议（Vatican Council）。在他看来，法国大革命引出的无神论势力正在攻击基督教的永恒真理。政教分离原则正在被欧洲各国的新宪法所接受，而与之相伴相生的对于言论和出版自由的保证也直接违反了教会的教义。庇护九世想要让全世界看到，他拥有教会的完全支持来打赢这场反对现代异端邪说的战斗。他还有第二个目标，就是渴望用这种史无前例的举动，正式宣布"教宗永无谬论（papalinfallibility）"，并以此来巩固自己的位置。他在会议的公开致辞中解释说："宗教是不可以变的；宗教不是一种思想，而是真理。真理是不会变化的。"[11]

1869 年 12 月 8 日，774 名主教和几百名教会的要人涌进了罗马，他们在圣彼得大教堂举行了会议的开幕仪式。从当日早 7 点，教堂就已被挤得水泄不通了，许多外国人都来到这里见证历史性的一刻。在单独划分出的一个区域中，坐着欧洲不同国家的君主，其中包括奥地利皇后伊丽莎白①、被推翻了的那不勒斯国王弗朗切斯科二世、被推翻了的托斯卡纳大公利奥波德二世（Leopold II）和被推翻了的帕尔马公爵。教宗国军队总指挥坎斯勒将军（General Kanzler）和保护罗马的法国远征军总指挥杜芒将军（General Du Mont）则坐在了特殊的荣誉席位上。

庇护九世已经下定决心用宣布"教宗永无谬论"的方式来打一场关乎教会存续的战争，他对主教们施加压力让他们作出支持，而那些反对这一决定的人已经感受到了他的怒火。庇护九世给一名反对者贴上了"邪恶"的标签，另一个人则是"疯子"，第三个是"不可救药的分裂教会的毒蛇"。他的举动已成为这场延续了几百年的权力争夺的巅峰，其目标就是从枢机主教、主教和国家教会手中把权力夺走。在接下来的几个月里，在用没有几个人听得懂的拉丁语进行的演说中，虽然声效不是很好，但教会的司铎们仍继续着他们的辩论。[12]

欧洲的统治者们，害怕"教宗永无谬论"的教条可能会减弱

---

① 即国人熟知的茜茜公主。

他们对天主教臣民的控制，彼此战战兢兢地面面相觑。教宗的最大保护人拿破仑三世十分生气，他威胁要从罗马撤出法国的所有军队。但是作为一个有信仰的人，作为一个绝对反现实政治的人，庇护九世继续推进着自己的决定。1870 年 7 月 18 日，暴风雨让午时的天空变得低沉阴暗，高级教士们要开始投票了。在那些担忧迟疑的人中，很多人最后还是投了赞成票，因为他们害怕惹怒教宗。关于对宗教事务的判定，庇护九世如今已经拥有了雷打不动的绝对地位。

历史证明，举行这场投票的时机恰好处于一个不幸运的时间节点上。两天前，法国刚刚对普鲁士宣战，拿破仑三世渴望能集中全部力量作战。庇护九世宣布"教宗永无谬论"的举动给了法兰西皇帝抛弃教宗的借口。7 月 27 日，拿破仑三世命令所有法国军队撤离罗马。[13]

维克多·艾曼努尔二世拿下罗马的条件如今已变得极为成熟诱人了，夺取罗马成了一件实在难以拒绝的事。兴奋中的朱塞佩·马志尼对意大利国民长久以来还在梦想着拥抱君主制感到不悦，他决定回到意大利并发起一场共和人士的起义。马志尼伪装成英国人，化名约翰·布朗（John Brown）登上了开往西西里的船，却被意大利警察识破并被抓了起来。具有讽刺意味的是，他们把这位意大利统一运动的领袖关押在加埃塔的堡垒里，这里正是 20 年前庇护九世避难的地方。意大利王国的首相此时给撒丁尼亚警方下达了命令，他们将抓捕另一位罗马革命的爱国英雄加里波第，而加里波第则会竭尽全力逃离自己位于撒丁尼亚沿海一座荒岛上的家。[14]

在 9 月 20 日破晓前，意大利军队开始对罗马城墙发起进攻。这件 20 年前费了法国人好几个星期才办到的事，因为心猿意马的防守，意大利军队在几个小时内就完成了。罗马的美国领事目睹了这一场景。

> 古老的城墙已被证明对重型火炮根本无能为力，在四五个小时之内，一些地方已经完全门户大开，庇亚门（Porta Pia）附近破开了一个清晰的洞，足有50英尺宽，势不可挡的意军士兵涌入城中，毫不夸张地把整座城市挤满了……圣彼得大教堂的穹顶上升起了一面白旗。在炮击暂停下来时，教宗国的军队作了一次无力的抵抗，不久前还如同挥舞着的铁棍一般统治罗马的他们基本上都成了俘虏，或是逃到了圣天使堡里和圣彼得广场上。

在美国领事的眼中，不受欢迎的教宗国军队战斗得愈猛烈，罗马市民就愈把意大利军队当作解放者，"没有世俗信徒愿意给教宗政府提供一丁点儿帮助或是表现出一丁点儿喜爱"。简而言之，他在报告中这样写道：

> 这是意大利军队的一场轻松胜利，交战双方的伤亡损失都不大，因为有重炮和罗马市民作为他们的朋友，意军的优势是压倒性的；反观教宗国军队的轻步兵，虽然他们从没想到过自己居然这么遭人憎恨，但是在他们的心底，他们一定是害怕人民的，他们不敢全力奋战。[15]

第二年，维克多·艾曼努尔二世以胜利者之姿进入了意大利的新首都。为了响应教廷的呼吁，欧洲各国抵制了这场胜利庆典。研究罗马中世纪史的杰出历史学家费迪南·格雷戈豪维

/ 尾声 /

斯（Ferdinand Gregorovius）在他的日记里写道："在这一天，教廷对罗马城长达千年的统治结束了。"圣天使堡的礼炮响了起来。"每一声炮响一定都震撼着教宗的心！从未有过的悲剧就在这里上演了。"[16]

　　在教宗一个月后发布的通谕中，庇护九世重复了他已经对这些新国家的领导人下了绝罚令，并且宣布意大利对教宗国的占领是空洞无效的。教宗宣布，教廷是绝对不会妥协的。"尽管我们年事已高，"他在通谕中写道，"我们宁愿……在上帝的助佑下把泥水喝干，也不愿接受这份强加给我们的邪恶提议。"[17]

　　宗座希望 1870 年将会成为 1848 年的重复，正如 1848 年已被证明是 1798 和 1809 年的重复一样。米兰的天主教日报这样写道："他们一定会离开罗马的，就像拿破仑、马志尼和他们之前的其他教会敌人一样。至于他们什么时候离开，怎么离开，目前还很难说。他们大概很快就会离开，而且是狼狈不堪地离开。"[18]

　　目前，庇护九世已将自己视为一个囚徒。尽管他仍控制着梵蒂冈的几百英亩土地和宏伟的宫殿和花园，而且如果他想要离开，也不会有人阻拦他，他想象中的受困印象很快就被传播开了。大量生产出来的卡片上画着教宗被关在铁笼子里，这些卡片从爱尔兰流传到了波兰和法国，教士、修士和修女将这样的卡片当作圣物出售，按照他们的说法，教宗正睡在牢房的茅草垛上。

　　罗马现在是意大利国王的都城，是一位现代的立宪君主的都城，也是意大利的两院制立法机构的所在地。教宗在 1848 年勇敢逃脱的奎里纳莱宫如今成了这个意大利国王的家。但是，这位国王从未在这座永恒之城里感到过舒适，因为在离这里仅仅一英里远的地方，还有一个自称是合法统治者的人，正是他将意大利国王绝罚，并且声称自己遭到了囚禁。维克多·艾曼努尔二世尽可能少地待在罗马，他喜欢在自己的乡间庄园里过日子、骑马、打猎。事实上，这位国王害怕他现在已经遭到了诅咒，也许真的是这样，1878 年 1 月初，才 57 岁的他生了一场病，几天后就离开了人世。天主教报刊用这件事大做文章，声称这是上帝的惩罚，他们本来可以在更长的时间里大肆渲染这件事，但是四个星期以后，老迈的庇护九世也离开了人世。

在庇护九世离开人世以后，他在世时的长期争斗仍在继续。1881 年，他的继任者教宗利奥十三世（Pope Leo XIII），认为紧张情势已经冷却到足以去满足庇护九世生前的愿望，将前任教宗的遗体在罗马城另一边的圣洛伦佐圣殿下葬。为了把发生令人不悦事件的可能性降到最低，利奥十三世让护送教宗遗体的游行队伍从半夜出发，路线则对外保密。但是在来给殉道的教宗送行的几千名信徒中，混入了大量的反圣职者。当队伍走到圣天使堡跨越台伯河的桥上时，上百名抗议者高喊着"扔到河里去！"他们试图冲破警方的护卫把教宗的棺材扔到浑黄的河水中。在殴打过程中有多人受伤，但是教宗的遗体安然抵达了最终的安息地。[19]

庇护九世故去后，将要等到半个世纪后才会有一位教宗承认意大利政府的合法性，并且承认意大利政府对罗马的统治。直到那一年，也就是 1929 年，意大利独裁者墨索里尼才和教宗庇护十一世（Pius XI）达成协议，正式缔造出了梵蒂冈城国（Vatican City State），没有教宗将会再把脚迈到梵蒂冈的城墙之外。[20]

2000 年，为纪念西元第二个千禧年的结束，教宗若望·保禄二世（Pope John Paul II）决定向他的两位前任教宗行宣福礼（Beatification）。这是一个明显为了让教会中的所有人都满意的举措，他将第二次梵蒂冈会议的召集人、自由派的英雄、教宗若望二十三世（Pope John XXIII）和第一次梵蒂冈会议的召集人、保守派的英雄、教宗庇护九世的宣福礼合并进行。在当天的致辞中，若望·保禄二世解释了他为什么认为庇护九世值得拥有圣徒身份：

> 在当时的动荡之中，他是一个无条件地忠于启示永恒不灭的榜样。在一切情况下，他总是忠于他的职责，他总是知道如何把绝对首要的地位归于上帝和宗教价值。他长久的教宗生涯并非一帆风顺，他因为服务于福音而经受了一番苦难。他被很多人爱戴，但也被很多人憎恨和诽谤。
>
> 然而，正是在这些冲突中，他的美德之光才最为闪耀：他用对上帝深谋的坚定信念来调试他所经受的长久苦难，他从未怀疑过上帝拥有的掌控人类活动的至高权威。这是庇护九世内心的深邃和平静的来源，即便身处误解和那么多心怀敌意的人的攻击中，也依然如故。[21]

在艰难的时局中，庇护九世最依赖的是贾科莫·安东内利，他在死后并没有得到积极的评价。作为教宗的指路人，他陪伴在庇护九世身边，自加埃塔的流亡一直到 1878 年教宗去世都是如此。在他的执掌下，罗马教廷度过了连生存都似乎存疑的艰难时刻。作为一个十分容易兴奋又十分单纯的教宗，庇护九世在宗教领域中比在政治领域中更得心应手，安东内利则是那个在每次危机中都保持冷静的宝贵的中坚力量。

很少有人会哀悼这位枢机主教的死亡。对于新生的意大利民族国家的追随者来说，不言而喻，他是一个恶棍，但是他在教会内部也没有得到更多的喜爱。关于他拥有一个情妇的谣传已行之有年，还有小道消息传说，他收藏珍贵的宝石，喜爱财富，有利用自己的地位嘉惠家族成员的倾向。他的声望在他死后还遭到了更进一步的打击，一个年轻女子自称是他的私生女，并卷入了安东内利的地产官司。虽然她最终败诉，但报刊对此事的大肆关注并不会对枢机主教的名誉产生什么帮助。[22]

*

用这么厚的一本书所讲述的故事事关教宗千年王国的死亡剧痛。教宗的千年王国的终结所造成的影响无远弗届，因为它也关乎宗教信条的消亡，这给西方文明的进程造成了巨大的影响。如果教宗本人不再宣称是在上帝的允准下统治这片土地的话，那么，还有哪一个国王有权这么做呢？

在这个君权神授的世界上，它古老的根基，第一次受到了被启蒙思想颠覆的威胁，这样的星星之火因法国大革命而越烧越旺。几百年来，贵族和教会的联合都证明了他们是维持持久统治的基础，从此以后，这一根基便被民众对人民主权的声索取代了。随着教宗—国王的倒台，其他各国所认定的基本原理，即人民的卑微地位是上帝的授意，而统治者握有神力的支持将不会持续很久了。

启蒙运动转变了西方，却没有深入世界的其他地方。声称以宗教的权威来进行统治的做法在今日仍不难找到；我们也不难看到以神在大地上的代理人的名义来给自己的统治提供正当性的势力和运动。继续将宗教权威和政治权威调和在一起的有害后果十分明显，无论是宗教警察对人民的冷酷镇压，还是以上帝的名义进行的血腥战争。

但是，在我们西方人变得太自鸣得意地蔑视这样的观念是中世纪的古董之前，在我们彼此额手相庆，认为自己拥有久远的宗教信仰自由和政教分离原则之前，我们应该更加仔细地回首历史。直到19世纪后半叶，庇护九世和罗马天主教会仍在谴责宗教信仰自由、言论自由和出版自由，并认为政教分离原则和基督教教义无法兼容。最后，是在1960年代的第二次梵蒂冈会议上，罗马天主教会才完全拒绝了这种中世纪的观念。

在今天的西方，我们并不用费力就能找到那些哀鸣古老的真理已经丢失的人，那些人怀旧地回顾那并不很久远的由宗教权威来指导政府的岁月。就像庇护九世一样，他们批评当今时代的人们已经偏离了上帝。教宗—国王无望取胜的那场战斗还远未结束，在今天世界的大部分地方，它仍在继续。

/ 致　谢

当我一头扎进欧洲最精彩的历史变局之一时，很多人向我提供了帮助，我十分感激他们。身为一个工作在 2010 年代的人，我也能为拥有那些在 19 和 20 世纪的前辈所不敢奢望的历史资源而心存感念。

没有比谷歌的数字化工程更好的例子了，该工程让上百本已出版的回忆录和 19 世纪中叶在欧洲出版的其他资料有了数字化的可能，这些资料都对本书所述的历史事件提供了阐释和描绘。如果是过去，要想获得这些资料，我必须穿梭在美国和欧洲的各个图书馆中，在很多时候只能找到脆弱的藏本，然后手抄其内容。过去要花好多年才能完成的事情现在只要几天就能达成。人们只需要进入"象信数据库（HathiTrust database）"，寻找所需的自 19 世纪以来的书籍或期刊，并把它们下载下来即可。因为这些资料是可以完全搜索的，检索相关资料在很多时候都是几分钟就能做好的事，不需要花费太多时间。

当今的数字时代已然转变了档案工作的全貌。不必手抄上千张索书卡或是像更近期的历史学家那样拍摄上千张照片，我们现在可以为所需的档案制作或是利用已经做好了的数字化副本。在电脑里储存的上千份文件，可以即取即用，这给学术分析提供了无与伦比的可能性。

在这篇致谢中，请让我先感谢两位意大利历史学家为本书研究所提供的巨大帮助，他们是亚历山德罗·维萨尼（Alessandro Visani）和罗贝托·贝内代蒂（Roberto Benedetti）。他们对文献档案的梳理具有无可估量的价值。令人悲痛的是，亚历山德罗在不久前刚刚离开了人世。

我还要感谢所有为本书研究提供过帮助的档案馆工作人员，其中包括在梵蒂冈城塞格雷托瓦提卡诺档案馆（Archivio Segreto Vaticano）和在新庭（La Courneuve）及南特（Nantes）的外交部档案中心分馆工作的人们。特别要感谢罗马意大利复兴运动中央博物馆（Museo Centrale del Risorgimento）的历史文献部门主管马克·皮佐（Marco Pizzo），他非常慷慨，在历史文献资料方面拥有深厚的专业功底。一并要感谢的还有罗马犹太聚居区历史档案馆（Archivio Storico della Comunità Ebraica di Roma）的主管希尔维亚·哈雅·安托努奇（Silvia Haia Antonucci）、加布里埃拉·弗兰佐内（Gabriella Franzone）、弥可·费拉拉（Micol Ferrara）和已故的吉安卡洛·斯皮季奇诺（Giancarlo Spizzichino），当我在档案馆研究资料时，他们提供过帮助。

我欠下了约翰·戴维斯（John Davis）和罗贝托·贝内代蒂不少人情，他们给这本书最初的草稿提供了很多建议。我还要感谢在写作过程中帮我解答过疑问的诸位友人，如马西莫·里瓦（Massimo Riva）、凯文·马蒂甘（Kevin Madigan）和卡尔·克拉默（Carl Kramer）。也要谢谢尼娜·瓦尔布斯凯（Nina Valbousquet）和吉尔·博克拉特（Gilles Boquerat）对法文档案提供的帮助，以及特伦托大学（University of Trent）社会学和社会研究系的帮助，谢谢弗兰切斯卡·德奇莫（Francesca Decimo）邀请我在完成本书期间做访问学者。

在过去的 25 年中，我在布朗大学（Brown University）拥有了一个最舒适的学术之家，它对我的研究提供了莫大的支持。特别要感谢小保罗·杜匹（Paul Dupee, Jr.）设立了最初把我带到布朗大学的职位，并持续不断地支持我的工作。同样要感谢人类学系的同仁，如玛蒂尔德·安德雷德（Matilde Andrade）、玛丽莎·费舍尔（Mariesa Fischer）和马乔里·萨格鲁（Marjorie Sugrue）所提供的帮助。我十分感谢布朗大学图书馆和瓦森国际和公共事务学院（Watson Institute for International and Public Affairs）的员工及院长艾德·斯坦菲尔德（Ed Steinfeld）为我提供的那个自在又受支持的环境。我还要谢谢我天资聪颖的本科生研究助理塔莉娅·鲁施迈耶-贝利（Talia Rueschemeyer-Bailey）所付出的种种努力。

因为他们的支持和对本书的建议，我要好好谢谢我的出版经纪人温迪·斯楚斯曼（Wendy Strothman）和我此前在兰登书屋（Random House）的编辑大卫·埃伯霍夫（David Ebershoff），他现在已全身心地投入了自己的写作中。也要感谢我睿智的编辑希拉里·雷德蒙（Hilary Redmon）和兰登书屋的凯特琳·麦肯纳（Caitlin McKenna），没有她们，本书难以成形。另外，劳拉·哈特曼·梅斯特罗（Laura Hartman Maestro）为本书提供了两张精彩的地图，在此一并向她表示感谢。

我要把这本书献给我的两个初到人世的孙女，姐姐阿努克（Anouk）在我写作期间诞生，妹妹娜霍（Naho）很凑巧，在本书付梓前降生。

	注释中的缩略语
ARSI	Archivium Romanum Societatis Iesu, Roma
ASCER	Archivio Storico della Comunità Ebraica di Roma
	CO. Corrispondenza
ASR	Archivio di Stato di Roma
ASV	Archivio Segreto Vaticano
	ANH Archivio, Nunziatura di Madrid
	ANN Archivio, Nunziatura di Napoli
	ANV Archivio, Nunziatura di Vienna
	SEGR. ST. Segreteria di Stato
ASVR	Archivo Storico del Vicariato di Roma
BFSP	British and Foreign State Papers
BSMC	Biblioteca di Storia Moderna e Contemporanea, Roma
	FS Fondo Spada, BSMC, online at www.repubblicaro mana-1849.it/index.php?4/fondospada
DRS	*La diplomazia del Regno di Sardegna durante la Prima Guerra d'Indipendenza*, 3 vols. (see References)
MAEC	Archives, Ministère des Affaires Étrangères, La Courneuve (France)
	CP Correspondance Politique: Autriche, Espagne, Naples, Rome

注释中的缩略语

MD	Mémoires et Documents, Rome
PAR	Papiers d'Agents, Rayneval
PAW	Papiers d'Agents, Walewski
PDI	Personnel, Dossiers Individuels de Carrière
MAEN	Archives, Ministère des Affaires Étrangères, Nantes (France)
RSS	Rome Saint-Siege
MCRR	Archivio, Museo Centrale del Risorgimento, Rome
TL	*Times* of London

档案资料的引用说明

An.	Anno/year
b.	busta/box
bis	supplementary page or volume
f.	foglio/page
fasc.	fascicolo/folder
ff.	fogli/pages
ms.	manuscript
n.	number
r.	recto
Rubr.	rubrica/heading
v.	verso
vol.	volume

序 幕

1. Gutierez de Estrada a Lützow, ministro d'Austria presso la Santa Sede, Roma, 26 novembre 1849, in Blaas 1973, pp.28 - 31; Liedekerke à Monsieur le Baron, Rome, 24 novembre 1848, reproduced in Liedekerke 1949, pp.115 - 20.

2. 这段描写的基础源自荷兰大使在 1848 年 3 月 18 日与荷兰外交大臣的通信内容，1949 年在利德凯尔克（Liedekerke）重制，pp.21 - 22。

3. Harcourt au ministre des affaires étrangères, 17 novembre 1848, MAEC, CP, Rome, vol.988, ff.146 - 47.

4. 教宗的这句祷文出自《圣经·旧约·诗篇》51《求主怜悯》（Miserere）。《圣经·新约》的出处是《马太福音》26：39 - 41。这个情景由菲利帕尼的女儿所述，Cittadini 1989, p.99。

5. 关于教宗逃离罗马一事存有许多相互矛盾的记载。存在一些出入可以理解为编年史作家各自持有不同的政治动机，尤其是那些和法国大使有联系的编年史作家。以回溯历史的眼光来看，法国大使看起来是如此幼稚。其他的出入可能只是缘于罗马当时的混乱状态。英国读者所读到的情形是当法国大使来到教宗的卧室里时，庇护九世穿上了巴伐利亚公使馆的制服，把自己打扮成了巴伐利亚大使的仆人，见："The Escape of the Pope", *Times*, December 7, 1848。我的描述的主要来源是：Berra 1957; Cittadini 1989, pp.99 - 101; Mollat 1939, pp.277 - 79; Spaur 1851, pp.17 - 21; Lancellotti 1862, p.25; Simeoni 1932, p.255。

第 1 章　主教大会

1. Wiseman 1858, pp.420 - 22, 504 - 6; Martina 1974, pp.60 - 61. 约翰·科尔曼（Johan Koelman）是一个当时住在罗马的荷兰画家，他说自己从来没有听过任何人说过一句教宗的好话：Koelman 1963, vol.1, pp.29, 32 - 33。

2. 赫尔岑（Herzen）的评论（1996, pp.72 - 75）是在 1847 年 12 月写下的。当时的另一位外国访客英国诗人亚瑟·科洛夫（Arthur Clough）作出的评价甚至更残酷，他写道："大体来说，罗马可以被称为一个垃圾场。"（1888, p.146）

3. Story 1864, vol.2, pp.38 - 52.

4　在罗马的一个法国人曾这样观察："剃头匠在露天摊子上做完手上的活儿的速度值得让费加罗（Figaro）本人致敬。" Toytot 1868，p.33.

5　Moroni 1851，pp.239 - 48（"Parrocchia"）；Demarco 1949，pp.188 - 90；Desmarie 1860，pp.29 - 31.

6　教宗国的 300 万人口中有一半是在土地上劳作的农民，还有另外 25 万人是受雇的仆人。Demarco 1947，pp.25 - 29；Demarco 1949，pp.24 - 29；Negro 1966，p.149.

7　Desmarie 1860，p.40；Gillespie 1845，pp.157 - 59.

8　Desmarie 1860，pp.27 - 30.

9　"Conclave de 1846," MAEN，RSS 588；Gizzi 1996 - 97，pp.111 - 14；Martina and Gramatowski 1996，p.163；Gajani 1856，pp.294 - 95.

10　Oxilia 1933，p.583；Chiron 2001，p.41；Matsumoto-Best 2003，pp.12 - 14.

11　Roncalli 1972，p.190.

12　关于否决权，见："Veto," MAEN，RSS588；Gillespie1845，p.150。关于梅特涅，见：Nunzio di Vienna aLambruschini，Vienna，19 febbraio 1836，doc.30 in Manzini 1960，pp.597 - 98；Ward 1970，pp.50 - 53；Dumreicher 1883，pp.96 - 117。

13　关于梅特涅给比利时国王的信，见：Manzini 1960，pp.603 - 4。米兰在当时连同意大利北部的其他地方都是奥地利帝国的一部分，梅特涅给米兰总主教下了指令，要求他利用否决权来阻止教宗格里高利十六世的第一任圣座国务卿、枢机主教贝内提（Cardinal Bernetti）当选。这样的情形看起来就是梅特涅想要一个把维也纳当作最亲近朋友的教宗，并且要远离奥地利的主要对手法国。梅特涅认为贝内提太亲近法国了。无论如何，梅特涅的否决是在新教宗已经当选之后才传抵罗马的。Martina 1974，p.87；Bortolotti 1945，pp.83，114 - 22.

14　François Guizot à Pellegrino Rossi，letters of instructions dated June 8 and June 17，1846，MAEN，RSS 272. See also Ideville 1887，p.142；Bortolotti 1945，pp.11 - 12. 没有任何一名法籍枢机主教在主教大会召开之前及时赶到罗马，因此关于法国人的否决权问题并不具有实际意义。

15　Foreign minister，Naples，to Giuseppe Ludolf，ambassador，Rome，June 6，1846，in Cipolletta 1863，pp.231 - 32；Arcuno 1933，pp.4 - 11.

16　Count Ludolf to Naples foreign minister，June 6，1846，in Cipolletta 1863，pp.229 - 30；Bortolotti 1945，pp.97 - 99，108 - 13.

17　Giampaolo 1931，pp.1，8 - 9，81 - 82；Monsagrati 2004；Regoli 2011，p.313；Manzini 1960，pp.448，488 - 90，653 - 55；Piscitelli 1953，p.159. Lützow to Metternich，23 août 1842，in Bortolotti 1945，pp.99n - 103n.On Lambruschini，see Giampaolo 1931；Regoli 2011；Monsagrati 2004. 作为一个毫不妥协的死硬派反改革人士，鲁伊吉·兰布鲁斯齐尼在梵蒂冈的名声在 2005 年新任命的圣座国务卿塔尔西西奥·贝尔托内（Tarcisio

Bertone）的反应中可见一斑。当被问到他是自鲁伊吉·兰布鲁斯齐尼之后首位担任圣座国务卿的修士时，贝尔托内回答道："看在上帝的分上，别把我和兰布鲁斯齐尼相提并论！"（Regoli 2011，p.309）

18 "Conclave de 1846," MAEN, RSS 588; Gajani 1856, pp.308-12; Pelczar 1909, pp.104-9; Balleydier 1847, pp.17-18; Martina and Gramatowski 1996, pp.206-7; Gizzi 1996-97, pp.183-86. 参加主教大会的枢机主教们并非完全与外界隔绝，因为他们的每一餐都由各自的仆人准备，仆人每天会提来一个大篮子，里面放着桌布、餐具、餐盘和他们自己的食品。Ventura 1848, p.74.

19 Ventura 1848, pp.72-82.

20 特别是和庇护七世有关的具体情况，见：Chiron 2001, p.24。我对于马斯泰早年经历的描述主要是根据 Chiron 的传记，另外也参阅了 Falconi 在 1981 年的著作。

21 Chiron 2001, pp.41-43.

22 Lützow to Metternich, Rome, 23 août 1842, in Bortolotti 1945, p.104n; Chiron 2001, pp.46-47.

23 Martina 1974, pp.89-90.

24 Martina 1974, p.92; Gizzi 1996-97, pp.197-98; Cittadini 1986, p.23. 历史文献中包含了很多关于此事的戏剧性描写，这些内容似乎均为伪作，其中有一篇声称，马斯泰在得知自己将获选教宗后随即晕了过去，以及兰布鲁斯齐尼因为相反的原因也被气昏过去。枢机主教贝内提有理由相信他本人会获选，据说在他得知最后是马斯泰获选后，他说了一句"太棒了！在一个警察之后，我们又将有位小姑娘了！"Bianchi 1869, vol.5, pp.8-9; Pio 1878, p.31. 上一次选出教宗格里高利十六世的主教大会曾历时 50 天。

25 Martina and Gramatowski 1996, pp.210-11; Ventura 1848, pp.6-7, 97-99; Martina 1974, pp.93-94; Koelman 1963, vol.1, pp.43-45; Minghetti 1889, vol.1, p.190; "Conclave de Pie IX, 1846," 7 octobre 1891, MAEN, RSS 588. 选出新教宗和结果颁布之间的延时令主教大会中最重要的枢机主教之一帕斯夸雷·吉齐（Pasquale Gizzi）非常尴尬。58 岁的帕斯夸雷·吉齐来自贵族家庭，担任过教廷的许多重要外交职务，他在主教大会之后回到奎里纳莱宫去找自己的仆从，发现他们因为昨夜狂欢，仍然没有从宿醉中醒来，这些人觉得陶器与他们主人显赫的新身份不符，于是砸碎了他的所有陶器，并把枢机主教服丢进火里烧了。这是因为昨晚有小道消息传出，说他们的主人成了新教宗，因此按照习俗，他们烧掉了他不再需要的枢机主教服。他们甚至已经捎话到罗马以南的家乡去了，同样兴奋的居民也大肆庆祝了一整个晚上。Gizzi 1995, p.133; Gizzi 1996-97, p.200; Koelman 1963, vol.1, pp.44-45.

26 Rossi à Guizot, Rome, 17 juin 1846, in Ledermann 1929, pp.332-34. 在面对罗西的反应时，法国外交大臣弗朗索瓦·皮埃尔·纪尧姆·基佐（François Pierre Guillaume Guizot）采取了谨慎乐观的态度，他表达了对新教宗能够赶快实现已耽搁许久的改革的期望。Guizot à Rossi，27 juin 1846，MAEN，RSS 272.

27 Lützow to Metternich，17 June 1846，quoted in Bortolotti 1945，pp.122 - 23.

28 Metternich à Lützow，Vienne，23 juin 1846；Metternich à Lützow，Vienne，28 juin 1846，in Metternich 1883，pp.247 - 48，248 - 50.

29 Martina 1974，p.95；Gizzi 1996 - 97，pp.202 - 5.

第 2 章　狐狸与乌鸦

1 原始意大利文文本见：Ventura 1848，pp.361 - 62；驻罗马的英国公使给伦敦发去了文本的英文翻译件，见：Freeborn to Viscount Palmerston，Rome，July 18，1846，BFSP，vol.36（1861），pp.1196 - 98。关于对此决定的内部讨论，见：Pirri 1954，pp.207 - 23；Gizzi 1995，pp.134 - 35；Gizzi 1996 - 97，pp.33 - 34。

2 Giovagnoli 1894，p.68；Roncalli 1972，pp.198 - 200；Gizzi 1996 - 97，pp.36 - 37；De Broglie 1938，pp.132 - 33.

3 Rossi à Guizot，Rome，18 juillet 1846，in Ideville 1887，p.149；Guizot à Rossi，Paris，5 août 1846，MAEN，RSS 272.

4 Metternich à Lützow，Vienne，12 juillet 1846，in Metternich 1883，pp.251 - 56；Pirri 1954，pp.208 - 12；Gizzi 1996 - 97，pp.33 - 34；Bortolotti 1945，pp.160 - 63；Martina 1974，p.110. "我不喜欢这些人"，一位和罗马的法国大使馆十分亲近的高级教士在目睹了人群场景时这样说道。De Broglie 1938，p.133.

5 Bortolotti 1945，pp.174 - 76.

6 Martina 1974，pp.113 - 15；Gizzi 1995，pp.132 - 33；Demarco 1947，p.12；Giovagnoli 1898，p.137.

7 Guizot 1872，p.345；Ideville 1887，pp.151 - 53，198；Fraser 1896，pp.159 - 60；Gemignani 1995，pp.16，100.

8 Arcuno 1933，pp.12 - 14.

9 Gizzi 1995，p.136. Martina（1974，p.109）quotes the September 19，1846，letter from Cardinal De Angelis to Cardinal Amat.

10 Mack Smith 1994；Matsumoto-Best 2003，p.17；King 1911. Mazzini's letter is quoted in Quazza 1954，vol.1，pp.69n - 70n.

11 De Broglie 1938，pp.139 - 41.

12 Roncalli 1972，p.219；Spada 1868 - 69，vol.1，pp.113 - 14.

13 Pius IX al Conte Gabriele Mastai，5 novembre 1846，in Monti 1928，p.248；Gizzi 1995，p.137.

14 Balleydier 1847，pp.164 - 73；Roncalli 1972，pp.220 - 21.

15 Ludolf a Scilla, Roma, 21 novembre 1846, in Arcuno 1933, pp.122 - 23. The democrat's quote is from Filippo de Boni, cited in Candeloro 1972, pp.29 - 30.

16 此篇通谕的英文全文翻译可参见：http：//www.papalencyclicals.net/Pius09/p9quiplu. htm。

17 Minghetti 1889, vol.1, pp.213 - 15.

18. Ranalli 1848 - 49, vol.1, p.77；Roncalli 1972, pp.225 - 26；Ventura 1848, pp.139 - 43；Martina 1967b, p.211.

19 Lützow's letters of August 8 and December 26 and 31, 1846, quoted in Bortolotti 1945, pp.182, 201 - 2.

20 Minoccheri 1892, pp.35 - 36；Aubert 1990, p.38；Ventura 1848, pp.7 - 14, 180 - 81；Desmarie 1860, p.39.

21 D'Azeglio's account of his March 13, 1847, meeting with the pope is found in his letter to Cesare Balbo, reproduced in Predari 1861, pp.188 - 91.

22 Quazza 1954, vol.1, p.44.

23 几个月后吉齐针对此事又发出公开警告。所有在发表前没有接受审查的印刷品或画作都将被视作非法的地下出版。作者、印刷品和这些材料的贩售者都将被判处半年至一年徒刑，并交付一笔巨额罚款。Jankowiak 2007, pp.144 - 50；Candeloro 1972, p.37；Petre to Hamilton, Rome, August 26, 1847, attached to n.103, Sir George Hamilton to Viscount Palmerston, Florence, August 30, 1847, BFSP, vol.36（1861），pp.1257 - 58；Farini 1850 - 53, vol.1, pp.313 - 14.

24 Pareto al Solaro, 1 aprile 1847, quoted in Quazza 1954, vol.1, pp.80 - 81.

25 Bortolotti 1945, p.202；Pareto a Solaro, 6 aprile 1847, quoted in Quazza 1954, vol.1, pp.82 - 83；Giovagnoli 1898, p.137；Gualterio 1851, pp.111 - 14；Gizzi 1995, p.140；Minghetti 1889, vol.1, pp.216 - 17.

26 Badie 2012, p.31.

27 Fuller, May 1847, Rome, letter XIV in Fuller 1856, pp.224 - 25. 关于近期的福勒传记，见：Marshall 2013。

28 Farini 1850 - 53, vol.1, pp.192 - 93；Martina 1974, p.130；Roncalli 1972, pp.257 - 58；Liedekerke, 26 avril 1847, quoted in Martina 1974, p.131.

29 De Broglie 1938, pp.144 - 45（28 avril 1847）.

30 梅特涅还补充说，革命分子的下一步行动将会是组建一个市民卫队，以此来拒斥保护教宗的瑞士卫队。对于这些阴谋，他警告说，"火车的嚎叫和马路上的油灯"都是诡计。Metternich à Lützow, à Rome, Vienne, 15 mai 1847, in Metternich 1883, pp.410 - 13.

31 在第二天将这一法令的英文版译本寄给伦敦时，罗马的英国公使还另外附上了自己的赞同意见。"考虑到这些公众集会和游行，"他写道，"绝对应该加以停止。"虽然在最开始的时候是自发的，但是现在，他警告说，"已经愈发具有组织性，而且规模有两三百人"，他们带有明确的煽动意图。除此之外，公使还补充说，在教宗宫殿前的反复集会和教宗现身后给人们祈福的现状表明，这种情形"与教宗的尊严相当不符"。George B.Hamilton，Florence，to Viscount Palmerston，June 28，1846. 乔治·汉密尔顿（George Hamilton）是英国驻佛罗伦萨领事，他收到了一份来自罗马的英国公使威廉·彼得（William Petre）的报告，他将这份报告和法令的英文翻译版一同寄给了英国外交大臣。BFSP，vol.36（1861），pp.1218 - 21；Chantrel 1861，p.32.

32 Pareto，26 giugno 1846，quoted in Quazza 1954，vol.1，pp.167 - 68.

33 Lützow à Metternich，2 juillet 1847，excerpted in Quazza 1954，vol.1，pp.173 - 74.

第 3 章　进退维谷

1 In Guizot 1872，p.350.

2 Lützow à Metternich，2 juillet 1847，quoted in Quazza 1954，vol.2，pp.5，20.

3 Freeborn to Viscount Palmerston，Rome，July 5，1847，BFSP，vol.36（1861），pp.1221 - 22；Francia 2012，p.41. Candeloro 1972，pp.38 - 39. 同一时间，同样的民兵要求也在托斯卡纳大公国风起云涌。Francia 2012，pp.65 - 70. 在托斯卡纳，如同教宗国一样，许多地主都把卫队视作保护他们的不受看起来已经失控的民众骚乱所害的手段。Candeloro 1972，pp.38 - 39.

4 In Gizzi 1995，p.143. 在听到吉齐辞职的消息后，梅特涅也作出了相似的反应。事情正在失控，只有上帝知道一切如何收场。"枢机主教吉齐的继任者，"梅特涅告诉他在罗马的大使，"将会去完成不同的任务。我只是希望那不至于是不可能完成的事。"Metternich à Lützow，Vienne，18 juillet 1847，in Metternich 1883，pp.413 - 14.

5 In Natalucci 1972，p.431. 这是在费雷提家族私人档案中找到的教宗便条的文本。有趣的是，一份出自撒丁尼亚大使帕雷托（Pareto）的不同文本，看起来反映了教宗有时候表现出的幽默感："最杰出的兄弟，最杰出的吉齐已经第二次提出了辞职，我们除了接受别无选择。你知道谁是新的圣座国务卿吗？最杰出的费雷提。带着上帝与我们同在的勇气立刻到罗马来。"这段话加在 7 月 17 日帕雷托的报告中，见：Quazza 1954，vol.2，p.15。

6 Martina 1974，pp.172 - 73；Martina 2004，pp.190 - 91；Giovagnoli 1894，pp.73 - 76.

7 Quazza 1954，vol.2，p.30.

8 Giovagnoli 1894，pp.73 - 76；Modena 2011，pp.29 - 35；Trebiliani 1972；Francia 2012，pp.80 - 81；Ranalli 1848 - 49，vol.1，pp.56 - 57；Ventura 1848，pp.210 - 11；Quazza 1954，vol.2，p.4；Roncalli 1972，pp.261 - 62. 或者正如撒丁尼亚首相所说的："现代的罗马可以像古罗马吹嘘西塞罗（Cicero）一样吹嘘'雄辩者'。"罗马的英国领事在

7月时也作出了类似的报告:"出于一个来自下层之人的影响力,此人是安杰洛·布鲁内提(Angelo Brunetti),他的真名并不出名,但是他的外号'雄辩者(Ciceruacchio)'却无人不晓,在上个月,他比任何的官方权力都更有效地维持了城市的和平,人民都听从他的命令。" Mr. Petre to Sir George Hamilton, July 21, 1847, BFSP, vol.36(1861), p.1226.

9 Florence Nightingale to Miss Nightingale, Embley, Rome, November 26, 1847, letter XIII in Keele 1981, p.65.

10 Martina 1967b, pp.200 - 201; Story 1864, vol.1, pp.54 - 55.

11 "I popolani di Roma e l'Universit à Israelitica," Roma, 6 luglio 1847, signed "Uno Spettatore," BSMC, FS, n.1236457; Roncalli 1972, pp.267, 269 - 70.

12 梅特涅也担心是否要等罗马爆发了革命再派出军队,这可能会挑起一场奥地利和法国的战争。Candeloro 1972, pp.45 - 46.

13 The Austrian troop entry into Ferrara is recounted in Pareto a Solaro, Roma, 21 luglio 1847, in Quazza 1954, vol.2, pp.38 - 39; and Candeloro 1972, p.48. The Austrian diplomatic correspondence regarding Metternich's intentions is examined in Quazza 1954, vol.2, pp.40 - 41.

14 Lützow à Metternich, 25juillet1847, excerptedinQuazza1954, vol.2, p.43.

15 这些摘录的话出自梅特涅给巴黎的奥地利公使鲁道夫·阿波尼伯爵(Count Rodolphe Apponyi)的两封信,它们的落款日期都是1847年8月6日,见:Metternich 1883, pp.414 - 16. 在向欧洲的另一强权英国知会奥地利的行动时,梅特涅解释了派兵进入教宗国的理由,即一场革命已经开始。英国外交大臣巴麦尊勋爵(Lord Palmerston)认为这样的担忧"被极大地夸大了"。"无论那一小群狂热分子的脑子里有什么念头,"据他观察,"这都不足以被称为一场革命,也无法表明有试图将意大利统一在一个权威之下的任何可能性。"他承认"积已深、广泛而且理由充分的不满情绪在意大利各地存在"。但正是出于这样的原因,他提出,新教宗希望能修正造成这些不满的许多恶行,教宗这样的做法应该被表扬和鼓励。Metternich à Dietrichstein, 2 août 1847(communicated by Dietrichstein to Viscount Palmerston, August 11), in BFSP, vol.36(1861), pp.1231 - 32; Viscount Palmerston to Viscount Ponsonby, Foreign Office, August 12, 1847, and August 13, 1847, in BFSP, vol.36(1861), pp.1232 - 34. 当英国外交大臣得知了教宗庇护九世发给撒丁尼亚国王的信中内容后,罗马的局势对英国来说已变得更趋复杂。教宗询问待在都灵的卡洛·阿尔贝托,如果奥地利决定占领教宗国全境,自己是否可以在他的国土上寻求庇护。巴麦尊被告知,教宗要求卡洛·阿尔贝托把军舰派到罗马的主要港口奇维塔韦基亚以等候他的命令。R. Abercrombie, Turin, to Viscount Palmerston, 18 August 1847, in Palmerston Papers, online.

16 Ferrari 1926, pp.32 - 98; Bartoccini 1969; Stroud 2000.

17 "Protesta del Governo Pontificio contro gli Austriaci," 10 agosto 1847, BSMC, FS;

Pareto a Solaro, 9 settembre 1847, doc.IV in Ferrari 1926, pp.95 - 96；Ventura 1848, pp.265 - 66. 在混乱之中，教宗收到了一个最不寻常的自发提出的建议，即一封来自朱塞佩·马志尼的长信。众所周知，他是人民政府和意大利民族主义的拥护者，他也是很多欧洲宫廷最厌恶、最害怕的人。如果有一个人有能力利用教宗的政治幼稚和取悦臣民的欲望来取到便宜的话，那这个人就是这位声名狼藉的流亡伦敦者。

马志尼在信中这样开头："圣父大人，请允许一个在数月以来满怀着希望关注着您的每一步动向的意大利人，向您表达……一些不受束缚且真心实意的话。"这位意大利爱国者建议说，教宗大概听说过有关于他的事，但那是不准确的。"我不是一个颠覆者，也不是共产主义者，我不是一个嗜血者，不是仇恨者，也不是不宽容的人……我赞美上帝，而且我有一个自认为是源自上帝的观点：意大利是欧洲各国道德统一和进步文明的天使……在意大利乃至整个欧洲，没有人比您更有权势。"马志尼告诉教宗，多亏了前任教宗们的不断掠夺，"天主教已经在暴政中迷失了……看看您周遭的一切；您将看到的是迷信和伪善，而不是信仰"。为了教宗能够成全上帝指派的任务，马志尼写道，他必须作为领导，为意大利统一而战。"不要询问任何人的意见，只询问上帝，遵从您内心的启发……上帝会保护您……统一意大利，统一您的国家。"Giuseppe Mazzini, "A Pio IX, Pontefice Massimo," Londra, 8 settembre 1847, in Mazzini 1912, pp.154 - 60.

18　这次和重要的耶稣会士哲学家、神甫鲁伊吉·塔帕雷利（Luigi Taparelli）的对话，在1974 年的著作中被重述过，Martina 1974, p.118. 如塔帕雷利在多年以后非常不一样的政治情形中所透露的，这段对话值得被认真对待。

19　Engel-Janosi 1952, p.13; Metternich à Apponyi, 7 octobre［1847］, in Metternich 1883, pp.341 - 43. 相较之下，罗马的英国公使在汇报罗马城市委员会的创立时热情洋溢地说道："毫无疑问这是庇护九世所带来的第一个重大改革举措。"Mr. Petre to Sir George Hamilton, Rome, October 4, 1847, BFSP, vol.36（1861）, pp.1291 - 92.

20　俄国作家赫尔岑是当时的另一个身在罗马的访客，他时年 35 岁，跑去拜访教宗的时候，见到了前一任圣座国务卿枢机主教兰布鲁斯齐尼。赫尔岑回忆说这位枢机主教"看起来就像是一只老豺狗"。"我等着看他扑上去咬教宗，但是他们彼此和平地拥抱。"有趣的是，他对其他枢机主教的印象也和蒙塔内里（Montanelli）的描述相吻合，尽管他们彼此的背景可以说是大相径庭。"这一张张的脸，带着不悦的味道，让人想到了宗教审判所……这些没有家庭温暖的老人举手投足的每一个动作都表达了满是口是心非和教唆的生活，憎恨一切自由的事物，热爱权力，嫉妒。"Herzen 1996, pp.81 - 82. 赫尔岑是早期的社会主义者，他并非罗马天主教徒，无可厚非地对于天主教会没有任何正面看法，他的这种态度清晰地表现在他对 1847 年经历的一场在圣母大殿举行的特殊的教宗庆典的描述中。"教堂里的庇护九世坐在椅子上，头上有五颜六色的扇形物。这样的印度风格跟他毫不相配。教堂里热得出奇，冒着汗的教宗有如坐在船上，而且面无血色，像是在晕船，他的眼睛闭起来，向左右作出祝福。士兵们分列道路两旁，有身穿红衣服的贵族卫队和彩色衣服的瑞士卫队。当列队接近的时候，他们的军官喊一声'敬礼！'然后在教堂中间，咔嚓一声，士兵把步枪举起来；军官喊一声'跪'，士兵们便在节奏声中跪下。我实在无法忍受这种军队布置……让事情变得更令人不悦的是阉人歌手的歌声，一群被喂得肥胖的蒙席和吃得过饱的圣典学者……伴随着干瘪又死气沉沉的耶稣会士，还有来自偏远修道院的像野人一样的修士，你一定能明白这一切给我留下了什么样的印象。"Herzen 1996, p.82.

21 Montanelli 1853, vol.2, pp.54 - 58.

22 就像是包括美国在内的其他新教国家一样，英国和教宗国没有正式的外交关系，所以没有驻罗马教廷大使。维多利亚女王本人不认为卷入教宗国的事务是明智之举，因此必须要被劝说才同意派出明托勋爵（Lord Minto）。阿尔伯特亲王（Prince Albert）曾提醒首相，按照英国律法，与教廷有任何关系都是犯罪。Queen Victoria to Lord John Russell, 29 August 1847, with Memorandum of Prince Albert, doc.4 in Curato 1970, vol.1, pp.39 - 41 et passim. 明托之行的主要任务是赢得新教宗的援助以阻止爱尔兰的教士酝酿叛乱。巴麦尊对于爱尔兰的指令出现在 10 月 29 日的信中："我认为我们有资格给教宗提出简单明了而且合理的要求，让他申明他对于爱尔兰教士阶层的权威，诱使他们免于干预政治，而且应该恰恰与此相反……要教育他们的信众……守法和免于使用暴力。"Palmerston to Minto, 29 October 1847, doc.64 in Curato 1970, vol.1, pp.128 - 30; Wallace 1959, p.15.

23 明托抵达奎里纳莱宫并首次和庇护九世见面的时候着实引起了一阵轰动。和教宗见面时的恰当男性着装是正式的晨间外套、暗色燕尾服和马甲。明托当天穿着的衣服在教宗的随从们看来更适合去狩猎狐狸。1847 年 11 月 8 日的明托日记，见：Curato 1970, vol.2, pp.238 - 40; see also Minto to Palmerston, Rome, 14 November 1847, doc.103 in Curato 1970, vol.1, pp.190 - 94.

24 Candeloro 1972, p.113; Hales 1962, pp.39 - 43; Whyte 1930, pp.9 - 10; Traniello 2001; Borutta 2012, pp.192 - 93. Rossi's original instructions regarding the Jesuits is found in "Instructions de M. Rossi," 15 mars 1845, MAEN, RSS 272. Some sense of the reaction to these attacks by the Jesuits in Rome at the time can be found in ARSI, Ital 1015 0145（24 dicembre 1847）.

25 Minghetti 1889, vol.1, p.219.

26 "Rome, Naples, and Sicily," TL, September 17, 1849.

27 See Coppa's（1990）biography of Antonelli, as well as Pirri（1958, p.81）; Martina（2004, pp.194 - 96）; Falconi（1983, p.144）; Aubert（1961, p.2）; and Hales（1962, pp.157 - 58）. 关于烟的传闻，见：Ward（1970, p.98）。这些内容很可能是伪说，然而也反映了时人的想法。拈花惹草的摘录来自 Adolph Mundt（Negro 1966, p.161）。公饱私囊的说法来自 Coppa（1990, p.20）。

28 Mr. Petre to Sir George Hamilton, Rome, November 17, 1847, BFSP, vol.36
(1861), pp.1347 - 49; Minto to Palmerston, Rome, 18 November 1847, doc.112 in
Curato 1970, vol.1, pp.205 - 6; Florence Nightingale to W. E. Nightingale, Rome,
November 16, 1847, letter X in Keele 1981, pp.46 - 51; Rossi à Guizot, Rome,
18 novembre 1847, in Ideville 1887, pp.172 - 75; Coppa 1990, p.42; Francia
2012, pp.62 - 63; Chantrel 1861, p.33. Rossi's report on the day to Guizot, dated
November 18, 1847, is reproduced in Guizot 1872, pp.389 - 92.

29 罗西告诉新任圣座国务卿, 教宗在新的世俗信徒机构, 即只有咨商委员会的事情上表
现了无比的幼稚, 罗西告诉教宗:"这权力太小了。要是在一年以前还有可能……那时
候人们对于希望还很羞怯。留给幻想的时间已经结束了……激进分子们已经在砸你的门
了。你必须面对他们。你的教士阶层不能单独面对。你必须得有世俗信徒的帮助。"他
补充道:"我已经说了一年多了, 现在我再重复一次, 如果你在召唤世俗信徒担任和宗
教或教会事务无关的职位时不加强自身的话, 所有的事情都将变得难以做到, 激进分子
们会觉得所有的要求都是可能的。你将会把咨商委员会扔到他们的怀里去。"Chantrel
1861, pp.33 - 34; Minghetti 1889, vol.1, pp.295 - 96.

30 Gabussi 1851 - 52, vol.1, p.57; Roncalli 1972, p.93; Farini 1850 - 53, vol.1, p.279;
Spada 1868 - 69, vol.1, pp.286 - 97.

31 Fuller, Rome, October 18, 1847, and December 17, 1847, letters XVII and XIX in
Fuller 1856, pp.242, 263 - 64.

32 Minto diary entry for December 19, 1847, in Curato 1970, vol.2, pp.242 - 48; Minto
to Palmerston, Rome, 31 December 1847, doc.160 in Curato 1970, vol.1, pp.282 - 86.
Giacomo Martina (1974, p.183), 他是一名耶稣会士, 也是庇护九世的传记作者, 他对
教宗看待耶稣会的看法提出了不同观点, 即事实上他并不十分反对耶稣会。

33 这样的紧张关系现在也在新的委员会里拉扯。委员会成员想要他们的辩论能公开, 教宗则
反对这么做。"我确信,"来自博洛尼亚的委员马西莫·达泽格里奥在首次会议召开不到一
个月以前在一封信里写道, "这么说让我感到十分受伤, 即庇护九世的魔法将不会持续下
去。他是个天使, 但是他不得不面对太过狡猾的魔鬼。他的政府十分混乱, 许多都已腐败,
他将无法逾越所面对的障碍。"Candeloro 1972,pp.3: 110 - 11. 关于对教宗此时困境的分析,
见: Rossi à Guizot, Rome, 18 décembre 1847, n.61, MAEN, RSS409。

34 Metternich à Ficquelmont, à Milan, Vienne, 9 décembre 1847, in Metternich 1883,
pp.7: 442 - 44; Coppa 2003, p.675.

第4章 教宗的魔法

1 Minto to Palmerston, Rome, January 13, 1848, doc.168 in Curato 1970, vol.1,

pp.296 - 97；Minto diary entry, 8 January 1848, Curato 1970, vol.2, pp.290 - 92；"I primi due giorni del 1848 in Roma," 1 e 2 gennaio 1848, BSMC, FS；De Cesare 1907, pp.23 - 24.

2　Rossi à Guizot, Rome, 8 janvier 1848, MAEN, RSS 409；Minto to Palmerston, Rome, 13 January 1848, doc.168 in Curato 1970, vol.1, pp.296 - 98.

3　De Broglie 1938, pp.176 - 77. 但并非所有人对于游行的印象都和德·布若戈利（De Broglie）一样。按照玛格丽特·福勒的记载，庇护九世"穿过了城市的主要街区，人们跪倒着高呼'圣父大人啊，不要放弃我们，不要忘记我们，不要听信敌人的话……'教宗常常要拭去泪水并回答人们，'不要害怕，我的孩子们，我的心属于你们'。"她总结说："在那一刻，就像教宗每一次直接出现在人们眼前时一样，困难消解了。他慷慨的慈爱之心将会永远挂念人民，拨开遮住光亮的乌云。"见："The Pope and His People," Rome, New Year's Eve of 1847, dispatch 21, in Fuller 1991, p.188. 担心流言的快速传播，圣座国务卿在 1 月 4 日给教廷大使们写了一封信。他解释道，由于聚集在罗马的坏天气，教宗已经决定停止举行惯例的新年聚会，还有一部分原因是因为教宗患了很严重的感冒。在解释随后的教宗游行时，虽然承认有一些"仇恨口号"出现，但是他告诉教廷大使们，并没有扰乱秩序的事情发生。正相反，他总结说，人民表现得比以往更热爱教宗。ASV, ANV, b.329, ff.2r - 3r；ASV, ANM, b.312, ff.28r - 29v.

4　Minto to Palmerston, Rome, 13 January 1848, doc.168 in Curato 1970, vol.1, pp.296 - 98；Minto to Palmerston, Rome, 16 January 1848, doc.178 in Curato 1970, vol.1, pp.309 - 10.

5　Rossi à Guizot, Rome, 8 janvier 1848, MAEN, RSS 409；Curato 1970, vol.1, p.298；Martina 1974, p.203；Viaene 2001, p.475；Minghetti 1889, vol.1, p.327.

6　Francia 2012, pp.99 - 105；Ward 1970, pp.122 - 23；Arcuno 1933, pp.50 - 51；Scirocco 1996.

7　Rossi à Guizot, Rome, 18 janvier 1848, MAEN, RSS 409；Rossi à Guizot, Rome, 28 janvier 1848, MAEN, RSS 409. 博丰迪（Bofondi）有法学背景并且在教宗国的北部省份做过官，但是他没有任何关于中央政府和外交事务的经验，而且他只会说意大利语。Martina 2004, pp.191 - 92；Liedekerke à Monsieur le Comte, Rome, 29 janvier 1848, doc.VII in Liedekerke 1949, p.9.

8　Fuller 1856, pp.296, 300.

9　Francia 2012, pp.108 - 9；Candeloro 1972, pp.130 - 31；Quazza 1952, pp.xi - xxii；Martina 1974, pp.197 - 98.

10　Ward1970, p.124；Martina1974, p.229. 关于梅特涅允诺在那不勒斯行宪的分析可以参考法国驻维也纳大使发给弗朗索瓦·基佐的长篇报告，这篇文章讨论了大使和奥地利首相的谈话，基佐把这份报告的副本寄给了身在罗马的罗西。Ambassade de France à

Vienne, à Guizot, Vienne, 5 février 1848, MAEN, RSS 273.

11 Rossi à Guizot, Rome, 8 février 1848, MAEN, RSS 409.

12 Rossi à Guizot, Rome, 11 février 1848, MAEN, RSS 409; Viaene 2001, p.476.

13 A copy of "Pius Papa IX. Proclama rivolto ai romani" is found in BSMC, FS.

14 Rossi à M. le Président du Conseil, Rome, 14 février 1848, MAEN, RSS 409; Saint-Albin 1870, p.41; Farini 1850 - 53, vol.1, pp.340 - 43. 按照当时在人群中的南丁格尔的回忆，庇护九世"以一种听者都将难忘并且饱含热烈的爱和真理的方式在说话"。Florence Nightingale to Miss Nightingale, Embley, Rome, February 12, 1848, letter XLV in Keele 1981, pp.234 - 39. 两天后，教宗用世俗信徒替换了三个高级教士来担任政府的大臣职位。示威者们以庆祝活动来迎接这个消息。这一次，伴随着白黄两色的教宗国国旗，由意大利三色旗领路，人们在日落前的一个小时涌入了教宗住处前的广场。士兵、学生、教士、女人和乐队的长长的列队汇聚到一起，跟在"雄辩者"的后面，他带着自己的一群人领头进入了广场。当教宗现身向人群致意祈福时，"教宗庇护九世万岁!"和"立宪!"的欢呼声交织在一起，另外还有人高喊着"马志尼万岁!"，以此来向流亡中的共和主义及意大利独立的领袖致敬。Pasolini 1887, pp.77 - 79; Radice 1972, p.26.

15 在给明托的信中，首相补充说："但我必须要怀疑的是教宗是否和我们一样睿智。他肯定可以保留他教会和宗教上的权力，但要给他的现世政府一部宪法。" Russell, prime minister, to Minto, Downing Street, 12 February 1848; Palmerston to Minto, Foreign Office, 12 February 1848; Minto to Russell, Naples, 15 February 1848, docs.250, 251, and 258 in Curato 1970, vol.2, pp.30 - 31, 43; Rossi à M. le Président du Conseil, Rome, 17 février 1848, MAEN, RSS 409.

16 荷兰大使观察到，教宗是一个好人，他的意图十分单纯。但是，他补充说，施行统治的能力"在他身上是完全缺乏的"。Liedekerke à Monsieur le Comte, Rome, 12 février 1848, doc.XI in Liedekerke 1949, pp.13 - 15; Liedekerke 1949, pp.ix - xii.

17 Pasolini 1887, p.83.

18 法国国王出逃和宣告成立共和国的消息在3月初传到了罗马。最初的震撼过后随即而来的是奔涌而出的喜悦。罗西得到的官方传话是他要向新任外交部部长，即诗人、外交官阿尔丰斯·德·拉马丁（Alphonse de Lamartine）报告。"先生，"新任部长写道，"您已经知道巴黎发生的事了，人民的胜利，他们的英雄主义……法国是一个共和国了。" Lamartine à Rossi, Paris, 4 mars 1848, Choffat 2008, p.95.

19 法国外交官的助手阿尔贝·德·布若戈利（1938, pp.189 - 90）将此解读为教宗幼稚的又一个例子。庇护九世可能已经受到了法国教士对新政权所持积极态度的鼓舞; Collins 1923, pp.48 - 53. For Palmerston's comments, see Palmerston to Minto, 24 February 1848, doc.276 in Curato 1970, vol.2, p.76.

/ 注 释 /

20 Nunzio Viale, Vienna, a Antonelli, Roma, 12 marzo 1848, 14 marzo 1848, and 18 marzo 1848, docs.11, 12, and 16 in Lukács 1981, pp.233 - 35, 235 - 237, and 242 - 44; Stearns 1974, pp.95 - 98.

21 Pareto al Conte di S. Marzano, Roma, 10 marzo 1848, doc.8 in DRS 1949 - 51, vol.2, pp.78 - 80. 安东内利当时好像也拥有人民的爱戴，因为在人民上个月交给教宗的公告中，他们也把安东内利的名字和世俗信徒人选的名字放在了一起，要求教宗将他们安置在政府中效力。安东内利受到的爱戴将不会持续很久。

22 Liedekerke au Comte, Rome, 18 mars 1848, doc.XVI in Liedekerke 1949, pp.21 - 24. 3月29日，玛格丽特·福勒哀叹了罗马冬日里的天气："雨下起来完没了，从12月16日下到3月19日。路上的泥泞阻拦一切，罗马既阴暗又荒芜。在冬天来到罗马是巨大的错误。光辉伟大的太阳终于回来了。" Letter XXIII in Fuller 1856, p.303.

23 Candeloro 1972, pp.174 - 76; Farini 1850 - 53, vol.1, pp.351 - 66. The text of the papal warning is given in Spada 1868 - 69, vol.2, pp.118 - 20.

24 Candeloro 1972, pp.161 - 76; Ward 1970, pp.166 - 73; Johnston 1901, pp.115 - 17; Francia 2012, pp.134 - 35.

25 Herzen 1996, pp.114 - 15; DRS 1949 - 51, vol.2, pp.88 - 90; Fuller, March 29, 1848, Rome, letter XXIII in Fuller 1856, p.306.

26 Cardinale Antonelli, "Circolare. Dalle stanze del Quirinale, 22 marzo 1848, a S.E. il Sig. Ministro Plenipot. di S.M. Sarda," DRS 1949 - 51, vol.2, p.91; Liedekerke à Monsieur le Comte, Rome, 24 mars 1849, doc.XVII in Liedekerke 1949, p.24.

27 Palmerston to Minto, 29 October 1847, doc.64 in Curato 1970, vol.1, p.128; Stroud 2000, p.165; Giovagnoli 1894, pp.28 - 29; Vecchi 1851, pp.20 - 23.

28 Candeloro 1972, pp.180 - 82, 204. 提到意大利独自站起来是为了防止米兰人转而寻求新成立的法兰西共和国的帮助而不是寻求这位国王的帮助。

29 Francia 2012, p.144.

30 Ordini del Ministro delle Armi, 23 marzo 1848, doc.XI in Ovidi 1903, p.307; Demarco 1947, pp.62 - 63; Hales 1962, pp.78 - 79. Domenico Pareto a Lorenzo Pareto, Roma, 24 marzo 1848, doc.25 in DRS 1949 - 51, vol.2, pp.92 - 93; Agresti 1904, p.29; Spada 1868 - 69, vol.2, pp.151 - 53. Antonio Bonelli, *Privato giornaletto d'un Legionario Romano nella campagna del Veneto della Militare Divisione Pontificia*, MCRR, "Archivio Michelangelo Pinto," b.887, f.33.

31 Liedekerke à Monsieur le Comte, Rome, 24 mars 1849, doc.XVII in Liedekerke 1949, p.28; Minghetti 1889, vol.1, p.362; Martina 1966, pp.552 - 53. The pope's secret instructions were dated March 25.

32 Spada 1868 - 69, vol.2, pp.141 - 42.

33 "Il Governo provvisorio di Milano alla santità di Papa Pio IX," Milano, 25 marzo 1848, BSMC, FS.

34 Candeloro 1972, pp.208‐10；Martina 1974, p.152.

35 Martina 1974, p.183.

36 Boero 1850, pp.82‐83；Rocca 2011, pp.75‐78；Candeloro 1972, pp.138, 211；Demarco 1947, p.70；Martina 1974, p.220；Engel-Janosi 1952, p.18. 教宗在 3 月 30 日政府的官方公报上刊登了一则声明，其措辞让人可以感受到他被迫逐驱逐耶稣会士的苦涩，他将耶稣会士们描述为"在上帝的葡萄园中不辞辛劳的园丁"。Farini 1850‐53, vol.2, pp.16‐17. 但是 1846 年 12 月 8 日，在和佩莱格里诺·罗西会面的时候，庇护九世在解释驱逐耶稣会士的理由时说："公众意见是一个客观现实；我必须接受。"Engel-Janosi 1952, p.8.

第5章 局势逆转

1 "Ordine del Giorno al Corpo d'Operazione," Durando, Bologna, 5 aprile 1848, BSMC, FS. 将军所下命令的措辞十分文雅，这透露出这一命令可能是由马西莫·达泽格里奥起草的。Minghetti 1889, vol.1, p.364. 将军的下属也是用同样的方式看待这一行动的，这可以在市民卫队发出的声明中明显地体现出来，市民卫队在 4 月初对罗马城内外的声明中说："家长们、妻子们、兄弟们！不要害怕……我们的旗帜就是庇护九世的旗帜，光荣和胜利将会永远追随它……如果遭人憎恶的敌人胆敢对抗我们……我们只有一句话要说：庇护九世万岁！"这份声明最后的结尾是："意大利万岁，庇护九世万岁，自由的伦巴第万岁！""Indirizzo dei Civici partiti da Roma alle loro famiglie," da Fuligno, 2 aprile 1848, BSMC, FS；Zeller 1879, pp.73‐74；Farini 1850‐53, vol.2, p.57；Ward 1970, p.119；Demarco 1947, pp.62‐63.

2 Antonelli a Viale Prelà, Roma, 4 aprile 1848, doc.1 in Martina 1967a, p.42.

3 Viale a Antonelli, Vienna, 4 aprile 1848, and 5 aprile 1848, docs.19 and 21 in Lukács 1981, pp.250‐52, 253‐54；Giovagnoli 1894, p.514.

4 Minghetti 1889, vol.1, pp.366‐67. 在教宗的声明出现在官方公报上的同一天，杜兰多下达了新的进军命令。他的军队是为教宗参战的："士兵们！犹如往常一样，我确信你们将会证明自己配得上为庇护九世而战的名义，为神圣的意大利独立志业而战的名义。"Candeloro 1972, pp.216‐17；"Ordine del Giorno del General Durando," Bologna, 10 aprile 1848, BSMC, FS.
奥地利大使给巴黎的信中写道："我们这位亲爱的教宗……是位名副其实的敌基督。他也将受到报应……他将在意大利输掉反抗我们的每一场战争。"Count Rudolf Apponyi, Paris, April 13, 1848, in Lukács 1981, p.50. 当奥地利愤怒的消息正让教宗觉得烦恼的时候，他也同时被皮埃蒙特的温和派提出的要求轰炸着，他们要求教宗更为明确地站在自己的一边。他们申辩说，如果皮埃蒙特人和教宗不能把奥地利人驱逐出伦巴第，那么就等同于允许激进的共和派人士推翻意大利的君主和统治家族。撒丁尼亚外交大臣在4月11日给他在罗马的大使的信中也抱怨了杜兰多军队的"不作为"。Doc.5 in DRS, vol.2, p.7. See also the ambassador's account of his attempts to convince the pope in his April 15 letter, doc.6, pp.7 - 8. King 1911, p.116.

5　Bargagli, 20 aprile 1848, in Martina 1966, pp.543 - 45.

6　"Interrogativi proposti alla Commissione Cardinalizia, sulle ragioni pro e contro l'intervento pontificio," s.d., doc.III in Martina 1966, pp.563 - 65; see also pp.541 - 42. 教宗当时的思绪紊乱，不仅是因为他正面对着重大的战争与和平问题，而且这个星期是复活节前的圣周的开始，将会排满各种以他为中心的仪式，从圣彼得大教堂的祝福到一些弥撒和游行，再到为十二门徒清洗脚部的仪式，以此回应耶稣给十二门徒洗足之事。美国艺术家威廉·史都瑞（William Story）以不那么认同的笔触记载了这些圣周仪式，他在给詹姆斯·洛威尔（James Lowell）的信中回忆了在罗马的经历。"我看到了教宗给12个头戴白色锥帽的信徒洗脚，我冒着生命危险经过这些散发蒜味、恶臭的人，看着一丝不苟的人给门徒的桌子端上食物，12个胖子像疯子一样狼吞虎咽……在举行这场严肃的闹剧时，教宗本人也难以控制自己的表情。"Story to J. R. Lowell, Rome, April 28, 1848, in James 1903, pp.99 - 100.

7　值得注意的是，拒绝犹太人要求的大臣是重要的自由派人士路易吉·卡洛·法里尼（Luigi Carlo Farini），未来的意大利王国的首相。

8　罗马犹太社群的秘书所提出的要查尔斯·阿尔伯特国王将解放法令予以公开的要求是在1848年4月9日由萨瓦托雷·贝提（Salvatore Betti）送给法里尼的。在一年前，贝提是教宗国进行媒体审查的官员之一，他是自由派和咨商委员会成员。他力劝法里尼能够同意公开出版，说"对各种宗教的完全公民解放是一项伟大的正义之举"。Betti a Farini, Roma, 9 aprile 1848, doc.LXXV in Giovagnoli 1894, p.514. On Betti, see Giovagnoli 1894, pp.154, 229, 366n3.

对于拆解犹太聚居区大门的记录存在相互冲突的内容，许多后来的编年史作家和历史学家声称是"雄辩者"和他的基督徒爱国者在犹太人的瞩目下做出的举动。然而，根据当时的一个旁观者的记载，是犹太人自己拆下大门的。Carlo Gilardi a Rosmini, 19 aprile 1848, doc.VIII/4 in Rosmini 1998, pp.194 - 85.

9　"Le porte di ghetto in Roma gettate a terra," BSMC, FS, s.d., but April 18, 1848. Lamartine à Forbin Janson, chargé d'affaires, 1 mai 1848, MAEN, RSS 273. 关于19世纪时意大利妖魔化犹太人的历史，见：Kertzer 2001。

10　The document is reproduced in Paoli 1880, pp.375 - 78. 与此同时，撒丁尼亚大使也面见了教宗来讨论接下来的训谕。对于教宗能给战斗带来的重要之处，这位大使认为，并非物质上的资源，而是道德权威。教宗的支持将被证明是决定性的。大使渴望能不仅让教宗支持对奥作战，而且能够鼓励伦巴第和威尼托人将他们的希望寄托在撒丁尼亚国王的身上，而不是各自为战。D. Pareto a L. Pareto, Roma, 24 aprile 1848 and 25 aprile 1848, docs.50 and 51, DRS, vol.2, pp.119 - 21; Minghetti 1889, vol.1, pp.368 - 71.

11 Liedekerke à Monsieur le Comte, Rome, 28 avril 1848, doc.XXII in Liedekerke 1949, pp.38 - 39.

12 Martina 1966, p.547; Pasolini 1887, p.101; Minghetti 1889, vol.1, pp.371 - 72. 但是，安东内利意识到了教宗反对和奥地利开战的声明可能会触发混乱局面，这一点清晰地体现在他当时写给罗马教廷驻巴黎大使的信中，他警告大使，他们应该准备好"对于不幸的后果作出快速反应"。Martina 1966, p.566.

13 Johnston 1901, pp.357 - 61.

14 此话出自卡洛·卡塔内欧（Carlo Cattaneo）。Giovagnoli 1894, p.48.

15 Martina 1966, pp.558 - 59.

16 Minghetti 1889, vol.1, pp.372 - 73.

17 Leti 1913, p.36; Spada 1868 - 69, vol.1, p.301.

18 这些事件在枢机主教奥利欧利（Cardinal Orioli）写给教廷大使们的急件中有详细的描写。ASV, ANM, b.312, ff.95r - 98r. See also Ventura 1848, pp.353 - 55; Pasolini 1887, pp.104 - 5; Gennarelli 1863, pp.xix - xxii; Gabussi 1851 - 52, vol.1, pp.236 - 39; Koelman 1963, vol.1, pp.143 - 45; Annuario 1847, pp.46 - 47. 教宗的训谕也给卡洛·阿尔贝托国王带来了沉重一击。不但他现在可能会得不到教宗国军队的增援，而且他已经把和奥地利人的战争树立成了一场十字军圣战，是得到了教宗的祝福。他的大使给枢机主教安东内利发去了一封言辞强烈的抗议信："[教宗的] 军队在战场上的存在和杜兰多将军的明确言辞……无法让人对他作为一个半岛改革者的诚恳、忠实的意愿有一丁点儿的怀疑。"这封信上也有托斯卡纳驻罗马教廷大使巴尔加利（Bargagli）的签名。Pareto e Bargagli al Cardinale Antonelli Segretario di Stato, Roma, 30 aprile 1848, doc.56 in DRS 1949 - 51, vol.2, pp.128 - 29.

19 在4月2日向北进发的时候，卫队成员曾印出一份给他们家人的公告，上面写着"我们的旗帜是庇护九世的旗帜，光荣和胜利将永远伴随，庇护九世的祝福已经传遍意大利……意大利万岁！庇护九世万岁！""Indirizzo dei Civici partiti da Roma alle loro famiglie," BSMC, FS.

20 Minghetti 1889, vol.1, pp.376 - 77.

21 Pasolini 1887, p.106; Minghetti 1889, vol.1, pp.379 - 81.

22 "主啊，"教宗的讯息以这样的方式结尾，"保护罗马免于如此多的罪恶的侵害吧；启迪那些不要听从您的代理人之声的人吧，把他们带到智慧的建议中吧。"Text in Paoli

1880, pp.383 - 85.

23 Spada 1868 - 69, vol.2, pp.297 - 300; Candeloro 1972, pp.223 - 24, 311 - 12; Brancati 2007.

24 "我要求你们展现虔诚和宗教信仰，"教宗写道，"以父爱劝诫你们，停止参与这一无法为帝国恢复伦巴第和威尼托的情绪并带来一系列灾难性伤亡的战争。"Text in Farini 1850 - 53, vol.2, pp.120 - 21. 在 5 月底，教宗派遣总主教卡洛·默里奇尼（Archbishop Carlo Morichini）作为特使前往维也纳，向奥地利皇帝表达他的和平意图。Card. Orioli a Monsig. Delegato Apostolico, Madrid, Roma, 26 maggio 1848, ASV, ANM, b.312, ff.115r - 115v.

25 Text in Paoli 1880, pp.386 - 87. "我将会十分乐意见到卡洛·阿尔贝托国王的武装斗争取得善终并扩大他的领土。"教宗在 5 月初给他的密友、枢机主教阿马特（Cardinal Amat）的信中这样写道。他仍然对罗马市民对他的看法的剧变而耿耿于怀，他补充说："不能说我谴责意大利人的民族主义，也不能说当前的战争是不义的。对于这个问题我不置一语，也不下判断，但不幸的是，有些人声称在我的训谕里找到了这样或是那样的意思。"Martina 1974, pp.246 - 47n.

当示威者们喊着对枢机主教安东内利的死亡威胁，很多人相信他说服了教宗背叛意大利的志业，庇护九世决定他需要一名新的圣座国务卿，即两年之内的第五位。他所指派的这个人是 69 岁的修士安东尼奥·奥利欧利，奥利欧利并不想要暂时接受这个烫手的山芋，最终他只在任上待了一个月。Martina 2004, pp.192 - 93.

26 Martina 1974, pp.248 - 49.

27 教宗的听众是朱塞佩·塔波尼（Giuseppe Tabboni）。Bianchi 1869, vol.5, pp.239 - 40.

28 Liedekerke à Monsieur le Comte, Rome, 28 mai 1848, doc.XXVIII in Liedekerke 1949, p.51.

29 Martina 1974, pp.247 - 48.

30 "Notizie della mattina," Roma 17 maggio 1848, BSMC, FS.

31 有趣的是，庇护九世给这位米兰来的伯爵提出了自己的建议。与其试图让伦巴第人接受这位皮埃蒙特的萨伏依王朝的国王，教宗说道，找一个他们自己的君主难道不是更好吗？"Estratto di una conversazione avuta dal Conte Luigi Litta con Sua Santità nell'udienza del 13 maggio 1848," doc.75 in DRS 1949 - 51, vol.2, pp.147 - 48.

32 Viale Prelà a Orioli, Vienna, 13 maggio 1848, doc.25 in Lukács 1981, pp.313 - 14.

33 Stearns 1974, pp.102 - 15.

34 "Proclama di S.M. Il Re Ferdinando II. Napoli 9 Aprile," BSMC, FS; Francia 2012, pp.230 - 31; Di Rienzio 2012, p.43; Rossi 2001, pp.32 - 34; Ward 1970, pp.186 - 87.

35 Farini 1850 - 53, vol.2, pp.144 - 45; Demarco 1947, pp.77 - 79; Patuelli 1998,

pp.27 - 32，38 - 39.

36　Datelined Rome, December 2, 1848, letter XXV in Fuller 1856, p.328；Fuller to Elizabeth Cranch，Rome 14 May 1848, letter 718 in Fuller 1988, p.65.“罗得之妻”的内容出自《圣经·创世记》19：26。12 月 2 日的报道是福勒六个月以来从罗马发出的第一份报道。因为和一个罗马人的一段情史，她此时已经怀有身孕，所以深居浅出以躲避人们的关注，等候孩子的降生。在小孩出生后，她把新生的儿子留给了奶妈并返回罗马继续她的报道。

37　“在宣读训谕的时候，”教宗告诉荷兰大使，“它如今让我那么遭人恨，我只不过是应对着我良心的声音。好吧。如果我必须以现世权力为代价的话，让上帝就这么定吧。”Liedekerke à Monsieur le Comte, Rome, 8 mai 1848, doc.XXV in Liedekerke 1949，pp.42 - 44.

38　Martina 1966, p.559. Giuseppe Tabboni's account of his papal audience is in Bianchi 1869，vol.5，pp.239 - 40.

第 6 章　避难

1　Mount Edgcumbe 1850, pp.8 - 9；Farini 1850 - 53, vol.2, p.203；Johnston 1901, p.164；Candeloro 1972, p.205.

2　Soglia a Mons. Brunelli, delegato apostolico, Madrid, Roma, 17 giugno 1848, ASV, ANM, b.312, ff.57r - 58r；Panigada 1937, p.1795.

3　Liedekerke à Monsieur le Baron, Rome, 7 juin 1848, doc.XXX in Liedekerke 1949, pp.57 - 58；Candeloro 1972, pp.312 - 13；Farini 1850 - 53, vol.2, p.145；Martina 2004，pp.193 - 94. 有一名来自罗马的副手在 6 月 23 日写道：“事情在这里已经不能更糟了。首领大臣马米亚尼是一个微不足道的无能者。”Panigada 1937, p.1795.

4　Ghisalberti 1958, p.73n；Engel-Janosi 1950, pp.139 - 40；Leflon 1963, p.385n；Liedekerke 1949, pp.72 - 73.

5　Harcourt à Bastide, Rome, 28 juin 1848, n.2, MAEC, CP, Rome, vol.988, ff.65r - 67r；Agulhon 1983, p.61；Milza 2004, p.147；Chantrel 1861, p.55. 驻巴黎的教廷大使在一封写给驻马德里的教廷大使的信里提供了他自己对于战斗的描述，他将总主教描述为一个“圣职热忱的真正受害者，牺牲在食人族的怒火中”。ASV, ANM, b.312, ff.55r. 总主教似乎是被流弹击中的。Collins 1923, pp.128 - 31.

6　The letter quoted is by F. Mayr al cugino, 8 luglio 1848, doc.IV in Panigada 1937, p.1798. 迈尔（Mayr）补充道：“教宗并没有站在我们的一边。”

7　关于这一点，马尔科·明格蒂提供的描述也可以补充一些情况。他当时是一名副手，对于这位亲王实在难以苟同：“他的脸，以及他的声音，都带着一些波拿巴家族的特征……

他很胖、红脸，而且爱炫耀。他对于任何事都要喋喋不休一番。他是一个反应机敏的人，十分有文化，事实上，他是一个博物学家，十分善于言谈，但是他的个性太丑陋，最让人讨厌的是他对自己的学问和出身皆自视甚高。"

关于议院对于夏尔·波拿巴的看法，见：Panigada 1937, p.1796; Zucconi 2011, p.112; Giovagnoli 1894, pp.218 - 19; Bartoccini 1969。明格蒂（1889, vol.1, pp.203 - 4）观察到这位卡尼诺亲王（Prince of Canino）的名声实在糟糕，因为人们在罗马把说谎者称作"卡尼诺人（caninata）"。

8　Liedekerke à Monsieur le Baron, Rome, 7 juillet 1848, doc.XXXV in Liedekerke 1949, p.72.

9　Harcourt à Bastide, Rome, 14 juillet 1848, MAEC, CP, Rome, vol.988, ff.73r - 74r; Quazza 1952, p.lxxiii.

10　The pope's quote is from D. Pareto al Ministro L. Pareto, Roma, 17 luglio 1848, doc.133 in DRS 1949 - 51, vol.2, p.201. The quotes from the Dutch ambassador are found in Liedekerke 1949, p.80. These events are also described in Harcourt à Bastide, 18 juillet 1848, MAEC, CP, Rome, vol.988, ff.80r - 80v; Pasolini 1887, pp.116 - 18; Farini 1850 - 53, vol.2, pp.264 - 70; Candeloro 1972, p.314. 圣座国务卿在这封抗议信上签了名。

11　Roncalli 1972, p.303; Ward 1970, pp.205 - 8; Mack Smith 1994, p.62; Francia 2012, pp.188 - 89.

12　Chantrel 1861, p.55; Card. Soglia al nunzio a Madrid, 29 luglio 1848, ASV, ANM, b.312, ff.71r - 72r. Pásztor（1966, p.334）cites the copy of this circular sent to the Vienna nuncio.

13　这位大使还补充说："不幸的是，现在教宗处在的灰心丧气的状态有时候也会出现在他的身上，这样的气馁甚至因最新的消息而更为加深了，教宗好像也不打算使用他手上握着的强大道德力量了。" D. Pareto al Ministro L. Pareto, Roma, 3 agosto 1848, 7 agosto 1848, docs.148 and 152 in DRS 1949 - 51, vol.2, pp.217 - 18, 221; Liedekerke à Monsieur le Baron, 3 août 1848, doc.XLI in Liedekerke 1949, pp.83 - 84.

14　Harcourt à Bastide, Rome, 11 août 1848, MAEN, RSS 409.

15　Bastide à Harcourt, 18 août 1848, MAEN, RSS 273; D. Pareto al Marchese L. Pareto, Roma, 17 agosto 1848, doc.164 in DRS 1949 - 51, vol.2, pp.230 - 31.

16　De Reiset 1903, pp.167 - 70; DRS 1949 - 51, vol.2, p.lxxvi.

17　Jacob L. Martin to James Buchanan, Rome, 20 August 1848, in Stock 1933, pp.8 - 15; Rossi 1954, p.62.

18　J. C. Hooker to James Buchanan, Rome, 26 [August] 1848, in Stock 1933, pp.15 -

16；Marraro 1944, p.490. 马丁被埋葬在罗马的新教徒墓地。关于疟疾在当时对罗马造成的影响，详见：Desmarie 1860, pp.51 - 58。

19 Bastide à Harcourt, Paris, 25 août 1848, MAEN, RSS 273.

20 Ministro a Marchese Pareto, 6 agosto 1848, doc.18 in DRS 1949 - 51, vol.2, pp.18 - 19；Capograssi 1941, pp.1 - 3；Radice 1972, pp.60 - 65. 来自罗斯米尼的政府指令可以参考 Rosmini 1998, pp.12 - 140。罗马下议院中的重要爱国主义者路易吉·卡洛·法里尼观察说："很难下结论的是，究竟罗斯米尼的宗教虔诚、知识和睿智更伟大，还是他的平和、善良和对意大利的爱更伟大。"

21 罗马的撒丁尼亚大使在 8 月初观察说："大多数枢机主教都不掩饰他们对于罗西的反对，而且那些因为职务关系要和罗西面对面的人更是大声地抱怨他工作的方式含糊不明。"D. Pareto al Ministro L. Pareto, Roma, 4 agosto 1848, doc.150 in DRS 1949 - 51, vol.2, pp.219 - 20.

22 法国外交部部长于斯·巴斯提德（Jules Bastide）的回应抵达得太迟了，他把罗西的任命说成是"太过夸张的行为，这会无故给法兰西共和国及其政府带来冒犯……我实在是不明白圣父大人是怎么作出这样的决定的。"Harcourt à Bastide, 24 juillet 1848, MAEN, RSS 409；Bastide à Harcourt, 3 août 1848, MAEN, RSS 273.

23 "我知道我拿在手中的任务有多困难，"罗西当时在一封给朋友的信中透露，"我知道将会遭遇困难和阻碍，即便是在我应该要得到鼓励和援助的地方也是如此。我将尽全力满足我作为一个人、一个公民和一个意大利人的良心。"Rossi a Vincenzo Salvagnoli, Roma, 10 settembre 1848, doc.C in Salvagnoli 1859, pp.123 - 24.

24 如果哈考特现在采取的是比前任不那么好战的态度的话，这是因为罗西已经让他改变了想法。罗西认为，教宗的选择是一个清晰表现了他意图的符号，他愿意向法国而不是向奥地利寻求支持。"圣父大人"，法国大使解释说，"有着非常良善的意图，但是他非常脆弱而且不坚决，他周围的人普遍卑劣，也就是说，非常倾向奥地利和保守反动。"人们绝无法确定教宗作出承诺之后的下一步动作是什么。考虑到这一切，哈考特说，法国只能让罗西得到任命才能获得好处。"最大的危险，"哈考特总结说，"是形势已经变得越来越超出他的控制，形势正在像拖倒其他人一样将他也拖倒。"Harcourt au ministre des affaires étrangères, Rome, 4 septembre 1848, MAEN, RSS 409.

25 Liedekerke à Monsieur le Baron, Rome, 15 septembre 1848 and 24 septembre 1848, docs.L and LII in Liedekerke 1949, pp.102 - 3, 106 - 8；Harcourt au ministre des affaires étrangères, Rome, 24 septembre 1848, n.17, MAEC, CP, Rome, vol.988, ff.125r - 125v；Cittadini 1989, pp.134 - 35.

26 Harcourt au ministre des affaires étrangères, Rome, 4 octobre 1848, MAEN, RSS 409.

27 Rosmini al ministro degli affari esteri in Torino, Roma, 4 ottobre 1848, in Paoli

1880, pp.401‑3; Rosmini 1998, pp.74‑77.

28　Citoyen romain 1852, pp.102‑3; Comando generale della Guardia Civica, Roma, 23 ottobre 1848, doc.LVIII in Giovagnoli 1898, pp.378‑79.

29　Ferdinando Lefèvre, capitano a S. E. il Comandante generale della Guardia Civica, 28 ottobre 1848, doc.IX in Giovagnoli 1898, pp.379‑80; C. Terzi, capitano di guardia, rapporto, Guardia Civica, battaglione 5, 28 ottobre 1848, doc.XL in Giovagnoli 1898, pp.394‑95; Giovagnoli 1898, p.243; Citoyen romain 1852, pp.103‑4.

30　Laras 1973, pp.515‑16. On allowing Jews into the Civic Guard, see ASCER, Co.48, f2, Rb, 9 sup.2, f.3 for June and July 1848. Demarco 1947, pp.70, 104; Capuzzo 1999, p.273. 说服教宗能完全解放其领土上的犹太人的粗浅尝试是在这几个月里出现的，提案的题目是 "Memoria sulla Emancipazione degli Ebrei negli Stati Pontifici considerata nel punto di vista dell'interesse della Chiesa Cattolica," is found at ASCER, Co.48, f2, Rb, 9 sup.2, p1, f.11.

31　Stearns 1974, pp.119‑21; Candeloro 1972, pp.284‑85; Roncalli 1972, p.309; "Lettera di Giuseppe Mazzini, Insurrezione nazionale," 29 ottobre 1848, BSMC, FS; Harcourt au ministre des affaires étrangères, 4 novembre 1848, MAEN, RSS 409.

32　The quote is from Balleydier 1851, vol.1, pp.229‑30. 修建教宗国最早的两条电报线路的大臣命令文书上的日期是 1848 年 9 月 29 日，详见：Stato pontificio 1850‑51, pp.256‑57. 罗西引发出的敌意的典型状况可以从安德里亚·邦菲利（Andrea Bonfigli）的回应中略见一斑，后者是罗马北部的列蒂（Rieti）教宗政府中的一位重要的世俗信徒官员。他在 10 月造访了国都并向新首领大臣罗西作自我介绍，他在自己的日记里回忆说，罗西对他的态度仿佛一位"领主，用高傲又压倒性的语气，让我觉得自己像是被当作狱卒一样对待"。他下一次和罗西见面的时候甚至更感羞辱，邦菲利在离开罗马前去见罗西，"他让我在前厅里等了三个钟头，一直站着，他从没正眼看我一眼，问了几个简要的问题之后就把我打发了"。出自邦菲利的日记，见：Cittadini 1989, pp.134‑35。

33　Rossi à Vincent Salvagnoli à Florence, doc.LXXII in Ledermann 1929, pp.346‑47; Trevelyan 1907, pp.74‑75.

34　Harcourt au ministre des affaires étrangères, Rome, 14 octobre 1848, Harcourt au ministre des affaires étrangères, Rome, 4 novembre 1848, MAEN, RSS 409; Pareto a Perrone, Roma, 14 ottobre 1848, doc.212 in DRS 1949‑51, vol.2, p.273; Rossi a Cardinale Amat, Roma, 17 ottobre 1848, doc.LXXV in Ledermann 1929, pp.349‑50; Martina 1974, pp.280, 287; Trevelyan 1907, pp.74‑75; Rossi 2001, p.40. 罗马的撒丁尼亚大使汇报了这次用餐的情形，他记载了罗斯米尼也得到了邀请。Pareto a Perrone, Roma, 14 ottobre 1848, doc.212 in DRS 1949‑51, vol.2, p.273。

35 Roncalli 1972, p.312；Liedekerke à Monsieur le Baron, Rome, 11 novembre 1848,
    doc.LV in Liedekerke 1949, pp.112 - 13；Lancellotti 1862, p.7；Cittadini 1989, p.138.

36 Zucchi 1861, p.146；Cittadini 1989, pp.137 - 38.

37 Zucchi 1861, pp.146 - 50；Pareto a Perrone, Roma, 13 novembre 1848, doc.229
    in DRS 1949 - 51, vol.2, pp.286 - 87；Giovagnoli 1898, p.244n；Candeloro 1972,
    pp.275 - 79.

38 Bianchi 1869, vol.6, p.16.

第7章 刺杀

1 马尔科·明格蒂当天在进宫殿建筑群的时候从他们身边经过，他自己吓了一跳，形容
    士兵们是"一群面露凶相的暴徒"。Minghetti 1889, vol.2, p.122；Farini 1850 - 53,
    vol.2, pp.366 - 67.

2 有大量的记载记录了罗西被杀的当天早晨和谋杀事件本身，但其中的许多内容都明显不
    可靠。我在这里尽了最大努力来依靠目击者的资料，并尽力避免很多故事性的添油加醋。
    在我所依赖的资料中，我使用了米开朗琪罗·平托（Michelangelo Pinto）未出版的手稿
    中的描述，MCRR, Fondo Pinto, b.887, pp.139 - 43；also Ideville 1887, pp.231 - 50；
    Arrigoni 1996, pp.71 - 72, 80 - 85；Roncalli 1972, pp.315 - 16；Niceforo 1899,
    pp.165 - 67；Rosmini alla cognata Adelaide Cristiani, Gaeta, 29 novembre 1848, doc.
    XLII in Rosmini 1998, pp.338 - 39；Pasolini 1887, p.145n；Martina 1974, pp.289 -
    90。这份记载看起来最为可信，马提纳（Martina）所用的记载（1974, pp.289 - 90）由
    乔瓦格诺里（Giovagnoli, 1898, pp.266 - 71）提供。在这份叙述中，有七个人在11月
    14日的傍晚在一个小酒馆里会面计划刺杀行动。主要的谋划人是佩德罗·斯特毕尼，他
    是流亡的医生和诗人，在教宗的赦令颁布后回到罗马，他在几个月前还写了一首最为流
    行的歌颂教宗的歌曲。看起来在11月12日傍晚的一次会面中，佩德罗·斯特比尼、夏
    尔·波拿巴和"雄辩者"决定了罗西应该被杀死。到了14日，斯特比尼说服了"雄辩
    者"的长子鲁伊吉·布鲁内提来执行刺杀，呼吁他为自由志业献身并且展现他的勇气。
    在刺杀发生后，对谁是凶手的调查马上就开始了，调查曾一度中止，直到1849年9月重
    新开始并持续到了1854年。出于外交上的原因，教宗决定遏止一切关于夏尔·波拿巴，
    这位法国统治者的堂兄在案件中所扮角色的谈论。至于案件的细节则仍遗留了一些不确
    定之处。在巴托奇尼（Bartoccini, 1969, p.8）对于案件的检视中，他认为夏尔·波拿巴
    对于刺杀只负有道德上的责任，而没有直接参与谋划。具体情形亦见：Niceforo 1899,
    pp.165 - 66。

3 Giovagnoli 1898, p.281；Ideville 1887, pp.257 - 58.

4 Giovagnoli 1911, pp.23 - 24, 38；Boero 1850, p.138.

5　Giovagnoli 1898, pp.282 - 87；Farini 1850 - 53, vol.2, pp.373 - 75；Martina 1974, pp.290 - 91；Pasolini 1887, p.145n.

6　Minghetti 1889, vol.2, p.125.

7　上议院议长卡洛·穆扎雷利是一个不寻常的教士。尽管以蒙席的身份发言并且穿着黑色的教士服，但是 61 岁的穆扎雷利并不是一个循规蹈矩的神甫。他来自费拉拉的一个贵族家庭，在罗马的教廷政府中担任宗教律师并且追求自己的文学兴趣，其中也包括对拉丁文的热忱。尽管并非激进者，他在过去的几个月中已经为爱国志业所吸引。

8　Minghetti 1889, vol.2, pp.123 - 25；Pasolini 1887, pp.144 - 49；Gabussi 1851 - 52, vol.2, pp.216 - 20.

9　Giovagnoli 1898, p.289；Lancellotti 1862, p.15. The quote is from Mount Edgcumbe 1850, p.14.

10　Rosmini a Donna Adelaide Cristani, Gaeta, 29 novembre 1848, doc.XLII in Rosmini 1998, pp.339 - 40；Liedekerke à Monsieur le Baron, Rome, 24 novembre 1848, Liedekerke 1949, p.117. 玛格丽特·福勒对事情的报道并非总是准确的，这一点从她对帕尔玛蒙席死亡一事的报道中就可以看出来，她并非事件目击者。"这个人，"这位美国记者写道，"从窗户上对人们开枪而招致了死亡。"Deiss 1969, p.185.

11　Harcourt à Bastide, 17 novembre 1848, Rome, MAEC, CP, Rome, vol.988, ff.146r - 147v；Foramiti 1850, p.13.

12　Farini 1850 - 53, vol.2, p.380. 关于教宗评论的稍有不同的版本可参见：Spada 1868 - 69, vol.2, p.524。

13　Pareto a Perrone, Roma, 17 novembre 1848, doc.234 in DRS 1949 - 51, vol.2, pp.289 - 90；Gaillard 1861, pp.419 - 23. 瑞士卫队解除武装的编年史记载见："Parlamento del Corpo Diplomatico a S. Sanità presso il Quirinale ed altre notizie del giorno," Roma, 17 novembre [1848], MCRR, ms.126/33, Nicola Roncalli, documenti a stampa, 1848。

14　Rosmini a Donna Adelaide Cristani, Gaeta, 29 novembre 1848, doc.XLII in Rosmini 1998, p.340；Rosmini a Puecher, Gaeta, 19 dicembre 1848, doc.XLV/2 in Rosmini 1998, pp.354 - 55.

15　Pásztor 1966, pp.334 - 35；Bustico 1939；pp.000 - 00；Camarotto 2012, pp.000 - 00；Pareto a Perrone, Roma, 17 novembre 1848, doc.235 in DRS 1949 - 51, vol.2, p.291. 教宗的话来自托斯卡纳大使的报告，摘录于 Ferrari 2002, p.127。

16　Harcourt à Bastide, 17 novembre 1848, Rome, MAEC, CP, Rome, vol.988, ff.146r - 147v. 11 月 17 日时，枢机主教索格里亚（Cardinal Soglia）已经给教廷大使们寄去了叙述这些事件的信，讨论了 16 日发生的反教宗暴力事件和教宗在外交使团的赞同下所作出的让步。Card. Soglia al Nunzio Apostolico, Madrid, ASV, ANM, b.313, f.70r.

第二天，11 月 17 日得到教宗任命的新政府的大臣们给教宗呈上的文告在罗马被公开刊登出来，见：Miraglia 1850, pp.36 - 37. 这份文告主要关注的计划是让教宗国参与意大利独立战争，并让教宗加入由意大利其他国家的统治者所组成的某种政治联盟。

17 Roncalli 1972, p.320；Liedekerke à Monsieur le Baron, Rome, 24 novembre 1848, doc.LVIII in Liedekerke 1949, p.119. 关于枢机主教后来提到的圣母玛利亚给他的保护，以及他可能死在马厩的草垛中的象征性，可参考曼奇尼（Manzini）在著作中摘录的信件内容。Manzini 1960, p.401.

18 Liedekerke à Monsieur le Baron, Rome, 24 novembre 1848, doc.LVIII in Liedekerke 1949, p.119.

19 法国外交部长于勒·巴斯提德给身处罗马的哈考特的信中重述了这些指令，可参见：Leflon 1963, p.388。

20 "这是极端的不幸，"马德里的大使向他的政府汇报，"在如此严肃的关头，派往港口的蒸汽船居然不在那里……今天，我匆匆见了圣父大人，我以女王陛下政府的名义提出的提议让他高兴得流出了眼泪。" De Chambrun 1936, pp.330 - 31；Key 1898, pp.117 - 18，175.

21 Pareto a Perrone, Roma, 18 novembre 1848, doc.236 in DRS 1949 - 51, vol.2, pp.291 - 92；Aubert 1961, p.3；Coppa 1990, p.59. 那天早晨，在听到了同样的传言后，罗斯米尼去见了教宗。他发现枢机主教安东内利正在教宗的门外等着，假装不知道任何逃跑的计划。但是，他向罗斯米尼是否觉得离开罗马是个好主意。是的，修道院院长回答。庇护九世待在罗马已经不再是安全的了。他来罗马不是为了打消教宗离开罗马的念头，而是问教宗是否想要罗斯米尼不管去哪里都跟在他身边。安东内利同意问这个问题，并进了教宗的房间。他几分钟后带着教宗的回答走出来：如果罗斯米尼能够陪同教宗一起到目的地去，教宗会觉得十分感激。Rosmini 1998, pp.88 - 89.

22 Pareto a Perrone, Roma, 21 novembre 1848, doc.238 in DRS 1949 - 51, vol.2, pp.294 - 95；Minghetti 1889, vol.2, p.128.

23 Stroud 2000；Casanova 1999；Bartoccini 1969；Ferrari 1926；Spada 1868 - 69, vol.2, p.443.

24 Minghetti 1889, vol.x, pp.128 - 31；Spada 1868 - 69, vol.2, p.534.

第 8 章　逃离

1 Flint 2003, pp.109 - 10；De Chambrun 1936, pp.327 - 29.

2 来自瓦朗斯主教的信上的日期是 1848 年 10 月 15 日，复制于 1850 年 10 月, vol.1, pp.1 - 2；Jankowiak 2008, p.131n；Pelczar 1909, p.406；Martina 1974, p.298；Berra 1957, p.684.

/ 注 释 /

3 这关系到争取两个欧洲天主教大国的援助，当时奥地利大使已经因抗议罗马方面而离开，斯保尔则代表了奥地利在罗马的利益。De Chambrun 1936，p.339；Spaur 1851，pp.16 - 17；Simeoni 1932，p.255；Berra 1957，p.672。

4 Key 1898，p.176.

5 蒂纳雷号已经在奇维塔韦基亚港守候了超过一个月，以供哈考特派遣使用。De Chambrun 1936，p.335.

6 Monsagrati 2014，pp.5 - 6；Spaur 1851，pp.17 - 21. 按照比利时大使的说法，看到他必须要和斯保尔的妻子上同一辆马车，教宗说了句："看来我得把苦酒一饮而尽。(Je dois donc boire le calice jusqu'à la lie.)"在不含嘲讽的状况下，斯保尔的妻子在外交官圈子中开始被称作"我们的加埃塔夫人 (Our Lady of Gaeta)"。De Ligne 1929，pp.170 - 71，181. For more on Teresa Spaur, see Berra 1957，p.672；Silvagni 1887，pp.281 - 86.

7 Piscicelli 1978，p.28.

8 教宗信中的内容可参见：Spaur 1851，pp.33 - 34；De Chambrun 1936，pp.345 - 47。

9 Blois 1854，pp.7 - 9.

10 Ibid.，pp.9 - 10.

11 De Chambrun 1936，pp.333 - 34.

12 Martina 1974，pp.299 - 300. 安东内利在 12 月初时给罗马教廷驻巴黎大使写了一封信，描述了他陪同教宗来到加埃塔"是绝对的随机决定，因为我们本来计划的是离开罗马后走完全不同的方向"。Pásztor 1966，p.340n. 然而，证据显示，正是安东内利操控了教宗前往加埃塔并确保他留在那里。Liedekerke à Monsieur le Baron，Rome，27 novembre 1848，10 a.m.，doc.LIX in Liedekerke 1949，p.120；"Preciso ragguaglio dell'imbarco di S.S. a Civitavecchia," BSMC，FS；Pareto a Perrone，Roma，25 novembre 1848，docs.243 and 244，in DRS 1949 - 51，vol.2，pp.298 - 99.

在哈考特从奇维塔韦基亚港起航前往加埃塔之前，他已经给法国外交部部长送了信。教宗已经在前一天晚上离开了罗马，他汇报说："教宗打算去法国。他已经前往了加埃塔，那里是登船的方便地点。"哈考特并没有解释为什么要去加埃塔登上法国军舰。De Chambrun 1936，pp.338 - 39；Mollat 1939，p.276.

13 Blois 1854，pp.10 - 11；Filipuzzi 1961，vol.1，pp.364 - 65.

14 Roncalli 1972，p.324；"Romani," 25 novembre 1848，BSMC，FS. 不久后，一个比较不那么让人紧张的版本被贴了出来："罗马市民，教宗已经在恶毒的建议下于昨晚离开了罗马。"大臣继续说道，政府将会继续运作并确保公共秩序。"罗马市民！"公告的结尾处这样写道，"请相信我们，表现出你们值得被称为罗马人，并用最高标准的人格来回应敌人的毁谤。""Lettera lasciata di Pio Nono," 24 e 25 novembre 1848，BSMC，FS.

15 Forbin-Janson à Bastide，25 novembre 1848，MAEC，CP，Rome，vol.988，ff.150r - 152r.

16 Bonaparte 1857, pp.229 - 33.

17 身材肥胖的罗马教廷驻那不勒斯大使也没有给费尔南多二世国王帮什么忙，此人在英国外交官的报告中，是一位非常幽默、善良的人，但是他"太全神贯注于吃；我不能说他的肚子就是他的上帝，但是绝对算得上是他的主教教区"。Napier, chargé d'affaires, Naples, to Minto, 15 November 1847, in Curato 1970, vol.1, p.200.

18 Radice 1972, p.84; Spaur 1851, pp.47 - 49; Ward 1970, pp.125 - 26; Candeloro 1972, pp.70 - 71; Giovagnoli 1894, p.26; Scirocco 1996, p.7.

19 Rayneval à Bastide, Naples, 26 novembre 1848, MAEC, PAR; De Chambrun 1936, p.352.

20 "Rome, Naples, and Sicily," datelined Naples, December 2, TL, December 13, 1848; Radice 1972, pp.84 - 85n.

第 9 章 逆流

1 De Ligne 1923, p.319; Ghisalberti 1958, p.56n; Spada 1868 - 69, vol.3, pp.73 - 83.

2 De Ligne 1929, pp.186 - 88; De La Rochère 1853, pp.176 - 77.

3 Cittadini 1989, p.139; Pásztor 1966, p.337. 安东内利的实际头衔是"形式圣座国务卿（pro-secretary of state）"，这里说的"pro"是指在罗马以外所作的临时任命。Coppa 1990, p.66. 安东内利在 12 月 6 日向教廷大使们和各国使团公告了这一任命。Antonelli a Mons. Giovanni Brunelli, nunzio apostolico, Madrid, ASV, ANM, b.313, f.3r; Antonelli a Domenico Pareto, Gaeta, 7 dicembre 1848, doc.257 in DRS 1949 - 51, vol.2, p.316.

4 安东内利的性格特征和庇护九世十分不同，这是教宗仰赖他的最大原因。教宗的传记作者马提纳神甫写道："庇护九世感性、冲动、乐观，很少有深入思考重大政治问题的意愿，他发觉安东内利不仅是一个非常善于进行实际操作的人，而且也是一个专业的、谨慎小心的政治人物，他具有教宗非常缺乏的对人和人们动机的判断力。"Dalla Torre 1979, pp.144, 193; Martina 2004, p.194; Martina 1974, p.309.

5 Pásztor 1966, p.340n; Montezomolo al Signor Presidente del Consiglio, Mola di Gaeta, 30 dicembre 1848, doc.105 in DRS 1949 - 51, vol.2, pp.477 - 79.

6 在不安之中，记者和外交官们散播着各种教宗即将离开的传言。伦敦《泰晤士报》在 12 月 5 日时甚至报道说教宗已经在英国的保护下离开加埃塔抵达了马耳他。"Arrival of the Pope in Malta," TL, December 5, 1848.《泰晤士报》在第二天发表了一则确认教宗已经抵达马耳他的新闻报道。

7 Flint 2003, p.118; Pirri 1949, p.9. On the invitation of the Portuguese queen, see the letter of the nuncio in Portugal to the nuncio in Madrid: Lisbona, 23 dicembre 1848,

ASV, ANM, b.313, f.42r.

8　Agulhon 1983, pp.69 - 71；Milza 2004, pp.152 - 53；Collins 1923, pp.158 - 60.

9　Lespès 1852, pp.247 - 49；Bastide 1858, pp.211 - 13；Boyer 1956, pp.244 - 45；
Bastide à Harcourt, Paris, 27 novembre 1848, MAEN, RSS 274；Bastide 1858,
pp.199 - 201；De Chambrun 1936, pp.357 - 64.

10　Leflon 1963, pp.389 - 90.

11　De Chambrun 1936, p.481. 法国各地的主教在听说教宗即将到来的消息后，都争先恐
后地表现了各自的好客。其中，教廷大使和教宗谈到了沃克吕兹（Vaucluse）的执政委
员会得到了全体通过的投票表决结果，邀请教宗在阿维尼翁重建已经缺席了 450 年的教
宗驻地。教廷大使是在 12 月 8 日从巴黎写信，透过圣座国务卿来向教宗汇报这些提议
的。ASV, Segr. Stato, An.1848 - 50, Rubr. 248, fasc.2, ff.83r - 84r.

12　路易 - 拿破仑的大部分青年时期都是和他的兄弟一起在意大利度过的。后者参加了
1831 年反对教宗统治的叛乱并死于其中。在 1848 年 10 月末，法国天主教政党面见了
路易 - 拿破仑来决定他是否值得天主教的支持。在面临对自己过去的反教廷立场的责难
时，路易 - 拿破仑回答："我理解你们的顾虑……我的确是参加了反教廷运动，而且我
也不幸因此失去了我的兄弟。但这也是我最后悔的一件事。如果上帝能宽恕我，我应该
要修复……我是天主教徒，可能我不是像你们一样虔诚，但我也是教徒，而且我尊重所
有的传统。"Collins 1923, pp.175 - 77；Choffat 2008, pp.94 - 95.

13　正如托克维尔所言，路易 - 拿破仑之所以能得到精英们的支持"并不是因为他有什么
才能，而恰恰是因为他被认定的平庸。他们相信可以把他利用成能够自由摆布
的工具"。Tocqueville 1893, pp.313 - 18. See also Bastide 1858, p.191；Milza 2004,
pp.167 - 68；Choffat 2008, pp.92 - 93, 102；McMillan 1991, pp.32 - 35；Agulhon
1983, pp.71 - 73；Yvert 2008, p.107；Barrot 1876, pp.28 - 29；Fraser 1896, p.114.
The text of Louis Napoleon's letter is found in Spada 1868 - 69, vol.3, pp.54 - 55.

14　雷内瓦尔在 12 年前父亲去世时继承了伯爵头衔，他在意大利有着丰富的经验，曾在罗
马的法国大使馆中担任了 5 年的第一秘书，在教宗令人惊讶地出现在加埃塔的区区几
个月前，雷内瓦尔才刚刚被任命为法国驻那不勒斯王国大使。MAEC, PDI, 29 juin
1848.

15　Blois 1854, pp.23, 26；De Chambrun 1936, pp.485 - 86, 492 - 94；Leflon 1963,
pp.396 - 97；Rayneval à Bastide, Naples, 7 décembre 1848, n.49, MAEC, PAR；
De Ligne 1929, pp.180 - 81. 对通过警告教宗不要信任共和政府的方式来劝说教宗不要
去法国的西班牙大使来说，庇护九世回答了无论在何种情形之下，他也无意前往巴黎。
他说，自己思考的是去马赛，但是只待很短的时间。西班牙人力劝教宗能在西班牙的保
护下去马略卡寻求避难。

16　Harcourt à Bastide, Gaëte, 2 décembre 1848, MAEN, RSS 409；Boyer 1956, p.246；

Rayneval à Bastide, Naples, 30 novembre 1848, MAEC, PAR.

17 撒丁尼亚大使是少数几个支持法国让教宗作出让步立场的人。但是在 12 月初，撒丁尼亚大使给那不勒斯发回了报告，说教宗现在是被包围在"那些总是阻挠他改革路线的人的中间"。这位大使认为，只有让教宗离开加埃塔，最好的情形是让他来到皮埃蒙特，灾难才会过去。Collobiano à Perrone, Naples, 4 décembre 1848, doc.224 in DRS 1949 - 51, vol.3, p.219；Pareto a Perrone, Gaeta, 5 dicembre 1848, doc.253 in DRS 1949 - 51, vol.2, p.311.

18 Key1898, p.178. 这段话摘自基伊在 1848 年 12 月 1 日的信件。安东内利呼吁所有的外交使团离开罗马并随教宗前往加埃塔。当撒丁尼亚政府最初阻止这一做法时，该国大使通知都灵方面事实上所有其他在罗马的外国大使都已经跟着教宗离开了。留在罗马的决定将会被教廷视作巨大的冒犯。他也很快加入了其中。Pareto a Perrone, Roma, 2 dicembre 1848, doc.250 in DRS 1949 - 51, vol.2, p.309. Antonelli's circular to the foreign emissaries, dated Gaeta, 27 novembre 1848, is reproduced in DRS 1949 - 51, vol.2, p.310.

19 正如法国驻罗马教廷大使在 12 月初报告的，"这座城市从未如此的平静过。但是能否保持住这样的平静，将取决于教宗第一次的宣言，人们已经对此迫不及待且不耐烦了。" Forbin Janson à Bastide, Rome, 1 décembre 1849, MAEC, CP, Rome, vol.988, ff.157r - 158r. 几天以后，留在罗马的撒丁尼亚公使也给出了类似的观察，"到目前为止，这座城市有着完美的平稳状态，但是对于未来的不确定性，人们怀着巨大的焦虑"。Della Minerva al ministero degli affari esteri, Roma, 5 dicembre 1848, doc.272 in DRS 1949 - 51, vol.2, pp.334 - 35. On the rumors, see Lancellotti 1862, p.31; "The Escape of the Pope," TL, December 7, 1848.

20 Severini 1995, pp.135 - 36.

21 Terenzio Mamiani al Marchese Pareto, Roma, 29 novembre 1848, appendix to doc.248 in DRS 1949 - 51, vol.2, pp.305 - 6. The text received by the French embassy is found at MAEC, CP, Rome, vol.988, ff.159r - 161r. 马米亚尼在 11 月 27 日写信给欧洲各国的教廷大使，通知他们自己应该成为教宗国的外交大臣，但没有一个大使同意他的要求。Mamiani al nunzio di Napoli, Roma, 27 novembre 1848, ASV, ANN, b.392, ff.52r - 52v; Mamiani al nunzio di Madrid, Roma, 27 novembre 1848, ASV, ANM, b.313, ff.47r - 48r.

22 Rosmini 1998, pp.99 - 100; Martina 1974, pp.544 - 45.

23 教宗对臣民讲话的印刷副本已经送到了各教廷大使手中。ASV, ANM, b.313, f.69r; Pie IX 1855, pp.2 - 5; Blaas 1973, p.36; Della Minerva al ministero affari esteri, Roma, 4 dicembre 1848, doc.271 in DRS 1949 - 51, vol.2, pp.332 - 33. 在教宗斥责了罗马的政府不具有合法性之后，几乎是在事后想到的，他还宣布成立执政委员会来确

保公共秩序。他列出的委员会的成员名单以枢机主教为首，外加一名高级教士和四个贵族以及他的军队指挥官祖齐将军。但是当成员们得知他们被任命之后，唯三留在城里的人也逃跑了。只有枢机主教自己一个人执掌事务，但是教宗交给他的任务明显是不可能做到的，而且这个委员会从来没有召集起来过。看起来相对于安东内利和教宗，枢机主教更倾向于采取和解的方式来和罗马的政府机构接触。Pásztor 1966, pp.340 - 43. 基伊舰长解释了他离开的原因（1898, p.17），他说罗马的贵族很少有仍然留在城里的，"他们的借口是无法承认现在的政府当局；他们的真正原因则是恐惧"。

24 "Gl'inni e il maestro Magazzari," *Il vero amico del popolo*, 29 dicembre 1849, p.130; Martina 1974, pp.289 - 90; Pierre 1878, pp.50 - 51; Gemignani 1995, p.234; Farini 1850 - 53, vol.3, pp.105 - 6.

25 Pareto a Perrone, Roma, 2 dicembre 1848, doc.250 in DRS 1949 - 51, vol.2, pp.308 - 9; Farini 1850 - 53, vol.3, pp.20 - 21; Candeloro 1972, pp.337 - 38; Ideville 1887, pp.145 - 46.

26 Martina 2000, p.353; Jankowiak 2008, p.143; Gabussi 1851 - 52, vol.2, pp.265 - 66.

27 Palomba, console generale d'Austria a Civitavecchia a Lützow, Civitavecchia, 8 dicembre 1848, doc.6, allegato E, in Blaas 1973, p.36.

28 Brevetti 2014, p.185; Di Rienzo 2012, p.15; Scirocco 1996, pp.1 - 2; Arcuno 1933, p.11.

29 Rayneval à Bastide, Naples, 2 décembre 1848, 12 décembre 1848, 14 décembre 1848, MAEC, PAR; Montezemolo à Gioberti, Mola di Gaeta, 31 dicembre 1848, doc.106 in DRS 1949 - 51, vol.2, p.480; De Ligne 1929, p.176; Blois 1854, pp.27 - 29; Koelman 1963, vol.1, p.179; Scirocco 1996, p.7. 31 dicembre 1848, doc.106 in DRS 1949 - 51, vol.2, p.480; De Ligne 1929, p.176; Blois 1854, pp.27 - 29; Koelman 1963, vol.1, p.179; Scirocco 1996, p.7.

30 Rayneval à Bastide, Naples, 14 décembre 1848, MAEC, PAR; Pareto al ministro degli affari esteri, Torino, 16 dicembre 1848 and 18 dicembre 1848, docs.260 and 261 in DRS 1949 - 51, vol.2, p.316.

31 教宗在卧室里和访客们打了招呼，他坐在一张小写字桌前，桌子上放着纸和一个十字架。"当他被迫逃离自己的国家，我在外国再次见到了他，"荷兰大使在加埃塔和教宗会面后回忆道，"我观察到了他外在的根本变化，明显能看出他正持续经受着精神上的痛苦，我最初是感觉无法回应教宗的善良言辞和热情欢迎，我无法克制住心中的激动，在以前的平稳好日子中，他是不屈尊和我讲话的。""即便是最冷酷的心也会受到触动"，比利时大使在加埃塔和教宗首次见面后评论说。Liedekerke à Monsieur le Baron, Mola-de-Gaëte, 13 décembre 1848, doc.LXIV in Liedekerke 1949, pp.129 - 30; De Ligne 1929, pp.175 - 76.

32 基伊（1898, pp.179 - 89）对于罗马市民的评价并没有过高。在同一封信里，在赞扬了他们最近的行为之后，他透露自己相信罗马人的个性是"懦弱而且可鄙的"。与此同时，罗马的撒丁尼亚公使就温和派人士难以维持长久的地位得出了相似的结论。Della Minerva al ministero degli affari esteri, 18 dicembre 1848, Roma, doc.283 in DRS 1949 - 51, vol.2, p.345. 关于罗马城中的焦虑感，亦见在德拉·米内瓦（Della Minerva）对第二天的报告，doc.284, p.348。

这个报告尽管有伪造的嫌疑，他说当加里波第抵达罗马的时候，之前不知疲倦地组织赞美庇护九世的庆祝活动的"雄辩者"走到加里波第身边，用合辙押韵的句子说："如你愿意，我可拿起武器，祷文和节庆都已充盈满溢。（Un fatto d'armi io vorrei; Non più paternostri e giubilei.）" Spada 1868 - 69, vol.3, p.60; Roncalli 1997, pp.46, 52; Lancellotti 1862, pp.41 - 42, 48; Foramiti 1850, p.29; Della Minerva al ministero degli affari esteri, Roma, 12 dicembre 1848, doc.278 in DRS 1949 - 51, vol.2, pp.340 - 41.

33　科帕（Coppa, 1990, p.68）也提出了相似的意见，他写道，安东内利"与其说是激起了教宗的心思变动，还不如说是迎合了教宗的这种心理"。

34　罗斯米尼起草的12月17日的教廷抗议书草稿以及定稿可参见：Martina 1974, pp.546 - 47。Minerva a Gioberti, Roma, 24 dicembre 1848, doc.288 in DRS 1949 - 51, vol.2, pp.351 - 52; Rosmini 1998, pp.101 - 7; "Rome, Naples, and Sicily," Naples, datelined December 21, TL, January 3, 1849.

35　Candeloro 1972, p.343; Ferrari 2002, p.132; Monsagrati 2014, p.37. The letter is from Giuseppe Pasolini to Marco Minghetti, dated Roma, 20 dicembre 1848, in Pasolini 1887, pp.162 - 63.

36　Panigada 1937, pp.1790 - 92; Bartoccini 1969, p.10.

37　Severini 1995, p.141.

38　Saffi 1898, pp.101 - 4. See also De Felice 1962; Severini 1995, p.141; Severini 2002b, p.10.

39　Minerva a Gioberti, Roma, 30 dicembre 1848, doc.294 in DRS 1949 - 51, vol.2, p.357; Koelman 1963, vol.1, p.188; Lancellotti 1862, pp.54 - 55; Roncalli 1997, p.61; Key 1898, pp.182 - 83; Vecchi 1851, p.268. The text of the proclamation is found in Patuelli 1998, pp.40 - 41.

40　Montezemolo a Gioberti, Mola di Gaeta, 30 dicembre 1848 and 31 dicembre 1848, docs.105 and 106 in DRS 1949 - 51, vol.2, pp.477 - 9, 479 - 80; Martina 1974, pp.315 - 16, 350. On Gioberti's role at the time, see Capograssi 1941, pp.21 - 22; Farini 1850 - 53, vol.3, pp.128 - 31; Saffi 1898, vol.3, pp.90 - 93; Rosmini 1998, pp.126 - 29.

41　Inguanez 1930, pp.93 - 94.

第 10 章 革命

1 Roncalli 1997, p.68; Demarco 1944, p.63; Deiss 1969, p.194.

2 Key 1898, p.184.

3 "给邪恶再添一分邪恶，" 教宗抗议道，"这种蛊惑人心的无政府主义作者和支持者正在试图毁掉罗马教宗对于神圣教会统治领域的现世权威。"人民，他指控说，正在"被谬误和煽动颠覆教条的人蛊惑"。教宗发言的原件可参考：ASV, ANM, b.313, f.153r；刊登的副本可参考：Cittadini 1989, pp.223-25。

4 Palomba, console generale d'Austria a Civitavecchia, a Lützow, 12 gennaio 1849, doc.10 in Blaas 1973, pp.43-44; Pasolini a Minghetti, 8 gennaio 1849, doc.VII in Pasolini 1887, p.168; Citoyen romain 1852, pp.146-47; Foramiti 1850, pp.40-42; Roncalli 1997, p.72; Fuller 1991, p.253. 事实上，教宗想要将谴责作为对所有参加制宪会议选举的人绝罚的声明，这在枢机主教安东内利给教廷大使们的事件总结中已表示得十分清楚。Antonelli al nunzio, Madrid, Gaeta, 18 febbraio 1849, ASV, ANN, b.392, ff.252r-254v, 265r-267r.

5 "Pio IX e la scomunica," articolo estratto dall'*Alba*, 11 gennaio 1849, BSMC, FS.

6 这篇文章总结道，希望总主教的榜样可以软化教宗的念头，"让他能够从他身边那些追求现实享乐、贪婪、提供血腥建议的人们中解脱出来。并让他想起基督王国并不是在现世"。MCRR, ms.660/41, "Atto del Card. Oppizzoni riguardo la scomunica," estratto dalla *Gazzetta di Roma*, 22 gennaio 1849.

7 Brown to James Buchanan, Rome, January 16, 1849, in Stock 1945, p.144. "让所有人，也让他自己的敌人大吃一惊的是，"英国公使观察所，"教宗绝罚了那些自从他离开后参加了罗马政府的人，而且威胁那些参加制宪会议的人可能会受到同样的惩罚。谁能在 1849 年时料到这样的事情呢？" R. Abercrombie to Palmerston, Turin, January 13, 1849, Palmerston papers, 在线版可参考：http://www.archives.soton.ac.uk/palmerston/search.php? agree=Y。按罗马的撒丁尼亚公使的报道，即使是城里最温和的公民也感到他们有权给自己一个政府，因此教宗的命令给罗马的新政府提供了"巨大的力量"。Berghini, 23 gennaio 1849, Roma, doc.112 in DRS 1949-51, vol.2, p.489.

8 Key 1898, p.188. His letter was sent in February 1849.

9 Lukács 1981, pp.384-85; Schwarzenberg 1946, pp.8, 33-35; Chantrel 1861, p.57; Engel-Janosi 1950, p.138; Dino 1910, p.260; Ward 1970, pp.226-27. 施瓦岑贝格的朋友弗里德里希·冯·博伊斯特伯爵（Count Friedrich von Beust, 1887, pp.91, 97）还补充说，"施瓦岑贝格侯爵很鄙视平民并且也不了解他们。"施瓦岑贝格曾担任过外交大臣和总理。关于罗马教廷驻维也纳大使对他的描述，见：Lukács 1981, pp.385-86。巴麦尊勋爵曾经提及在斐迪南一世统治下的奥地利，"政府的君主是个白痴"。Ward

1970, p.112. 很明显，斐迪南一世拒绝退位的建议，但被他的妻子说服了，他的妻子是玛丽亚·安娜皇后（Empress Maria Anna），她本人是撒丁尼亚王国的维克多·艾曼努尔一世国王的女儿，卡洛·阿尔贝托就是从前者手中继位的。Schwarzenberg 1946, pp.33 - 35.

10　Annuario 1847, pp.69 - 70; Schwarzenberg 1946, pp.93 - 94n.Nunzio Viale à Antonelli, Vienna, 26 dicembre 1848, doc.57 in Lukács 1981, pp.315 - 16; de la Cour à Drouyn, Vienne, 25 décembre 1848, 30 décembre 1848, MAEC, CP, Austria, vol.437, ff.191r - 199r, 202r - 203r; Nunzio Viale à Antonelli, Vienna, 7 gennaio 1848, doc.58 in Lukács 1981, pp.316 - 18. 首先，看起来施瓦岑贝格可能会任命他自己的弟弟弗里德里希担任新任驻教廷大使，此人在 1845 年 37 岁时就已经是枢机主教了。从加埃塔来的哈考特也是这样预计的。Harcourt à Drouyn, 11 janvier 1849, MAEN, RSS 410.

11　Schwarzenberg à Esterházy, Vienne, 23 janvier 1849, docs.12 and 13 (both containing the same date) in Blaas 1973, pp.52 - 53, 56 - 57.

12　还有另外一个因素是奥地利把英国视作在欧洲最强大的对手，奥地利不想看到一个英法反奥地利同盟的出现。Druidi 1958, p.221.

13　Drouyn à de la Cour, Paris, 3 janvier 1849, MAEN, Vienne, Article 33, ff.02r - 07r; Pierre 1878, p.58; Bourgeois and Clermont 1907, pp.7 - 8; Falloux 1888, pp.437 - 40. 托克维尔在 6 月初将会成为法鲁（Falloux）在内阁的同事，他在描述法鲁在内阁的角色时说"他只代表……教会而已"。Bourgeois and Clermont 1907, p.9. 哈考特给巴黎的报告中提到他难以置信教宗可以如此的迟钝，竟看不出被奥地利人带回罗马将会导致对教廷不可挽回的伤害。Harcourt à Drouyn, Gaëte, 3 janvier 1849, MAEN, RSS 274.

14　和为数众多的人的看法相同，祖齐也认为教宗立意良善，却处在枢机主教安东内利的邪恶操控之下。祖齐回忆说，教宗没有说过任何反对他建议的话，但是"在现实中，好心善良且孱弱的庇护九世已经被狡猾的枢机主教安东内利和奥地利摧毁自由的阴谋哄骗了。教宗是如此善良，但是优柔寡断，对政治事务不成熟。他们想要利用宗教情感来稳住教宗，让他对真实情况闭眼不见，并让教宗的内心变得麻木，对任何和睦、宽恕的接近臣民的方式都无动于衷"。1 月 5 日，教宗给祖齐将军发出了一封信，责备教宗军队在罗西被刺以后的叛变行为。在这封信里，他认为背叛他的军队和那些仅是暂时"被叛乱诱惑"的人之间是有区别的。Lettera di Pio IX al General Zucchi, MCRR, ms.129/26, Nicola Roncalli, "Cronaca di Roma," documenti a stampa, 1849. 法国派往教宗身边的特使弗朗西斯科·德·科瑟尔勒后来回忆，在 1849 年初时，庇护九世仍然心存希望能靠祖齐将军和他的部队来恢复统治，在加埃塔还有很多人也有这样的想法，他们认为罗马的临时政府将无法进行任何的有效抵抗。Senior 1872, vol.2,

/ 注　释 /

pp.10 - 11.

15 Druidi 1954, p.301.

16 Nicholas Brown to James Buchanan, Rome, January 24, 1849, in Stock 1945,
pp.145 - 49；Harcourt à Drouyn, Gaëte, 21 janvier 1849, MAEN, RSS 410；
Giannini 2009, p.3；Monsagrati 2014, p.49；Severini 2011, p.17；Foramiti 1850, p.48；
Roncalli 1997, p.80. 因为每年在复活节前，堂区司铎都要做当地居民人数的清点工作，
所以只有堂区司铎才掌握当地居民的人口名单，因此投票的组织者向司铎寻求帮助，以
进行投票和清点工作。当司铎表示拒绝合作，官员们就直接将堂区内的文件没收了。

17 Martina 1974, pp.324 - 25.

18 Mellano 1987, p.31.

19 Martina 1974, pp.324 - 25；Harcourt à Drouyn, 23 janvier 1849, Gaëte, MAEN,
RSS 410；Viaene 2001, p.497；Capograssi 1941, pp.18, 33；Antonelli al nunzio di
Madrid, Gaeta, 26 gennaio 1849, ASV, ANM, b.313, ff.7r - 7v.

20 Nicholas Brown to James Buchanan, Rome, February 1, 1849, in Stock 1945,
pp.149 - 55；Cittadini 1968, p.274；Roncalli 1997, p.83；Demarco 1944, pp.66 - 67.

21 John Freeborn to Viscount Palmerston, Rome, February 2, 1848, doc.2 in Parliament
1851, pp.1 - 2. 公众相信那不勒斯国王和教宗的邪恶顾问们正在阻挠庇护九世展现他天
生的慈爱，而且教宗的这一天生的特质也在慢慢消亡。在 1 月末的时候，有一份通告出
现在罗马的墙上，声称教宗在 1 月 21 日夜里试图在伪装的掩护下逃离加埃塔，但那不
勒斯国王粉碎了这一尝试。"La fuga da Gaeta tentata da Pio IX e impedita dal Governo
Napoletano," MCRR, ms.127/27, Nicola Roncalli, "Cronaca di Roma," documenti
a stampa, 1849.

22 Fuller, Rome, February 20, 1849, letter XXVII in Fuller 1856, pp.346 - 47；
Lancellotti 1862, pp.86 - 87.

23 De Ligne 1929, pp.187 - 88.

24 Esterházy à Schwarzenberg, Gaëte, 7 février 1849, doc.15 in Blaas 1973, pp.60 - 64；
Dumreicher 1883, pp.22 - 23；Beust 1887, pp.315 - 18；Dino 1910, p.68. 一些年后，
当埃斯特哈齐加入奥地利内阁时，一位内阁大臣评论说，"埃斯特哈齐是一位对别人展
开严厉批评的大师，他无法克制从批判来自其他人的每一个意见、每一个提案中获得乐
趣"。Engel-Janosi 1950, pp.140 - 41.

25 Martina 1974, p.341. 面对奥地利提出的让教宗发布一个军事介入的书面邀请的要求，
教宗在一个秘密的枢机主教会议里召集了 20 个枢机主教开会讨论如何作出回应。他们
热情地支持奥地利提出的要求。大多数枢机主教同意教宗应该最先也最依靠奥地利，将
出兵请求发给奥地利皇帝，把副本发给天主教各国并建议他们也加入军事行动。然而，
法国枢机主教当时也在加埃塔，他来到这里正是应法国政府的推动，利用他来说服教宗

采取克制态度，尤其是阻止枢机主教们同意让教宗向奥地利、法国、那不勒斯和西班牙提出军事介入请求。Esterházy à Schwarzenberg, 8 février 1849, doc.16 in Blaas 1973, pp.64‑67. Gioberti's letter to Martini, from Turin, 15 febbraio 1849, is extracted in Bianchi 1869, vol.6, pp.42‑43; Farini 1850‑53, vol.3, pp.192‑93.

26 Foramiti 1850, pp.51‑52; Gabussi 1851‑52, vol.3, pp.5‑6; Fuller 1856, p.357; Roncalli 1997, p.84; Rossi 1954, p.64; Loevinson 1902‑4, vol.1, p.132. 布朗在 2 月 11 日给罗马共和国的新政府发去了"最热烈的祝贺"。Marraro 1932, p.70.

27 Severini 1995, pp.154‑56. 荷兰大使形容阿梅利尼是罗马教廷里最出类拔萃的人物之一，他拥有大量的客户。Liedekerke à Monsieur le Ministre, Molo-de-Gaëte, 9 février 1849, doc.LXXIV in Liedekerke 1949, p.153. 阿梅利尼的妻子则对于这股新的政治热情不以为然，她反复地提醒丈夫教宗的绝罚令，据说，他的妻子甚至把绝罚令的副本放在他的枕头下面。Lancellotti, diary entry for February 12, 1849, in Cittadini 1968, p.281.

28 尽管越来越频繁地考验同事们的耐心，夏尔·波拿巴将会继续在大会中扮演先锋和核心角色。"对于冒险的热衷和古怪不合群的嗜好"，一个很快就会领导政府的人回忆说，"这种嗜好让他在所有的政治事务和他人生的每一个面向中都很跋扈。他总是需要创造出麻烦，然后自己插手进来，用大张旗鼓地方式表演一番，做出让人意想不到的事。对他来说，革命只不过是一场游戏，是一个为自己吸引注意力的机会。"虽然许多人对这位出身贵族的博物学家持有负面看法，但是代表们还是很快就把他选为大会的副主席，而且在开始的几个星期里常常是由他来主持大会。Farini 1850‑53, vol.3, p.205; Saffi 1898, p.152; Casanova 1999, p.116; Roncalli 1997, p.87.

29 Rusconi 1879, pp.40‑42; Foramiti 1850, p.52; Demarco 1944, p.95; Repubblica romana 1849, pp.3‑5; Spada 1868‑69, vol.3, p.221. 加里波第在他的回忆录里写道，因为风湿病的突然发作，他不得不让自己的助手来肩负起这个历史性的大会议程。Garibaldi 1888, p.222.

30 Foramiti 1850, pp.53‑54.

31 Cittadini 1968, p.281; Nicholas Brown to James Buchanan, Rome, February 12, 1849, in Stock 1945, p.156; République romaine 1849, pp.5‑6; Repubblica romana 1849, p.83.

32 埃斯特哈齐和教宗谈话的记载，详见：Esterházy à Schwarzenberg, Gaëte, 11 février 1849, doc.20 in Blaas 1973, pp.77‑81. 他之前给施瓦岑贝格的报告信的日期是 1849 年 2 月 10 日和 11 日，docs.18 and 19 in Blaas 1973, pp.72‑77. "无论宗教上的兴趣在此有多强，"教宗在 2 月 14 日和法国驻那不勒斯大使的会面中向雷内瓦尔解释说，"法国无法基于相同的原则在罗马作战，这是巴黎政府的基础所决定的。"教宗有很好的理由怀疑法国是否会真心帮助他。仅仅在上个月，法国才刚刚颁行了新宪法。其中的第五条宣称法国将"永不派出军队反对任何人民的自由"。至于那不勒斯，教宗解释说他虽然感激费尔南多二世的慷慨支持，但是他对国王采取恢复他在罗马的统治的军事行动的能力没有信心。教宗还补充说，他也不太会依赖西班牙提供的帮助。他感激西班牙宫廷展现的对于天主教的虔诚热情，但是他怀疑西班牙的军事能力。Rayneval à Drouyn, Naples, 14 février 1849, n.72, MAEC, PAR.

教宗对于西班牙能力的怀疑也反映了广泛的观点。"西班牙的慷慨大方通常都伴随着负债累累，事实上，他们给不出什么，"伦敦《泰晤士报》的那不勒斯记者在 12 月末的时候写道，"西班牙女王已经让大臣们派出舰队、军队和发出财政拨款以支持教宗陛下。这样的慷慨已经打动了这位老人的心。"Rome, Naples, and Sicily," datelined Naples, December 21, TL, January 3, 1849. 关于 1848 年 11 月 4 日的法国宪法内容，见：http://www.conseil-constitutionnel.fr/conseil-constitutionnel/francais/la-constitution/les-constitutions-de-la-france /constitution-de-1848-iie-republique.5106.html。

33 Harcourt à Drouyn, Gaëte, 14 février 1849, MAEN, RSS 410; Antonelli al nunzio apostolico, Vienna, Gaeta, 14 febbraio 1849, ASV, ANV, b.330, ff.34r - 35r; Liedekerke à Monsieur le Ministre, Molo-de-Gaëte, 16 février 1849, doc.LXXVII in Liedekerke 1949, pp.156 - 57. 教宗发至马德里的抗议信副本可以参考：ASV, ANM, b.313, f.111r；刊登的版本可参考：Rusconi 1879, pp.49 - 50。教宗发至维也纳的呼吁四个天主教国家介入的信件副本可参考：ASV, ANV, b.330, ff.40r - 45r。

当本人也是教士的撒丁尼亚首相文森佐·乔贝蒂得知尽管他的政府吹嘘拥有意大利最强大的军队，但教宗已经作出了拒绝时，他十分愤怒。"罗马教廷，"他对加埃塔的公使写道，"不知道谁是真正的朋友……加埃塔的政府拒绝任何和解的观点，并且一心把自己的立场放在复仇和流血上，看起来他们并没意识到这和基督的教诲相左。"撒丁尼亚将绝不允许奥地利军队介入罗马的事务，乔贝蒂威胁说："我们有 10 万大军能够抵抗教宗国中的德意志人。"教宗现在坚定地反对撒丁尼亚，并把乔贝蒂视作一个叛国的教士，也是鼓吹意大利统一的危险使徒。Rayneval à Drouyn, Naples, 24 février 1849, n.77, MAEC, PAR.

34 Esterházy à Schwarzenberg, Gaëte, 16 février 1849, doc.15 in Blaas 1973, p.90; Gabussi 1851 - 52, vol.3, p.123. Schwarzenberg à Esterházy, Vienne, 25 février 1849, doc.30 in Blaas 1973, pp.108 - 9; Esterházy à Schwarzenberg, Gaëte, 26 février 1849, doc.31 in Blaas 1973, pp.113 - 15.

35 In Spada 1868 - 69, vol.3, pp.240 - 41.

36 On the French case, see "Secularization and the Fate of Church Bells During the Revolution," Newberry Library, at http://publications.newberry.org/frenchpamphlets/ ? p=1130.

37 Repubblica romana 1849, pp.19 - 20, 32, 95 - 101; Spada 1868 - 69, vol.3, pp.221 - 22; Roncalli 1997, p.86; Boero 1850, pp.261 - 62; Demarco 1944,

pp.107‑10；République romaine 1849, pp.10‑15；Koelman 1963, vol.1, pp.205‑7. 罗马的代理枢机档案馆中有一份印刷传单副本，这份传单是 2 月 19 日发给所有的宗教机构的，内容是命令他们拒绝与共和国合作清点教会财产。ASVR, Decreta, 1849, f.65v‑65r.

38　Martina 2000, p.360. 安东内利关于这些事件而寄给马德里和那不勒斯的教廷大使的信件可参考：ASV, ANM, b.313, f.131r and ASV, ANN, b.392, f.10r；his protest to the diplomatic corps at ASV, ANN, b.392, f.4r。

第 11 章　向教宗施压

1　哈考特给巴黎发去了一份罗马共和国外交部部长在 3 月初时对罗马共和国展开的"毁谤"的回应。Harcourt à Drouyn, Gaëte, 3 mars 1849, MAEC, CP, Rome, vol.989, ff.72r‑74r；Miraglia 1850, pp.160‑61；République romaine 1849, p.28；Foramiti 1850, pp.65‑66, 69‑70；Fiorentino 1999, p.36n.

2　Roncalli 1997, pp.93, 99, 103；Candeloro 1972, p.433.

3　Repubblica romana 1849, p.155；*Diurno* 1849, p.7.

4　Bianchi 1869, vol.6, pp.451‑52；Ghisalberti 1965, pp.142‑43n.

5　Drouyn à Harcourt, Paris, 6 mars 1849, MAEN, RSS 274. 这句话是摘自同一天寄给哈考特的一封信，通知他雷内瓦尔将代表法国参加加埃塔会议。杜伊已经在 1848 年 12 月底顶替了巴斯提德担任法国外交部部长。Barrot 1876, p.29.

6　Schwarzenberg à Esterházy, Olmütz, 5 mars 1849, doc.35 in Blaas 1973, pp.128‑31.

7　奥地利大使和法国外交部部长的会面得到了两国双方的记载，法方的描述见：Drouyn à de la Cour, Paris, 13 mars 1849, MAEN, Vienne, Article 33, ff.67r‑70r；奥方的描述见：Thom à Schwarzenberg, Paris, 14 mars 1849, doc.48 in Blaas 1973, pp.161‑64。在 4 月 13 日，也就是这场戏剧性的会议之后的一天，法国外交部部长提出了法国的立场纲领：最佳方式是进行和平协商，让教宗和臣民达成一份协定。次优选择则是由教宗国的人民代表教宗作出反抗。只有在这种方式不可行的情形下，才应该使用军事行动来恢复教宗统治，在这样的最终介入行动之中，如能让所有的意大利军队参加，即得到撒丁尼亚和那不勒斯军队的参与，将是很好的结果。在所有的可能方案中，最下策则是让奥地利军队扮演任何角色。13 mars 1849, MAEC, CP, Espagne, vol.834, ff.317r‑320r.

8　以典型的教士观点来看，正如一位当时的教宗国官员所说的，虽然他承认马志尼的"天资禀赋，"但是他也立即补充说，"他的聪慧却伴随着邪恶。"关于马志尼，他写道："人伦道德对他来说乃不值一瞥的事情，理想是他思考的全部。""你是在让你的朋友去意大利送死，"短命的托斯卡纳共和政府的领导人、马志尼一度的政治盟友弗兰切斯科·古拉齐（Francesco Guerrazzi）在 1849 年初回到佛罗伦萨时这样责备他。Ghisalberti 1965, p.144.

9　The William Lloyd Garrison quotes are drawn from Mack Smith 1994, p.53.

10　In Mack Smith 1994, p.31.

11　King 1911, pp.331 - 37.

12　Fuller 1856, p.367; Fuller 1988, p.210.

13　Ghisalberti 1965, p.144; Arrigoni 1996, p.145n; Vecchi 1851, pp.101 - 4; Vecchi 1911, pp.36 - 37; Balleydier 1851, vol.1, pp.363 - 65. The first quote is from Farini (1850 - 53, vol.3, pp.275 - 76). Bachofen's remarks are quoted in Arrigoni 1996, 145n.

14　Saffi 1898, pp.217 - 18.

15　Fuller 1988, p.5：201; Ghisalberti 1965, pp.150 - 51; Severini 2011, p.43.

16　Rusconi 1879, pp.73 - 76; D'Ambrosio 1852, p.10; Farini 1850 - 53, vol.3, pp.307 - 8; Johnston 1901, pp.248 - 49.

17　Arrigoni 1996, pp.145 - 47; Martina 2000, p.356; République romaine 1849, pp.35 - 36; Repubblica romana 1849, pp.260 - 61; Giannini 2009, p.4; Saffi 1898, pp.182, 246 - 48; Bratti 1903, p.71; Vecchi 1851, pp.392 - 93. 自由派爱国者法里尼指出，随着马志尼接受任命，他成了罗马的绝对统治者。"立法大会仍然保留着，但是他控制着大会并以他的恭维、宗派团体控制着人民，他的勇气和信念安定了弱者和单纯的人。那些对他死心塌地的人支持他，希望他像先知一般的领导能够带来全世界的起义，"法里尼总结说，"意大利革命的化身就是马志尼。"Farini 1850 - 53, vol.3, p.313.

18　Lazzarini 1899, p.66.

19　Antonelli al nunzio di Madrid, Gaeta, 14 marzo 1849, ASV, ANM, b.313, ff.551r - 551v; Antonelli al nunzio di Vienna, Gaeta, 26 marzo 1849, ASV, ANV, b.330, ff.85r - 86r; Antonelli al nunzio di Madrid, Gaeta, 26 marzo 1849, ASV, ANM, b.313, ff.101r - 102r. The April 23 Antonelli letter, to the nuncio in Lisbon, is quoted in Jankowiak 2008, p.132n.

20　Martini al Ill.mo Signore, Gaeta, 26 marzo 1849, doc.71 in DRS 1949 - 51, vol.2, p.451; Esterházy à Schwarzenberg, Gaëte, 26 mars 1849, doc.46 in Blaas 1973, pp.154 - 56.

21　Esterházy à Schwarzenberg, Gaëte, 24 mars 1849, doc.45 in Blaas 1973, pp.152 - 53; Martini al Ill.mo Signore, Gaeta, 26 marzo 1849, doc.71 in DRS 1949 - 51, vol.2, p.453; Ralph Abercrombie to Viscount Palmerston, Turin, April 4, 1849, Palmerston Papers online.

22　Mazzini, Roma, 5 aprile 1849, in Repubblica romana 1849, pp.282 - 86.

23　当杜伊得知安东内利坚持要召开四国会议后感到十分不悦。他甚至不相信安东内利应该参加会议，会议的讨论将会在他出席的情形下被限制住。Drouyn à Harcourt, Paris, 15

24　Harcourt à Drouyn, Mola di Gaeta, 29 mars 1849, MAEN, RSS 410.

25　法国代表团书写了会议简报，但其他国家的大使们坚持要删去一段初稿中的内容。这段内容是关于法国建议教宗在回到罗马的时候，要宣誓保持宪制和改革。枢机主教安东内利和任何其他三个国家的大使都不同意这件事。教宗的善良和对人民福祉的关系是不需要怀疑的，他们宣称，不可以让外国势力命令和指导他如何治理自己的国家。教宗回到罗马以后会作出正确的决定，这一点是值得信赖的。Rayneval à Drouyn, Gaëte, 31 mars 1849, MAEC, PAR; Capograssi 1941, pp.101 - 7; Druidi 1958, p.231; Ludolf a Cariati, Gaeta, 2 aprile 1849, doc.IIc in Cipolletta 1863, pp.10 - 11; De Ligne 1929, p.182; Meriggi 2006.

26　安东内利继续冗长又乏味地叙述罗马正在经受的侮辱，声称甚至是西斯廷礼拜堂也遭到了洗劫（事实并非如此）。他力劝驻维也纳的教廷大使利用他所有的"热情和能量去消除所有对采取武装介入的有害无益的拖延"。Antonelli al nunzio di Vienna, Gaeta, 2 aprile 1849, ASV, ANV, b.330, ff.91r - 92r.

27　Martina 2000, pp.362 - 64; Agresti 1904, pp.42 - 43; Roncalli 1997, pp.101 - 2; Lazzarini 1899, pp.71 - 72.

28　Boyer 1956, p.250.

29　Harcourt à Drouyn, Mola de Gaëte, 13 avril 1849, MAEN, RSS 410.

30　Rayneval à Drouyn, Naples, 19 avril 1849, MAEC, PAR.

31　Antonelli al nunzio di Madrid, Gaeta, 19 aprile 1849, ASV, ANM, b.313, ff.812r - 813v.

32　教宗训谕的意大利文版可参考：Blois 1854, pp.108 - 28。英文翻译本可以在议会档案中查看：1851, pp.73 - 84; Rayneval à Drouyn, Naples, 19 avril 1849, n.99, MAEC, PAR。教宗训谕的非同寻常之处在于这是最早将教会的敌人和共产主义联系起来加以挞伐的尝试。仅仅两年以前，第一个共产党组织才在伦敦成立，教宗在提及共产主义的时候，看起来对共产主义的内容并不十分熟悉，当时只有人数很少而且模糊的英格兰工人组织，反映更成熟手段的马克思和恩格斯的宣言才刚起草出来。罗马的麻烦制造者要求的改革，教宗说，"除了煽动起不断的动乱以外没有其他的目的；所有的司法、道德、荣誉和宗教的原则都可能被一扫而空，最可怕、最可悲的制度，他们所说的社会主义或共产主义，是彻底邪恶有害，它甚至怀疑自然的法则，这可能会发展到最大的有害程度并摧毁整个人类社会，会在扩散中和宣传中向各个方向流传，遍及各地"。Bourgeois and Clermont 1907, pp.30 - 31; Lodolini 1970, pp.138 - 40; Viaene 2001, p.499.

33　Falloux 1888, pp.391 - 99, 444 - 45; Barrot 1876, p.145.

34　在给总理的报告中，奥地利驻巴黎的大使解释了法国立场的突然转变。这个决定是在4

月 14 日的一场长达五个小时的激烈会议中定下的，对手双方是法鲁和杜伊。法鲁威胁如果法国不回应教宗的要求的话就提出辞职。路易－拿破仑深知他的前任因为教宗没能来到法国而经受的灾难，他从而确信作为教宗的保护者并和天主教力量修好会帮助他走上辉煌。但尽管如此，法国总统仍有麻烦。"作为革命和至少是名义上的法国共和政权的代表人，"奥地利大使汇报说，"路易－波拿巴对于在罗马打一场反对革命和共和国的战争实在是有难以克服的厌恶。"Hübner à Schwarzenberg, Paris, 18 avril 1849, Paris, doc.74, allegato B, in Blaas 1973, pp.229 - 32.

35 Pierre 1878, pp.68 - 74; Jolicoeur 2011, p.518; Bourgeois and Clermont 1907, p.11; Collins 1923, pp.216 - 17; Gaillard 1861, pp.159 - 61; Bittard des Portes 1905, pp.10 - 12; Barrot 1876, pp.193 - 99; Calman 1922, pp.308 - 9.

36 奥地利大使对法国外交部部长的前景并不看好。他告诉施瓦岑贝格，杜伊曾提出不可派法军去意大利。他"因为他的同事在内阁里提出介入的意见压了他的意见而很不高兴，明显受了打击，他说他是因为最近的霍乱而身体抱恙，但是我相信这是他的政治状况的自然结果，他在内阁里吃了败仗，需要在大会上打一场胜仗来获得支持"。Il consigliere di Legazione Hübner à Schwarzenberg, Paris, 18 avril 1849, doc.260, allegato A, in Filipuzzi 1961, vol.2, pp.81 - 84. 在这一年的春天，新的流行性霍乱在巴黎暴发。Falloux 1888, p.453. 奥地利在当时的军事状况十分复杂，因为匈牙利的叛乱仍然十分活跃。Engel-Janosi 1950, pp.144 - 45.

37 Drouyn à Harcourt, Paris, 18 avril 1849, MAEN, RSS 274.

38 Drouyn à Oudinot, Paris, 18 avril 1849, MAEN, RSS 537 bis.

39 Drouyn à Oudinot, Paris, 18 avril 1849, Particulière e confidentielle, MAEN, RSS 537 bis. 在同一天，杜伊召见了奥地利公使并和他说了和刚刚发给乌迪诺的指令一样的话。他告诉公使，法国将不会对奥地利夺取博洛尼亚发出抱怨，而且如果奥地利军队更进一步向教宗国北方省份进发，法国只会发出最温和的抗议。Il consigliere di Legazione Hübner à Schwarzenberg, Paris, 18 avril 1849, doc.260, allegato B, in Filipuzzi 1961, vol.2, p.84.

40 Thiry 1851, p.3; Barrot 1876, pp.202 - 3; Bourgeois and Clermont 1907, pp.24 - 25.

第 12 章　友军

1 Spada 1868 - 69, vol.3, pp.371 - 79; Clough 1888, p.146; Lancellotti 1862, pp.9, 117; République romaine 1849, pp.59 - 61.

2 令人好奇的是，科洛夫（Clough）信件的结尾写的是："这是最令人肃然起敬的共和国，它真的（武断之词）考虑了找一个国王，却找不到一个合适的。"Clough to Palgrave, Rome, 23 April 1849, in Clough 1888, pp.147 - 49.

3　Rayneval à Drouyn, Gaëte, 30 avril 1849, MAEC, PAR ; Candeloro 1972, p.424. 施瓦岑贝格给英国的信通知了奥地利军队进入托斯卡纳和教宗国，并且给出了其行动的理由，这封信的内容可参考：Schwarzenberg to Count Collerato, Vienne, 29 avril 1849, in Parliament 1851, p.21。费尔南多国王在 4 月 29 日从泰拉奇纳（Terracina）给教宗写了一封信，汇报了在城堡上升起教宗国国旗并降下共和国旗帜的事情。Ferdinando II a sua Santità Pio IX, Terracina, 29 aprile 1849, in Cittadini 1968, pp.137 - 38.

4　Lesseps 1849, pp.9 - 10; Mannucci 1850, pp.119 - 31; Boulangé 1851, pp.9 - 16; A. Cialdi, comandante del corpo, Marineria militare, Civitavecchia, al ministro della guerra, Roma, 24 aprile 1849 and 25 aprile 1849, docs.LII and LIII in Torre 1851 - 52, vol.1, pp.343 - 45; Palomba, console generale d'Austria a Civitavecchia, a Schwarzenberg, 25 aprile 1849, doc.55 in Blaas 1973, pp.186 - 88; U.S. consul, Civitavecchia, to Nicholas Brown, April 25, 1849, in Rush Hawkins Papers, vol.4, John Hay Library, Brown University; Torre 1851 - 52, vol.1, pp.341 - 43; "State of Rome," TL, May 8, 1849; Marraro 1943, pp.472 - 73.

5　Koelman 1963, vol.1, p.261; Roncalli 1997, pp.107 - 8; République romaine 1849, pp.65 - 66; Gabussi 1851 - 52, vol.3, pp.332 - 37.

6　Beghelli 1874, vol.2, pp.134 - 36; Loevinson 1902 - 4, vol.1, p.152; Bittard des Portes 1905, p.52; Trevelyan 1907, p.111; Beseghi 1946, vol.2, p.76.

7　Koelman 1963, vol.1, pp.243 - 46.

8　Vecchi 1851, p.176; Trevelyan 1907, pp.119, 141; Hoffstetter 1851, pp.29 - 32; Loevinson 1902 - 4, vol.2, pp.226 - 27; Hibbert 1965, p.50; Balleydier 1851, vol.2, p.34.

9　Trebiliani 1970; Beseghi 1946, vol.2, pp.66 - 67, 261 - 62; Hoffstetter 1851, p.272; Facchini 1890, p.171.

10　Boero 1850, pp.272 - 73.

11　杜伊建议说："我希望你能够说服罗马教廷能发布一个宣言，让反对保守统治回归的［罗马市民］能够放心，这样可以剥夺无政府主义者们的力量，阻止他们的所有重大抵抗。"Rayneval à Drouyn, Naples, 24 avril 1849, MAEC, PAR ; Drouyn à Harcourt, Paris, 25 avril 1849, MAEN, RSS 274.

12　Rayneval à Drouyn, Gaëte, 25 avril 1849, MAEC, PAR.

13　"我们每一次和这里的人协商都毫无疑问地会输，"哈考特写道，"只有一个方法能够完成一些事，换句话说，也就是清晰地知道我们的目的，而且要清楚地宣布我们想要达到的目的。如果我们不这么做的话，我们有一天可能会发现自己重建了教宗国的专制统治，并且在那些呼唤我们帮助的人们的唾骂声中离开。"Harcourt à Drouyn, Gaëte, 30 avril 1849, MAEN, RSS 410.

14　Forbin-Janson to Oudinot, Rome, April 26, 1849, quoted in Pierre 1878, pp.79 -

80; James 1903, pp.152 - 53.

15 Gaillard 1861, pp.168 - 69；Rayneval à Drouyn, Gaëte, 27 avril 1849 MAEC, PAR；Lewis Cass, Jr., to John Clayton, Rome, April 27, 1849, in Stock 1933, pp.32 - 33.

16 Lerro1962；Pierre1878, pp.82 - 83；Trevelyan1907, pp.123 - 24；Loevinson 1902 - 4, vol.1, p.160；Vecchi 1911, pp.81 - 82.

17 Thiry 1851, pp.6 - 7；Bittard des Portes 1905, pp.63 - 66；Gabussi 1851 - 52, vol.3, pp.350 - 51；Rusconi 1879, p.112. 威尼斯公使乔瓦尼·卡斯蒂拉尼（Giovanni Castellani）描述了罗马当时的公共情绪，他汇报说，"我可以跟你保证，在罗马没有一个人想要政府由圣职把控，但所有人都想要教宗"。Ghisalberti 1965, p.170n.

18 Spada 1868 - 69, vol.3, pp.420 - 21.

19 这至少是雷内瓦尔后来对纳索·西尼尔（Nassau Senior）的叙述。Senior 1871, vol.2, pp.123 - 24. See also Foramiti 1850, pp.85 - 86；Bittard des Portes 1905, pp.63 - 68；Boulangé 1851, pp.18 - 19.

第13章 法军进攻

1 Text in Repubblica romana 1849, pp.536 - 37.

2 Lecauchois-Féraud 1849, pp.25 - 32；Vaillant 1851, pp.7 - 11；Hoffstetter 1851, pp.19 - 21；Torre 1851 - 52, vol.2, pp.28 - 34；Gabussi 1851 - 52, vol.3, pp.354 - 57；Thiry 1851, pp.9 - 11；Spada 1868 - 69, vol.3, pp.438 - 41；Key 1898, p.197；Saffi 1898, pp.291 - 94（Saffi's letters to his mother from Rome on April 30, 1849）；Loevinson 1902 - 4, vol.2, p.198；Trevelyan 1907, pp.125 - 34；Monsagrati 2014, pp.108 - 10；Beseghi 1946, vol.2, pp.77 - 79；Rossi 2001, pp.309 - 12. 4 月 30 日，庇护九世给教宗国里的"最受疼爱的臣民们"发了一条讯息。他解释了为什么决定凭借外国军队回归罗马："侵害教廷现世领土的魔鬼太多……这说服了我们向各方势力寻求援救。"Doc.102 in Cittadini 1968, p.140. 关于这一点，罗马共和国也类似地将抵抗解释成上帝交给的任务。在法国进攻的当天，马志尼政府发表了宣言："那些为了祖国而献身的人是在担负起男人和基督徒的责任。圣职的现世统治是违反基督的教义的。"Repubblica romana 1849, p.544.

3 Freeborn to Palmerston, Rome, May 1, 1849, doc.23 in Parliament 1851, p.16；Candeloro 1972, pp.444 - 45；Cass to Clayton, Rome, May 8,1849, in Stock 1933, p.36.

4 Proia 2010；Bittard des Portes 1905, p.98；Giorcelli 2000, p.79n；Montesi 2002, pp.152 - 54；Whitehouse 1906.

5 Christine Tivulze, of Belgiojoso, to Miss Fuller, Comitato di Soccorso pei Feriti, April 30, 1849, in Marraro 1944, p.498. 在同一天，共和政府发出了呼吁，要求妇女帮助伤

者，并表扬和感谢了所有已经志愿帮忙的女性。它在最后的结尾处说道："最重要的，我们要寻找的是强壮、健康的女性。""Avis aux femmes de Rome," *Moniteur romain* du 30 avril, in République romaine 1849, pp.81 - 82.

6　"The State of Europe," TL, May 14, 1849; Repubblica romana 1849, p.620.

7　Repubblica romana 1849, pp.566 - 67; Beghelli 1874, vol.2, pp.182 - 83; the text of the notarized French soldiers' statement, dated May 5, 1849, is published as doc.4 in Del Vecchio 1849, pp.133 - 34.

8　Ghisalberti 1965, p.160.

9　Repubblica romana 1849, p.627; Del Vecchio 1849, p.42; Lazzarini 1899, pp.113 - 14; Key 1898, p.198; Bourgeois and Clermont 1907, pp.76 - 77.

10　Key 1898, pp.197 - 99; Freeborn to Palmerston, Rome, May 5, 1849, doc.28 in Parliament 1851, p.19; James 1903, pp.156 - 57.

11　Lazzarini 1899, pp.110 - 12; Severini 2002c, p.122; James 1903, p.155; Repubblica romana 1849, pp.499 - 500; Boero 1850, pp.270 - 72; Rocca 2011, pp.155 - 59. Letters from convents to the cardinal vicar of Rome telling of these visits can be found in ASVR, Segreteria, Atti, b.62, fasc.3. 圣职们认为监视教宗的外国军队会危及他们的性命，而且他们在最近几个星期里丧命的人数并不少。Roncalli 1997, pp.113, 118; Severini 2002a, pp.114 - 15; Monsagrati 2014, pp.89 - 91. 英国驻佛罗伦萨大使在报告罗马发生的事情时，知会了巴麦尊勋爵"对圣职政府的仇恨看起来深深地根植在人民大众的心中"。他还补充说："对枢机主教和圣职们的厌恶无远弗届。"George Hamilton to Viscount Palmerston, Florence, May 3, 1849, doc.25 in Parliament 1851, p.17.

12　Le préfet maritime, Toulon, au ministre de la marine, 4 mai 1849, MAEC, CP, Rome, vol.993, ff.24r - 24v; Bittard des Portes 1905, pp.103 - 6; Bourgeois and Clermont 1907, p.76.

13　Séance du 7 mai 1849, Assemblée nationale 1849a, pp.469 - 90; Bourgeois and Clermont 1907, pp.47 - 51; Barrot 1876, pp.208 - 11; Lesseps 1849, pp.7 - 8.

14　Repubblica romana 1849, p.576; Saffi 1898, p.307.

15　D'Ambrosio 1852, p.22; Key 1898, p.198; Ferdinando II a Pio IX, Albano, 5 maggio 1849, in Cittadini 1968, pp.138 - 39.

16　Farini 1850 - 53, vol.4, pp.85 - 86. 关于那不勒斯军反击的粉饰，可参考那不勒斯军官的叙述，见：Piscicelli 1978, pp.1 - 3; and Hoffstetter 1851, pp.28 - 59. 在雷内瓦尔从加埃塔发回的报告中明显有费尔南多国王吹嘘他的军队战胜加里波第"匪帮"的粉饰故事。Rayneval à Drouyn, Gaëte, 20 mai 1849, MAEC, PAR. 基伊舰长在5月12日写道，在访问了费尔南多的军营后："阿尔巴诺和韦莱特里的那不勒斯军非常害怕加里波第，并且对和法军会师很感焦虑。"Commander Key to Vice-Admiral Parker, aboard

Bulldog, Palo, May 12, 1849, in Parliament 1851, pp.29 - 31.

17 Repubblica romana 1849, pp.628 - 29; Farini 1850 - 53, vol.4, p.52.

18 Note des plénipotentiaires Français au Cardinal Antonelli, Gaëte, 3 mai 1849, signed Harcourt and Rayneval, MAEC, PAR.

19 Rayneval à Drouyn, Gaëte, 3 mai 1849, MAEC, PAR.

20 Harcourt à Drouyn, Mola-de-Gaëte, 4 mai 1849, n.46, MAEN, RSS 410.

21 Drouyn à Oudinot, Paris, 10 mai 1849, MAEN, RSS 537 bis; Télégraphie, Drouyn à Oudinot, Paris, 10 mai 1849, MAEN, RSS 537 bis.

22 Antonelli a Viale, Gaeta, 7 maggio 1849, ASV, ANV, b.330, ff.112r - 112v.

23 Viale a Antonelli, Vienna, 3 maggio 1849, ASV, ANV, b.322, f.25r; Esterházy à Schwarzenberg, Gaëte, 4 mai 1849, doc.60 in Blaas 1973, pp.196 - 97. 埃斯特哈齐报告说，费尔南多国王同时也在作准备，带着 8000 那不勒斯军越过边界向北进发。埃斯特哈齐向维也纳方面解释说，费尔南多国王的目标是"用他在罗马领土上的存在来制衡法国军队的可疑态度"。

24 奥军指挥官弗朗茨·冯·温普芬元帅（Marshal Franz von Wimpffen）发布了公告："教宗国的居民们！为执行来自陆军元帅拉德斯基伯爵的最高命令，我已经带领帝国部队进入你们的领土。我到此地，带着来自教宗陛下的特别委任，来重建被堕落分子推翻的教宗庇护九世陛下的合法政府。"5 月 5 日，当奥地利军队跨越托斯卡纳时，奥地利的指挥官达斯皮尔男爵（Baron D'Aspre）也对人民发表了相似的公告："托斯卡纳！我已经率军进入了你们的国土，来保护你们的合法君主……利奥波德二世大公的权利……托斯卡纳人！堕落分子已经推翻了你们中的公共秩序……来满足其私利、犯罪激情和最难以忍受的无政府主义的压迫……不要有任何反抗的想法，因为这样会让我陷入不得不使用武力的不愉快的必要。" The English translation appears in "Tuscany," TL, May 16, 1849. For the text of Wimpffen's Bologna declaration, see Foramiti 1850, pp.95 - 96. On the assault on Bologna, see Torre 1851 - 52, vol.2, pp.143 - 53, 381; Pisacane 1851, pp.263 - 65.

25 Diesbach 1998, pp.23 - 41.

26 "The situation of the French expedition," TL, May 11, 1849; "France," TL, May 14, 1849. The text of the Assembly debate that day can be found in Assemblée nationale 1849a, pp.549 - 67.

27 "你说到战争，"奥地利大使对杜伊继续说道，"但是我问你，对谁开战？对我们？但是为了什么呢？教宗亲近我们就如同是他想要找你们来帮他对付无政府主义者一样。我们是在真心实意、诚恳地做这件事，不带有任何其他的隐秘动机……这是战争的理由吗？我不这么认为。那一定是对教宗开战。但这样的可能性甚至不值得严肃推敲。事实就是，你在国民议会上掩盖了派兵到奇维塔韦基亚的真正意图，你已经把你自己放在了一个站不住脚的境地中。"Hübner à Schwarzenberg, Paris, 11 mai 1849, doc.75 in Blaas 1973, pp.235 - 37.

28 Rayneval à Drouyn, Terracina, 10 mai 1849, MAEC, PAR; Key 1898, pp.199 - 200.

29 "我告诉他,"杜伊写信给乌迪诺,向他解释雷赛布的任务"是和你保持最亲密的、保密的关系,我要你尽一切可能促成这一交给你的精妙任务。"杜伊补充说,那不勒斯军对教宗国南部的介入和奥地利可以预料得到的从北方的介入都是不幸的复杂事情。乌迪诺的任务是确保没有人认为法军的行动有任何其他国家的配合,杜伊补充说:"我不需要再向你重申此任务事关重大,如果失败将会造成怎样严肃不利的后果。"Drouyn à Oudinot, Paris, 8 mai 1849, MAEN, RSS 537 bis; Edgar-Bonnet 1951, pp.88 - 89. 雷赛布已经登上一艘军舰离开了。和他一起的是一名罗马制宪会议的代表,杜伊认为他将能够帮助雷赛布和三人执政团建立起关系,但这一举动并不会在教宗那里留下好印象。Diesbach 1998, pp.91 - 92.

30 Barrot 1876, p.219.

31 Dépêche télégraphique, Oudinot à Drouyn, Maglianella, 14 mai 1849, MAEC, CP, Rome, vol.993, ff.57r - 57v. 考虑到各种交杂在一起的讯息,如果法国军官没能完全确定到底谁是他们的敌人的话也是可以原谅的。当一位英国记者在驻扎在罗马城外的军营中和法国军官们进餐时,一个军官突然闯进来。"绅士们",这名军官说,尽管措辞并不准确,"我有幸向你们通告,我们远征的目的地已经改变了。我们现在是要保卫罗马共和国……我们现在正在同奥地利和那不勒斯作战!"这个消息得到了疯狂的欢呼,军官们站起身来,高喊着"共和万岁!""The Intervention in the Papal States," TL, May 22, 1849; Antonini a Cariati, Parigi, 15 maggio 1849, doc.IX in Cipolletta 1863, p.30.

第14章 背信的谈判

1 Thiry 1851, pp.13 - 14; Vaillant 1851, p.13; Boulangé 1851, pp.44 - 47; Hibbert 1965, p.65; "French Intervention in the Roman States," TL, May 29, 1849; "The French Intervention in the Papal States," TL, June 6, 1849. "疟疾(malaria)"这个词出自意大利语的"坏空气",蚊子传播的病原在当时还不为人知。每年罗马都会有上千人受到感染,疟疾流行季会从6月开始,7~10月是最严重的时节。Desmarie 1860, pp.51 - 58; Niel 1961, p.478; Tommasi-Crudeli 1892, pp.53 - 80; Hoolihan 1989, p.481.

2 Pisacane 1849, pp.14 - 15; Pisacane 1851, pp.301 - 2; Scirocco 1996, p.19; Demarco 1944, p.140; Gouraud 1852, pp.271 - 73; Pierre 1878, p.95; Roselli 1853, pp.56 - 60; Gabussi 1851 - 52, vol.3, p.404n; Rossi 2001, p.140; Liedekerke 1949, p.185; Repubblica romana 1849, pp.4 - 8; Torre 1851 - 52, vol.2, pp.372 - 77; Rayneval à

Drouyn, Gaëte, 22 mai 1849, MAEC, PAR.

3 Schwarzenberg à Esterházy, Vienne, 19 mai 1849, doc.74 in Blaas 1973, pp.226 - 29.

4 Lesseps à Drouyn, Rome, 16 mai 1849, doc.4 in Lesseps 1849, pp.75 - 77; Repubblica romana 1849, p.727.

5 Mazzini à Lesseps, Rome, 19 mai 1849, doc.12 in Lesseps 1849, pp.90 - 91. The text of the proposed accord is found in République romaine 1849, pp.104 - 5.

6 Oudinot à Lesseps, Villa Santucci, 21 mai 1849, doc.18 in Lesseps 1849, pp.96 - 97. On the French elections, see Pierre 1878, pp.137 - 47; Bourgeois and Clermont 1907, pp.98 - 101; Agulhon 1983, pp.75 - 78; Milza 2004, pp.173 - 75; Calman 1922, pp.307 - 9; Key 1898, pp.201 - 2.

7 Giannini 2009, p.5; Brown to Clayton, Rome, May 19, 1849, in Stock 1945, pp.173 - 75.

8 Matsumoto-Best 2003, p.75. 在一年时间里没有参加至少一次忏悔的人会遭到绝罚的惩罚。Moroni 1851, pp.239 - 48.

9 Roncalli 1997, p.141; Boero 1850, pp.251 - 53; Torre 1851 - 52, vol.2, p.359; Lancellotti 1862, p.150; Spada 1868 - 69, vol.3, pp.555 - 57; "Proclamation sur les confessionnaux," Moniteur romain du 21 mai, in République romaine 1849, pp.114 - 16. 看起来，那些被拆除的忏悔室无论如何也不会再回到教堂里使用了。

10 Rayneval à Drouyn, Gaëte, 18 mai 1849, n.121, MAEC, PAR.

11 Liedekerke à Monsieur le Ministre, Mola-de-Gaëte, 20 mai 1849, doc.XCV in Liedekerke 1949, p.184.

12 Rayneval à Drouyn, Gaëte, 20 mai 1849, n.125, MAEC, PAR; Capograssi 1941, pp.133 - 40; Rayneval à Drouyn, Gaëte, 22 mai 1849, n.127, MAEC, PAR; De Ligne 1929, p.191.

13 Diesbach 1998, pp.94 - 95.

14 Ghisalberti 1965, pp.146 - 47. 关于雷赛布如何评价马志尼是一个粗鲁的人，可以参见他在5月20日给杜伊的报告。Diesbach 1998, p.99; Lesseps 1849, p.32; Vecchi 1851, pp.101 - 4; Bittard des Portes 1905, p.171. 在描述马志尼的时候，雷赛布的评价是："他想要用断壁残垣和尸体铸造出男子汉来。"这是一个常见的对马志尼的诟病，甚至连一些他的同伴也不例外。弗兰切斯科·古拉齐是一个追随他很久的支持者，他在1849年初时成了短命的托斯卡纳共和国的政府首脑，他曾告诉过马志尼："你把你年轻的朋友们派到意大利去送死，而你的头还安稳地待在你的肩膀上。"Ghisalberti 1965, p.144. 雷赛布也怀疑马志尼正在助长意大利的宗教分裂，认为他想要吸引意大利人抛弃天主教会，转而加入新教。

15 Bourgeois and Clermont 1907, pp.120 - 21, 126; Lesseps 1849, p.87; Oudinot à

Lesseps，22 mai 1849, in Lesseps 1849, pp.151 - 52. 马志尼给他的母亲写了一封信反映了他的孤立感和受背叛感。"这真是耻辱，"这位共和斗士抱怨道，"当我们正在面临着三个大国的坚决抵抗，意大利的其他地方却在袖手旁观。"Severini 2011, p.145n.

16 Lesseps 1849, pp.26 - 28；Humphreys 1956, pp.24 - 26.

17 Lesseps 1849, pp.34 - 35；Lesseps au Triumvirat, Villa Santucci, 26 mai 1849, doc.28 in Lesseps 1849, pp.112 - 13. 5 月 27 日，雷内瓦尔抵达了法军指挥部，并和雷赛布展开了四个小时令人不安的谈话。"每个人都反对他。"雷内瓦尔观察说。将军和士兵们都生他的气，怪罪他拖了后腿。Rayneval à Lesseps, Quartier Général sous Rome, 27 mai 1849, joint au no. 130, MAEC, PAR；Rayneval à Drouyn, Quartier Général sous Rome, 27 mai 1849, n.130, MAEC, PAR. Harcourt made similar points from Gaeta in his letter to Drouyn a few days later. Harcourt à Drouyn, Gaëte, 30 mai 1849, MAEN, RSS 410.

18 Esterházy à Schwarzenberg, Gaëte, 23 mai 1849, docs.78 and 80 in Blaas 1973, pp.240 - 43, 249 - 50.

19 Esterházy à Schwarzenberg, Gaëte, 24 mai 1849, doc.82 in Blaas 1973, pp.252 - 54.

20 他补充说："的确，教宗更容易驾驭，但当时其他人没有让他了解什么是人民盼望的。"Balbo al ministro degli affari esteri, Mola di Gaeta, 28 maggio 1849, doc.120 in DRS 1949 - 51, vol.2, p.500.

21 Schwarzenberg à Esterházy, Vienne, 31 mai 1849, doc.89 in Blaas 1973, p.265.

22 Bourgeois and Clermont 1907, pp.101 - 5.

23 Report to the ministère de la marine et des colonies, Anône, 27 mai 1849, République romaine 1849, pp.127 - 28.

24 Schwarzenberg à Esterházy, Vienne, 31 mai 1849, doc.86 in Blaas 1973, pp.260 - 63. 对于教宗能否前往处在奥地利控制下的博洛尼亚，这件事的可能性正在施瓦岑贝格和罗马教廷驻维也纳大使的秘密商讨之中，无论是施瓦岑贝格还是埃斯特哈齐，他们都对这件事心知肚明。Vienne, 31 mai 1849, doc.88 in Blaas 1973, p.265.

25 Spada 1868 - 69, vol.3, pp.429 - 30；Foramiti 1850, p.94.

26 Rayneval à Drouyn, Gaëte, 28 mai 1849, n.131, MAEC, PAR；Balleydier 1851, vol.2, pp.153 - 55. 加埃塔的两位法国大使都对雷赛布表明了他们的不满，并预示着雷赛布可能很快就会被法国政府召回。Bargagli al ministro, Mola di Gaeta, 31 maggio 1849, in Bianchi 1869, vol.6, p.547.

27 Severini 2002a, pp.142 - 43；Cass to Clayton, Rome, May 23, 1849, in Stock 1933, pp.39 - 40. 玛格丽特·福勒甚至用更严峻地文辞描绘了罗马城此时的心情："当我刚到意大利时，这里的大多数人除了憧憬有限的君权、君主立宪以外并没有其他的期望……它要求费尔南多二世……要求庇护九世……最后是愚蠢的路易 - 拿破仑……这些人随后被说服了，新旧之间的演变是不可能的。木已成舟；意大利现在的革命是激进的，除非意大利变成一个独立、统一的共和国，否则革命是不会停下来的。"Fuller, report of May 27, 1849, Rome, in Fuller 1991, p.278. 荷兰大使在罗马城里的消息人士在 5 月 22 日也说道："我们出色的教宗和上层圣职正在自欺欺人，或是被假消息骗了，他们忽略了在最近几个月里发生的巨大变化，大多数罗马市民的观点已经改变。"Liedekerke au Monsieur le Ministre, Mola-de-Gaëte, 6 juin 1849, doc.XCIX in Liedekerke 1949, p.191n.

28　Leone Paladini, Roma, 25 maggio 1849, in Paladini 1897, pp.37 - 40.

29　Harcourt à Drouyn, Gaëte, 28 mai 1849, n.48, MAEN, RSS 410. 法国人的一些压力来自于随同法军驻扎在罗马城外的伦敦《泰晤士报》记者在 5 月 29 日发出的报道。这位记者认为，法军正处在一个不光彩的处境。"奥地利和那不勒斯被公开地欺骗了，罗马人被糊弄了，教宗被当成一个傻瓜来对待，法国军队是怒火的众矢之的。"只有对罗马的立即占领才能开始修复已造成的损害。"The French Intervention in the Papal States," TL, June 6, 1849.

30　Lesseps à Drouyn, quartier général devant Rome, 29 mai 1849, MAEC, CP, Rome, vol.991, ff.77r - 78r; Lesseps 1849, pp.36 - 37.

31　Bittard des Portes 1905, pp.179 - 82; Bourgeois and Clermont 1907, p.143.

32　Repubblica romana 1849, pp.78 - 79.

33　Diesbach 1998, pp.102 - 3; Repubblica romana 1849, pp.100 - 101. 在生动的描述中，伦敦《泰晤士报》记者报道了乌迪诺对雷赛布说他应该被拉出去枪毙，而雷赛布的回答是这位将军将会为他的行为付出惨痛代价。"Papal States," TL, June 12, 1849.

34　Drouyn à Lesseps, Paris, 29 mai 1849, MAEC, CP, Rome, vol.991, f.102r; Drouyn à Oudinot, Paris, 28 mai 1849, MAEN, RSS 537 bis; Drouyn à Oudinot, Paris, 1 juin 1849, MAEN, RSS 537 bis; Drouyn à Oudinot, Paris, 29 mai 1849, n.5, MAEN, RSS 537 bis. 在两封寄给雷赛布的言辞激烈的信中，杜伊责骂他超越了他的职权范围。"圣父的政府从来没有在我们眼中失去作为罗马政府的角色，"法国外交部部长这样写道。Drouyn à Lesseps, Paris, 25 mai 1849 and 26 mai 1849, MAEN, RSS 537 bis.

35　Briffault 1846, pp.171 - 83; Niel 1961, p.470.

36　Clough 1888, p.154; James 1903, pp.156 - 57.

37　Severini 2006, p.111n; Monsagrati 2014, p.123.

第 15 章　为罗马而战

1　Tocqueville 2004, pp.678 - 904; Senior 1872, vol.1, pp.iv - v.

2　Tocqueville's letter, dated June 15, was written to Paul Clamorgan. Reverso 2009, p.309n.

3　Tocqueville 1893, pp.313 - 18.

4　Tocqueville 1893, pp.318 - 21; Lesseps à Tocqueville, Paris, 7 juin 1849, MAEC, CP, Rome, vol.991, ff.137r - 137v. 更让危机感显得严重的是, 巴黎正面临着一场严重的霍乱疫情大暴发。每天都有好几百人丧命。Pierre 1878, pp.159 - 60; "The Cholera in Paris," TL, June 13, 1849.

5　Candeloro 1972, p.446. 6 月 1 日, 基伊舰长 (1898, p.202) 表示, "罗马人已经明显认定法国人在新一届的国民议会得到确定之前是不会作出任何决定的, 他们兴高采烈地庆祝他们打退了那不勒斯国王, 对他们的胜利感到兴高采烈⋯⋯他们对自己实力的信心已经超越了所有的理性界限"。

6　Garibaldi 1889, p.101.

7　乌迪诺将军已经轻松地在奇维塔韦基亚把那些伦巴第志愿军抓了起来, 在法国人于 4 月份刚一抵达港口, 抓捕行动就开始了。乌迪诺审问被捕的马纳拉, "你是伦巴第人, 跑来罗马做什么?" 面对这个问题, 年轻的米兰领袖反问道。"将军, 请问您是来自巴黎、里昂, 还是波尔多?" Farini 1850 - 53, vol.4, pp.3 - 4. 尽管他们将会为守卫罗马共和国付出沉重代价, 但是在大体上而言, 伦巴第志愿军并非赞同马志尼, 或是赞同共和主义。与之相反, 他们宣称效忠萨伏依王朝。Dandolo 1851; Hoffstetter 1851, pp.22 - 25.

8　这个大会发言者是 D. 潘塔利欧尼 (D. Pantaleoni)。Demarco 1944, pp.339 - 40. 法夫尔在 6 月 1 日寄自奇维塔韦基亚的信可参考: Bourgeois and Clermont 1907, p.170。

9　Farini 1850 - 53, vol.4, pp.168 - 69; Borie 1851, pp.239 - 40; Severini 2011, p.148.

10　Johnston 1901, p.299; Vaillant au ministre de la guerre, au quartier général de Santucci, 2 juin 1849, in Gaillard 1861, pp.467 - 68.

11　Delmas 1849, pp.5 - 6; Thiry 1851, pp.31 - 38; Hoffstetter 1851, pp.120 - 23; Hibbert 1965, pp.81 - 83; Trevelyan 1907, pp.189 - 90; Dandolo 1851, pp.239 - 41; Rusconi 1879, pp.127 - 32; Freeborn to Palmerston, Rome, June 8, 1849, doc.66 in Parliament 1851, p.43. 为了稳定罗马的人心, 在第一次攻势结束后的第二天, 三人执政团发出了一份通告, 宣称在 6 月 3 日只有三名守军阵亡, 不到 100 人负伤。"Cittadini," Roma, 4 giugno 1849, MCRR, ms.129/10, Nicola Roncalli, "Cronaca di Roma," documenti a stampa, 1849.

12　根据一位加里波第志愿军对于这位修士的描述, "他充满斗志的演说和他脸上显露出来的视死如归让每个人为之一惊讶," 他还补充说, "我这辈子和别人握手的次数都不及他所做出的善举! " Rusconi 1879, pp.132 - 33; Lancellotti 1862, p.136; D'Ambrosio 1852, p.60; Hoffstetter 1851, p.272.

13　Cesare Balbo al ministro degli affari esteri [Torino], Mola di Gaeta, 3 giugno 1849, doc.121 in DRS 1949 - 51, vol.2, pp.501 - 2.

14　哈考特建议说, 有必要 "减少意大利枢机主教的数量, 这些人并不是靠自己的能力得到高位，而只是因为他们的名字结尾是'o'或'i'，而且这些人想要将他们的宗教变成某种意大利宗派"。据他的观察，总有一天，教会将会要决定从全世界信徒中提拔最杰出和最诚实的教徒。但是在教会目前所处的悲惨处境中，枢机主教团，哈考特表示，是由"全意大利最无知、最食古不化"的人组成的。Harcourt au ministre des affaires étrangères, Gaëte, 4 juin 1849, MAEN, RSS 410. 哈考特是在得知托克维尔已经接替杜伊成为法国外交部部长之前写的这封信。

15　Antonelli al nunzio, Madrid, 3 giugno 1849, Gaeta, ASV, ANM, b.313, ff.860r - 861r; Cesare Balbo al ministro degli affari esteri, Mola di Gaeta, 9 giugno 1849, doc.123 in DRS 1949 - 51, vol.2, p.504. 与此同时，罗马教廷驻维也纳大使写信表达了对于安东内利给出的建议的最强烈支持，他建议教宗不要去罗马，而是应到教宗国的其他城市去。他认为，把教宗置于法国人的控制下太过冒险了。Viale a Antonelli, Vienna, 5 giugno 1849, ASV, ANV, b.322, ff.34r - 34v.

16　罗斯米尼十分不看好教廷的前景。他在几个月以后表示，庇护九世"一时倾向这边，一时又倾向另一边，出于这个原因，他很少具有延续性。他没受过什么教育，因此，他认为自己有责任保持晦涩的态度，一直含糊其词，从而不必担风险，然而频繁的危险恰恰是他他自己制造出来的"。Radice 1972, p.24.

17　Tocqueville à Rayneval et Harcourt, Paris, 6 juin 1849, n.39 and 40, MAEC, CP, Rome, vol.989, ff.261r - 263r, 264r.

18　在同一天，托克维尔也给乌迪诺将军发去了这条消息，指示他顺从新公使上任后在罗马事务上采取的做法。Tocqueville à Oudinot, Paris, 6 juin 1849, MAEN, RSS 537 bis.

19　新任公使是托克维尔非常亲近的人的事实在科瑟尔勒的第一份报告中就表现得很明显，他给托克维尔另外写了一封私人信件，信的开头问候是"我亲爱的朋友"，在第一封信中的结束语是"我全心爱你（Je vous aime de tout mon coeur）"。Corcelle à Tocqueville, Civitavecchia, 12 juin 1849, doc.101 in Tocqueville 1983, vol.TK, pp.253 - 55. 在八年前，两人曾经一同游览阿尔及尔和阿尔及利亚内地。Tocqueville 2004，p.896. 在一封寄给奥地利总理知会科瑟尔勒任命消息的派遣件中，奥地利驻巴黎大使报告说，法国政府已经用科瑟尔勒顶替了"已经疯了的"雷赛布，前者"属于天主教阵营"。Hübner à Schwarzenberg, Paris, 6 juin 1849, doc.97 in Blaas 1973, p.276.

20　Tocqueville à Corcelle, Paris, 6 juin 1849, MAEN, RSS 274. 在科瑟尔勒前往罗马的途中，托克维尔急切地等着来自乌迪诺的消息，他认为罗马应该已经陷落了。如果还没有的话，他担心政府可能会无法抵御这搞砸了的攻势在巴黎激起的又一波怒火。6 月 10 日，托克维尔给驻维也纳大使写信通知他入侵的消息，并补充说"人们可以预计罗马已经在我们军队的手中了"。他还补充说，法国有道德上的责任不让庇护九世的前任教宗曾经的那种"最受憎恶的政权"回归。Tocqueville à La Cour, Paris, 10 juin 1849, MAEN Vienne, Article 33, ff.147r - 151r.

21 给罗马的代理枢机的信上写着："我们圣埃吉迪奥女修院的修女本来是把信念寄托在上帝的指引下，决定不抛下修道院。但是眼看着废墟不断地扩大，28 颗炮弹已经落在这里，导致了她们修道院的严重损坏，她们已经决定……加入到她们在四喷泉（Four Fountains）的圣特蕾莎女修院的姐妹的行列中。"P.Preposito Generale de' Carm.ni Scalzi a Mons. Francesco Anivitti, Pro-Vicegerente di Roma, 7 giugno 1849, ASVR, Segreteria, Atti, b.62, fasc.3.

22 Roncalli 1997, p.159；Foramiti 1850, p.121；Fuller 1991, p.299；Koelman 1963, vol.2, pp.333 - 42, 352 - 53, 367 - 68. 女性在罗马防御战中扮演的积极角色尤其让来自意大利北部的男人们感到惊讶。在 6 月中旬，一个伦巴第志愿军观察说："尽管社会底层的女性没教养且无知，但是她们表现了男子汉一般的勇气。在她们眼中闪烁着罗马人的骄傲。"Paladini 1897, p.59.

23 Giuseppe Avezzana, ministro di guerra, Roma, 8 giugno 1849, in République romaine 1849, pp.139 - 40；République romaine 1849, pp.150 - 54；Lancellotti 1862, p.163；Trevelyan 1907, p.196；Deiss 1969, p.259；Koelman 1963, vol.2, p.331.

24 Fuller 1991, pp.298 - 300.

25 Hübner à Esterházy, Paris, 13 juin 1849, doc.97 in Blaas 1973, pp.274 - 75.

26 在前往巴黎寻求获得法国对罗马共和国给予支持的行程中，共和国的外交部部长卡洛·鲁斯科尼（Carlo Rusconi）到勒德鲁-洛林的家中拜访了他。鲁斯科尼惊讶于他家中陈设的奢侈："到处都是彩色和金色，四目所及没有一样器物不是价值连城，墙上挂着流光溢彩带有镀金画框的油画……脚下有土耳其的地毯。"Rusconi 1883, p.100.

27 在国民议会代表雨果的眼中，勒德鲁-洛林是一个"混蛋丹东（bastered Danton）那样的货色"，既有律师一样的机敏，又有煽动家的破坏力。巴罗是勒德鲁-洛林怒火的众矢之的，他对巴罗的描述中绝不留有一丝情面。总理说，这位左派的领袖是"一个结合了煽动家和政客的特点的激情演说家，这让他成了一个值得怀疑的阴谋家……他恰好是属于那一类人，"他还补充说，"这类人的野心和骄傲既不受大脑的控制，也不受感情的控制。"Calman 1922, p.250n, 256 - 57, 264；Senior 1871, vol.1, p.122. The text of Ledru-Rollin's June 11 remarks is found in Assemblée nationale 1849b, pp.191 - 92.

28 In Calman 1922, p.389.

29 三个月以前，也就是马志尼前往罗马的不久之后，勒德鲁-洛林就已经给他发去了一封提出建议的信："告诉我们的兄弟们：你们想要活着吗？那就要知道如何死！"现在他看起来并不想要采纳自己的建议。Calman 1922, pp.374 - 96；Pierre 1878, pp.169 - 200；Agulhon 1983, p.79；Beghelli 1874, vol.2, pp.100 - 101. 巴罗对 6 月 13 日事件的描述是将它称为胎死腹中的起义，这段内容可以在他的回忆录中看到。Barrot 1876, pp.297 - 312. 关于托克维尔的描述，可参考：Tocqueville à Harcourt, Paris, 15 juin 1849, MAEN, RSS 274.

30　Freeborn to Palmerston, Rome, June 16, 1849, doc.67 in Parliament 1851, pp.43 -
　　44; Niel 1961, p.473; République romaine 1849, p.167; Rusconi a Pinto, Roma,
　　13 giugno 1849, n.55, MCRR, "Archivio Michelangelo Pinto," b.884, fasc.5, f.11r.

31　Cass to Clayton, Rome, June 14, 1849, pp.42 - 44. 在 6 月 12 日的派遣件中, 鲁斯
　　科尼报告说法国 "已经切断了一条如果不是不可或缺的话, 也是极为有用的通路"。
　　MCRR, "Archivio Michelangelo Pinto," b.884, fasc.5, f.10r.

32　Gabussi 1851 - 52, vol.3, p.465; Farini 1850 - 53, vol.4, pp.183 - 84. 托克维尔本
　　人认为当法国左翼已经失败的消息传到罗马后, 将会极大地削弱他们继续抵抗的意志。
　　Tocqueville à Oudinot, Paris, 20 juin 1849, MAEC, CP, Rome, vol.993, f.127r;
　　Monsagrati 2014, p.169.

33　Foramiti 1850, p.125; De Longis 2001, p.265; Paladini 1897, pp.59 - 60; Severini
　　2002c, pp.179 - 80.

34　在听说罗马人已经损坏了圣彼得大教堂的消息后, 玛格丽特·福勒跑去找马志尼询问
　　这是否为真。甚至连福勒这样一位马志尼在罗马最喜欢的人之一, 居然也认为这样的事
　　情是有可能的, 这一事实让这位意大利领袖无法释怀。"很明显, 没人相信我了," 他
　　回答道, "连你也是! 你难道能想象当我在这里的时候让圣彼得大教堂被破坏吗? 我是
　　野蛮人吗?" 在马志尼大为光火的两天以后, 一名伪装的神甫穿着国民卫队的军服被
　　发现正在绘制共和国军的位置和数量地图。加里波第下令将他拖出去枪毙。Capograssi
　　1941, pp.152 - 53; Lodolini 1970, p.75; D'Ambrosio 1852, p.71; Deiss 1969, p.264;
　　Roncalli 1997, p.181.

35　"The Papal States," datelined Monte Mario, June 19, TL, June 30, 1849;
　　Hoffstetter 1851, pp.240 - 41; Harcourt à Tocqueville, Fiumicino, 20 juin 1849,
　　MAEN, RSS 410.

36　Gaillard 1861, p.274; Tocqueville à Corcelle, Paris, 20 juin 1849, doc.108 in
　　Tocqueville 1983, vol.1, pp.275 - 78.

37　Hoffstetter 1851, pp.242 - 49; Clough 1888, pp.158 - 59; Beghelli 1874, vol.2,
　　pp.373 - 74; Adolphe Niel, San Carlo devant Rome, 22 juin 1849, doc.8 in Niel
　　1961, p.474.

第 16 章　征服

1　The text of the pope's letter from Gaeta to Cardinal Lambruschini in Naples, dated June
　　26, 1849, is reproduced in Manzini 1960, pp.405 - 6.

2　Schwarzenberg à Esterházy, Vienne, 16 juin 1849, doc.99 in Blaas 1973, p.282.

3　Esterházy à Schwarzenberg, Gaëte, 27 juin 1849, doc.103 in Blaas 1973, pp.288 - 90;

Martina 1974,p.347."教宗和枢机主教，"在6月底才见过他们的撒丁尼亚大使看来，"比以往任何时候都更固执地不想要谈论立宪，至少现在是这样。"Balbo al ministro degli affari esteri, Mola di Gaeta, 28 giugno 1849, doc.133 in DRS 1949‐51, vol.2, p.515.

4 Harcourt à Tocqueville, Quartier général Santucci, 29 juin 1849, n.53, MAEN, RSS 410. 在6月29日同哈考特和雷内瓦尔的一个讨论如何重建教廷权威的长时间会议后，科瑟尔勒向托克维尔提出了一个在他口中的"敏锐问题"。要升哪一面教宗旗呢？1847年教宗采用的那一面是可以接受的吗？连同庄严的白色教宗牧徽，搭配象征意大利统一的三色旗。Corcelle à Tocqueville, Civitavecchia, 25 juin 1849, doc.113 in Tocqueville 1983，vol.1, p.291.

5 Corcelle à Tocqueville, Civitavecchia, 25 juin 1849, n.5, MAEN, RSS 411.

6 Tocqueville à Corcelle, Paris, 23 juin 1849, MAEN, RSS 411；Tocqueville à Corcelle, Paris, 26 juin 1849, doc.111 in Tocqueville 1983, vol.1, pp.284‐85.

7 Tocqueville à Corcelle, Paris, 23 juin 1849, MAEN, RSS 411. 他单独给乌迪诺和哈考特下达了同样的指令并补充说，"采取必要行动来启发大多数人对圣父回归的渴望，有勇气组织起明确的示威，但是要预防局面失控"。Tocqueville à Harcourt, Paris, 26 juin 1849, MAEN, RSS 274；Tocqueville à Oudinot, Paris, 26 juin 1849, MAEN, RSS 537 bis.

8 Tocqueville à Corcelle, Paris, 24 juin 1849, doc.111 in Tocqueville 1983, vol.1, pp.280‐81. 伦敦《泰晤士报》报道了一封来自罗马的信，上面的日期是26日，提到了有博洛尼亚的代表团已经出发前往加埃塔劝说教宗转移到博洛尼亚，直到罗马的形势足以让教宗回归为止。"Rome," TL, July 5, 1849.

9 Roncalli 1997, p.179；波里多利（Polidori）6月23日的日记对法军当晚炮轰城市也作了类似的观察。Severini 2002a, p.205.

10 République romaine 1849, pp.161‐62.

11 Oudinot's text, dated June 25, is found in Torre 1851‐52, vol.2, pp.253‐54.

12 如果有任何人应该受责备的话，科瑟尔勒说，那也不是法国人的错，而是罗马"敌人团伙"的错，他们在城门外挖沟来抵抗法军，他声称，这已经让位于圣庞加爵门处著名的圣庞加爵圣殿受到了破坏。野蛮人已经"破坏了圣庞加爵的所有部分……让画作受损，坟墓被掀开，打翻了祭坛并且在地下墓室的入口处造成了破坏，这实际上正位于教堂的中间，按照传统的说法，这是圣徒殉难的地方"。在科瑟尔勒看来，顽固抵抗着持有高尚原则的法国军队的人身上的邪恶好像无远弗届。他在同一天里给托克维尔寄了两封关于这件事的信：Corcelle à Tocqueville, Civitavecchia, 27 juin 1849, n.6, MAEN, RSS 411；Corcelle à Tocqueville, Civitavecchia, 27 juin 1849, doc.112 in Tocqueville 1983, vol.1, pp.285‐88. 科瑟尔勒指责是英国领事弗里伯恩挑起了抗议。弗里伯恩和其他领事，科瑟尔勒宣称，是从当前的罗马政府身上获利的商人并且完全是出于自私的动机。

13 White Mario 1888, pp.141 - 43；Severini 2002a, pp.214 - 15；Clough 1888, p.159；
Paladini 1897, pp.86 - 87；Dandolo 1851, p.263. 加里波第本人也被巴希的无畏震撼了：
"你想象不到这个人让我有多么悲伤，"他告诉一个身边的同伴说，"因为我看到他想
要舍生取义。"Hoffstetter 1851, pp.271 - 72；Facchini 1890, p.180；Koelman 1963,
vol.2, p.331；Beseghi 1946, vol.2, p.87.

14 有故事说加里波第军团进城只是为了能够把他们身上的破衣烂衫换成色彩鲜艳的崭新
的红衫军服。Loevinson 1902 - 4, vol.1, pp.258 - 59；Trevelyan 1907, pp.212 - 16；
Dandolo 1851，p.263.

15 Lancellotti 1862, p.180；Vecchi 1851, p.485；Foramiti 1850, p.132；Roncalli 1997,
p.186.

16 Severini 2002a, pp.217 - 19.

17 Monsagrati 2014, p.184.

18 Loevinson1902 - 4, vol.2, pp.227 - 28；Trevelyan1907, pp.217 - 24；Hoffstetter
1851, pp.292 - 306；Vaillant 1851, pp.132 - 44；Balbiani 1860, pp.430 - 33. 关于阿
古雅尔死亡的情形，存在着相互矛盾的记载，其中有极富戏剧性的记录。在安德里
亚·阿古雅尔死后的第一天，加里波第在公开声明中对他大加颂赞："昨天，美洲的勇
敢儿子，安德里亚·阿古雅尔把他的血抛洒在意大利的土地上，这是来自所有国家的自
由人对我们美丽又不幸的意大利的爱的证明。"Repubblica romana 1849, pp.244 - 45.

19 Paladini 1897, p.98.

20 Rusconi 1879, pp.199 - 202.

21 Repubblica romana 1849, p.238.

22 Ibid., pp.239 - 40.

23 Spada 1868 - 69, vol.3, pp.676 - 81；Delmas 1849, p.33；Severini 2011, p.151.

24 Pisacane 1849, p.13. 关于这个部分，城市委员会在 7 月 2 日投票决定了一个方案"以
冷峻态度接待法军入城，表明我们只是因为迫不得已才放弃的立场"。Beghelli 1874,
vol.2, p.403.

25 Giuntella 1949；Del Vecchio 1849, p.193.

26 "Capitulation qui M.r de Corcelles n'a pas acceptée,"MAEC,PAW,ff.99 bis r - 99 bis v.

27 Koelman 1963, vol.2, pp.446 - 47；Dandolo 1851, pp.282 - 83；Roncalli 1997, p.191.
在悲伤的气氛和对未来的迷惑中，一时的权力真空也导致了一些人将失去希望的感受发
泄在城市中的犹太人身上。一小群散兵游勇和其他人开始抢劫犹太聚居区中的店铺。城
中的警察还没有放下职责，因此能够止住暴力，让情势没有继续扩大。Giuntella 1949,
p.125.

28 Garibaldi 1888, p.239；Hoffstetter 1851, pp.323 - 26；Koelman 1963, vol.2, p.453；

Roncalli 1997, p.197. 加里波第在圣彼得广场上的发言有许多不同的版本存世, 这部分缘于人群并不容易听清他的声音, 有一些人毫无疑问地在回溯的时候将内容变得更加雄辩有力。卡斯在 7 月 2 日用法文写的信是要求加里波第来见他, 重制的信件可参考: Marraro 1943, p.483。

29 Paladini 1897, pp.100 - 101; Dandolo 1851, pp.284 - 85.

30 Fuller 1856, pp.412 - 13; Vecchi 1851, p.489; Candeloro 1972, p.453; Hoffstetter 1851, pp.326 - 41; Trevelyan 1907, pp.229 - 34. 在加里波第带人撤出罗马后的第一天, 马志尼并不知道"雄辩者"已经跟着加里波第离开了, 他写信给玛格丽特·福勒要她帮忙联络美国外交临时代办卡斯给"雄辩者"和他的一个儿子提供化名的美国护照。Humphreys 1956, p.44.

31 République romaine 1849, pp.184 - 95; Giuntella 1949, p.135; Gabussi 1851 - 52, vol.3, p.476. 6 月底, 大会开始争论推荐人的人选。最后的争论是对关于宗教的提案。草案已经宣布"天主教乃国家宗教", 尽管草案也特别说明了"民事和政治权利的行使不以宗教信仰为基础"。但是在永不停歇的夏尔·波拿巴的力劝之下, 大会全体投票决定拿掉第一句话, 只采用第二句话。罗马共和国中没有哪个宗教对其他人有任何特权。Grilli 1989, pp.288 - 96. 大会全体一致地在 7 月 1 日的会议上同意了宪法内容的文本。Repubblica romana 1849, pp.247 - 57.

32 Thiry 1851, pp.152 - 53; Paladini 1897, pp.104 - 5; Koelman 1963, vol.2, pp.460 - 69; Clough 1888, pp.162 - 63; Del Vecchio 1849, p.119; Rusconi 1879, pp.286 - 87. 在他给托克维尔和与乌迪诺一同骑着马进入罗马城的科瑟尔勒的报告中, 他承认人民的反应是"敌对的"事实存在, 但是他将此归罪于外来者, 而不是罗马人。Corcelle à Tocqueville, Rome, 4 juillet 1849, n.8, MAEN, RSS 411.

33 The text of Oudinot's proclamation is found in ASV, ANN, b.392, f.90r.

34 Corcelle à Tocqueville, Rome, 5 juillet 1849, n.9, MAEN, RSS 411. 在占领的首日, 两个法国大使, 哈考特和雷内瓦尔与科瑟尔勒组成了一个某种像是智囊团一样的团体, 给乌迪诺的行动提供建议。哈考特目前正前往加埃塔去告诉教宗罗马发生的事, 并试着说服他采取法国所渴望的方案。雷内瓦尔也渴望能回到教宗那里, 但是科瑟尔勒还要靠他来了解意大利的情形并要他留在身边。科瑟尔勒留雷内瓦尔, 而不是哈考特留在身边并不是巧合。他把雷内瓦尔看作有相似意见和个性的人。科瑟尔勒认为哈考特不仅过于情绪化, 而且过度热衷于共和原则。

35 马志尼给他母亲的信可参考: Severini 2011, p.153. 福勒在他给威廉·亨利·坎宁 (William Henry Channing) 的信中描述了和马志尼的见面, 她的描述被摘录于: Deiss 1969, p.270.

36 Niel 1961, p.476n; Antonelli al nunzio Vienna, 4 luglio 1849, Gaeta, ASV, ANV, b.330, f.171r; Martina 1974, p.348.

37 Lambruschini a Pio IX, Napoli, 2 luglio 1849, in Manzini 1960, pp.406 - 8.

38 Harcourt à Tocqueville, au quartier général, n.54, 3 juillet 1849, MAEN, RSS 410.
在一份报告中，哈考特还补充，一个来自博洛尼亚的重要公民代表团来到了加埃塔邀请
教宗移去博洛尼亚，但条件是他要保留宪法。这一点，哈考特报告说，教宗将会予以
拒绝。

第 17 章　占领

1 Martina 1974, p.379.

2 Stato pontificio 1850, pp.30 - 31; Ghisalberti 1949, pp.150 - 51.

3 Fuller 1991, p.306; Cass to Clayton, Rome, July 6, 1849, in Stock 1933, pp.45 - 46.

4 当时对于乌迪诺能力的怀疑是很普遍的，这一点可以在伦敦《泰晤士报》7 月 5 日的文
章中看到："当法国政府选择了一个没有先前在战争或政治上取得名誉的骑兵军官来指挥
罗马远征时，"《泰晤士报》这样声称，"他们给出了一个明证，他们对教宗国的入侵将
无法和法军之前获得的声望相提并论，他们将无法表现任何军事或是解决方式上的技巧。
乌迪诺将军能够获选只不过是因为他是拿破仑的司令官的儿子，并且在法国社会里混得
很开。"

5 Corcelle à Tocqueville, Rome, 10 juillet 1849, doc.118 in Tocqueville 1983, vol.1,
pp.300 - 302.

6 托克维尔继续表达着他对于罗马状况的强烈不满，尽管他安抚科瑟尔勒这全都是乌迪诺
的错。托克维尔抱怨说，乌迪诺太愚钝，以至于他无法在脑子里同时琢磨两件事：结束
"煽动家们"所造成的"恐惧"并在同时鼓励"自由派人士"。这是法国政策的两个目标，
而且是外交部部长所坚持的，两者缺一不可。Tocqueville à Corcelle, Paris, 18 juillet
1849, doc.124 in Tocqueville 1983, vol.1, pp.322 - 26.

7 Corcelle à Tocqueville, Rome, 8 juillet 1849, n.11, MAEN, RSS 411; Ferrari 2002, p.140.

8 Rayneval à Tocqueville, Rome, 9 juillet 1849, n.144, MAEC, PAR; Lancellotti
1862, p.194.

9 Marraro 1932, p.71; Palmerston to Freeborn, Foreign Office, July 23, 1849, doc.93,
and Freeborn to Palmerston, Rome, August 4, 1849, doc.108 in Parliament 1851,
pp.84, 100.

10 Zucconi 2011, p.119; Casanova 1999, pp.155 - 56; Humphreys 1956, p.45. 科瑟尔
勒在 7 月 9 日报告说："英国和美国领事非常恶毒而且和激进分子们绑在一起。他们给
罗马市民和外国人提供了许多护照。虽然他们这么做好像是反对我们，但实际上他们是
帮了我们的忙。"Corcelle à Tocqueville, Rome, 8 et 9 juillet 1849, n.11, MAEN,
RSS 411; Virlogeux 2001, pp.5 - 7. 布朗大学的尼古拉斯布朗档案馆收藏的关于这些

日子的多封信件的内容是关于克里斯蒂娜·贝吉欧乔索要求布朗提供相关的帮助。在档案馆中，还可以找到时任撒丁尼亚政府大臣的马西莫·达泽格里奥回应布朗的帮助难民的请求。

11 Humphreys 1956, pp.44 - 45；Candeloro 1972, pp.453 - 54；Cass to Clayton, Rome, September 20, 1849, in Stock 1933, p.59.

12 Bargagli al ministro degli affari esteri, Mola di Gaeta, 7 luglio 1849, in Bianchi 1869, vol.6, pp.548 - 50. 在一封感谢托斯卡纳大公最近给夺取罗马的祝贺信的回信中，教宗表达了他的满意，但是警告说这座城市直到被"清洗"过之前，都不会是健康的。"实施这样的一场清洗看起来仍然遥遥无期"，教宗补充说，"腐败的元素……将会继续呼出他们带病菌的气息。"Bianchi 1869, vol.6, p.270.

13 Antonelli al nunzio di Madrid, Gaeta, 13 luglio 1849, ASV, ANM, b.313, ff.951r - 952r；Antonelli al nunzio di Napoli, Gaeta, 14 luglio 1849, ASV, ANN, b.392, ff.85r - 85v.

14 因为法军已经把他们从压迫和混乱的政权中解放出来，乌迪诺宣示说，罗马人已经反复地表现了"他们对于慷慨的教宗的忠诚和感激，罗马人认为他们新近获得的自由是拜教宗所赐"。这位将军明显没有看到频繁爆发的抗议，他还补充说："法国从没有怀疑过这种感恩情绪的存在。"Stato pontificio 1850, pp.62 - 63.

15 Beghelli 1874, vol.2, pp.433 - 34；Spada 1868 - 69, vol.3, pp.711 - 14；Roncalli, 1997, p.202. 按照一个前制宪会议代表的说法，在升起教宗国国旗的当天傍晚，有示威者参加的游行队伍在法军的巡逻中间穿过科尔索大道，唱着滑稽改编版的《马赛曲》："一起走吧，教士的子民们！"（原歌词为：一起走吧，祖国的子民们！）Citoyen romain 1852, p.218. 法国还在奇维塔韦基亚组织了感恩庆典来纪念恢复教宗统治。一个目睹了庆典的英国海军军官说："教宗国国旗在100声鸣枪敬礼中升起，"他还补充说，"在当场民众的脸上看不出一点点的高兴。"Lieutenant Willes to Vice Admiral Parker, Civitavecchia, July 21, 1849, doc.103, inclosure 2, in Parliament 1851, pp.93 - 94.

16 科瑟尔勒登上的船是从法国驶往那不勒斯。当他们抵达那不勒斯的港口时，科瑟尔勒和他的船员们得知因为法国暴发的霍乱，费尔南多国王已经下令所有来自法国的船都要在港口隔离14天后才能下船。科瑟尔勒要求会见掌权的政府大臣，这位大臣后来亲自询问了国王本人。科瑟尔勒被允许下船，但是不可以带他的秘书和文件。Corcelle à Tocqueville, Rome, 20 juillet 1849, n.13, MAEN, RSS 411.

17 当科瑟尔勒在罗马期间，他和教宗在法国内阁中最大的拥护者法鲁保持着秘密通信。许多科瑟尔勒在罗马寄给法鲁的信件现在可以在网络上阅览，参见：http://correspondance-falloux.ehess.fr/index.php？958。

18 Corcelle à Tocqueville, Rome, 20 juillet 1849, doc.125 in Tocqueville 1983, vol.1, pp.326 - 28；Corcelle à Tocqueville, Rome, 20 juillet 1849, n.13, MAEN, RSS

411.

19 Corcelle à Tocqueville, Rome, 20 juillet 1849, doc.126 in Tocqueville 1983, vol.1, pp.328 - 30.

20 我在这里使用的意大利原文和英文翻译都有一些细小修改，可参见：Parliament 1851, doc.99, pp.86 - 87。告示原件见：ASV, ANN, b.392, f.84r。乌迪诺在他于 1849 年 7 月 22 日给巴罗的信中报告，教宗贴在罗马城内各处墙上的告示导致了"严重的公众焦虑"。Barrot 1876, pp.405 - 6.

21 Roncalli 1997, p.205；Martina 1974, p.380；Farini 1850 - 53, vol.4, pp.240 - 43；"The French in Rome," TL, July 30, 1849. 乌迪诺在 7 月中旬指定的新临时市政委员会首脑奥德斯考奇亲王（Prince Odescalchi, 1851, p.4）在报告中说："罗马肮脏不堪，一派战败的景象，人心惶惶。"教廷的圣座国务卿办公室在 7 月 16 日的内部报告中作出了对于罗马在战争中遭到破坏情形的详细报告。"Stato materiale di Roma" Bullettino n.2, Roma, 16 luglio 1849, ASV, Segr. Stato, An.1849, Rubr. 155, fasc.1, ff.20r - 22r.

22 Colonel Adolphe Niel to Gustave Niel, Rome, 28 juillet 1849, doc.11 in Niel 1961, pp.477 - 78.

23 Martina 1974, p.411n.

24 Belcastel à Tocqueville, Rome, 24 juillet 1849, n.1, MAEN, RSS 410. Baron de Belcastelserved as chargé d'affaires for France in Rome from July to September of that year. Tocqueville 1983, vol.1, p.322n.

25 Rayneval à Tocqueville, Gaëte, 24 juillet 1849, n.150, MAEC, PAR.

26 Rayneval à Tocqueville, Gaëte, 27 juillet 1849, n. 151, MAEC, PAR. 当他们讨论的内容转到了为新教宗政府效力的人选上时，大使对教宗坚持让掌管警务的内政大臣由一名高级教士出任的决定表示了不满。"这是一个致命的想法"，雷内瓦尔说。而且教宗说外交大臣也必须保留在高级教士手中，因为高级教士更适合履行圣座国务卿的职责。

27 Belcastel à Tocqueville, Rome, 24 juillet 1849, MAEN, RSS 410；"The French in Rome," TL, August 1, 1849.

28 Rayneval à Tocqueville, Gaëte, 20 juillet 1849, n.147, MAEC, PAR；Belcastel à Tocqueville, Rome, 24 juillet 1849, n.1, MAEN, RSS 410；"The French in Rome," datelined July 21, TL, August 1, 1849；Annuario 1847, pp.46 - 47；Falloux 1888, p.524；Jankowiak 2007, p.170n. 奥地利在加埃塔的大使向维也纳报告："在我们所关心的问题上，德拉·更贾已经是不能再好的人选了。"Engel-Janosi 1950, p.153. 将会作为意大利王国首相的自由派人士路易吉·卡洛·法里尼（Luigi Carlo Farini, 1850 - 53, vol.4, pp.245 - 46）对于德拉·更贾的描述是"骄傲、轻率、毫不掩饰地憎恨自由和自由派，并且仇视一切新事物"。

29 阿提埃里在雷内瓦尔看来，"就像他的名字在意大利文中的意思——'骄傲'一样名副其实"。Rayneval à Tocqueville, Gaëte, 28 juillet 1849, n.152, MAEC, PAR. Annuario 1847, p.55; Giuntella 1960; Farini 1850‐53, vol.4, p.246; Jankowiak 2007, p.171n; Esterházy à Schwarzenberg, Gaëte, 13 août 1849, doc.119 in Blaas 1973, pp.338‐39.

30 Rayneval à Tocqueville, Gaëte, 29 juillet 1849, n.157, MAEC, PAR. 7月30日，当三位枢机主教将要抵达罗马时，雷内瓦尔写信提醒乌迪诺。法国大使主要担心的是枢机主教将会试着抓捕那些只是支持罗马共和国的人，他向乌迪诺建议要尽一切努力阻止这件事的发生。Rayneval à Oudinot, Mola-de-Gaëte, 30 juillet 1849, in Gaillard 1861, pp.488‐90. 此时，科瑟尔勒正卧病在床，因此雷内瓦尔可以独自同教宗和他在加埃塔的周围人士接触。

31 埃斯特哈齐伯爵给出的是相似的建议。"别担心，"他告诉雷内瓦尔，"事情发展得很顺利，你不需要一直施压。这些人自恃甚高。围绕在他们身边的那些人一刻不停地鼓动他们向着和你的意见相左的方向行事。"但是，埃斯特哈齐预计，教宗最后将会采纳很多法国向他施压的改革。Rayneval à Tocqueville, Gaëte, 31 juillet 1849, n.158, MAEC, PAR.

32 法国的外交部部长受到了枢机主教安东内利的特别攻击，他一直对科瑟尔勒缺乏正式外交身份的事实加以百般刁难。托克维尔写道，和教宗不同，安东内利"连面子上的和平都不愿维持。我找不到任何比他对你权力的抱怨更粗鲁、更幼稚的行为了……这样的事情，在事实上，是教会诡计的最后一搏，我已经料到了。"Tocqueville à Corcelle, Paris, 30 juillet 1849, doc.131 in Tocqueville 1983, vol.1, pp.340‐43. 虽然教宗在法国内阁中的强力捍卫者阿尔弗雷德·德·法鲁对于罗马时局的看法与托克维尔不同，但是两人对于安东内利的看法却是一致的。法鲁在后来回忆说，这位圣座国务卿和教宗正相反，他想要把自己树立成一个只对教会利益服务的人。"然而那些观点已经足以让人看到他对于地位和财富的动机……他冷静算计的倾向，和庇护九世自发行事的倾向不同。他傲慢的镇定自若和教宗温暖的微笑形成了鲜明的对比。"Falloux 1888, p.517.

第18章 制动的套索

1 枢机主教发出的这份公告的原件可参见：ASV, Segr. Stato, Spoglio Pio IX, 3, f.270r; Farini 1850‐53, vol.4, pp.246‐48; Martina 1974, p.380; Barrot 1876, pp.408‐10。圣座国务卿办公室的报告描述了撕掉公告并且建议枢机主教不要在圣彼得大教堂进行计划的游行，可参见：ASV, Segr. Stato, An.1849, Rubr.155, fasc.2, ff.2r‐11v. 法国在罗马的临时外交代办向托克维尔报告了罗马市民对于枢机主教们提出的声明的逆反和厌恶。Belcastel à Tocqueville, Rome, 4 août 1849, MAEN, RSS 410. 雷内瓦尔在报

告局势的时候还补充了和人们的厌恶情绪一起的还有对枢机主教德拉·更贾的"极度不欢迎"。Rayneval à Tocqueville, Gaëte, 4 août 1849, n.161, MAEC, PAR.

2 这一"决定"的原件可参见：ASV, ANM, b.313, f.205r。

3 Petre to Palmerston, Rome, July 25, 1849, enclosure 1 to doc.102 in Parliament 1851, pp.91 - 92.

4 Palomba, console generale d'Austria a Civitavecchia, a Schwarzenberg, Civitavecchia, 7 agosto 1849, doc.118 in Blaas 1973, pp.328 - 32；De La Rochère 1853, pp.180 - 81；"The Papal States," letter dated August 5, TL, August 14, 1849.

5 "在30000条法军刺刀的影响下，我们这里平静得堪称完美，但是尽管人们不敢大声讲话，但无不咬牙切齿，发誓报仇。""The French and the Pope," datelined Rome, August 7, TL, August 18, 1849.

6 利帕里（Ripari, 1860）在他给枢机主教安东内利的公开信中重述了自己的经历。他后来被关押了七年。

7 Tocqueville à Corcelle, Paris, 2 août 1849, doc.132 in Tocqueville 1983, vol.1, p.346；Tocqueville à Rayneval, Paris, 4 août 1849, MAEN, RSS 274.

8 Tocqueville à Oudinot, Paris, 4 août 1849, MAEN, RSS 411. 雷内瓦尔和托克维尔对于代理枢机法庭持有相同的看法。他在本月晚些时候写给托克维尔的信中指出，这些法庭在教宗国到处都有，每一个都处在教区主教的监督之下，法庭的目的是监管人们的道德。法国大使在报告中说，这是"世界上最令人恶心反胃的发明"。Rayneval à Tocqueville, Gaëte, 24 août 1849, particulière, MAEC, PAR.

9 Tocqueville à Corcelle, Paris, 4 août 1849, doc.133 in Tocqueville 1983, vol.1, p.348.

10 Rayneval à Tocqueville, Gaëte, 4 août 1849, n.161, MAEC, PAR.

11 Rayneval à Tocqueville, Gaëte, 6 août 1849, n.163, MAEC, PAR.

12 8月6日国民议会议程的记录可参见：Assemblée nationale 1849c, pp.250 - 68。第二天，《新闻报》（La Presse）赞扬了托克维尔发言的诚恳，但指出虽然他以无可置疑的诚恳描述了他为确保教宗不回到过去的压迫统治所作出的努力，但相信这件事能够成功是非常幼稚的。"他在大多数人身上留下了伤口，而且也没有让少数人满意。他的演说荣耀了他的人格，所减损的是他作为部长的影响力。""France," TL, August 9, 1849.

13 Farini 1850 - 53, vol.4, pp.220 - 26；Hoffstetter 1851, p.450；Vecchi 1851, pp.509 - 10；Garibaldi 1888, p.252.

14 这位日记作者是波垂格里（Bottrigari），见 Beseghi 1946, vol.2, p.220。

15 在他们从乌戈·巴希，这位多产诗人那里拿走的私人物品中，还包括他最新诗作的草稿《胜利十字架》（The Victorious Cross）。在得知巴希被捕的消息时，在当地代理缺席的科马乔主教（Bishop of Comacchio）行使权力的教宗国将军要求将巴希交到他的手上，因为作为一名修士，巴希可以享受圣职人员的免责，并且在教宗国中，只有教廷当局才有权惩处修士。当奥军指挥官拒绝了这个要求时，一位圣职给博洛尼亚总主教发送了一封急件，通知他正在发生的事。与此同时，这位著名修士被捕的消息也传到了贝蒂尼蒙席（Monsignor Bedini）那里，他是管理博洛尼亚的教廷官员。第二天，奥地利士兵把被拷住的修士放进一辆马车前往博洛尼亚。路易吉·卡洛·法里尼（1850-53，vol.4，p.250）指出，贝蒂尼，这位将在十年后教宗国覆灭后执掌博洛尼亚临时政府的人，"看起来更像是一个奥地利人的小徒弟，而不是一名教廷官员"。

16 Beseghi 1946，2，pp.221-48. 博洛尼亚人拥有了一个新烈士来让他们纪念，也有了新的憎恨奥地利人、憎恨新近恢复的教宗国政府的理由。这位修士遭到处决和在不远处的埋葬地点很快就变成了人们的朝圣目的地，人们将鲜花堆叠在这块刚刚变得圣洁的地上。教宗在博洛尼亚的官员贝蒂尼蒙席对此十分警觉并决定要采取行动。8月19日，他给罗马的枢机主教委员会寄了一封信，报告"有必要立即将尸体在夜间秘密转移至切尔托萨（Certosa）的墓地，埋在一个公众不知道的地点"。蒙席还颇洋洋自得地补充说："他是以谨慎小心又周全的方式"完成了这个任务，"让人们觉得这并不是政府所为，而是那些崇敬巴希修士的人做的。"Mons. Bedini alla Commissione Governativa di Stato，19 agosto 1849，in Gualtieri 1861，pp.187-88.

17 Beseghi 1946，vol.2，p.86n；Modena 2011，pp.192-97.

18 Rayneval à Tocqueville，Gaëte，9 août 1849，particulière，MAEC，PAR.

19 托克维尔补充说："多么引人崇敬的好男儿啊！……这是他上任后让人们学到的第一课。"Tocqueville à Corcelle，Paris，8 août 1849，doc.135 in Tocqueville 1983，vol.1，pp.350-51；Ghisalberti 1949，pp.150-51.

20 埃斯特哈齐认为科瑟尔勒不想要承担他被赋予的使命。在这位奥地利大使看来，科瑟尔勒已经以他的"宗教感情和对庇护九世的虔诚信仰"赢得了教宗的认同。但是，埃斯特哈齐认为，新法国公使的幼稚令人无法忍受。科瑟尔勒曾要求奥地利大使帮助他"给教会一个和蔼的印象"。埃斯特哈齐对此并不以为然："科瑟尔勒表现的狂热和坚决证明了他拥有的是热忱而不是能力，而且完全不熟悉他所到之地的情形。"Esterházy à Schwarzenberg，Gaëte，13 août 1849 and 18 août 1849，docs.119 and 125 in Blaas 1973，pp.333-34，355-57；Engel-Janosi 1950，p.152. 病痛在加埃塔是常见的事情，雷内瓦尔和埃斯特哈齐也常常因为各种原因生病。Esterházy à Schwarzenberg，Gaëte，14 août 1849，doc.120 in Blaas 1973，p.342；Corcelle à Tocqueville，Mola-de-Gaëte，14 août 1849，doc.137 in Tocqueville 1983，vol.1，pp.355-57；De Chambrun 1936，p.490. 科瑟尔勒心理崩溃的消息是埃斯特哈齐报告给教宗的。Esterházy à Schwarzenberg，Gaëte，18 août 1849，doc.124 in Blaas 1973，pp.355-56.

21 在给罗马教廷驻维也纳大使的备忘录中，安东内利重述了会议中发生的事。在叙述了为什么不能允许教宗同意一个能够决定财政事务的委员会的原因之后，他还补充说："只有几乎不在意这些重要问题的法国公使才会强烈坚持这件事，认为投票应该

通 过。" Antonelli al nunzio di Vienna, Gaeta, 14 agosto 1849, ASV, ANV, b.330, ff.211r - 212r. 在 9 月份给巴黎提供的报告中，雷内瓦尔提供了他自己对西班牙大使马丁内斯和他与教宗之间关系的分析。Rayneval à Tocqueville, Gaëte, 3 septembre 1849, n.180, MAEC, PAR.

22　Rayneval à Tocqueville, Castellamare, 19 août 1849, n.169, MAEC, PAR. 雷内瓦尔已经前往卡斯特拉马里（Castellamare）和卧病在床的科瑟尔勒交换意见。

23　关于这些委员会的通知原件可查阅：ASV, ANN, b.392, f.136r. 受到指派进入审查中央委员会的十人名并未公开，但是他们的名字可以查阅：ASV, Segr. Stato, An.1849, Rubr. 155, fasc.2, ff.73v - 74r. 他们中包括有两个高级教士。关于对报纸的审查，见：ASV, Segr. Stato, An.1849, Rubr. 155, fasc.2, ff.91v - 92r。

24　De Cesare 1907, pp.23 - 24；Gabussi 1851 - 52, vol.2, p.502；Rayneval à Tocqueville, Gaëte, 24 août 1849, MAEC, PAR. 乌迪诺在知会萨维利他的要求被拒绝时说："我国政府的官方指令反对让法军配合纯粹的政治性逮捕行为。"Oudinot à Tocqueville, Rome, 16 août 1849, MAEC, PAW, ff.37r - 37v.

25　Stato pontificio 1850, pp.50 - 51.

26　Adolphe Niel à Gustave Niel, Rome, 19 août 1849, doc.12 in Niel 1961, p.478. 英国海军舰长基伊在 8 月 22 日报告说："对枢机主教和圣职们的厌恶，以及对他们回归权力的恐惧，已经在罗马的所有阶层中公开表达出来。"Key 1898, p.207.

27　当时英国的负面情绪可能是根据 8 月 20 日的伦敦《泰晤士报》社论文章作出的判断，这篇文章谴责了恢复教宗统治的反进步本质："他远离了他的王国；把他的国都置于外国刺刀的守卫下，推动了一个三人执政委员会来处置他的人民的自由和福祉，这三个人的名字都是苛政和暴君的象征。"没有采纳法国的警告，教宗把过去的各种压迫都带了回来。"在庇护九世这样一个弱者这里，"托克维尔给他的英国好友西尼尔（Senior 1872, vol.1, p.237）写道，"那些周围的人是恶毒的。枢机主教们衰老、无知、毫无生机又自私自利，不满任何的变化，而且教宗也不敢冒险远离他们。"

28　至于法国政府是否应该召回军队，法鲁的预测是，"所有教廷的敌人都会额手相庆，而且有可能在几个星期后，一场法国肯定无法回避的新革命就会爆发。"Nunzio, Paris, a Antonelli, 15 agosto 1849, ASV, Segr. Stato, An.1849, Rubr. 165, fasc.2, ff.115r - 118v. 在接受教廷大使的汇报之后，安东内利很快给罗马的三个枢机主教写了信，给他们寄去了一份汇报副本并建议他们在罗马采取任何重大决策的时候都要事先告知在罗马的法军指挥官，从而给法鲁以帮助。Antonelli, Gaeta, ai Cardinali Componenti la Commissione Governativa, Roma, 25 agosto 1849, ASV, Segr. Stato, An.1849, Rubr. 165, fasc.2, ff.113r - 114r.

29　Rayneval à Tocqueville, Gaëte, 26 août 1849, n.173, MAEC, PAR. 尽管雷内瓦尔看起来仍没有收到消息，但是在 8 月 22 日，随着哈考特已经被解职并且已经离开罗马，

而且科瑟尔勒仍然有恙在身，雷内瓦尔已经被任命为驻罗马教廷的临时大使。MAEC,
PDI Rayneval，22 août 1849.

第19章　路易－拿破仑和庇护九世

1　路易－拿破仑的信件副本可参见：MAEC, MD, 121, ff.328r - 329v。另可参考：
Barrot 1876, p.414；Barrot 1876, pp.430 - 44。

2　Falloux 1888, pp.527 - 30. 法鲁汇报说他并不是完全幼稚、抱有幻想地认为这封信能够
平安送达三位罗马枢机主教的手中。他认为，这也许并非一件坏事，因为这将会证实他
所说的法国政府对教宗的愤怒有多么强烈并且预见法国将会从罗马撤军。

3　Tocqueville à Corcelle, Paris, 18 août 1849, doc.139 in Tocqueville 1983, vol.1,
pp.360 - 63. 托克维尔的记载和法鲁对与路易－拿破仑那信的叙述有出入，他声称那
封信是他们看过以后才发出去的。托克维尔希望能够延缓灾难的发生，他写了一套新的
指示给雷内瓦尔。在教宗一直抱怨的前制宪会议的代表们仍在罗马并将这件事作为他不
能回归的理由的情形下，法国人需要让那些人安全地移出教宗国。为了达成这个目的，
他在马赛准备好了船只将他们送往美国。与此同时，雷内瓦尔和罗斯托兰得到了阻止教
宗政府要在罗马施行的宗教审判法庭的命令，而且停止让宗教法庭来审判世俗信徒。雷
内瓦尔也试图说服教宗，让他的赦免令的范围能够尽可能地扩大，应该只有一小部分人
被排除在外。若非如此的话，外交部部长写道，这一赦免将会成为"虚假之举"。虽
然托克维尔勉强接受了教宗对宪法的坚决拒绝，但是外交部部长下令，法国需要确保人
民的权利尽可能地得到和立宪制政府下的人民一样多的保障。Tocqueville à Rayneval,
Paris, 29 août 1849, MAEN, RSS 411.

4　Rayneval à Tocqueville, Rome, 28 août 1849, n.175, MAEC, PAR.

5　Rostolan à Tocqueville, Rome, 30 août 1849, MAEN, RSS 537 bis.

6　Rayneval à Tocqueville, Rome, 30 août 1849, n.176, MAEC, PAR；Rostolan à
Tocqueville, Rome, 30 août 1849, MAEN, RSS 537 bis.

7　Palomba, console generale d'Austria a Civitavecchia, a Schwarzenberg, Civitavecchia,
5 settembre 1849, doc.129 in Blaas 1973, pp.364 - 68. An English text of the *Débats*
August 31 letter from Rome was published in "The Papal States," TL, September 10,
1849. 路易－拿破仑的信在罗马流传了一天以后，在第二天，也就是 8 月 31 日的下午 5
点，罗斯托兰将军在城墙上贴出了一个告示，重申一切公众聚集或示威的行为都会立刻
遭到军队镇压的警告，而且组织和推动这些活动的人将会被追查并受到处罚。Repubblica
romana n.15, Roma, 31 agosto 1849, ASV, Segr. Stato, An.1849, Rubr.155, fasc.2,
ff.123r - 128v. 枢机主教团对于法国的厌恶本来就已经很严重了，现在则增长得更为
强烈。罗马的法国外交临时代办在 8 月 31 日报告说："所有想要看到圣父大人带着绝

对权力回归的人对于法国的怨恨情绪已经在各种场合和情形中表现出来。"Belcastel à Tocqueville, 31 août 1849, Rome, n.8, MAEC, CP, Rome vol.989, f.366r.

8 雷内瓦尔补充说，法国人已经被怪罪没有在罗马成功建立起秩序了。他表示："实际上很了不起的事情在于，枢机主教团已经深深地培养出了人们对于真正的天主教、唯一一个真正为了天主教福祉努力的国家的憎恨。"Rayneval à Tocqueville, Rome, 31 août 1849, n.179, MAEC, PAR. On Venice, see Chantrel 1861, p.61；如果在法国眼中埃斯特哈齐是绝对站在保守派一边的话，那么施瓦岑贝格的立场则要微妙得多。在去年8月与罗马教廷驻维也纳大使见面时，他表达了自己对于所有教士政府的旧压迫手段又重新回到教宗国的不悦，而且催促能采取一些努力来推行不伤及教宗的绝对权力的体制改革。Viale Prelà, Vienna, a Antonelli, 28 agosto 1849, ASV, ANV, b.322, ff.55v - 57r.

9 这位沮丧的大使在给托克维尔的报告结尾处写道："阁下，我仅存的最后一点乐观现在也损耗殆尽了。让我们能够再向前推进一步的可能性已经不在了。我们的角色，再这么继续坚持下去……将只会让我们看起来无比荒谬……这些人是瞎子。他们看不见天上照耀的日头。他们和我们说不一样的语言。我们只有一个人：教宗，而且他也正从我们的手中溜走。他正变得越来越愤懑。他们围在教宗身边把他变得越来越反对我们。"Rayneval à Tocqueville, Rome, 3 septembre 1849, n.180, MAEC, PAR.

10 Palomba a Schwarzenberg, Civitavecchia, 5 settembre 1849, doc.129 in Blaas 1973, p.367.

11 "Diario della venuta e del soggiorno in Napoli di sua Beatudine Pio IX," settembre 1849, ASV, ANN, b.392, ff.187r - 188v; Blois 1854, pp.200 - 207. 安东内利当时已经预计到了教宗待在新住处的时间不会超过几个星期。Antonelli a Cardinal Patrizi, Gaeta, 28 agosto 1849, ASVR, Segr. Vicariato, Atti, b.8, fasc.12, ff.1r - 2v.

12 Bollettino n.17, Roma, 15 septembre 1849, ASV, Segr. Stato, An.1849, Rubr.155, fasc.2, ff.186r - 193v; Palomba a Schwarzenberg, Civitavecchia, 15 settembre 1849, doc.135 in Blaas 1973, pp.384 - 85; Prefettura di polizia, 30 agosto 1849, ASV, Segr. Stato, An.1849, Rubr. 155, fasc.2, ff.121r - 121v. 雷内瓦尔建议托克维尔不要让难民们知道他们事实上是前往美国，以免他们拒绝离开。Rayneval à Tocqueville, Naples, 11 septembre 1849, n.185, MAEC, PAR.

13 Adolphe Niel à Gustave Niel, Rome, 20 septembre 1849, doc.13 in Niel 1961, p.479.

14 到此时为止，这封信已经在几家法国报纸上刊登并引起了积极的评论。在一篇社论文章中，法国的《辩论报》(Débats) 补充了赞同总统讯息的评论，可参考："France," TL, September 10, 1849。Louis Napoleon's letter to Ney was also published in Le Moniteur on September 7. Milza 2004, pp.182 - 83.

15 Corcelle à Tocqueville, Naples, 20 septembre 1849, doc.154 in Tocqueville 1983, vol.1, p.415; Rayneval à Tocqueville, 20 septembre 1849, n.147, MAEC, PAR.

在同一天，罗斯托兰更新了他的要求："我再次恳求战争部部长，"他写道，"请结束我的任务。我不是执行政府当前政策的合适人选。"Rostolan à Tocqueville, Rome, MAEC, CP, Rome, vol.993, f.226r.

16　奥地利大使报告了和枢机主教们会面的情形，并且表达了和施瓦岑贝格相似的观点，让教宗移到奥地利控制的地区的想法只应作为最终手段。最好的方式是和法国达成某种形式的谅解。如果教宗来到奥地利控制的领土上，把罗马留给法国统治的话，法国和奥地利爆发冲突的可能性会变得过大。Esterházy à Schwarzenberg, Naples, 11 septembre 1849, doc.133 in Blaas 1973, pp.380‑82. 关于教宗心里的政治变动，见：Martina 1974, pp.366‑67。关于兰布鲁斯齐尼的警告，可参见：Rayneval à Tocqueville, Naples, 13 septembre 1849, n.186, MAEC, PAR。

17　原文件的副本可参见：ASV, ANN, b.392, ff.175r‑176v. 虽然是在17日出现在罗马的，但上面的日期写的是12日。

18　Stato pontificio 1850, pp.169‑70.

19　法里尼的说法摘自：Ghisalberti 1949, p.143. 在9月末和枢机主教安东内利见面后，雷内瓦尔抱怨了教宗有限的赦免。如果他们听法国人的话，圣座国务卿答道，那他们将不会把任何人排除出赦免名单。"啊，"法国大使回答，"要是那样就好多了，那会给圣父大人带来荣耀。他会给人留下仁慈、慷慨的印象。""绝不是这样，"安东内利回答，"大赦既是不公平的，同时也是不道德的。"Rayneval à Tocqueville, Naples, 30 septembre 1849, n.198, MAEC, PAR.

20　"在罗马的法国军事当局，"安东内利继续抱怨道，"想要在重要事务上施加他们的影响力，尤其是和警察事务相关的方面。"Antonelli a Viale, Portici, 17 settembre 1849, doc.49 in Lukács 1981, pp.369‑70. 安东内利后来给罗马教廷驻马德里大使发了同样的一封信，并且附上了训谕的副本。Antonelli al nunzio di Madrid, Portici, 17 settembre 1849, ASV, ANM, b.313, ff.707r‑712r.

21　Ghisalberti 1949, p.143.

第20章　不受欢迎的教宗

1　Liedekerke, September 22, 1849, in a report excerpted in Ghisalberti 1949, pp.147‑50.

2　Rayneval à Tocqueville, Naples, 23 septembre 1849, n.192, MAEC, PAR.

3　Tocqueville à Corcelle, Paris, 24 septembre 1849, doc.155 in Tocqueville 1983, vol.1, pp.416‑23. 在接下来的一天里，托克维尔给罗斯托兰写信通知他马志尼的指控并给他提出了相似的指示。Tocqueville à Rostolan, Paris, 25 septembre 1849, MAEN, RSS 537 bis.

4 Tocqueville à Corcelle, Paris, 26 septembre 1849, doc.157 in Tocqueville 1983, vol.1, pp.429 - 30.

5 训谕的英文翻译可参考：http://www.papalencyclicals .net/Pius09/p9quiplu.htm。庇护九世在这段文字中引用了 5 世纪的封圣教宗大利奥一世（Pope Leo the Great）的讲话。

6 Rayneval à Tocqueville, Naples, 30 septembre 1849, n.198, MAEC, PAR.

7 Rayneval à Tocqueville, Naples, 27 septembre 1849, n.196, MAEC, PAR；Lukács 1981, p.31n.

8 关于罗斯托兰提出的要求，见：Rayneval à Barrot, Rome, 24 septembre 1849, in Gaillard 1861, pp.500 - 502。在他给托克维尔写了最初的那封信的两天后，科瑟尔勒建议外交部部长应该要将自己准备辞职的事情保密。他说不想在这段过渡期里削弱部长的权威，也不想要罗斯托兰坚持他辞职的决定。科瑟尔勒还害怕他的辞职会给教廷带来影响。他还补充说，他也不想让好朋友为难。"如果你认为我出于政治原因的辞职让你难堪的话，"他告诉托克维尔，"你可以把这件事归因于健康原因和六个月的自然任期已经截止。"Corcelle à Tocqueville, Rome, 24 septembre, 2 octobre, 4 octobre 1849, docs.155, 161, 162 in Tocqueville 1983, vol.1, pp.427, 444.

9 Corcelle à Tocqueville, Rome, 10 octobre 1849, doc.164 in Tocqueville 1983, vol.1, pp.449 - 51.

10 这位外交部部长把这封信转给了他在土伦为应对紧急事件准备的战舰，并且命令舰长立即起航去追赶科瑟尔勒。Tocqueville à Corcelle, Paris, 9 octobre 1849, doc.164 in Tocqueville 1983, vol.1, pp.448 - 49.

11 Corcelle à Tocqueville, Rome, 13 octobre 1849, doc.165 in Tocqueville 1983, vol.1, pp.451 - 54. 托克维尔在 10 月中旬写信给科瑟尔勒说道："你和雷内瓦尔从教廷那里反复恳求来的有限让步一直无法对大赦法令的严厉判决进行最低限度的修改。"外交部部长力劝他继续战斗下去。Tocqueville à Corcelle, Paris, 15 octobre 1849, n.12, MAEN, RSS 274；Tocqueville à Corcelle, Paris, 30 octobre 1849, n.18, MAEN, RSS 274.

12 D. Savelli al Sig.r Assessore gen.le di Polizia, 24 settembre 1849, ASV, Segr. Stato, An.1850, Rubr. 165, fasc.3, ff.76r - 76v. 看起来在法国的压力之下，萨维利无法完全按照他的意思办事，而且有很多赦免名单以外的人得以在 9 月底之前离开教宗国。此后发生了疯狂的逃离潮，人们经常是逃向未知的目的地。Bollettino n.22, Roma, 29 settembre 1849, ASV, Segr. Stato, An.1849, Rubr. 155, fasc.2, ff.228v - 229r.

13 Segreteria della S. Cong.ne degli Studi a Bonaventura Orfei, 9 novembre 1849, MCRR, ms. 40, Consiglio di censura per l'Università romana, 1849 - 50, ff.21r - 22v. 可能没有比城里的收容院爆发起义更能清楚地显示遍及罗马各处的不悦情绪了。位于梵蒂冈城墙旁边的 13 世纪的庞大的圣灵（Santo Spirito）居住区是好几百名在出生后被遗弃的女孩生活的地方。在共和国期间，女性世俗信徒曾代替修女来营运她们的住所。在

10月1日当修女们回归时，这些被称作"私生女（bastarde）"的女孩爆发了抗议，她们高喊"共和万岁"和"教士去死"，喧闹声巨大，只是当法国军队介入后才使修女们进驻并且恢复了平静。Roncalli 1997, p.235. On infant abandonment in nineteenth-century Italy, see Kertzer 1993.

14 ASVR, Vicariato, Documenti particolari, Istituti diversi, Dossier F, fasc.11.

15 Adolphe Niel à Gustave Niel, Rome, 4 octobre 1849, doc.14 in Niel 1961, p.481.

16 "虽然教宗特别虔诚的品格是受到尊敬的，但是他曾经能够号召起来的一切热情，甚至兴趣都已不复存在了。"Hamilton to Palmerston, Florence, October 6, 1849, doc.120 in Parliament 1851, p.114. 奥地利人也是这样，不抱有任何的幻想。随同圣职统治一起回归的腐败，新任奥地利驻罗马教廷领事报告说，已经造成了"底层人民的普遍不满，不怀好意的人们娴熟地反对圣职和枢机主教团，指责他们是阻止已经许诺的旧宪法中各项让步的人，而且他们也在阻挠教宗本人。"Schnitzer-Meerau à Schwarzenberg, Rome, 6 octobre 1849, doc.140 in Blaas 1973, pp.394 - 97.

17 "Rome, Naples, and Sicily," TL, September 11, 1849. 领事在报告中描述了高级教士告诉他的事，"1849 年的庇护九世就我们的考虑而言，就如同他在 1847 年一样，祝福'意大利'"。众所周知，他补充说，格里高利十六世犹豫了很长时间才任命马斯泰成为枢机主教。人们问他为什么犹豫这么久的时候，格里高利教宗给出了相同的回答："在马斯泰家族的家乡，即便是猫也是喜欢自由派的。"Schnitzer-Meerau à Schwarzenberg, Rome, 18 octobre 1849, doc.150 in Blaas 1973, pp.413 - 16.

18 Rayneval à Tocqueville, Naples, 24 septembre 1849, n.194, MAEC, PAR；Key 1898, p.209；Rayneval à Tocqueville, Naples, 10 octobre 1849, n.203, MAEC, PAR；Rayneval à Tocqueville, Naples, 24 septembre 1849, n.194, MAEC, PAR. 科瑟尔勒也一样无法想象教宗会把自己放在一个看起来越来越有妄想症的国王手中。"很明显，"法国领事观察，"那不勒斯国王的制度很糟，自然而然不会产生合理的结果，因为他抓捕的人越多，他的恐惧也越大，从而又去追捕更多的人……很难相信圣父大人在这些令人厌恶的荒唐事中间会感觉到平安"。Corcelle à Tocqueville, Rome, 15 octobre 1849, MAEN, RSS 411.

19 Barrot 1876, pp.454 - 55.

20 Jankowiak 2007, p.222.

21 投票结果是 469 票赞成对 168 票反对。Assemblée nationale 1849d, pp.86 - 91, 147.

22 Rayneval à Tocqueville, Naples, 28 and 31 octobre 1849, nn.210, 211, MAEC, PAR.

23 Rayneval au ministre des affaires étrangères, Naples, 4 novembre 1849, n.212 bis, MAEC, PAR. 在奇维塔韦基亚的法国军队中有六人感染了霍乱，对疫情会快速在罗马蔓延的恐惧更进一步地加深了法国外交人员的紧迫感。Corcelle à Tocqueville, Rome, 30 octobre 1849, n.36, MAEN, RSS 411.

24 Schnitzer-Meerau à Schwarzenberg, Rome, 24 octobre 1849, doc.153 in Blaas 1973, pp.419 - 20.

25 ASCER, Co. 48, f.2, Rc, 9 sup.2, fasc.3, 7 settembre 1849.

26 突袭并不出乎罗马人的意料。说犹太人拿走了价值连城的圣物的传言自从法国人进城以后就在流传了。9 月，人们传话说警察将要把犹太聚居区包围起来入户搜查。人们认为这件事没有发生应归因于罗斯托兰将军的反对。传言说犹太人用 6000 斯库多（scudi）来收买他的支持。Roncalli 1997, p.231.

27 警方报告可参见：Grantaliano 2011, pp.120 - 27。圣座国务卿认为公开在犹太聚居区中找到的物品十分重要，而且有需要对消除对犹太人的宗教偏见的要求加以制衡，相关内容可参见：ASV, Segr. Stato, An.1849, Rubr.155, fasc.3, ff.71v - 73v。On these events, see also Carpi 1849, pp.5 - 13.

28 A copy of the Roman police report, dated October 30, is found in the archives of the Rome Jewish community. ASCER, Co. 48, f.2 Rc, 9 sup 2, fasc.6, estratto dal "Times" del 12 novembre 1849. 关于选举犹太人进入制宪会议和罗马城市委员会的内容，见：Capuzzo 1999, p.279。

29 科瑟尔勒解释说，从 7 月开始，当局已经要求所有的罗马人归还在前几个月中得到的所有的公共财产。"基督徒在我们规定的时间里归还了大量物品，"并补充，"值得注意的是，犹太人没有归还一件东西。"一个来自犹太聚居区的代表团已经来向科瑟尔勒抱怨这次突袭，但是他告诉他们，他和已经发生的事情没有一点关系。尽管他还是和罗斯托兰将军一起去找了三人执政委员会的枢机主教们谈论了此事。枢机主教们让法国人放心，"不存在任何迫害计划，也没有任何专门针对犹太人的举措"。Corcelle à Tocqueville, Rome, 31 octobre 1849, n.37, MAEN, RSS 411. 罗马的犹太人社群后来给科瑟尔勒送了一封正式抗议犹太聚居区遭到突袭的书面抗议。他将这封信发送到了巴黎并且附上了评论称不必严肃对待此事。Corcelle au ministre des affaires étrangères, Rome, 10 novembre 1849, n.39, MAEN, RSS 411.

30 巴罗的愤怒还因为策动"政变"的人正是他自己的兄弟费迪南。正是从这时候起，之前的总统秘书长费迪南·巴罗（Ferdinand Barrot），现在成了新的内政部部长，开始在背地里被叫作"该隐（Cain）"（弑兄者）。Barrot 1876, pp.470 - 84；Agulhon 1983, p.120；Martina 1974, p.390.

31 Esterházy à Schwarzenberg, Naples, 14 novembre 1849, doc.157 in Blaas 1973, pp.427 - 28.

第 21 章 上帝的邪恶之敌

1 Mercier à d'Hautpoul, Naples, 18 novembre 1849, n.215, MAEC, PAR；Rayneval

au ministre des affaires étrangères, Naples, 24 novembre 1849, n.216, MAEC, PAR; Roncalli 1997, p.239. 雷内瓦尔仍然坚信教宗是渴望做好事，但是他再一次看到，"他的天性犹豫不决，缺乏抵御周围不合理影响的决心"。Rayneval à d'Hautpoul, Naples, 4 décembre 1849, n.218, MAEC, PAR.

2 Baraguey au ministre des affaires étrangères, Rome, 24 novembre 1849, n.1, MAEN, RSS 411.

3 Baraguey à de la Hitte, Naples, 2 décembre 1849, n.4, MAEN, RSS 411; De Cesare 1907, pp.34 - 36. 为回应巴拉杰带来的来自路易 - 拿破仑的信件，庇护九世在10月中旬给法国总统写了一封信。他在信中进一步申辩了为什么反对扩大赦免的范围。"我曾自发地给予过赦免，这已经清楚地表明我的灵魂倾向于宽厚仁慈。但是这一举动只带来了糟糕的影响，只会有更为残忍的事情随之而来。" A copy of Pius IX's letter to Louis Napoleon, dated Portici, 16 dicembre 1849, is found attached to de la Hitte à Baraguey, Paris, 22 décembre 1849, MAEN, RSS 274.

4 Baraguey à de la Hitte, Naples, 4 dicembre 1849, n.5, MAEN, RSS 411. 事实上，那些"坏顾问"中最有影响力的一个，即枢机主教安东内利，一度试图用8000名西班牙志愿军组成的军团来顶替罗马的法国军队。考虑到西班牙政府决定将军队撤出教宗国，这成了安东内利心中的万全之策，以西班牙军队取代法国军队来驻守罗马。Antonelli al nunzio di Madrid, 5 dicembre 1849, Portici, ASV, ANV, b.330, ff.381r - 382r.

第二天，法国公使和奥地利大使进行了一次激烈地意见交换。埃斯特哈齐告诉法国将军，让教宗回到一个充满了法国军人的罗马是对教宗尊严的损害。将军则回答说："我对你说的话感到很吃惊，因为法国远征至罗马只是要重建教宗伟大的现世权力。"军队是为了确保秩序。如果奥地利想要减少在意大利出现的外国军队的话，他补充说，他们应该开始准备让自己的军队来占领。奥地利在托斯卡纳有12000人，在教宗国还另有12000人。"圣父大人的尊严，"巴拉杰说，"是因为你们强加在他身上的压力才遭到了损害。"

托斯卡纳，埃斯特哈齐回答道，完全是另外一个议题。奥地利和托斯卡纳大公有特殊的关系，而且实际上，这里可以被看作奥地利的一部分。奥地利也不打算讨论减少在教宗国的奥地利驻军。Baraguey à de la Hitte, Naples, 4 décembre 1849, n.5, MAEN, RSS 411. 巴拉杰将军和奥地利大使的第一次碰面并不顺利，这在埃斯特哈齐发给维也纳方面的报告中表现得十分明显。"我从这次谈话中得到的印象，"他写道，"即法国内阁并未作出一个好选择。"奥地利大使认为，巴拉杰"志大而才疏。没有经验而且缺少对政治事务的知识。" Esterházy à Schwarzenberg, Naples, 17 décembre 1849, doc.172 in Blaas 1973, p.472.

5 我在这里使用的通谕的英文翻译可参阅：http://www.papalencyclicals.net/Pius09/p9nostis.htm。

6 Rocca 2011, pp.105 - 7; De Longis 2001, pp.276 - 78.

7 贝吉欧乔索的信摘录自：Rocca 2011, p.106n。这封落款日期是1850年1月20日的信件刊登在了《戈里齐亚报》(*Giornale di Gorizia*)上。这位爱国的伯爵夫人在她的信件结尾处严厉地说道:"圣父大人所提出的指控在断然否认面前根本站不住脚,而且那些提出虚假指控,说罗马的虔诚女子们是'妓女'的人只不过是一小群冷酷无情、心胸狭窄之人。" Proia 2010, pp.172 - 73.

8 R. Abercrombie to Lord John Russell, Turin, December 2, 1849, in Palmerston Papers online, #Docref=PP/GC/AB/210; Rayneval à de la Hitte, Naples, n.223, 31 décembre 1849, MAEC, PAR. 罗马市民可以在幽默中得到一些慰藉。有一则故事是说,罗马有一个著名药剂师养了一只鹦鹉,他对这只鹦鹉的学舌能力感到特别骄傲。在这一年的早些时候,他教鹦鹉学会了"罗马共和国万岁,庇护九世去死"的口号。但问题是他教不会鹦鹉怎么忘掉所学会的内容,据说这惹来了人们的嘲笑。在1849年12月1日的日记里,作者隆考利(Roncalli 1997, p.242)发誓说这是一件真事。

9 Rayneval à de la Hitte, Naples, n.222, 24 décembre 1849, MAEC, PAR.

10 罗马的枢机主教三人执政委员会以德拉·更贾为首,他在一个星期后也亲自提出了警告。虽然他表达了让教宗在不久后也许能够回归国都的希望,但是他也立即补充说:"然而,我不能隐瞒这样的事实,虽然共和的混乱时期的那种激烈情绪已经大大平静下来,然而……人群还没有回到对于灵魂和内部社会都大为有利的宗教和政治观点上。" The quotes from Cardinal Della Genga's letter of January 8, 1850, and from Cardinal Macchi's December 30, 1849, letter to Pius IX are found in Martina 1974, pp.406 - 7.

11 对他来说,雷内瓦尔认为这样的恐惧一点也没有道理。"庇护九世的内心深处的确是倾向自由的," 大使汇报说,"但是他经过了痛苦的考验,而且对于一个本质如他这样的人,不确定又胆小,类似的教训将会永远产生出重要的影响。" Rayneval à de la Hitte, Naples, n.223, 31 décembre 1849, MAEC, PAR.

12 Lancellotti, 31dicembre1849, inCittadini1968, p.264; Lodolini1970, p.103; Martina 1974, pp.414 - 15.

13 Farini 1850 - 53, vol.4, p.295.

14 Gille 1967, pp.68 - 70. 在10月中旬,雷内瓦尔汇报了安东内利渴望向罗斯柴尔德家族贷款,以及他对于和该银行家族的一个成员很快就能见面的期待。Rayneval à de la Hitte, Naples, 14 décembre 1849, n.220, MAEC, PAR. 在12月21日,法国外交部部长德·拉·伊特(de la Hitte)通过巴拉杰给安东内利发送了关于与罗斯柴尔德家族谈判的通知,强调了这件事的关键性。De la Hitte à Baraguey, Paris, 21 décembre 1849, n.8, MAEN, RSS 274.

15 De la Hitte à Baraguey, Paris, 5 janvier 1850, n.2, MAEN, RSS 274; de la Hitte à Rayneval, Paris, 5 janvier 1850, MAEN, RSS 274.

16 Laras 1973, pp.515 - 19; Martina 1967b, pp.211 - 12.

17 De la Hitte à Rayneval, Paris, 10 janvier 1850, n.2, MAEC, CP, Naples, vol.180,

ff.14r - 14v.

18　Martina 1974, pp.410 - 12. 雷内瓦尔在 1 月中旬汇报了他和安东内利关于罗斯柴尔德家族提出的更加善待犹太人的要求的谈话。Rayneval à de la Hitte, Naples, 15 janvier 1850, n.3, MAEC, CP, Naples, vol.180, ff.16r - 19v.

19　Baraguey à de la Hitte, Rome, 14 janvier 1850, n.13, MAEN, RSS 412. 根据报告中的说法，巴拉杰说："让我和贝都因人打交道也比和枢机主教好 1000 倍!" "Citoyen romain 1852, p.224. 与此同时这位法国将军将责难加诸教廷的身上，教宗国政府中的人们正在把法国拉下水。在他的每周汇报中，罗马的警务署署长把罗马大部分人对教士政权回归的持续敌意归咎于法国追求的"暧昧政策"。这份报告也按照时间顺序罗列了围绕着教宗回归的一系列传言。"那些极度憎恶教宗的人……近日来在罗马不停地散布传言，说教宗的蒸汽船本应已经抵达那不勒斯了，连同教宗的一部分随员一起，船已经在半路失事沉没了。" Direzione generale di polizia, Bollettino politico dello Stato pontificio dal giorno 10 al 16 Gennaio, Roma, 18 gennaio 1850, ASV, Segr. Stato, An.1850, b.155, fasc.1, ff.36r - 36v.

20　Rayneval à de la Hitte, Naples, 4 février 1850, n.6, MAEC, CP, Naples, vol.180, ff.29r - 34v; Gille 1967, p.2: 70.

21　De la Hitte à Baraguey, Paris, 23 février 1850, n.10, MAEN, RSS 274; Gille 1967, pp.70 - 71.

22　Martina 1974, p.395.

23　Baraguey à de la Hitte, Rome, 5 février 1850, n.17, MAEN, RSS 412.

24　Falconi 1983, pp.232 - 33.

25　Martina 1974, pp.399 - 401.

26　这段文字来自梵蒂冈档案馆中的版本：ASV, Segr. Stato, An.1850, Rubr.155, fasc.1, ff.180r - 181r。

27　住在罗马的荷兰画家扬·科尔曼（Jan Koelman）描述了这一情景：他们穿着脏兮兮、打着补丁的服饰，挤在五六辆粗陋的马车里，在空荡荡的大街上上蹿下跳，喊着"圣父万岁! 庇护九世万岁!" 在他们离开的时候，他们的口袋里塞着钱，更是高喊着反讽意味浓厚的感谢语，"圣父的警察也万岁!" Koelman 1963, vol.2, pp.498 - 99; Roncalli 1997, pp.256 - 57.

28　Baraguey à de la Hitte, Rome, 9 février 1850, n.19, MAEN, RSS 412. 这里说到的年轻人正是夏尔·波拿巴的儿子穆西纳诺亲王（Prince of Musinano）。他跟随离开了父亲的虔诚的天主教徒母亲生活，他的父亲此时正在流亡。

第 22 章　回到罗马

1　Conférence de Portici, Compte rendu de la 15ème séance, 11 mars 1850, MAEC, CP,

Naples, vol.180, ff.76r - 78r; Rayneval à de la Hitte, Naples, 14 mars 1850, n.17, MAEC, CP, Naples, vol.180, ff.70r - 75v.

2 Rayneval à de la Hitte, Naples, 14 mars 1850, n.17, MAEC, CP, Naples, vol.180, ff.71r - 71v.

3 Antonelli ai Cardinali Componenti la Commissione Governativa, Portici, 16 marzo 1850, ASV, Segr. Stato, An.1850, Rubr.1, fasc.2, ff.45r - 45v. 安东内利在 1 月初时已经给三个在罗马的枢机主教写信要求他们开始为教宗预计的回归路线作沿线的安保准备。Antonelli ai Cardinali componenti, Commissione Governativa, Portici, 10 gennaio 1850, ASV, Segr. Stato, An.1850, Rubr.1, fasc.2, ff.4r - 4v. 尽管他还没有通知外交官们, 但是安东内利已经在 3 月 7 日告诉三位在罗马的枢机主教教宗回归的计划日期和路线。Della Genga, Vannicelli, e Altieri al ministro del commercio, Roma, 11 marzo 1850, ASV, Segr. Stato, An.1850, Rubr.1, fasc.2, ff.33r - 33v.

4 Rayneval à de la Hitte, Naples, 4 avril 1850, n.21, MAEC, CP, Naples, vol.180, ff.99r - 104r.

5 即使是在教宗出发的时候, 并不是所有人都确定知道教宗实际上是要返回罗马。伦敦《泰晤士报》记者在 4 月 4 日从卡塞塔作出的报道中写道: "我竭力说服自己相信庇护九世这次会实现他的许诺, 但我这样想并非出自我的最好的理性判断, 而且很多教会的真正朋友也不这么认为, 他们还没有确信到目前为止他是真的要回归。事实上, 除非亲眼看到, 否则我是不会相信教宗已在罗马。""The Return of the Pope to Rome," TL, April 13, 1850.

6 Barluzzi 1850, pp.1 - 7; Blois 1854, pp.216 - 20.

7 Univers 1850, p.4.

8 Baraguey à de la Hitte, Rome, 10 avril 1850, n.30, MAEN, RSS 412.

9 "Affairs of Rome," datelined Velletri, April 11, TL, April 23, 1850.

10 From Bargagli's letter from Rome to the Tuscan minister of foreign affairs, April 9, 1850, quoted in Martina 1974, p.416.

11 Carlier, le Préfet de police, au ministre intérieur, 12 avril 1850, MAEC, CP, Rome, vol.994, ff.157r - 158r; lettres de Rome, 12 avril 1850 in Univers 1850, pp.27 - 28.

12 Cuneo 1850, pp.35 - 37; "Affairs of Rome," datelined Rome, April 12, TL, April 24, 1850; de la Rochère 1853, pp.474 - 75; Falconi 1983, p.258.

13 利德凯尔克在 4 月 13 日给荷兰外交大臣的报告摘录自: Ghisalberti 1949, p.175. 埃斯特哈齐给维也纳的报告以及鲁道夫给那不勒斯的报告都描述了教宗进入罗马的盛大游行场面和人民普遍的低落情绪。Engel-Janosi 1950, p.159; Ludolf al ministro degli affari esteri in Napoli, Roma, 13 aprile 1850, doc XLIII in Bianchi 1869, vol.6,

pp.552 - 53.

在教宗进入罗马的同一天，城里的警长就发出了紧急警告。警方的消息来源已经得知马志尼已经组织了一场阴谋，想要利用罗马的混乱趋势谋杀教宗。马志尼的最初目标，警务署署长说，本是刺杀路易-拿破仑，但是他在伦敦的难民同伴说服了他，他改变了主意，现在希望谋杀教宗，从而在罗马激起一场新的起义。暗杀计划的主要刺客是一群女性，领头的是加里波第军团中的一个主要军官的妻子，她留在了罗马，经营着家族的珠宝生意。Carlier，le Préfet de police，au ministre intérieur，12 avril 1850，MAEC，CP，Rome，vol.994，ff.157r - 158r.

14 Baraguey à de la Hitte, Rome, n.33, 30 avril 1850, MAEN, RSS 412.

15 "Affairs of Italy," datelined Rome, April 30, TL, May 11, 1850.

16 De Cesare 1907, pp.10, 25 - 29; Citoyen romain 1852, p.226.

17 Ghisalberti 1949, p.172; Burdel 1851, pp.8 - 19; Laureano 1970, pp.226 - 30. 关于加佐拉，见：Monsagrati 1999。在他被审判的一年后，在看守的法国士兵的帮助下，加佐拉从圣天使堡中逃走了。关于教宗监狱亲历者的记述，见：Tergolina 1860。

18 教宗回归后任命安东内利的兄弟担任罗马银行的首脑的决定只是更增加了人们对于这位权倾朝野的圣座国务卿的憎恨。Ghisalberti 1949, pp.176 - 77; Falconi 1983, pp.258, 264; Martina 2004, p.195; Cipolletta 1863, pp.43 - 47.

19 Martina 1974, pp.395 - 96.

20 Bianchi 1869, vol.6, pp.560 - 61.

21 Esterházy's May 28, 1850, report to Schwarzenberg is quoted in Ghisalberti 1949, p.177.

22 当雷内瓦尔听说教宗正处在枢机主教们所施加的解雇安东内利的压力之下的传闻后，雷内瓦尔的态度立即转向了支持这位圣座国务卿，他声称教宗没有能力替换他。雷内瓦尔已经变成了安东内利最大的支持者之一，他错误地相信是其他的枢机主教曾阻止自由改革，而且只有安东内利才许诺要把教宗国带向现代。大使告诉教宗，这位枢机主教必须得到允许来完成他已然开始的任务。在教宗这边，他已经打消了传言的真实性，并告诉法国大使他完全信任安东内利。Rayneval à de la Hitte, Rome, n.12, 30 juin 1850, MAEN, RSS 412.

23 Rayneval à de la Hitte, Rome, n.11, 24 juin 1850, MAEC, PAR；Rayneval à de la Hitte, Rome, n.26, 31 août 1850, MAEC, PAR；Rayneval à de la Hitte, Rome, n.18, 20 juillet 1850, MAEC, PAR；Rayneval à de la Hitte, Rome, n.19, 24 juillet 1850, MAEC, PAR；Viaene 2001, p.505. 在这些个月中，无论教宗要造访哪个罗马的教堂，安东内利都会事先要求负责安保的法国将军给教宗身边部署骑兵护卫。大量关于此事的报告可参见：ASV, Segr. Stato, An.1850, Rubr.1, fasc.1 for August and September 1850.

24 Chiron 2001, p.49; Roncalli 1972, pp.32 - 33; Gillespie 1845, p.161. 并非所有当时的上层圣职都和马斯泰一样对断头台持有同样的敏感，这一现象可以明显地在枢机主教朱塞佩·萨拉（Giuseppe Sala）和教宗格里高利十六世的谈话中表现出来，后者在当选后马上遭遇了叛乱，枢机主教萨拉提出只有处决叛乱者才能够平息事态，他告诉教宗，如果他可以不受枢机主教亲自执行死刑的"不寻常"观感的影响的话，他甚至乐意亲自行刑。Morelli 1953,pp.98‐99. 很显然，他的话给教宗造成了影响，在接下来的一年里，他指派这位枢机主教成为主管禁书目录的最高长官。

25　Rayneval à de la Hitte, Rome, n.39, 10 octobre 1850, MAEC, PAR；Roncalli 1997, pp.292‐93；Citoyen romain 1852, pp.233‐40.

26　Cass to John Clayton, Rome, September 4, 1849, n.13；Cass to John Clayton, Rome,September 20,1849,n.14；and Cass to John Clayton,Rome,April 20,1850,n.24；Stock 1933，pp.54‐59，66‐67.

27　Cass to Daniel Webster, Rome, October 15, 1850, n.34, Stock 1933, pp.75‐77.

28　S. Alatri and A. Rapelli to Baronne de Rothschild, Rome, 19 avril 1850, ASCER, Co 50‐51, f2, Rd.9, sup.2, p4, fasc.6.

29　"Memoria sugl'Israeliti," al ministro della Repubblica francese e March. de Rothschild, novembre 1850, ASCER, Co 50‐51, f.2, Rd. 9, s. 2, p4, fasc.15. 一份没有署日期的文件 "Note sur la situation des Israélites des états Pontificaux, et sur ceux de Rome in particulier" 出现在上述文件的同一个文件夹里，它有可能是上述文件的附加档案，更进一步时间顺序罗列了在教宗国政府回归之后给犹太人重新施加的各种限制。

30　Story 1864, vol.1, pp.81‐82. 有一个例子是 1851 年初罗马里格拉（Regola）的警长给枢机主教的一封信，他在信中痛苦地抱怨了他看到犹太人仍然和天主教徒住在同一座建筑物中。Francesco Soderini a Cardinale Patrizi, 15 gennaio 1851, ASVR, Segreteria, Atti, b.76, fasc.28. 甚至还有一些证据表明在犹太聚居区边界上的教堂重新采取了强迫性讲道的尝试，犹太男人要被迫在一年里参加几次由多明我会在周六下午举行的改宗讲道。半官方性质的 1851 年罗马年历标注了佩斯切里亚（Pescheria）的圣天使（教堂）"是给犹太人举行讲道的教堂，"并且罗列了三名主持讲道的神甫姓名。*Notizie* 1851, p.371.

31　Senior 1871, vol.2, pp.113‐15. 卡埃塔尼曾经是得到庇护九世召见并为之效力的罗马贵族之一。他也曾担任过罗马俱乐部的主席。Caetani 1974, p.33.

32　Viaene 2001, p.505.

33　Senior 1871, vol.2, pp.93‐94（Senior's diary entry is dated March 3, 1851）.

34　Cass to Webster, Rome, May 24, 1851, n.42, in Stock 1933, pp.85‐86.

35　Viaene 2001, p.505.

尾　声

1　Gajani 1856, p.422；Citoyen romain 1852, pp.233‐40.

2　Marchese G. Sacchetti, provveditore, Arciconfraternità di San Giovanni Decollato, in Colonna 1938, pp.277 - 81. 关于罗西被刺杀一案的审判，亦见：Giovagnoli 1911. ASR, Tribunale supremo della Sacra consulta, Processi politici, b.217, fasc.132, Pellegrino Rossi。

3　Ghisalberti 1965, pp.236 - 48.

4　在夏尔·波拿巴死后不到五个月的时间里，他的儿子吕西安就宣布放弃他新近获得的卡尼诺亲王头衔并成为圣职。十年后，庇护九世将他任命为枢机主教。Casanova 1999, p.169；Bartoccini 1969, p.13.

5　Story 1864, vol.2, pp.81 - 87. 在这些年中，最臭名昭著的洗礼案包括在博洛尼亚宗教审判员的命令下，6 岁的埃德加多·莫塔拉（Edgardo Mortara）在 1858 年被从他的父母手中抢走并送往罗马，庇护九世在罗马亲自阻挡了让这个孩子回家的压力。Kertzer 1997. For other cases of forced baptism in nineteenth-century Rome, see Kertzer 2001, pp.38 - 59.

6　Odo Russell to Earl R., 17 January 1865, in Blakiston 1962, n.310.

7　Odo Russell to Earl of C., 22 January 1866, in Blakiston 1962, n.335.

8　Odo Russell to Lord S., 16 January 1868, and Odo Russell to Lord S., 26 March 1868, in Blakiston 1962, nn.349 and 383.

9　《谴责当前的谬误》的英文版可参阅：http://www.papalencyclicals.net/Pius09/p9quanta. htm；《错误大纲》的英文版可参阅：http://www.papalencyclicals.net/Pius09/p9syll.htm.

10　Longfellow to George W. Greene, Rome, January 30, 1869, in Longfellow 1886, p.450.

11　Mozley 1891, vol.2, p.103.

12　关于教宗在梵蒂冈会议中角色的最佳论述可参见：Martina 1990, pp.111 - 232。

13　Kertzer 2004, pp.33 - 35.

14　Mack Smith 1994, pp.204 - 11；Cadorna 1889, pp.28, 35.

15　D. M. Armstrong to Hamilton Fish, U.S. consulate, Rome, 23 September 1870, in Stock 1945, pp.354 - 56.

16　Gregorovius 1907, pp.404 - 5.

17　The encyclical, *Respicientes ea omnis*, was released on November 1, 1870. Halperin 1939, pp.101 - 2.

18　Martina 1971, pp.316 - 17.

19　关于这场引起混乱的葬礼游行的详细描述，见：Kertzer 2004, pp.179 - 97。

20　Kertzer 2014, pp.98 - 113.

21　"Homily of His Holiness John Paul II," 3 September 2000, Beatification of Pius IX, John XXIII, Tommaso Reggio, William Chaminade, and Columba Marmion, found at http://w2.vatican.va/content/john-paul-ii/en/homilies/2000/documents/hf_jp-ii_

hom_20000903 _beatification.html.

22 Negro 1966, p.162；Coppa 1990，p.179. 尽管这个女人输掉了诉讼，但是很多人相信
她本该赢得这场官司。关于这场官司的更多内容，见：Pirri 1958，pp.105 - 17。Coppa
（1990，p.181），此文本论述了安东内利利用圣座国务卿身份以不正当手段获利的指控，
并且讨论了他广为流传的遗嘱内容和教会话题。

About, Edmond. 1859. *La question romaine.* Lausanne: Corbaz & Fouiller.

Achilli, Giacinto. 1851. *Dealings with the Inquisition, or, Papal Rome, Her Priests, and Her Jesuits, with Important Disclosures.* New York: Harper and Brothers.

Agresti, Olivia Rossetti. 1904. *Giovanni Costa: His Life, Work, and Times.* London: Gay and Bird.

Agulhon, Maurice. 1983. *The Republican Experiment, 1848–1852.* Cambridge: Cambridge University Press.

Annuario Pontificio. 1847. Notizie per l'anno 1847. Roma: Stamperia Cracas.

Arcuno, Irma. 1933. *Il regno delle Due Sicilie nei rapporti con lo Stato pontificio (1846–1850).* Naples: Perrella.

Arrigoni, Giampiera. 1996. *La fidatissima corrispondenza: Un ignoto reportage di Johann Jakob Bachofen da Roma nel periodo della rivoluzione romana (1848–1849).* Florence: Nuova Italia.

Assemblea costituente. 1849. *Ai governi ed ai Parlamenti di Francia e d'Inghilterra.* Rome, opuscolo, http://www.repubblicaromana-1849.it/index.php?9/opuscoli/iei0138196.

Assemblée nationale. 1849a. *Compte rendu des séances de l'Assemblée nationale. Du 16 avril au 27 mai.* Paris: Panckoucke.

———. 1849b. *Compte rendu des séances de l'Assemblée nationale. Du 28 mai au 20 juillet 1849.* Paris: Panckoucke.

———. 1849c. *Compte rendu des séances de l'Assemblée nationale. Du 21 juillet au 10 octobre 1849.* Paris: Panckoucke.

———. 1849d. *Compte rendu des séances de l'Assemblée nationale. Du 11 octobre au 30 novembre 1849.* Paris: Panckoucke.

Aubert, Roger. 1961. "Antonelli, Giacomo." *Dizionario biografico degli italiani,* online.

———. 1990 [French orig. 1964]. *Il pontificato di Pio IX. Storia della Chiesa.* Vol. 21/1. Edited by Giacomo Martina. Rome: Edizioni Paoline.

Badie, Bertrand. 2012. *Diplomacy of Connivance.* Translated by Cynthia Schoch and William Snow. New York: Palgrave Macmillan.

Balbiani, Antonio. 1860. *Storia illustrata della vita di Garibaldi.* Milan: Inversini e Pagani.

Balleydier, Alfonso. 1847. *Roma e Pio IX.* Naples: Borel e Bompard.

—————. 1851. *Histoire de la révolution de Rome.* 3rd ed. 2 vols. Paris: Comon.

Barbagallo, Francesco. 2000. "The Rothschilds in Naples." *Journal of Modern Italian Studies* 5 (3): 294–309.

Barluzzi, Giulio. 1850. *Relazione storica del viaggio di Sua Santità papa Pio IX da Portici a Roma nell'aprile dell'anno 1850.* Rome: Tip. delle Belle Arti.

Barrot, Odilon. 1876. *Mémoires posthumes de Odilon Barrot.* Vol. 3. Paris: Charpentier.

Bartoccini, Fiorella. 1969. "Bonaparte, Carlo Luciano, principe di Canino." *Dizionario biografico degli italiani,* online.

Bastide, Jules. 1858. *La République française et l'Italie en 1848. Récits, notes et documents diplomatiques.* Brussels: Meline, Cans.

Baudi di Vesme, Carlo. 1951. *La diplomazia del Regno di Sardegna durante la prima guerra d'indipendenza.* Vol. 2, *Relazioni con lo Stato pontificio (marzo 1848–luglio 1849).* Turin: Istituto per la storia del Risorgimento italiano.

Beghelli, Giuseppe. 1874. *La Repubblica romana del 1849.* 2 vols. Lodi: Società Cooperativa-Tipografica.

Berra, Francesco L. 1957. "La fuga di Pio IX a Gaeta e il racconto del suo scalco segreto." *Studi romani* 5:672–86.

Bertotti, E. 1927. *Goffredo Mameli e la Repubblica romana nel 1849.* Genoa: Studio editoriale genovese.

Beseghi, Umberto. 1946. *Ugo Bassi.* 2 vols. Florence: Marzocco.

Beust, Friedrich Ferdinand, Count von. 1887. *Memoirs.* London: Remington.

Bianchi, Nicomede. 1869. *Storia documentata della diplomazia europea in Italia dall'anno 1814 all'anno 1861.* Turin: Unione tipografico-editrice.

Bittard des Portes, René. 1905. *1849: L'expédition française de Rome sous la Deuxième république d'après des documents inédits.* Paris: Émile-Paul.

Blaas, Richard, ed. 1973. *Le relazioni diplomatiche fra l'Austria e lo Stato pontificio.* 3rd series. Vol. 1. Rome: Istituto storico italiano per l'età moderna e contemporanea.

Blakiston, Noel, ed. 1962. *The Roman Question: Extracts from the Dispatches of Odo Russell from Rome, 1858–1870.* London: Chapman & Hall.

Blois, Giovanni. 1854. *Narrazione storica, religiosa, politica, militare del soggiorno nella Real piazza di Gaeta del Sommo pontefice Pio IX dal dì 25 novembre 1848 al dì 4 settembre 1849.* Naples: Reale Tipografia Militare.

Boero, Giuseppe, S. J. 1850. *La rivoluzione romana al giudizio degli imparziali.* Florence: Birindelli.

Bonaparte, Charles Lucien. 1857. *Discours, allocutions et opinions de Charles Lucien prince Bonaparte dans le conseil des députés et l'Assemblée costituante de Rome en 1848 et 1849.* Leiden: Brill.

Borie, Victor. 1851. *Histoire du pape Pie IX et de la dernière révolution romaine (1846–1849).* Brussels: Tarride.

Bortolotti, Sandro. 1945. *Metternich e l'Italia nel 1846.* Turin: Edizioni Chiantore.

Borutta, Manuel. 2012. "Anti-Catholicism and the Culture War in Risorgimento Italy." In *The Risorgimento Revisited*, ed. Silvana Patriarca and Lucy Riall, pp. 191–213. London: Palgrave Macmillan.

Boulangé, Théodore (l'Abbé). 1851. *Rome en 1848–1849–1850: Correspondance d'un officier français de l'armée expéditionaire d'Italie*. Vol. 2. Limoges: Barbou.

Bourgeois, Emile, and E. Clermont. 1907. *Rome et Napoléon III (1849–1870)*. Paris: Colin.

Boyer, Ferdinand. 1956. "Pie IX à Gaète et l'amiral Baudin." *Rassegna storica del Risorgimento* 43:244–51.

Brancati, Antonio. 2007. "Mamiani della Rovere, Terenzio." *Dizionario biografico degli italiani*, online.

Bratti, Daniele Ricciotti. 1903. *I moti romani del 1848–49 dal carteggio di un diplomatico del tempo*. Venice: Pellizzato.

Brevetti, Giulio. 2014. "Il Re Bomba e l'eclissi della natura." In *Per la conoscenza dei beni culturali*, vol. 5. Seconda Università di Napoli, dottorato in metodologie conoscitive per la conservazione e la valorizzazione dei beni culturali. Santa Maria Capua Vetere: Edizione Spartaco.

Briffault, Eugène. 1846. *Le secret di Rome au XIXme siècle*. Paris: Boizard.

Burdel, Ernest. 1851. *Le prigioni di Roma nel 1851*. Translated by F. Foce. Turin: Demaria.

Bustico, Guido. 1939. "Un ministro ferrarese di Pio IX, Carlo Emanuele Muzzarelli." *Rassegna storica del Risorgimento* 26: 459–75.

Cadorna, Raffaele. 1889. *La liberazione di Roma nell'anno 1870*. Rome: Roux.

Caetani, Michelangelo. 1974. *Lettere di Michelangelo Caetani duca di Sermoneta. Cultura e politica nella Roma di Pio IX*. Edited by Fiorella Bartoccini. Rome: Istituto di studi romani.

Calman, Alvin R. 1922. *Ledru-Rollin and the Second French Republic*. Ph.D. diss., Political Science, Columbia University.

Camarotto, Valerio. 2012. "Muzzarelli, Carlo Emanuele." *Dizionario biografico degli italiani*, online.

Candeloro, Giorgio. 1972. *Storia dell'Italia moderna*. Vol. 3, *La Rivoluzione nazionale (1846–1849)*. Milan: Feltrinelli.

Capograssi, Antonio. 1941. *La conferenza di Gaeta del 1849 e Antonio Rosmini*. Rome: Proja.

Capuzzo, Ester. 1999. "Gli ebrei e la Repubblica romana." *Rassegna storica del Risorgimento* 86:267–86.

Carpi, Leone. 1849. *Blocco dei francesi al ghetto di Roma nell'anno di grazia 1849 e secondo della loro repubblica*. Turin: Stamperia sociale degli artisti.

Casanova, Antonio G. 1999. *Carlo Bonaparte: Principe di Canino, scienza e avventura per l'unità d'Italia*. Rome: Gangemi.

Chantrel, J. 1861. *Annales ecclésiastiques de 1846 à 1860*. Paris: Gaume Frères et J. Duprey.

Chiron, Yves. 2001. *Pie IX, pape moderne*. Suresnes: Clovis.

Choffat, Thierry. 2008. "Louis Napoléon candidat élections législatives et présidentielles de 1848." In *Napoléon III, l'homme, le politique*, ed. Pierre Milza, pp. 85–104. Navarre: Napoléon Éditions.

Cipolletta, Eugenio. 1863. *Memorie politiche sulla restaurazione e decadenza del* governo di Pio IX compilate su documenti segreti diplomatici rinvenuti negli Archivi degli affari esteri delle Due Sicilie. Naples: Morelli.

Citoyen romain. 1852. Les mystères du clergé romain . . . par un citoyen romain. Lausanne: Weber.

Cittadini, Giovanni. 1986. Il conclave dal quale uscì Giovanni M. Mastai-Ferretti Papa. Naples: Laurenziana.

————. 1989. La fuga e il soggiorno di Pio IX nel Regno di Napoli. Naples: Laurenziana.

Cittadini, Giovanni, ed. 1968. Carteggio privato di papa Pio IX e Ferdinando II re di Napoli esistente nell'Archivio statale di Napoli coll'aggiunto del diario della rivoluzione di Roma del marchese Luigi Lancellotti. Macerata: Opera "Mater misericordiae."

Clough, Arthur. 1888. Prose Remains. London: Macmillan.

Collins, Ross W. 1923. Catholicism and the Second French Republic. Ph.D. diss., Political Science, Columbia University.

Colonna, Gustavo Brigante. 1938. L'uccisione di Pellegrino Rossi (15 novembre 1848). Milan: Mondadori.

Coppa, Frank J. 1990. Cardinal Giacomo Antonelli and Papal Politics in European Affairs. Albany: State University of New York Press.

————. 2003. "Pio Nono and the Jews: From 'Reform' to 'Reaction,' 1846–1878." Catholic Historical Review 89 (4): 671–95.

Cuneo d'Ornano, Marquis. 1850. Retour de Pie IX à Rome 1850. Rome: Salviucci.

Curato, Federico. 1970. Gran Bretagna e l'Italia nei documenti della missione Minto. 2 vols. Rome: Istituto storico italiano per l'età moderna e contemporanea.

Curci, Carlo M., ed. 1849. La quistione romana nell'Assemblea francese il 14, 18, 19, 20 ottobre, preceduta da un'avvertenza e con note. Paris: Lecoffre.

Dalla Torre, Paolo. 1979. "Il Cardinale Giacomo Antonelli fra carte di archivio ed atti processuali." Pio IX 8:144–97.

D'Ambrosio, Gaetano. 1852. Relazione della campagna militare fatta dal corpo napolitano negli Stati della Chiesa l'anno 1849. Naples: Tipografia Militare.

Dandolo, Emilio. 1851. The Italian Volunteers and Lombard Rifle Brigade. London: Longman.

De Broglie, Albert. 1938. Mémoires de Duc de Broglie, avec un préface de son petit-fils. Vol. 1. Paris: Calmann-Lévy.

De Cesare, Raffaele. 1907. Roma e lo Stato del Papa dal ritorno di Pio IX al XX settembre. Vol. 1. Rome: Forzani.

De Chambrun, Gilbert. 1936. "Un projet de séjour en France du pape Pie IX." Revue d'histoire diplomatique 50:322–64, 481–508.

De Felice, Renzo. 1962. "Armellini, Carlo." Dizionario biografico degli italiani, online.

Deiss, Joseph J. 1969. The Roman Years of Margaret Fuller. New York: Crowell.

De La Rochère, Eugénie Dutheil, comptesse. 1853. Rome: souvenirs religieux, historiques, artistiques de l'expédition française en 1849 et 1850. Tours: Mame.

De Ligne, Eugène (Prince). 1929. "La Pape Pie IX à Gaète. Souvenirs inédits." *Le Correspondant,* 25 avril 1929, pp. 172–95.

De Ligne, Princesse. 1923. *Souvenirs de la princesse Ligne née princesse Lubomirska.* Brussels: Van Oest.

Delmas, E. 1849. "Relation du siège de Rome en juin 1849." *Spectateur Militaire* 48: 259–92.

De Longis, Rosanna. 2001. "Tra sfera pubblica e difesa dell'onore. Donne nella Roma del 1849." *Roma moderna e contemporanea* 9 (1–3): 263–83.

Del Vecchio, B. 1849. *L'assedio di Roma. Racconto storico.* Capolago: Elvetica.

Demarco, Domenico. 1944. *Una rivoluzione sociale, la Repubblica romana del 1849 (16 novembre 1848–3 luglio 1849).* Naples: Gufo.

———. 1947. *Pio IX e la rivoluzione romana del 1848: saggio di storia economico-sociale.* Modena: Società tipografica modenese.

———. 1949. *Il tramonto dello stato pontificio. Il papato di Gregorio XVI.* Turin: Einaudi.

De Reiset, Comte. 1903. *Mes souvenirs.* Vol. 1. Paris: Plon-Nourrit.

Desmarie, Paul [pseud.]. 1860. *Moeurs italiennes.* Paris: Poulet-Malassis et de Broise.

Diesbach, Ghislain de. 1998. *Ferdinand de Lesseps.* Paris: Perrin.

Dino, Duchesse de. 1910. *Memoirs of the Duchesse de Dino, 1841–1850.* Edited by Princess Radziwill. New York: Scribner's.

Di Rienzo, Eugenio. 2012. *Il Regno delle Due Sicilie e le potenze europee 1830–1861.* Soveria Mannelli: Rubbettino.

Diurno repubblicano: in cui si pongono, giorno per giorno, tutti gli avvenimenti. . . . che avvennero in Roma, dal 14 novembre 1848 al 2 luglio 1849. 1849. Rome: Ajani.

DRS. 1949–51. *La diplomazia del Regno di Sardegna durante la prima guerra d'indipendenza.* 3 vols. Turin: Istituto per la storia del Risorgimento italiano. For vol. 1, see Pischedda 1949; for vol. 2, see Baudi di Vesme 1951; for vol. 3, see Quazza 1952.

Druidi, Maria Cessi. 1954. "Intorno alla conferenza di Gaeta." *Rassegna storica del Risorgimento* 41:299–303.

———. 1958. "Contributo alla storia della Conferenza di Gaeta." *Rassegna storica del Risorgimento* 45:219–72.

Dumreicher, Alois. 1883. *Portraits par un diplomate.* Paris: Plon.

Edgar-Bonnet, George. 1951. *Ferdinand de Lesseps.* Paris: Plon.

Engel-Janosi, Friedrich. 1950. "The Return of Pius IX in 1850." *Catholic Historical Review* 35:129–62.

———. 1952. "French and Austrian Political Advice to Pius IX, 1846–1848." *Catholic Historical Review* 38:1–20.

Facchini, Didaco. 1890. *Biografia di Ugo Bassi.* 2nd ed. Bologna: Zanichelli.

Falconi, Carlo. 1981. *Il giovane Mastai: Il futuro Pio IX dall'infanzia a Senigallia alla Roma della Restaurazione 1792–1827.* Milan: Rusconi.

———. 1983. *Il Cardinale Antonelli. Vita e carriera del Richelieu italiano nella chiesa di Pio IX.* Milan: Mondadori.

Falloux, Alfred Pierre Frédéric, comte de. 1888. *Mémoires d'un royaliste.* Vol. 1. Paris: Perrin.

Farini, Luigi Carlo. 1850–53. *Lo stato romano dall'anno 1815 all'anno 1850.* 4 vols. Florence: Monnier.

Ferrari, Federica. 2002. "Dai rapporti della legazione toscana a Roma e a Gaeta: Un'immagine della Repubblica romana." In *Studi sulla Repubblica romana del 1849*, ed. Marco Severini, pp. 123–49. Ancona: Affinità elettive.

Ferrari, Rina. 1926. *Il Principe di Canino e il suo processo.* Rome: Libreria di scienze e lettere.

Filipuzzi, Angelo. 1961. *Le relazioni diplomatiche fra l'Austria e il Regno di Sardegna, e la guerra del 1848–49. Granducato di Toscana.* 3rd series. 2 vols. Rome: Istituto storico italiano per l'età moderna e contemporanea.

Fiorentino, Carlo M. 1999. "La politica ecclesiastica della pubblica romana." *Rassegna storica del Risorgimento* 86 (supp. to no. 4): 33–48.

Flint, James P. 2003. *Great Britain and the Holy See: The Diplomatic Relations Question, 1846–1852.* Washington, D.C.: Catholic University Press.

Foramiti, Nicolò. 1850. *Fatti di Roma degli anni 1848–49.* Venice: Cecchini.

Francia, Enrico. 2012. *1848: La rivoluzione del Risorgimento.* Bologna: Il Mulino.

Fraser, William (Sir). 1896. *Napoleon III (My Recollections)* 2nd ed. London: Sampson Low, Marston.

Fuller, Margaret. 1856. *At Home and Abroad.* Edited by Arthur Fuller. Boston: Crosby, Nichols.

———. 1988. *The Letters of Margaret Fuller.* Vol. 5. Edited by Robert N. Hudspeth. Ithaca, N.Y.: Cornell University Press.

———. 1991. *These Sad but Glorious Days: Dispatches from Europe, 1846–1850.* Edited by Larry J. Reynolds and Susan B. Smith. New Haven, Conn.: Yale University Press.

Gabussi, Giuseppe. 1851–52. *Memorie per servire alla storia della rivoluzione negli Stati romani.* 3 vols. Genova: R. I. de' Sordo-Muti.

Gaillard, Léopold de. 1861. *L'expédition de Rome en 1849.* Paris: Lecoffre.

Gajani, Gugliemo. 1856. *The Roman Exile.* Boston: Jewett.

Garibaldi, Giuseppe. 1888. *Memorie autobiografiche.* Florence: Barbèra.

———. 1889. *Autobiography of Giuseppe Garibaldi.* Vol. 3. Translated by A. Werner with supplement by Jessie White Mario. London: Smith and Innes.

Gemignani, Beniamino. 1995. *Pellegrino Rossi 1787–1848.* Carrara: Società internazionale Dante Alighieri.

Gennarelli, Achille. 1863. *Le sventure italiane durante il pontificato di Pio Nono.* Florence: Bettini.

Ghisalberti, Alberto. 1949. "Una restaurazione 'reazionaria e imperita.'" *Archivio della Società romana di storia patria* 72:139–78.

———. 1958. *Roma da Mazzini a Pio IX: ricerche sulla restaurazione papale del 1849–1850.* Milan: Giuffrè.

———. 1965. *Momenti e figure del Risorgimento romano.* Milan: Giuffrè.

Giampaolo, Maria A. 1931. "La preparazione politica del Cardinal Lambruschini." *Rassegna storica del Risorgimento* 18:81–63.

Giannini, Giorgio. 2009. "Storia della Repubblica romana." Online at http://www.instoria.it/home/repubblica_romana_1849.htm.

Gille, Bertrand. 1967. *Histoire de la maison Rothschild*. Vol. 2. Geneva: Librairie Droz.

Gillespie, William H. 1845. *Rome: As Seen by a New Yorker in 1843–44*. New York: Wiley and Putnam.

Gilson, Bonaventure, and Pierre Kersten. 1894. *Mémoires pour servir à l'histoire du traditionalisme et de l'ontologisme en Belgique de 1834 à 1864. Correspondance de l'abbé Gilson avec Mr. Kersten*. Alost: Vernimmen.

Giorcelli, Cristina. 2000. "La Repubblica romana di Margaret Fuller: tra visione politica e impegno etico." In *Gli americani e la Repubblica romana del 1849*, ed. Sara Antonelli, Daniele Fiorentino, and Giuseppe Monsagrati, pp. 53–88. Rome: Gangemi.

Giovagnoli, Raffaello. 1894. *Ciceruacchio e Don Pirlone. Ricordi storici della rivoluzione romana dal 1846 al 1849 con documenti nuovi*. Rome: Forzani.

———. 1898. *Pellegrino Rossi e la rivoluzione romana*. Vol. 1. Rome: Forzani.

———. 1911. *Pellegrino Rossi e la rivoluzione romana*. Vol. 3. Rome: Voghera.

Giuntella, Vittorio Emanuele. 1949. "Il municipio di Roma e le trattative col general Ouidnot (30 giungo–2 luglio 1849)." *Archivio della Società romana di storia patria* 72:121–37.

———. 1960. "Altieri, Ludovico." *Dizionario biografico degli italiani*, online.

Gizzi, Stefano. 1995. "Il Cardinale Tommaso Pasquale Gizzi, Segretario di Stato di Papa Pio IX." *Pio IX* 24:117–46.

———. 1996–97. "Il Conclave del 1846 e l'elezione di Papa Pio IX." *Pio IX* 25:111–43, 183–209; 26:12–43.

Gouraud, Charles. 1852. *L'Italia. Sue ultime rivoluzioni e suo stato presente. Versione con annotazioni critiche e documenti di Mario Carletti*. Translated by Mario Carletti. Florence: Mariani.

Grantaliano, Elvira. 2011. "Gli ebrei di Roma tra repressione e integrazione." In *Judei de Urbe. Roma e i suoi ebrei*, ed. Marina Caffiero and Anna Esposito, pp. 103–27. Rome: Ministero per i beni e le attività culturali, direzione generale per gli archivi.

Gregorovius, Ferdinando. 1907. *The Roman Journals of Ferdinand Gregorovius, 1852–1874*. London: Bell.

Grilli, Antonio. 1989. "Riflessioni in tema di rapporti tra stato e chiesa nella Repubblica romana del 1849." *Rassegna storica del Risorgimento* 76:283–96.

Gualterio, Filippo A. 1851. *Gli ultimi rivolgimenti italiani. Memorie storiche con documenti inediti*. Vol. 1. Florence: Le Monnier.

Gualtieri, L. 1861. *Memorie di Ugo Bassi apostolo del Vangelo, martire dell'indipendenza italiana, coll'aggiunta di lettere e di preziosi documenti relativi alla vita e morte del Martire non che ai principali avvenimenti politici del 1848*. Bologna: Monti al Sole.

Guizot, François. 1872. *Mémoires pour servir à l'histoire de mon temps*. Vol. 8. Paris: Lévy.

Hales, Edward E. Y. 1962. *Pio Nono: A Study in European Politics and Religion in the Nineteenth Century*. Garden City, N.Y.: Image.

Halperin, William. 1939. *Italy and the Vatican at War*. Chicago: University of Chicago Press.

Herzen, Aleksandr. 1996. *Letters from France and Italy, 1847–1851*. Translated and edited by Judith E. Zimmerman. Pittsburgh: University of Pittsburgh Press.

Hibbert, Christopher. 1965. *Garibaldi and His Enemies*. London: Longmans.

Hoffstetter, Gustavo von. 1851. *Documenti della guerra santa d'Italia: Giornale delle cose di Roma nel 1849*. Turin: Cassone.

Hoolihan, Christopher. 1989. "Health and Travel in Nineteenth-Century Rome." *Journal of the History of Medicine and Allied Sciences* 44 (4): 462–85.

Humphreys, Sexson E. 1956. "Lewis Cass Jr. and the Roman Republic of 1849." *Michigan History* 40:24–50.

Ideville, Henry, comte de. 1887. *Le comte Pellegrino Rossi, sa vie, son oeuvre, sa mort (1787–1848)*. Paris: Michel Lévy Frères.

Inguanez, Mauro. 1930. "Il racconto di due fatti dettati dal P. Tosti al Caravita, cioè, l'incontro del Tosti con Pellegrino Rossi e la fuga di Pio IX a Gaeta." *Rassegna storica del Risorgimento* 17:91–95.

James, Henry. 1903. *William Wetmore Story and His Friends*. Vol. 1. Boston: Houghton Mifflin.

Jankowiak, François. 2007. *La curie romaine de Pie IX à Pie X*. Rome: École française de Rome.

———. 2008. "La Curie et le gouvernement central de l'Église sous la République romaine de 1849." In *La Républque romaine de 1849 et la France*, ed. Pierangelo Catalano, pp. 129–47. Paris: L'Harmattan.

Johnston, R. M. 1901. *The Roman Theocracy and the Republic 1846–1849*. London: Macmillan.

Jolicoeur, Nicolas. 2011. "Être allies sans le montrer: l'Autriche, la France et la restauration du pouvoir temporel du pape." *Rassegna storica del Risorgimento* 98:515–32.

Keele, Mary, ed. 1981. *Florence Nightingale in Rome: Letters Written by Florence Nightingale in Rome in the Winter of 1847–1848*. Philadelphia: American Philosophical Society.

Kertzer, David I. 1993. *Sacrificed for Honor*. Boston: Beacon Press.

———. 1997. *The Kidnapping of Edgardo Mortara*. New York: Knopf.

———. 2001. *The Popes Against the Jews*. New York: Knopf.

———. 2004. *Prisoner of the Vatican*. Boston: Houghton Mifflin.

———. 2014. *The Pope and Mussolini*. New York: Random House.

Key, Astley Cooper (Admiral). 1898. *Memoirs of Sir Astley Cooper Key*. Edited by Vice Admiral Philip Colomb. London: Methuen.

King, Bolton. 1911. *The Life of Mazzini*. London: Dent.

Koelman, Jan Philip. 1963. *Memorie romane*. 2 vols. Edited by Maria Luisa Trebiliani. Rome: Istituto per la storia del Risorgimento italiano.

Lancellotti, Luigi. 1862. *Diario della rivoluzione di Roma dal 1 novembre 1848 al 31 luglio 1849*. Naples: Guerrera.

Laras, Giuseppe. 1973. "Ansie e speranze degli ebrei di Roma durante il pontificato di Pio IX." *Rassegna mensile d'Israele* 39 (9): 512–31.

Laureano, Edoardo. 1970. "Il clero e la Repubblica romana del 1849." *Rassegna storica del Risorgimento* 47:226–32.

Lazzarini, Giovita. 1899. *Diario epistolare di Giovita Lazzarini, ministro di grazia e giustizia nella Repubblica romana, Roma dal 10 febbraio al 7 luglio*

1849. Edited by Giuseppe Mazzini. Rome: Società Editrice Dante Alighieri.

Lecauchois-Féraud, Marc-Valérie. 1849. *Précis historique et militaire de l'expédition française en Italie, par un officier d'état major*. Marseille: Carnaud.

Ledermann, László. 1929. *Pellegrino Rossi, l'homme et l'économiste, 1787–1848*. Paris: Librairie du Recueil Sirey.

Leflon, Jean. 1963. "La mission de Claude de Corcelle auprès de Pie IX après le meurtre du Ministre Rossi." *Archivum Historiae Pontificiae* 1:385–402.

Lerro, Luigi. 1962. "Avezzana, Giuseppe." *Dizionario biografico degli italiani*, online.

Lespès, Léo. 1852. *Histoire politique, anecdotique et philosophique de la 1er présidence du Prince Louis-Napoléon Bonaparte: depuis le 10 décembre 1848 jusqu'au 20 décembre 1851*. Paris: Ploche.

Lesseps, Ferdinand de. 1849. *Ma mission à Rome, mai 1849: Mémoire présenté au Conseil d'état*. Paris: Giraud.

Leti, Giuseppe. 1913. *La rivoluzione e la Repubblica romana (1848–1849)*. Milan: Vallardi.

Liedekerke de Beaufort, Augusto de. 1949. *Rapporti delle cose di Roma (1848–1849)*. Rome: Vittoriano.

Lizzani, M. 1949. "Gli ultimi giorni di Mazzini a Roma." *Capitolium* (settembre-dicembre): 207–14.

Lodolini Tupputi, Carla. 1970. *La Commissione Governativa di Stato nella Resataurazione pontificia (17 luglio 1849–12 aprile 1850)*. Milan: Giuffrè.

Loevinson, Ermanno. 1902–4. *Giuseppe Garibaldi e la sua legione nello Stato romano 1848–49*. 2 vols. Rome: Società Editrice Dante Alighieri.

Longfellow, Henry Wadsworth. 1886. *Life of Henry Wadsworth Longfellow*. Vol. 2. London: Kegan Paul.

Lukács, Lajos. 1981. *The Vatican and Hungary, 1846–1878: Reports and Correspondence on Hungary of the Apostolic Nuncios in Vienna*. Budapest: Akadémiai Kiadó.

Mack Smith, Denis. 1994. *Mazzini*. New Haven, Conn.: Yale University Press.

Mannucci, Michele. 1850. *Il mio governo in Civitavecchia e l'intervento francese, con note e documenti officiali*. Turin: Arnaldi.

Manzini, Luigi M. 1960. *Il cardinale Luigi Lambruschini*. Vatican City: Biblioteca Apostolica Vaticana.

Marraro, Howard R. 1932. *American Opinion on the Unification of Italy, 1846–1861*. New York: Columbia University Press.

———. 1943. "Unpublished American Documents on the Roman Republic of 1849." *Catholic Historical Review* 28 (4): 459–90.

———. 1944. "American travelers in Rome, 1848–1850." *Catholic Historical Review* 29 (4): 470–509.

Marshall, Megan. 2013. *Margaret Fuller*. Boston: Houghton Mifflin.

Martina, Giacomo. 1966. "Nuovi documenti sull'Allocuzione del 29 aprile 1848." *Rassegna storica del Risorgimento* 52:527–82.

———. 1967a. "Ancora sull'allocuzione del 29 aprile e sulla politica vaticana in Italia nel 1848." *Rassegna storica del Risorgimento* 53:40–47.

————. 1967b. "La lotta per l'emancipazione ebraica." In *Pio IX e Leopoldo II*, ed. Giacomo Martina. Rome: Pontificia Università Gregoriana.

————. 1971. "La fine del potere temporale nella cosctenza religiosa e hella cultura dell'epoca in Italia. *Archivum Historiae Pontificiae* 9:309–76.

————. 1974. *Pio IX (1846–1850)*. Rome: Università Gregoriana Editrice.

————. 1990. *Pio IX (1867–1878)*. Rome: Università Gregoriana Editrice.

————. 2000. "La Repubblica romana e le carte dell'Archivio segreto vaticano." *Rassegna storica del Risorgimento* 86:351–68.

————. 2004. "I segretari di stato di Pio IX." *MEFRIM: Mélanges de l'École française de Rome* 116 (1): 1000–1009.

Martina, Giacomo, and Wiktor Gramatowski. 1996. "La relazione ufficiale sul conclave del 1846." *Archivum historiae pontificiae* 34:159–212.

Matsumoto-Best, Saho. 2003. *Britain and the Papacy in the Age of Revolution, 1846–1851*. Rochester, N.Y.: Royal Historical Society.

Mazzini, Giuseppe. 1912. *Scritti e ricordi autobiografici di Giuseppe Mazzini, scelta con note storiche a cura di Alessandro Donati*. Milan: Dante Alighieri.

McMillan, James F. 1991. *Napoleon III*. New York: Longman.

Mellano, Maria F. 1987. *Lo scontro Rosmini-Antonelli nel '48–'49 secondo il memoriale del filosofo e alla luce della realtà storica*. Stresa: Sodalitas.

Meriggi, Marco. 2006. "Ludolf, Giuseppe Costantino." *Dizionario biografico degli italiani*, online.

Metternich, Klemens von. 1883. *Mémoires, documents et écrits divers laissés par le prince de Metternich*. Vol. 7. Edited by Prince Richard de Metternich. Paris: Plon.

Milza, Pierre. 2004. *Napoléon III*. Paris: Perrin.

Minghetti, Marco. 1889. *Miei ricordi*. 3 vols. Turin: Roux.

Minoccheri, Francesco. 1892. *Pio IX ad Imola e Roma, memorie inedite di Francesco Monoccheri, di lui famigliare segreto*. Edited by Antonmaria Bonetti. Naples: Festa.

Miraglia, Biagio. 1850. *Storia della rivoluzione romana*. 2nd ed. Genova: Ponthenier.

Modena, Claudio. 2011. *Ciceruacchio: Angelo Brunetti, capopopolo di Roma*. Milan: Mursia.

Mollat, Guillaume. 1939. "La fuite de Pie IX à Gaète (24 novembre 1848)." *Revue d'histoire ecclésiastique* 35:265–82.

Monsagrati, Giuseppe. 1999. "Gazzola (Gazola), Carlo." *Dizionario biografico degli italiani*, online.

————. 2004. "Lambruschini, Luigi." *Dizionario biografico degli italiani*, online.

————. 2014. *Roma senza il papa. La Repubblica romana del 1849*. Rome: Laterza.

Montanelli, Giuseppe. 1853. *Memorie sull'Italia e specialmente sulla Toscana dal 1814 al 1850*. 2 vols. Turin: Società editrice italiana.

Montesi, Luana. 2002. "Tracce femminili nella Repubblica romana." In *Studi sulla Repubblica romana del 1849*, ed. Marco Severini, pp. 151-63. Ancona: Affinità elettive.

Monti, Antonio. 1928. *Pio IX nel Risorgimento italiano con documenti inediti*. Bari: Laterza.

Morelli, Emilia. 1953. *La politica estera di Tommaso Bernetti, segretario di stato di Gregorio XVI.* Rome: Storia e letteratura.

Moroni, Gaetano. 1851. *Dizionario di erudizione storico-ecclesiastica.* Vol. 51. Rome: Emiliana.

Mount Edgcumbe, Ernest Augustus, Earl of. 1850. *Extracts from a Journal Kept During the Roman Revolution.* 2nd ed. London: Ridgway.

Mozley, Thomas. 1891. *Letters from Rome on the Occasion of the Oecumenical Council, 1869–70.* 2 vols. London: Longmans, Green.

Natalucci, Mario. 1972. "Un segretario di stato di Pio IX: il card. Gabriele Ferretti di Ancona (1795–1860)." *Pio IX* 1:413–32.

Negro, Silvio. 1966. *Seconda Roma, 1850–1870.* Milan: Hoepli.

Niceforo, Nicola [pseud. Emilio del Cerro]. 1899. *Cospirazioni romane (1817–1868).* Rome: Voghera.

Niel, Françoise. 1961. "Lettres inédites du Général Niel à sa famille pendant la campagne de Rome (13 mai 1849–10 janvier 1850)." *Rassegna storica del Risorgimento* 48:463–86.

Notizie per l'anno MDCCCLI. 1851. Rome: Salviucci.

Noto, Adolfo. 2011. "Il ministro Tocqueville e la restaurazione pontificia." In *Un laboratorio politico per l'Italia. La Repubblica romana del 1849,* ed. Laura Rossi, pp. 65–76. Rome: Biblink.

Odescalchi, Pietro. 1851. *Rapporto fatto al consiglio dal presidente della commissione provvisoria municipale di Roma sull'azienda del comune da lei amministrata dal 15 luglio 1849 al marzo 1851.* Rome: Salviucci.

Orbe (L'). 1850. *L'orbe cattolico a Pio IX Pontefice Massimo, esulante da Roma (1848–1850).* 2 vols. Naples: Civiltà Cattolica.

Ovidi, Ernesto. 1903. *Roma e i romani nelle campagne del 1848–49 per l'indipendenza italiana (con documenti inediti).* Rome: Roux e Viarengo.

Oxilia, Ugo. 1933. "Tre conclavi." *Rassegna storica del Risorgimento* 20:563–84.

Paladini, Leone. 1897. *La difesa del Vascello o Villa Giraud—fuori Porta S. Pancrazio fatta dal Comandante Giacomo Medici e la sua legione durante l'assedio di Roma.* Rome: Stamperia Reale.

Panigada, Costantino. 1937. "Governo e Stato Pontificio nei giudizi d'un deputato del '48." *Rassegna storica del Risorgimento* 24:1773–802.

Paoli, Francesco. 1880. *Della vita di Antonio Rosmini-Serbati. Memorie.* Rome: Paravia.

Parliament (U.K.). 1851. *Correspondence Respecting the Affairs of Rome, 1849.* House of Commons Parliamentary Papers, online.

Pasolini, Pietro. 1887. *Giuseppe Pasolini. Memorie raccolte da suo figlio.* 3rd ed. Turin: Fratelli Bocca.

Pásztor, Lajos. 1966. "La segreteria di stato di Pio IX durante il triennio 1848–1850." *Annali della Fondazione italiana per la storia amministrativa* 3:308–65.

Patuelli, Antonio. 1998. *1848–49: Le costituzioni di Pio IX e di Mazzini.* Florence: Le Monnier.

Pelczar, Giuseppe (Bishop). 1909. *Pio IX e il suo pontificato.* Vol. 1. Turin: Berruti.

Pie IX. 1855. *Recueil des actes de Pape Pie IX (texte et traduction).* Vol. 13. Paris: Lecoffre.

Pierre, Victor. 1878. *Histoire de la République de 1848*. Vol. 2. Paris: Plon.

Pio, Oscar. 1878. *Vita intima e pubblica di Pio IX*. Milan: Guglielmini.

Pio IX. 1851. *Moto-proprio emanato dalla Santità di N. Signore Papa Pio IX a dì 12 settembre 1849 in Portici: coi successivi, e relativi ordinamenti pubblicati a tutto l'anno 1850*. Benevento: Camerale.

Pirri, Pietro, S.J. 1949. "Relazione inedita di Sebastiano Liebl sulla fuga di Pio IX a Gaeta." In *Miscellanea Pio Paschini. Studi di storia ecclesiastica*, pp. 421–51. Rome: Facultas Theologica Pontifici Athenaei Lateranensis.

———. 1954. "L'amnistia di Pio IX nei documenti ufficiali." *Rivista di storia della chiesa in Italia* 8:207–32.

———. 1958. "Il cardinale Antonelli tra il mito e la storia." *Rivista di storia della chiesa in Italia* 12:82–120.

Pirri, Pietro, S.J., ed. 1944. *Pio IX e Vittorio Emanuele II dal loro carteggio privato*. 2 vols. Rome: Università Gregoriana.

Pisacane, Carlo. 1849. *Rapido cenno sugli ultimi avvenimenti di Roma, dalla salita della breccia al dì 15 luglio 1849*. Lausanne: L'Unione.

———. 1851. *Guerra combattuta in Italia negli anni 1848–49*. Genoa: Pavesi.

Pischedda, Carlo, ed. 1949. *La diplomazia del Regno di Sardegna durante la prima guerra d'indipendenza*. Vol. 1, *Relazioni con il Granducato di Toscana (marzo 1848–aprile 1849)*. Turin: Istituto per la storia del Risorgimento italiano.

Piscicelli Taeggi, Oderisio. 1978. *Si scopron le tombe. Pio IX, Ferdinando II e Garibaldi 1848–1849*. Naples: Ediz. del Delfino.

Piscitelli, Enzo. 1953. "Il Cardinal Lambruschini e alcune fasi della sua attività diplomatica." *Rassegna storica del Risorgimento* 40:158–82.

Predari, Francesco. 1861. *I primi vagiti della libertà in Piemonte*. Milan: Vallardi.

Proia, Gianna. 2010. *Cristina di Belgiojoso: dal salotto alla politica*. Rome: Aracne.

Quazza, Guido, ed. 1952. *La diplomazia del regno di Sardegna durante la prima guerra d'indipendenza*. Vol. 3, *Relazioni con il regno delle Due Sicilie (gennaio 1848–dicembre 1849)*. Turin: Istituto per la storia del Risorgimento italiano.

Quazza, Romolo. 1954. *Pio IX e Massimo d'Azeglio nelle vicende romane del 1847*. 2 vols. Modena: Editrice Modenese.

Radice, Gianfranco. 1972. "Pio IX e Antonio Rosmini alla luce di nuovi documenti d'archivio." *Pio IX* 1:22–97.

Ranalli, Ferdinando. 1848–49. *Storia degli avvenimenti d'Italia dopo l'esaltazione di Pio IX*. 2 vols. Florence: Batelli.

Regoli, Roberto. 2011. "Il cardinal Luigi Lambruschini tra Stato e Chiesa." *Barnabiti studi* 28:309–32.

Repubblica romana. 1849. *Bollettino delle leggi, proclami, circolari, regolamenti ed altre disposizioni della Repubblica romana*. Edizione officiale. Rome: Tipografia nazionale.

République romaine. 1849. *Actes officiels de la République romaine depuis le 9 février jusqu'au 2 juillet 1849*. Paris: Amyot.

Reverso, Laurent. 2009. "Tocqueville et la République Romaine de 1849: Les apories du libéralisme." *Revue française d'histoire des idées politiques* 30: 299–325.

Ripari, Pietro. 1860. *Pietro Ripari al Cardinale Antonelli.* Milan: Fratelli Borroni.

Rocca, Giancarlo. 2011. "Religiosi e religiose nel '48–'49." *Barnabiti studi* 28: 61–159.

Roncalli, Nicola. 1972. *Cronaca di Roma.* Vol. 1, *1844–1848.* Edited by Maria Luisa Trebiliani. Rome: Istituto per la storia del Risorgimento italiano.

———. 1997. *Cronaca di Roma.* Vol. 2, *1848–1851.* Edited by Anna Franca Tempestoso and Maria Luisa Trebiliani. Rome: Istituto per la storia del Risorgimento italiano.

Roselli, Piero. 1853. *Memorie relative alla spedizione e combattimento di Velletri avvenuto il 19 maggio 1849.* Turin: Pons.

Rosmini, Antonio. 1998. *Della missione a Roma di Antonio Rosmini-Serbati negli anni 1848–1849.* Edited by Luciano Malusa. Stresa: Edizioni rosminiane.

Rossi, Augusto. 2001. *Pio IX e la distruzione della Repubblica romana: 1849: Una pagina nera nella storia del papato.* Rome: Serarcangeli.

Rossi, Joseph. 1954. *The Image of America in Mazzini's Writings.* Madison: University of Wisconsin Press.

Rusconi, Carlo. 1879 [1850]. *La Repubblica romana del 1849.* 3rd ed. Rome: Capaccini & Ripamonti.

———. 1883. *Memorie aneddotiche per servire alla storia del rinnovamento italiano.* Rome: Sommaruga.

Saffi, Aurelio. 1898. *Ricordi e scritti.* Vol. 3. Florence: Barbèra.

Saint-Albin, Alex de. 1870. *Histoire de Pie IX et de son pontificat.* 2nd ed. Vol. 1. Paris: Palme.

Salvagnoli, Vincenzo. 1859. *Della indipendenza d'Italia.* Florence: Le Monnier.

Schwarzenberg, Adolph. 1946. *Prince Felix zu Schwarzenberg, Prime Minister of Austria, 1848–1852.* New York: Columbia University Press.

Scirocco, Alfonso. 1996. "Ferdinando II di Borbone, re delle Due Sicilie." *Dizionario biografico degli italiani,* online.

Senior, Nassau W. 1871. *Journals Kept in France and Italy from 1848 to 1852.* Edited by M. C. M Simpson. 2 vols. London: Henry & King.

———. 1872. *Correspondence and Conversations of A. de Tocqueville with N. W. Senior.* Edited by M. C. M. Simpson. 2 vols. London: Henry & King.

Severini, Marco. 1995. *Armellini il moderato.* Rome: Istituti editoriali e poligrafici internazionali.

———. 2002a. *Il diario di un repubblicano: Filippo Luigi Polidori e l'assedio francese alla Repubblica romana del 1849.* Ancona: Affinità elettive.

———. 2002b. "Il corso degli eventi." In *Studi sulla Repubblica romana del 1849,* ed. Marco Severini, pp. 3–23. Ancona: Affinità elettive.

———. 2002c. *Studi sulla Repubblica romana del 1849.* Ancona: Affinità elettive.

———. 2006. "Nascita, affermazione e caduta della Repubblica romana." In

La primavera della nazione: la Repubblica romana del 1849, ed. Marco Severini, pp. 15–123. Ancona: Affinità elettive.

————. 2011. *La Repubblica romana del 1849*. Venice: Marsilio.

Silvagni, David. 1887. *Rome: Its Princes, Priests and People*. Translated by Fanny McLauglin. Vol. 3. London: Stock.

Simeoni, Luigi. 1932. "La fuga di Pio IX a Gaeta nella relazione del ministro di Baviera conte Spaur." *Rassegna storica del Risorgimento* 19 (4): 253–63.

Spada, Giuseppe. 1868–69. *Storia della rivoluzione di Roma e della restaurazione del governo pontificio dal 1 giugno 1846 al 15 luglio 1849*. 3 vols. Florence: Pellas.

Spaur, Contessa Teresa Giraud. 1851. *Relazione del viaggio di Pio IX. P.M. a Gaeta*. Florence: Galileiana.

Stato pontificio. 1850. *Raccolta di leggi, ordinanze, regolamenti e circolari dello Stato pontificio*. Vol. 3. Rome: Giornale del Foro.

————. 1850–51. *Raccolta delle leggi e disposizioni di pubblica amministrazione nello Stato pontificio*. Vol. 2. Rome: Stamperia della R.C.A.

Stearns, Peter N. 1974. *1848: The Revolutionary Tide in Europe*. New York: Norton.

Stock, Leo F. 1933. *United States Ministers to the Papal States. Instructions and Despatches 1848–1868*. Washington, D.C.: Catholic University Press.

————. 1945. *Consular Relations Between the United States Ministers and the Papal States. Instructions and Despatches 1848–1868*. Washington, D.C.: Catholic University Press.

Story, William W. 1864. *Roma di Roma*. 4th ed. 2 vols. London: Chapman and Hall.

Stroud, Patricia T. 2000. *The Emperor of Nature: Charles-Lucien Bonaparte and His World*. Philadelphia: University of Pennsylvania Press.

Tergolina, Vincenzo, conte di. 1860. *Quattro anni nelle prigioni del Santo Padre*. Turin: Cerutti, Derossi e Dusso.

Thiry, Charles-Ambroise. 1851. *Siège de Rome en 1849, par l'armée française. Journal des opérations de l'artillerie et du génie, publié avec l'autorisation du Ministre de la Guerre*. Paris: Imprimerie Nationale.

Tocqueville, Alexis de. 1893. *Souvenirs de Alexis de Tocqueville*. Paris: Lévy.

————. 1983. *Œuvres complètes*. Vols. 15/1 and 15/2, *Correspondance d'Alexis de Tocqueville et de Francisque de Corcelle*. Paris: Gallimard.

————. 2004. *Democracy in America*. Translated by Arthur Goldhammer. Edited by Olivier Zunz. New York: Library of America.

Tommasi-Crudeli, Corrado. 1892. *The Climate of Rome and the Roman Malaria*. Translated by Charles Dick. London: Churchill.

Torre, Federico (General). 1851–52. *Memorie storiche sull'intervento francese in Roma nel 1849*. 2 vols. Turin: Progresso.

Toytot, Ernest de. 1868. *Les romains chez eux: Scènes et moeurs de la vie romaine*. Paris: Albanel.

Traniello, Francesco. 2001. "Gioberti, Vincenzo." *Dizionario biografico degli italiani*, online.

Trebiliani, Maria Luisa. 1970. "Bassi, Ugo." *Dizionario biografico degli italiani*, online.

———. 1972. "Brunetti, Angelo, detto Ciceruacchio." *Dizionario biografico degli italiani*, online.

Trevelyan, George Macaulay. 1907. *Garibaldi's Defence of the Roman Republic (1848–49)*. 2nd ed. London: Longmans, Green.

Univers (l'). 1850. *Pie IX et l'armée française. Lettres de Rome (Correspondance de l'Univers)*. 2nd ed. Paris: Lecoffre.

Vaillant, Jean-Baptiste (General). 1851. *Siège de Rome en 1849 par l'armée française*. Paris: Imprimerie Nationale.

Vecchi, Candido Augusto. 1851. *La Italia. Storia di due anni 1848–49*. Turin: Perrin.

———. 1911. *Le vicende della Repubblica romana narrate dal rappresentante del popolo*. Florence: Quattrini.

Ventura, Gioacchino (Padre). 1848. *Pio IX e l'Italia ossia storia della sua vita e degli avvenimenti politici del suo pontificato seguita da molti documenti ufficiali*. Milan: Turati.

Viaene, Vincent. 2001. *Belgium and the Holy See from Gregory XVI to Pius IX*. Brussels: Institut historique Belge de Rome.

Virlogeux, Georges. 2001. "La 'vendetta pretina' e i diplomatici statunitensi nel 1849." *Italies* 5, http://italies.revues.org/2025.

Wallace, Lillian Parker. 1959. "Pius IX and Lord Palmerston, 1846–1849." In *Power, Public Opinion and Diplomacy*, ed. Lillian Wallace and William Askew, pp. 3–46. Durham, N.C.: Duke University Press.

Ward, David. 1970. *1848: The Fall of Metternich and the Year of Revolution*. London: Hamish Hamilton.

White Mario, Jesse. 1888. *Agostino Bertani e i suoi tempi*. Vol. 1. Florence: Barbera.

Whitehouse, H. Remsen. 1906. *A Revolutionary Princess: Christina Belgiojoso-Trivulzio, Her Life and Times, 1808–1871*. London: Unwin.

Whyte, A. J. 1930. *The Political Life and Letters of Cavour*. Oxford: Oxford University Press.

Wiseman, Nicholas Patrick (Cardinal). 1858. *Recollections of the Last Four Popes and Their Times*. London: Hurst and Blackett.

Yvert, Benoît. 2008. "Le président oublié." In *Napoléon III, l'homme, le politique*, ed. Pierre Milza, pp. 105–22. Navarre: Napoléon Éditions.

Zeller, Jules. 1879. *Pie IX et Victor-Emmanuel*. Paris: Didier.

Zucchi, Carlo. 1861. *Memorie del Generale Carlo Zucchi*. Edited by Nicomede Bianchi. Milan: Guigoni.

Zucconi, Antonietta Angelica. 2011. "I Bonaparte tra rivoluzione e reazione." In *Un laboratorio politico per l'Italia. La Repubblica romana del 1849*, ed. Laura Rossi, pp. 109–24. Rome: Biblink.

Illustrations 1–5, 7, 10–25, 31–34, 36: Museo Centrale del Risorgimento, Roma

Illustrations 6 and 35: © Sovrintendenza Capitolina ai Beni Culturali—Museo Napoleonico

Illustrations 26, 28, 30: Bibliothèque nationale française

Illustration 27: Portrait by Hughes Foureau, 1853, Les Musées de la ville de Châteauroux

Illustration 8, 9, 29: U.S. Library of Congress

（索引中页码为英文版页码，即本书页边码。）

图书在版编目（CIP）数据

　　将成为国王的教宗：庇护九世的流亡与现代欧洲的
出现 /（美）大卫·I.科泽（David I. Kertzer）著；
苑默文译. -- 北京：社会科学文献出版社，2020.8
　　书名原文：The Pope Who Would Be King
　　ISBN 978-7-5201-6283-8

　　Ⅰ. ①将⋯　Ⅱ. ①大⋯ ②苑⋯　Ⅲ. ①基督教史－研
究－欧洲　Ⅳ. ①B979.5

　　中国版本图书馆CIP数据核字（2020）第035788号

将成为国王的教宗：庇护九世的流亡与现代欧洲的出现

著　　者 / ［美］大卫·I. 科泽（David I. Kertzer）
译　　者 / 苑默文

出 版 人 / 谢寿光
责任编辑 / 陈旭泽　周方茹

出　　版 / 社会科学文献出版社·联合出版中心（010）59367151
　　　　　 地址：北京市北三环中路甲29号院华龙大厦　邮编：100029
　　　　　 网址：www.ssap.com.cn
发　　行 / 市场营销中心（010）59367081　59367083
印　　装 / 北京盛通印刷股份有限公司

规　　格 / 开本：787mm×1092mm　1/16
　　　　　 印张：34.75　字数：414千字
版　　次 / 2020年8月第1版　2020年8月第1次印刷
书　　号 / ISBN 978-7-5201-6283-8
著作权合同 /
登 记 号 / 图字01-2019-1371号
定　　价 / 99.00元

本书如有印装质量问题，请与读者服务中心（010-59367028）联系